Studienreihe Informatik

Herausgegeben von W. Brauer und G. Goos

Herbert Stoyan   Günter Görz

LISP

Eine Einführung in die Programmierung

Mit 29 Abbildungen

Springer-Verlag
Berlin Heidelberg New York
London Paris Tokyo

Dr. Ing. habil. HERBERT STOYAN
IMMD VI, Universität
Erlangen-Nürnberg
Martensstr. 3, 8520 Erlangen

Dipl.-Math. GÜNTER GÖRZ
RRZE
Martensstr. 1, 8520 Erlangen

1. Auflage 1984
1. korrigierter Nachdruck 1986

ISBN-13: 978-3-540-16914-7 e-ISBN-13: 978-3-642-71455-9
DOI: 10.1007/978-3-642-71455-9

CIP-Kurztitelaufnahme der Deutschen Bibliothek
Stoyan, Herbert:
LISP : e. Einf. in d. Programmierung / Herbert Stoyan ; Günter Görz. –
1., korrigierter Nachdr. – Berlin ; Heidelberg ; New York : Springer, 1986.
(Studienreihe Informatik)
ISBN-13: 978-3-540-16914-7

NE: Görz, Günter:

Datenkonversion: Daten- und Lichtsatz-Service, Würzburg
Druck und Einband: Graphischer Betrieb, Konrad Triltsch, Würzburg
2145/3140-543210

Vorwort

Das vorliegende Buch ging aus einer Vorlesung hervor, die wir gemeinsam im Sommersemester 1982 an der Universität Erlangen-Nürnberg gehalten haben. Wesentliche Anregungen verdanken die Autoren den Manuskripten der Vorlesung „Structure und Interpretation of Computer Programs" von Abelson, Fano und Sussman (1981, 1982, 1983 als MIT-AI-TR-735 veröffentlicht) am Massachusetts Institute of Technology, sowie den Lehrbüchern „LISP" von Winston und Horn (1981) und „Artificial Intelligence Programming" von Charniak, Riesbeck und McDermott (1980) und dem Vorlesungsmanuskript „LISP — Programming and Proving" von McCarthy und Talcott (1980) von der Stanford University.

Im Mittelpunkt unserer Darstellung steht der Begriff des Programmierstils. Er gestattet eine sinnvolle Klassifikation der Ansätze und Leitlinien, nach denen in LISP programmiert wird und ermöglicht gleichzeitig die Einbeziehung neuer Grundgedanken wie des der Objektorientierung. Wir hoffen, damit eine neuartige Einführung in die Programmierung vorzulegen, die nur noch wenige Gemeinsamkeiten mit traditionellen Darstellungen teilt. So kommt es, daß in diesem Lehrbuch nichts über „interne Repräsentation" von LISP-Objekten (z.B. Speicherstrukturen, automatische Speicherverwaltung, usw.) und über interne Details der Implementation von LISP zu finden ist. Wir haben diese Entscheidung bewußt getroffen, da wir meinen, daß diese Themen Gegenstand eines weiterführenden Textes sein sollten. Der hieran interessierte Leser sei auf Allens „Anatomy of LISP" (1979) verwiesen.

Da die einschlägige Literatur über LISP fast ausschließlich in englischer Sprache vorliegt, haben wir uns bemüht, eine einheitliche deutsche Terminologie einzuführen, geben jedoch die englischen Originalbezeichnungen meist an. Nicht zuletzt, um den Leser auch an die Originalliteratur heranzuführen, tragen die Funktionen und Variablen in den Beispielen englische Namen. Dadurch wird auch eine größere Kohärenz mit den ohnehin dem Englischen entstammenden Namen der Grundfunktionen erreicht.

Eine große Schwierigkeit jeder einführenden Darstellung in LISP besteht darin, daß LISP keine standardisierte Programmiersprache ist, so daß wir heute eine Vielzahl heterogener und teilweise inkompatibler LISP-Dialekte vorfinden. In der vorliegenden Darstellung haben wir uns für TLC-LISP entschieden, einen modernen Dialekt, der weitgehend mit dem zukünftigen „Standard" CommonLISP kompatibel ist; er wurde von John Allen auf Mikrorechnern der Familien Z80/8080 und 8086 unter CP/M implementiert (Allen 1980), die weit verbreitet sind (Bezugsnachweise sind über die Autoren erhältlich).

Die Entstehung dieses Buches aus einer Vorlesung spiegelt sich in der Kapiteleinteilung wider: Jedes Kapitel entspricht in etwa einer Vorlesungsstunde, und — so war jedenfalls die ursprüngliche Idee — in jedem Kapitel sollte ein größeres Programmbeispiel schrittweise entwickelt werden. Für diese Beispiele haben wir zumeist Fragestellungen der Künstlichen Intelligenz als Ausgangspunkt gewählt.

Unser herzlicher Dank gilt allen, die unser Vorhaben kritisch und wohlwollend begleitet haben: W. Bibel, T. Christaller, M. Gehrke, P. Mertens, G. Nees, E. Noeth, F. di Primio, R. Schiedermeier, F. Simon, R. Woitok und W. Wahlster sowie den Gutachtern des Verlages. Für die Erstellung einer ersten Fassung der Reinschrift danken wir herzlich E. Kotal und P. Bächle.

Erlangen-Nürnberg, im Mai 1984 Die Autoren

Inhaltsverzeichnis

Anhänge

1 Einleitung

1.1 Warum LISP?

Es gibt zwei wesentliche Gründe, LISP zu lernen: Zum einen hat LISP interessante Anwendungsgebiete, die sich nur über die Kenntnis der Programmiersprache vollends erschließen lassen. Zum zweiten enthält LISP als Programmiersprache viele einzigartige Elemente und präsentiert viele Konzepte, die aus anderen konventionellen Programmiersprachen auch bekannt sind, in anderer Weise.
Anwendungsgebiete von LISP sind (nicht nach Bedeutung geordnet):

- Formelmanipulation (symbolischer Umgang mit mathematischen Formeln), Kombination solcher symbolischer mit numerischen Schritten in Verfahren der numerischen Mathematik.
- Programmanalyse, -verifikation, und -synthese.
- Programmierumgebungen, Editoren.
- Modellbildung und Simulation.
- Computergraphik.
- Betriebssysteme.
- Übersetzer für Programmiersprachen.
- Expertensysteme, d.h. Programmsysteme, die mit „Wissen" über einen bestimmten Gegenstandsbereich arbeiten, z.B. die medizinische Diagnose unterstützen.
- Problemlösende Systeme, d.h. Programmsysteme, die mit ihren Fähigkeiten zu logischem und inhaltlichen Schließen und zur heuristischen Suche Verstandesleistungen zeigen.
- Verstehen natürlicher Sprache.
- Automatisches Beweisen logischer und mathematischer Sätze, Deduktive Systeme.

Die vier abschließend genannten Anwendungsgebiete sind Teilgebiete des relativ jungen Wissenschaftszweiges „Künstliche Intelligenz" (engl. artificial intelligence), dessen Ziel es ist, durch Programmierung elektronischer Rechenanlagen Systeme zu schaffen, die Leistungen vollbringen, zu denen der Mensch seinen Verstand benötigt.
LISP gilt als **die** Programmiersprache zur Bearbeitung von Problemen der Künstlichen Intelligenz.
Besondere Eigenschaften von LISP sind:

- LISP ermöglicht die Verarbeitung hochstrukturierter symbolischer Daten. Durch die dynamische Speicherverwaltung wird der Programmierer von gewöhnlich unangenehmen (weil fehleranfälligen) Aufgaben entlastet.
- Programme werden durch Datenstrukturen repräsentiert und können als solche verarbeitet, erzeugt und aktiviert werden.

- Durch Beschränkung auf Teilsprachen von LISP bzw. bewußte Anwendung von inhärenten Ordnungsprinzipien kann der Programmierer moderne Programmierstile verwirklichen. Durch LISP ist insbesondere der funktionale Programmierstil eingeführt worden. Auch der objektorientierte Programmierstil wird durch LISP unterstützt.
- LISP-Implementationen sind nicht auf Compiler gestützt, mit denen Maschinenprogramme erzeugt werden, die zusammen mit einem Laufzeitsystem abgearbeitet werden. Vielmehr sind sie typischerweise als interpretierende Verarbeitungssysteme organisiert.
- In LISP-Systemen sind die Aufgaben von Editoren, Syntaxprüfern, Testsystemen, Programmverwaltungssystemen und Compilern integriert.
- Der Programmierer fügt seine Programme und Daten schrittweise dem LISP-System hinzu. Er kann auch vorhandene Systemkomponenten ändern.
- LISP gestattet es, sehr schnell zu Prototypen von Programmen zu kommen.
- In LISP wird eine spezielle Notation für Funktionen verwendet, die Lambda-Notation. Durch diese besteht eine enge Beziehung zum Lambda-Kalkül von A. Church, einem Funktionskalkül der mathematischen Logik. Damit ist LISP ein theoretisch sehr interessanter Forschungsgegenstand.

Es wird Aufgabe des vorliegenden Lehrbuches sein, dem Leser diese Eigenschaften von LISP, ihre Bedeutung und die relevanten Begriffe zu erklären.
LISP bietet auf Grund seiner einfachen und doch allgemeinen Konzeption grundsätzlich alle Möglichkeiten, die in anderen universellen Programmiersprachen verfügbar sind. So treten Zuweisungen, arithmetische Ausdrücke, Datentypen, Kontrollstrukturen in anderer Gestalt auf. Bedingte Ausdrücke sind spezielle Konstrukte in LISP (sie sind auch in den Sprachen ALGOL60 und ALGOL68 enthalten), die sowohl Aspekte von Kontrollstrukturen als auch von Ausdrücken in sich vereinigen.

1.2 Zur Entwicklungsgeschichte von LISP

LISP entstand aus dem Bedarf nach einer höheren Programmiersprache, die zur Entwicklung von Programmen für die Manipulation symbolischer Objekte geeignet sein sollte.
Die erste Formulierung der Eigenschaften von LISP leistete John McCarthy im September 1958. Starke Einflüsse auf den Entwurf gingen von folgenden Aufgabenstellungen aus, für die McCarthy sich interessierte:

- Symbolisches Differenzieren,
- Computerschach,
- Entwicklung von Programmen, die aus geeigneten Situationsbeschreibungen intelligente Schlüsse zu ziehen in der Lage sein sollten (Advice Taker).

Daneben hatte noch eine spezielle Anwendung starken Einfluß:

- ein Programmsystem zum automatischen Beweisen von Sätzen der Geometrie (Winkelsätze, kongruente Dreiecke etc.)

L I S P heißt „LISt Processor“

Listen als Darstellungs- und Strukturierungsmittel für symbolische Daten waren 1956 in einer Programmiersprache namens IPL eingeführt worden. Noch heute sind sie für diesen Zweck so gut wie konkurrenzlos. Ende der fünfziger Jahre war das Konzept der Listen ganz neu und hochaktuell, und allein ihre Verwendung konnte schon eine Programmiersprache charakterisieren. Listen sind bis heute die wichtigste Datenstruktur von LISP geblieben.
Die Flexibilität der Listen hat zu einem guten Teil zum Überleben von LISP beigetragen: Man sollte sich vor Augen halten, daß LISP nach FORTRAN die zweitälteste noch verwendete höhere Programmiersprache ist.
IPL war einer Assemblersprache sehr ähnlich. Es erlaubte nicht die Notation von Ausdrücken, die denen der Arithmetik vergleichbar sind. FORTRAN jedoch, das etwa in derselben Zeit entwickelt wurde, gestattete dies. Um die guten Seiten beider Sprachen zu vereinigen, versuchte McCarthy, die zentrale IPL-Datenstruktur, die Liste, in FORTRAN aufzunehmen. Dazu wählte er den Weg, das Spektrum der Standardfunktionen durch Grundfunktionen für die Listenverarbeitung zu erweitern. Während aber die FORTRAN-Standardfunktionen für numerische Argumente Zahlenwerte lieferten und damit den zugehörigen abstrakten mathematischen Funktionen (die die Menge der entsprechenden Zahlen in sich selbst abbilden) entsprachen, war das für die neuen Grundfunktionen für die Listenverarbeitung nicht der Fall. Man versuchte, auch sie als Funktionen von natürlichen Zahlen zu verstehen, die natürliche Zahlen als Werte haben. Damit gab es jedoch Probleme, weil diese Zahlen nur Adressen von Listenstrukturen darstellten, und die Funktionswerte von Speicherzuständen oder ähnlichen, für die mathematischen Funktionen als zufällig anzusehenden Nebenbedingungen abhingen.
Der Kern des theoretischen Problems bestand also darin, daß man Grundfunktionen mit dem Definitions- und Wertebereich der Listen als Funktionen (Operationen) von Zahlen ansehen wollte. Diese Auffassung stammte aus dem mit FORTRAN zusammenhängenden Denkmodell. Als man verstand, daß ein anderer Definitionsbereich vorlag — nämlich die Menge der „symbolischen Ausdrücke" — war das Problem gelöst. Dies war im März 1959 geschehen; die grundlegende Arbeit mit der theoretischen Begründung und Bezugnahme auf Resultate und Ansätze der Algorithmentheorie (Theorie der Berechenbarkeit) erschien 1960 (McCarthy (1960)).
Ein entscheidender Einfluß auf die Gestaltung von LISP ging von der durch einen Interpreter charakterisierten Implementierung aus. Im Laufe des Jahres 1959 wurde LISP so weit entwickelt, daß es bereits die Mehrzahl seiner wesentlichen heutigen Eigenschaften besaß.
Schon während dieser Entwicklung wurde LISP für die symbolische Berechnung elektrischer Netzwerke und für Entwurf, Programmierung und Test des ersten LISP-Compilers benutzt.
Im März 1960 war das LISP1-Programmiersystem vollendet. Es bestand aus Interpreter, Compiler und Speicherverwaltungsprogrammen.
Die Weiterentwicklung und Portierung auf einen neuen Rechner führte 1961 zum LISP1.5-System, das lange Zeit so etwas wie ein LISP-Standard war (McCarthy et al. (1962)).
Die hauptsächlichen Anwendungen der frühen sechziger Jahre bestanden in symbolischer Vereinfachung arithmetischer Ausdrücke, symbolischer Integration, Programmen zur Überprüfung logischer Beweise und der Verarbeitung natürli-

cher Sprache. Bemerkenswert ist auch die Tatsache, daß der LISP-Compiler sich selbst compilieren konnte. Dies wurde in mehreren Fällen ausgenutzt, in denen LISP-Systeme für neue Rechner erzeugt werden mußten.
Aus einer Implementation von LISP auf der PDP-6 entwickelte sich im Laufe der Zeit MacLISP, das heute auf DEC-10, DEC-20 und MULTICS-Rechnern verfügbar ist. Eine bemerkenswerte Eigenschaft dieser Implementation ist die Effizienz, mit der numerische Programme ausgeführt werden. Der MacLISP-Compiler erzeugt Code von der Qualität eines sehr guten FORTRAN-Compilers.
Aus einer Implementation von LISP auf der PDP-1, die auf eine SDS94O und von da auf eine DEC-10 übertragen und jeweils wesentlich erweitert wurde, entstand InterLISP, das heute auf DEC-10, DEC-20, VAX und Rechnern der Serie Xerox 1100 verfügbar ist. Das InterLISP-Programmiersystem ist sehr umfangreich und zeichnet sich durch großen Komfort an Hilfsmitteln zum Erstellen, Testen, Ändern und Verwalten von Programmen aus.
Wichtige Impulse hat die am Massachusetts Institute of Technology um 1977 begonnene Entwicklung von LISP-Maschinen ausgelöst, Maschinen, deren Sprache LISP ist. Seit 1981 werden derartige Maschinen auf dem Markt angeboten.
Bedauerlicherweise sind diese seit etwa 1965 zu beobachtenden Weiterentwicklungen von LISP1.5 unkoordiniert vollzogen worden, ohne alle Konsequenzen recht zu bedenken. Für den Anfänger unangenehm ist die große Anzahl verschiedener LISP-Dialekte, die sich nicht nur in den Namen wichtiger Grundfunktionen, sondern in ganz wesentlichen Eigenschaften unterscheiden. Eine Standardisierung von LISP1.5 ist versäumt worden.
Jede Einführung von LISP steht daher vor dem Problem, sich auf einen bestimmten Dialekt einlassen zu müssen. Dabei kommt es nicht nur darauf an, daß er dem modernen Stand der Sprachentwicklung entspricht. Weil praktische Übungen erforderlich sind, muß ein LISP-System verfügbar sein. Besonders günstig erscheinen hier Implementationen auf Mikrorechnern. Schließlich sollte der Dialekt mit einem der allgemein verwendeten Dialekte eng verwandt sein. Dies gilt weitgehend für das von uns verwendete TLC-LISP.
Auch heute noch wird LISP weiterentwickelt: Manche Aspekte werden anders als früher gesehen, die Bedeutung wichtiger Elemente wird besser verstanden, und dies schlägt sich in neuen Funktionen und manchmal auch Erweiterungen der Sprache nieder.

1.3 Was sind die Grundbausteine der Programmierung?

Wir wollen Maschinenprozesse der Informationsverarbeitung vorschreiben, d. h. planen oder programmieren. Diese Maschinen arbeiten — wenigstens heute noch —, indem sie nacheinander einzelne Verarbeitungsschritte ausführen. Selbst durch den Einsatz von Mehrfachprozessoren hat sich das noch nicht wesentlich geändert.
Für den Programmierstil ist nun entscheidend, welche Vorstellung der Programmierer von der Programmabarbeitung durch die Maschine hat. Es hat sich gezeigt, daß diese Vorstellung nicht unbedingt die reale Maschinenarchitektur widerspiegeln muß. Die Ansicht, daß man nur effiziente Programme schreiben

kann, wenn man sich dem derzeit vorherrschenden Maschinenmodell (auch v.Neumannsche Rechnerarchitektur) anpaßt, wird heute nicht mehr allgemein geteilt. Auch wird inzwischen großer Wert auf die Sicherheit und Wartbarkeit der Programme gelegt. Programmiersprachen, die vom konventionellen Maschinenmodell ausgehen, schneiden hier keineswegs gut ab.

LISP ist eine der wenigen Sprachen, in denen Programmierung unter Verfolgung von Leitideen verschiedener Programmierstile möglich ist. Die Ursache dafür ist die Unabhängigkeit der Sprache von einem speziellen Maschinenmodell. Wir wollen in diesem Buch einen der möglichen Programmierstile besonders herausheben. Um die Perspektive auf die anderen Wahlmöglichkeiten zu eröffnen, beschreiben wir drei bei der Programmierung in LISP bisher verwendete Maschinenmodelle:

Das **konventionelle Maschinenmodell** geht von schrittweise ablaufenden Folgen von Aktionen (Operationen) aus, die über Daten ausgeführt werden. Demgemäß werden Programme als sequentielle Pläne für solche Aktionenfolgen aufgefaßt. Die Wiederholung von Stücken dieser Folgen wird durch zyklische Ausführung erreicht. Dazu muß die Programmiersprache Ausdrucksmittel bereitstellen. Häufig wiederkehrende Muster von Aktionenfolgen werden zu sog. Prozeduren (Unterprogrammen) zusammengefaßt. Durch spezielle Operationen werden Daten eingelesen und Ergebnisse ausgegeben.

Der sich auf dieses Maschinenmodell beziehende Programmierer benötigt in seiner Programmiersprache

- Sprachelemente für die Grundoperationen, die seine Maschine ausführen kann,
- Mittel zur Beschreibung von Datenstrukturen,
- Mittel zur **Kombination** der Operationen, d.h. zur Ablaufplanung (Hintereinanderausführung, Zyklen),
- Mittel zur Einführung von Unterprogrammen.

Das **funktionale Maschinenmodell** geht vom mathematischen Funktionsbegriff aus. Funktionen in diesem Sinne sind Abbildungen von einem Definitionsbereich (in dem, als Menge von Tupeln, unterschiedliche Mengen kombiniert sein können) in einen Wertebereich. Sowohl Definitions- als auch Wertebereich existieren abstrakt — unabhängig davon, in welcher Reihenfolge Beispielpaare, die die funktionale Beziehung erfüllen, aus ihnen ausgewählt werden. Der Mathematiker sieht auch die Funktion extensional, d.h. als Menge aller dieser Paare, abstrakt gegeben an.

Diese Sicht kann der Programmierer nicht völlig nachvollziehen, weil er gerade Funktionsvorschriften angeben will: Er geht von gewissen Grundfunktionen aus und kann aus ihnen neue Funktionen aufbauen. Das gesamte Programm repräsentiert so eine Funktion vom Definitionsbereich der Eingangsdaten in den Wertebereich der Ausgangsdaten. Wenn der Wert der Funktion für ein bestimmtes Element des Definitionsbereichs ermittelt werden soll, so muß man die Funktion auf dieses Element „anwenden“. Die konkrete Realisierung dieser Funktionsanwendung interessiert den Programmierer, der dem funktionalen Modell folgt, nicht: Im Idealfall ist der Wert unmittelbar gegeben. Die durch die Programmiersprache bestimmte Notation für solche Funktionsanwendungen, oft „Ausdruck“ genannt, repräsentiert daher für den im funktionalen Modell denkenden Pro-

grammierer den Wert und nicht einen Prozeß, der zur Ermittlung des Wertes führt.
Der diesem Modell folgende Programmierer wird konsequent einen Stil verfolgen, in dem die konkrete Reihenfolge der Aktionen, die eine konventionelle Maschine durchführt, um den Wert zu berechnen, keine Rolle spielt. Er benötigt deshalb eine Programmiersprache, die folgendes bereitstellt:

- Grundfunktionen, über die man verfügen kann,
- Mittel zur Beschreibung der Definitions- und Wertebereiche von Funktionen,
- Mittel zur Kombination der Grundfunktionen,
- Mittel zur Einführung neuer „höherer“ Funktionen.

Das **objekt-orientierte Modell** geht von der Erfahrung des Dialogs mit Rechnern aus. In der elektronischen Rechenanlage stellt man sich eine Welt von Objekten vor, die untereinander kommunizieren. Die Kommunikation erfolgt durch Senden und Empfangen von Nachrichten, die selbst spezielle Objekte sind. Wenn ein Objekt eine Nachricht sendet, so muß es den Empfänger kennen. Die Nachricht enthält Angaben über eine zu leistende Aufgabe und eventuell Objekte, die zur Erfüllung dieser Aufgabe erforderlich sind. Der typische Fall liegt dann vor, wenn das empfangende Objekt mit diesen Argumentobjekten Operationen durchführen soll. Der Empfänger kann die Nachricht beantworten oder nur seine Aufgabe ausführen.
Der Programmierer als Dialogpartner dieses Systems von Objekten kann vom Terminal aus Nachrichten senden. Dadurch kann er Kommunikationsaktivitäten auslösen, Teile der Objektwelt sichtbar machen oder um Antworten bitten. Die Programmiersprache bietet ihm eine Notation für diese Nachrichten, die damit eine externe Repräsentation der Nachrichtenobjekte ist. In der Notation müssen Elemente zum Ansprechen (Referenzieren) von existierenden Objekten vorhanden sein. Dies sind Namen von Objekten oder Beschreibungen von Referenzierungsnachrichten, die an direkt oder vermittelt angesprochene Objekte gesendet werden, um das Ansprechen zu besorgen.
Da es unbequem ist, Objekte nur über Namen oder vermittelt anzusprechen, sollte die Programmiersprache eine externe Notation für häufig verwendete Objektklassen bieten. Diese muß nicht unbedingt eine eindeutige Beziehung zu den Objekten herstellen: Wichtig ist nur, daß ein Objekt mit hinreichend gut bestimmten Eigenschaften angesprochen wird.
Durch Kommunikation von Objekten kann der Programmierer neue Objekte herstellen. Dabei entspricht die Planung der Methoden, mit denen die neuen Objekte empfangene Nachrichten verarbeiten, der Programmierung in den beiden anderen Maschinenmodellen. Die wichtigste Grundhandlung, aus der diese Methoden bestehen, ist das Senden von Nachrichten.
Somit benötigt der Programmierer, der im objekt-orientierten Stil programmieren will, eine Sprache, die zur Planung von Methoden und zum Senden von Nachrichten geeignet ist. Sie sollte daher

- Repräsentationen für primitive Objekte,
- Mittel, um Objekte zu benennen,
- Mittel, um Nachrichten zu notieren,
- Mittel, um Objekte zu kombinieren,
- Mittel, um Objekte zu klassifizieren,

enthalten.

Das objektorientierte System sollte entsprechende primitive Objekte zur Verfügung halten, von denen bekannt ist, wie sie auf bestimmte Nachrichten reagieren. Aus einer höheren Warte können wir die Anforderungen an die Programmiersprachen zusammenfassen. In allen drei Programmierstilen benötigen wir

- primitive Sprachelemente (für Datenkonstanten, Definitions- und Wertebereiche, externe Repräsentation primitiver Objekte; Grundoperationen, Grundfunktionen, Grundaufgaben),
- Mittel zur Kombination, mit denen man Teile — sowohl die primitiven als auch die durch einen Kombinationsprozeß entstandenen — zu größeren Einheiten verbinden kann (für Datenstrukturen, Definitions- und Wertebereiche, Objekte, Operationen, Funktionsanwendungen, Nachrichten),
- Mittel zur Abstraktion, durch die gleichartige Einheiten in einer Klasse vereinigt, durch Zuordnung eines Namens begrifflich gefaßt und angesprochen werden können.

1.4 Grundbausteine der Programmierung in LISP

LISP zeichnet sich dadurch vor anderen Programmiersprachen aus, daß unter Annahme aller drei Modelle programmiert werden kann. Der Programmierstil ist also freigestellt. Ohne Zweifel war beim Entwurf der Sprache das konventionelle Modell maßgebend. Lange Zeit gab es Programmierer, die in den Kategorien dieses Modells dachten und einen konventionellen Programmierstil hatten, und es gibt sie noch heute.
Andererseits hat McCarthy in der schon erwähnten theoretischen Arbeit (McCarthy (1960)), in der die Grundlagen von LISP gelegt wurden (nachdem es schon existierte), eine Teilsprache ausgezeichnet, das „reine LISP“ (engl. Pure LISP), in der man ganz streng nach dem funktionalen Modell vorgehen kann. Zur praktischen Programmierung wurde das „reine LISP“ nie verwendet, weil die Implementationen zu ineffizient waren. Das muß aber nicht so bleiben.
Funktionale Programmiersprachen — manchmal im Unterschied zu den konventionellen „prozeduralen“ Sprachen auch „applikativ“ genannt, weil der prozeduralen Verwirklichung der Funktionsanwendung (-applikation) keine Aufmerksamkeit gewidmet wird — haben jedoch in letzter Zeit eine bemerkenswerte Renaissance erfahren.
Schließlich hat man beim Betrachten des für objekt-orientierte Programmiersprachen wie Smalltalk entwickelten objekt-orientierten Maschinenmodells festgestellt, daß ein LISP-System als Beispiel einer solchen Welt von Objekten verstanden werden kann. Es ist interessant, zu sehen, wie parallel zur Popularisierung des objekt-orientierten Modells vergleichbare Stilelemente in LISP-Programmen auftraten. In der „datengesteuerten Programmierung“ kann man eine Zusammenfassung solcher Elemente beobachten.
Ein Lehrbuch der Programmierung wird immer von einem bestimmten Modell ausgehen müssen, selbst wenn die Programmiersprache mit mehreren verträglich ist. Wir wollen das konventionelle Modell nicht verwenden, weil es Besonderheiten von LISP (interpretative Abarbeitung im Dialog, automatische Speicherver-

waltung, Programme als Datenstrukturen) nicht vollständig und einfach behandeln läßt. Wir können das funktionale Modell nicht zu Grunde legen, weil wir das ganze LISP als Gegenstand behandeln wollen und nicht nur eine Teilsprache. Demgemäß bauen wir auf dem objekt-orientierten Maschinenmodell auf. Doch werden wir uns nicht ganz streng an die für dieses Modell üblichen Sprechweisen halten und mit den beiden anderen Modellen verknüpfte Begriffe benutzen. So werden wir nur ausnahmsweise Objekte als aktiv, als Nachrichten beantwortend ansehen. Wir unterscheiden zwischen den passiven Datenobjekten und den aktiven (aber möglicherweise passive Objekte als Komponenten enthaltenden) Funktionsobjekten. Wir sprechen nicht von Nachrichtensenden, sondern von Funktionsanwendung (Funktion bzw. Operator wird auf Argumentobjekte angewendet). Für „Nachricht" verwenden wir „Term".
Wir wollen uns vorstellen, daß im Rechner eine Welt von Objekten existiert. Einige davon können aktiv sein (Funktionsobjekte), andere sind nur passiv (Datenobjekte). Wenn nicht ein menschlicher Dialogpartner diese Welt durch Nachrichten belebt, ereignet sich nichts.
Es gibt ein Funktionsobjekt, das auf Eingaben vom Terminal wartet. Wir nennen es „LISP-Interpreter" (kurz: Interpreter). Es bekommt die auf das Terminal geschriebene Folge von Zeichen, nachdem sie zu einem Nachrichtenobjekt konvertiert wurde, und wertet dieses aus. Dabei können andere Funktionsobjekte aktiviert, neue Objekte gebildet oder bereits existierende modifiziert werden. Als Resultat der Auswertung sendet der LISP-Interpreter ein Objekt als Antwort an das Terminal. Dieses Objekt kann identisch mit dem ursprünglichen auszuwertenden Objekt sein, es kann gerade gebildet oder ein vor der Auswertung schon vorhandenes Objekt sein. Seine externe Repräsentation — falls es sie gibt — wird auf dem Terminal wieder sichtbar gemacht.
Die Objekte werden in **„Typen"** klassifiziert. Jedes Objekt „besitzt einen Typ", der durch Anwenden einer bestimmten Funktion festgestellt werden kann. Diesen Typen sind die Grundfunktionen zugeordnet, normalerweise gruppiert in **Konstruktions-**, **Selektions-** und **Modifikationsfunktionen** (zur Erzeugung von Objekten des Typs, zum Zugriff auf „Komponenten"-Objekte bzw. zum Ändern von Objekten des Typs durch Auswechseln gewisser Komponentenobjekte).
„Grundfunktionen" nennen wir die primitiven, d. h. nicht zerlegbaren oder mit Hilfe anderer Funktionen nicht definierbaren Funktionen, die über einem Objektbereich eingeführt werden und diesen charakterisieren (weil sie zeigen, was man mit den Objekten des Typs „machen" kann).
Wir verwenden auch das Wort **„Operation"** (als Name bzw. als Symbol für eine Operation steht der Operator), wenn eine Funktion vorliegt, die Objekte oder Tupel von Objekten eines gewissen Typs in Objekte des gleichen Typs abbildet. So sprechen wir etwa von der Operation der Addition von natürlichen Zahlen usw.
Wir erinnern daran, daß die „Funktionen", von denen wir sprechen, nicht mit den abstrakten mathematischen Funktionen identisch sind. Es handelt sich vielmehr um Prozeduren in einem Programmsystem. Die Prozeduren in LISP, denen die Funktionsobjekte in der internen Welt entsprechen, können Eigenschaften haben, die am einfachsten durch Bezugnahme auf die Abarbeitungsreihenfolge erklärt werden. Hinzu kommt, daß modifizierende Funktionen mathematisch schwer vorstellbar sind: Eine Funktion, die einem Argument einen Wert mit einer geänderten Komponente zuordnet, bildet dieses Argument schlicht auf

ein anderes Element des Wertebereichs ab. Es läßt sich nicht erfassen, daß dieser Wert mit dem Argument „identisch" ist.
Dennoch werden wir durchweg von „Funktionen" sprechen und auch, selbst bei Modifikationsfunktionen, Definitions- und Wertebereiche angeben. Der Leser sei sich des Unterschieds zum mathematischen Funktionsbegriff bewußt!
Wir wollen noch eingestehen, daß das objekt-orientierte Modell für Zahlen etwas verrückt erscheint. Das liegt daran, daß Zahlenobjekte sich mit der Zeit nicht ändern (es gibt keine Modifikationsfunktionen). Daß durch Verwendung einer Ziffernkette als Teil der externen Repräsentation des Objekts, das dann ausgewertet wird, tatsächlich die Zahl erst erzeugt wird und nicht schon vorhanden ist, mutet uns seltsam an. Wir gehen wohl alle davon aus, daß Zahlen schon immer existieren. Das vorherrschende Weltbild der Mathematiker ist das platonische, in dem die abstrakten Dinge „objektiv existieren". Für die internen Objekte können wir diese Sicht jedoch nicht teilen. Nur von Anfang her gegebene (d. h. im LISP-System bereits erzeugte) oder vom Programmierer hinzu konstruierte (durch Eingeben externer Notationen oder Anwenden von Konstruktionsfunktionen) Zahlenobjekte existieren. Auch können prinzipiell zwei gleiche Zahlenobjekte mehrmals existieren. Freilich ist das Vorhandensein solcher gleichen Objekte im Falle der Zahlen eher störend, weil es keine Anwendungsbeispiele gibt, wo man sich für andere Dinge als den Wert interessiert.
Welches Wissen über LISP benötigt der zukünftige LISP-Programmierer nach diesem modifizierten objekt-orientierten Modell?
Er sollte

- die verschiedenen Typen von primitiven Datenobjekten, die zugeordneten Grundfunktionen und externe Repräsentation,
- die externe Repräsentation der Funktionsanwendungen, der Nachrichten,
- die Methoden, um Datenobjekte zu kombinieren,
- die Methoden, um Funktionen bzw. Operationen zu kombinieren,
- die Abstraktionsmethoden für zusammengesetzte Funktionen bzw. Operationen und Daten

kennen.

1.5 Der Inhalt dieses Lehrbuches

In Kapitel 2 stellen wir die einfachsten Terme (Nachrichten) vor, mit denen wir das LISP-System aktivieren können. Wir demonstrieren an Beispielen, wie einfach dies ist. Dann sprechen wir darüber, wie mit den Objekten umgegangen wird. Um weitergehen zu können, benötigen wir ein Grundvokabular an primitiven Objekten und zugehörigen Grundfunktionen. Wir stellen diese in Kapitel 3 zusammen und beschreiben auch die konventionelle externe Repräsentation dieser Objekttypen. Damit sind dann einfache Beispiele beliebiger Art möglich.
Damit der Leser verstehen kann, was bei der Verarbeitung dieser Terme vor sich geht, besprechen wir in Kapitel 4 die einfachsten Regeln der Auswertung.
LISP-Programmierung bedeutet, daß Funktionen zu entwerfen und zu implementieren sind. Wir zeigen in Kapitel 5, daß der Weg zu Funktionsdefinitionen

mit Hilfe der Abstraktion beschritten wird. Da in Funktionen bedingte Ausdrücke eine große Rolle spielen, werden diese noch im gleichen Kapitel behandelt. Im 6. Kapitel werden wir dann das Zusammenspiel von Datenstrukturen und Funktionsstrukturen besprechen. Als wesentliche Elemente werden Iteration und Rekursion behandelt. Spezielle Klassen von Funktionen werden in Kapitel 7 behandelt. In Kapitel 8 erklären wir, wie in LISP die Ein-/Ausgabeaktionen mit Hilfe von Funktionen ausgeführt werden können. Im 9. Kapitel beschäftigen wir uns mit Funktionsobjekten und verwenden sie als aktive Objekte in der objektorientierten Programmierung. In Kapitel 10 zeigen wir, daß Abstraktion nicht auf funktionale Elemente allein beschränkt sein sollte. Datenabstraktion läßt sich besonders günstig im objekt-orientierten Programmierstil ausführen. Ein größeres Anwendungsbeispiel demonstriert den Nutzen der gelernten Programmiertechniken. In Kapitel 11 betrachten wir Objekte, die auch als aktive Auslöser von Berechnungen verstanden werden können, indem wir Datenstrukturen besprechen, die Regeln repräsentieren. Wir zeigen, wie man in LISP Verarbeitungssysteme für solche Regeln programmieren kann. Im 12. Kapitel wird dann diese Technik auf LISP selbst angewandt. Wir haben nun soviel über LISP gelernt, daß wir einen LISP-Interpreter in LISP schreiben können. Abschließend behandeln wir die Prinzipien der LISP-Compilation.

1.6 Literaturhinweise

Zu 1.1:

a) Stoyan (1980) gibt einen Überblick über die Begriffswelt von LISP, stellt Anwendungsgebiete vor und diskutiert Besonderheiten.
b) Allen (1978) ist ein hervorragendes Buch für den LISP-Kenner zur Vertiefung des Verständnisses der Sprache und ihrer Implementierung.
c) Winston-Horn (1981) ist unserer Meinung nach das bisher beste englischsprachige LISP-Lehrbuch. Es betont zu wenig Stilfragen, läßt wichtige Elemente aus, gibt aber interessante Programmierbeispiele und eine solide Einführung in die Grundkenntnisse der LISP-Programmierung.
d) Sussman (1982) gibt einen Überblick über LISP-Programmierung und Implementation von LISP.

Zu 1.2:

a) Stoyan (1980) gibt einen Überblick über die Entwicklungsgeschichte von LISP.
b) Der Sammelband von Wexelblat (1980) enthält Erinnerungen verschiedener Schöpfer von Programmiersprachen an die Zeit, in der sie die betreffende Programmiersprache entwarfen und definierten.

Zu 1.3:

Eng mit dem Maschinenmodell als Grundlage eines Programmierstils ist die Auffassung von der Semantik von Programmiersprachen verbunden. Die Literatur zu diesem Gebiet ist groß. Eine einführende deutsche Quelle kann jedoch nicht empfohlen werden.
Die Einführung in die Informatik von Bauer und Goos (3. Aufl. 1982) geht von einem funktionsorientierten Maschinenmodell aus — der Formularmaschine. Für die Programmierung wird eine Teilsprache von ALGOL 68 benutzt. Das konventionelle Maschinenmodell bildet die Grundlage des Kapitels über maschinenorientierte Programmierung. Hier werden die übrigen Sprachelemente zur Programmierung verwendet. Frühere Auflagen des Lehrbuchs (1971, 1974) basierten noch durchgehend auf dem konventionellen Maschinenmodell.

Henderson (1978) legt das funktionale Maschinenmodell zu Grunde. Sein Buch ist einfach und kann mit dem vorliegenden Lehrbuch parallel gelesen werden, um die Unterschiede im Stil deutlich zu machen.
Manna (1974) ist eine allgemeine Einführung in theoretische Grundlagen von Programmiersprachen. Stoy (1977) und Gordon (1979) sind empfehlenswerte Lehrbücher über die mathematische (funktionale, denotationale) Semantik von Programmiersprachen.
In Stoyan und Wedekind (1983) sind deutsche Arbeiten zur objekt-orientierten Programmierung enthalten. Dort haben Stoyan und Görz eine Übersicht über die Grundsätze der objekt-orientierten Programmierung veröffentlicht. Diese Arbeit enthält auch Verweise auf einschlägige Literatur.

1.7 Übungen

1.1: Welches Maschinenmodell liegt Ihrer Meinung nach den Ihnen bekannten Programmiersprachen (z. B. Pascal, FORTRAN, COBOL, APL, usw.) zu Grunde?

1.2: Stellen Sie die primitiven prozeduralen Elemente dieser Sprachen in einer Übersicht zusammen!

1.3: Welche Mittel zur Kombination bieten diese Programmiersprachen?

1.4: Welche Mittel zur Abstraktion bieten diese Programmiersprachen?

2 Einfache Terme und der Umgang mit Objekten

2.1 Einfache Terme

Um einen Dialog allereinfachster Art mit dem LISP-System führen zu können, setzen wir die Kenntnis des Gegenstandsbereichs der natürlichen Zahlen voraus.
Wir wollen uns vorstellen, daß wir am Terminal säßen und das LISP-System zur Eingabe bereit sei. Dies zeigt es durch Ausgabe eines „Prompt-Zeichens“ an:

```
>
```

Die Eingabemarke („Cursor“) bleibt hinter dem Prompt-Zeichen stehen und lädt uns ein, etwas einzugeben. Wenn wir das tun und tippen

```
(+ 1 1)
```

antwortet das LISP-System mit

```
2
```

Danach wird wiederum das Prompt-Zeichen ausgegeben, womit das LISP-System uns auffordert, seine Dienste erneut in Anspruch zu nehmen. Wir tun dies mit:

```
> (- 10 7)
3

> (* 5 5)
25

> (/ 10 5)
2

> (+ 1.44 3)
4.44

> (MUL 2 3.14159 1.5)
9.42477
```

Die Eingaben sind Ausdrücke etwa gleicher Gestalt:

```
( ADD          1  2  3  4  5 )
   ↑               ↑
Operator      Operanden, Argumente
```

Solche Ausdrücke nennen wir **Terme** (auch: „**Formen**"). Die Ausgaben sind die **Werte** der Terme.
Den Wert eines Terms erhält man durch Anwenden des Operators (der Funktion) auf seine (ihre) **Argumente** (Operanden). Wie im ersten Kapitel ausgeführt, sprechen wir auch von der „Funktionsanwendung" — seltener vom „Nachrichtensenden".
In der syntaktischen Beschreibung mit der bekannten Backus-Normal-Form ergibt sich:

```
<Term>       ::= (<Operator> <Operanden>)
<Operanden>  ::= <Operand> <Operanden> ! <leer>
```

Die in LISP verbindliche Konvention, den Operator vor die Argumente zu schreiben, wird als „Präfix-Notation" bezeichnet (auch: Polnische Notation, nach der polnischen Logikerschule um Lukasiewicz).
Andere bekannte Schreibweisen für Terme (Ausdrücke):

CNCabc	Lukasiewicz' klammernfreie Präfixnotation für die Logik ($= \neg (a \longrightarrow b) \longrightarrow c$)
PLUS+1+2+3+4+5	Kosters CDL-Präfixnotation (Affixgrammatik)
f(a,b,c)	verschiedene Schreibweisen der Mathematik
fx	
$f \circ x$, $x \circ f$	
$\int F\, dx$	(F ist Argument)
a+b	Infixnotation
(fa)	Lambda-Kalkül

Wir sehen also, daß die LISP-Notation keineswegs ungewöhnlich ist. Im Unterschied zur strengen Präfix-Notation verwendet sie Klammern. Diese sind, weil Operatoren in LISP nicht unter Berücksichtigung von Prioritäten geordnet sind, im Grunde genommen überflüssige syntaktische Zeichen, die zur Gruppierung dienen: Sie sollen eine Struktur erkennen lassen, um das Verständnis zu erleichtern. Durch die explizite Klammerung wird angezeigt, auf wieviele Argumente ein Operator wirken soll. Oft, wie etwa im Falle des Divisionsrests, ergibt sich diese Anzahl schon zwangsläufig durch den Operator. Wird eine falsche Anzahl von Argumenten angegeben, so kann dies zu Ausnahmesituationen, zu Fehlern, führen.
Demgegenüber sind auch Operatoren zulässig, die auf eine unterschiedliche Anzahl von Argumenten anwendbar sind. Ein Beispiel dafür ist der Operator ADD.
Terme sind in LISP das *einzige Mittel*, um Funktionen auf Daten anzuwenden, d.h. um Funktionsobjekte zu aktivieren. Um dieses Mittel ausschöpfen zu können, müssen wir die Grundfunktionen kennen. Wie können wir uns auf sie beziehen? **Wir verwenden Namen**.

2.2 Bezugnahme auf Objekte

Alle Objekte in einem LISP-System können wir entweder direkt benennen, oder wir können uns über benennbare Objekte direkt oder indirekt auf sie beziehen. Benennen bedeutet Verwendung eines Namens. Namen dienen nicht nur dazu, diese Referenz möglich zu machen. Vielmehr bringen sie eine Bezugnahme auf Gegenstände, Sachverhalte usw. der „realen Welt" zum Ausdruck, von denen die Berechnung handelt. Der Programmierer benötigt diese Beziehung, um sich in seinen Programmen zurecht zu finden.
Namen ermöglichen auch eine abgekürzte Referenz: Es kann sein, daß Objekte eine sehr komplexe Struktur haben, so daß die externe Repräsentation sehr aufwendig wäre.
Direkte Bezugnahme auf Objekte unter Vermittlung anderer Objekte bedeutet, daß wir Objekte namentlich kennen, auf deren Komponentenobjekte wir uns beziehen wollen. Die vermittelnden Objekte können mittels sog. **Selektionsfunktionen** zur Referenz verwendet werden.
Indirekte Bezugnahme auf Objekte unter Vermittlung anderer Objekte bedeutet, daß es mehrere Vermittlungsstufen gibt, für die eventuell unterschiedliche vermittelnde Objekte und unterschiedliche Selektionsfunktionen verwendet werden müssen.
Wenn weder Namen noch Bezugnahmen auf ein Objekt mehr möglich sind, dann gibt es keine Möglichkeit, es zu reaktivieren: „Aus den Augen, aus dem Sinn"! Diese Situation kann sich ergeben, wenn der letzte Name des betreffenden Objekts zur Benennung eines anderen Objekts verwendet wurde, oder wenn in der Kette vermittelnder Objekte eine Modifikation durchgeführt wurde, die die letzte Verbindung zu dem fraglichen Objekt unterbricht.
Auch Namen sind Objekte. Sie heißen „**Symbole**". Symbole werden in der Regel durch ihre externe Repräsentation eindeutig identifiziert. Wir lernen mehr über sie im folgenden Kapitel. Das durch den Namen bezeichnete Objekt nennen wir „**Wert**" des Symbols.
Wir hatten oben gesagt, daß es Objekte geben kann, deren externe Repräsentation nicht eindeutig ist. Wenn ein Objekt diese Eigenschaft hat und die Eindeutigkeit der Bezugnahme wichtig ist, ist die Verwendung des Namens die einzige Methode, um ein bestimmtes Objekt wiederholt zu referieren (anzusprechen). Eine Reihe von Objekten, z. B. die im LISP-System implementierten Grundfunktionen, haben bereits einen Namen erhalten, wenn das System startet.

2.3 Umgang mit Objekten

Objekte haben eine **Identität**: Man kann unterschiedliche Objekte aus denselben Komponenten bilden. Besonders deutlich sichtbar wird die Identität eines Objektes, wenn durch Modifikationsfunktionen Änderungen an den Komponenten vorgenommen werden.
Die für den Identitätstest vorgesehene Funktion heißt **EQ**. EQ hat als Definitionsbereich die Menge der Paare von beliebigen Objekten und als Wertebereich

die Menge BOOL der Symbole T und NIL. Wenn wir EQ auf zwei Argumente anwenden, so ist der Wert T, wenn es sich beide Male um ein und dasselbe Objekt handelt. Im anderen Falle ist der Wert NIL.
Die Identität spielt deshalb eine wichtige Rolle, weil Objekte sich mit der Zeit verändern können!
Objekte sind von einer bestimmten Art; wir sagen: sie haben einen Typ. Dieser kann jederzeit abgefragt werden mit der Funktion **TYPE**. Diese bildet beliebige Objekte auf Symbole ab, die zur Typbezeichnung dienen. Dies sind: FIX, FLOAT, CHAR, STRING, ATOM, SUBR, FSUBR, LSUBR, EXPR, FEXPR, MACRO, CLOSURE und LIST (für ganze Zahlen, Gleitkommazahlen, Zeichen, Zeichenketten, Symbole, Funktionsobjekte verschiedener Arten bzw. für Paare).

2.4 Die externe Repräsentation von Objekten

Für eine Reihe von Objekten gibt es eine **externe Repräsentation**. Das gilt, wie wir gesehen haben, für Zahlen und Symbole. Auch Zeichen haben eine externe Repräsentation.
Mit ihr bezieht man sich auf ein Objekt (mit eben dieser externen Repräsentation), das zum Zeitpunkt der Angabe der externen Repräsentation unmittelbar erzeugt wird. Eine mehrfache Bezugnahme auf ein solches Objekt ist im allgemeinen nur möglich — für Symbole gelten Ausnahmen —, wenn man ihm einen Namen gegeben hat oder es als Teil eines Objekts, auf welches man sich beziehen kann, eingeführt hat.
Im Falle der Symbole sind die Möglichkeiten für die Bezugnahme (Referenz), Erzeugung und Vernichtung beschränkt. Normalerweise wird bei der Erzeugung eines Symbols in einer **Symboltabelle** (Object List, ObList) nachgesehen, ob dieses Symbol bereits existiert (genauer: Ob ein Symbol mit dem **gleichen Namen** schon existiert). So wird bei Angabe der externen Repräsentation eines Symbols kein neues erzeugt, falls schon eines — in der Symboltabelle — existiert, das eben dieselbe externe Repräsentation hat. Dadurch ist Bezugnahme auf Symbole möglich, ohne daß der Programmierer sich Sorgen um Namen oder Referenzobjekte machen muß: Das System hält die Symbole in einer Datenstruktur referenzierbar.
Da somit auf sie stets Bezug genommen werden kann, benutzt man Symbole hauptsächlich, um Objekten Namen zuzuordnen. Typischerweise verfährt man dabei so, daß das zu benennende Objekt dem Symbol als Wert zugeordnet wird, obwohl Symbole noch andere Komponenten haben können.
Den Vorgang, bei dem eine Bezugnahme auf Symbole mittels einer Symboltabelle hergestellt wird, wobei entweder die Erzeugung des Symbols storniert und das entsprechende vorhandene verwendet wird oder ein neues erzeugt **und** in die Symboltabelle aufgenommen wird, nennt man „Intern-Machen“ (interning).
Im Unterschied dazu kann man Symbole mit Hilfe der Funktion **GENSYM** erzeugen. In diesem Falle geschieht dies **ohne** Intern-Machen. Ein solches Symbol ist nur indirekt, d. h. nicht über den von GENSYM gelieferten Namen, referenzierbar. Dabei gibt es folgende Komplikation: Wenn durch Angabe einer externen Repräsentation ein weiteres Symbol mit gleicher Darstellung erzeugt und

intern gemacht wurde, wird nur auf dieses spätere Bezug genommen. Es gibt dann zwei Symbole mit gleichem Namen.
Nicht in jeder LISP-Implementation ist die Symboltabelle ein Objekt oder kann durch den Programmierer explizit manipuliert werden. In der Regel gibt es jedoch eine Funktion, um Symbole bewußt aus der Symboltabelle zu entfernen: in TLC-LISP heißt sie REMOVE.
Für Zahlen-Objekte und Zeichen-Objekte wird üblicherweise eine ähnliche Objekt-Eindeutigkeit garantiert. Das heißt: Zwei Objekte dieser Typen sind identisch („EQ-gleich"), wenn sie dieselbe externe Repräsentation haben.

2.5 Übungen

2.1/1: Suchen Sie in Logik- oder Mathematiklehrbüchern nach weiteren Schreibweisen für Terme (Ausdrücke)!

2.1/2: Schreiben Sie arithmetische Ausdrücke in Präfixnotation,
z. B. a + b * c, i – j / u * v, etc.!

2.1/3: Schreiben Sie junktorenlogische Formeln in Präfixnotation,
z. B. a ∨ (¬ a), (a & b) –> (b & a), etc.!

3 Primitive Datenobjekte — zugeordnete Grundfunktionen und externe Repräsentation

In diesem Kapitel wollen wir systematisch die primitiven Datenobjekte, die ihnen zugeordneten Grundfunktionen und ihre externe Repräsentation vorstellen. Leider gibt es schon hier Unterschiede zwischen den verschiedenen LISP-Dialekten; somit gelten die Aussagen strenggenommen nur für den von uns verwendeten Dialekt „TLC-LISP". Dennoch dürfen die Unterschiede auch nicht überbetont werden, denn bezüglich der Prinzipien der Programmierung sind sie nicht so wichtig. Wenn man aber Programme in mehreren verschiedenen Systemen ablaufen lassen will, lösen gerade die kleinsten Unterschiede oft peinliche Fehler aus.
Die folgende Aufstellung hat auch den Sinn, einen „Standardvorrat" an Grundoperationen einzuführen.
Für die Beschreibung der externen Repräsentation der verschiedenen Typen von Objekten bedienen wir uns einer Erweiterung der schon verwendeten Backus-Normal-Notation. Syntaktische Einheiten werden in besondere Klammern eingeschlossen, um die Art des Auftretens zu vermitteln: Geschweifte Klammern benutzen wir, um anzuzeigen, daß ein Konstrukt **wiederholt** auftritt. Eckige Klammern benutzen wir, um das **mögliche**, aber nicht erforderliche Auftreten eines Sprachelements zu beschreiben.
Um die Funktionen mit Definitions- und Wertebereich sowie ihrer Stelligkeit beschreiben zu können, bedienen wir uns der in der Mathematik üblichen Notation:

f: A x B ⟶ C

Dieser Ausdruck bedeutet, daß die Funktion f Paare aus A x B (d.h. Paare mit dem ersten Element aus A und dem zweiten Element aus B) in Elemente aus C abbildet. f hat also zwei **Argumente**: das erste stammt aus A und das zweite aus B.
Der Einfachheit halber werden wir auch Modifikationsfunktionen derart beschreiben, etwa

A1-Modfun: A x B ⟶ A.

Das bedeutet nicht, daß die Modifikation von Elementen aus A durch Konstruktion entsprechender Elemente (mit der A1-Komponente aus B) vollzogen wird. Bei den Modifikationsfunktionen ist stets zu berücksichtigen, daß **ein Objekt verändert wird, seine Identität aber erhalten bleibt**.
TLC-LISP kennt folgende Typen von Objekten: **Zahlen**, **Zeichen**, **Zeichenketten**, **Symbole**, **Funktionsobjekte** und **Paare**. Wir verwenden NUMBER als Bezeichnung für die Menge der Zahlen, FIXNUM für die Menge der ganzen Zahlen, FLONUM für die Menge der reellen Zahlen, die durch Gleitkommazahlen im Rechner darstellbar sind. CHAR bezeichnet die Menge der Zeichen (alle 128 ASCII-Zeichen), STRINGS die Menge der Zeichenketten, SYMBOL die Menge der Sym-

bole, BOOL die Menge {T,NIL} — eine Teilmenge von SYMBOL. Schließlich nennen wir die Menge der Funktionsobjekte FUNCTION, die Menge der Paare PAIR und die Menge aller Objekte OBJ.
BOOL ist vorgegeben; sollte der Benutzer eines seiner Elemente zerstören, arbeitet das System nicht mehr fehlerfrei.
Wir gehen im allgemeinen von einer **konstruktiven Definition** dieser Mengen aus: Nur die Objekte des jeweiligen Typs, die zu einem bestimmten Zeitpunkt (wenn die Funktion angewendet wird) existieren, liegen in der Menge. Bei Konstruktionsfunktionen bekommen wir hier Schwierigkeiten, weil sich der Wertebereich ändert. Dies ist zu beachten, obwohl wir es nicht in der Notation berücksichtigen.
Wir haben drei Sorten von Konstruktionsfunktionen: Die **Verknüpfungen** konstruieren neue Objekte auf Grund von Argumentobjekten desselben Typs. Die **„echten" Konstruktionsfunktionen** konstruieren neue Objekte, indem sie die Argumente zu Komponenten des neuen Objekts verwenden (oder Standardkomponenten benutzen). Die **Konvertierungsfunktionen** konstruieren neue Objekte aus Objekten anderen Typs.
Für jeden Typ von Objekten gehen wir im folgenden so vor, daß zuerst die externe Repräsentation beschrieben wird. Danach stellen wir die relevanten Grundfunktionen zusammen: Beginnend mit der **Typprüfungs-Funktion**, stellen wir dann die Konstruktions-, Selektions- und Modifikationsfunktionen vor. Falls es zu dem Typ besondere Vergleichsfunktionen gibt, bilden diese den Abschluß.
Alle Typprüfungsfunktionen liefern das Symbol T, wenn das Argumentobjekt von dem jeweils korrespondierenden Typ ist, und sonst NIL.

3.1 Zahlen

Zahlen sind Objekte, die **keine** echte Komponente haben („echt" in dem Sinne, daß die Komponente ein LISP-Objekt ist). Der numerische Wert charakterisiert die Zahlenobjekte (indem er das Ergebnis von Operationen und Vergleichen bestimmt), ist jedoch für den Programmierer **nicht** unabhängig von dem Zahlenobjekt selbst zugänglich.
Wie in den meisten Programmiersprachen unterscheidet man auch in LISP mindestens zwei Arten von Zahlen: **Ganze Zahlen** — die Elemente von FIXNUM — (Festkommazahlen, „Integers", im LISP-Jargon auch „Fixnums" genannt) und **Gleitkommazahlen** — die Elemente von FLONUM — („Reals", auch „Flonums").

3.1.1 Funktionen, die für alle Typen von Zahlen verwendbar sind

Typ-Prüfung erfolgt mit der Funktion NUMBERP.

NUMBERP : OBJ ⟶ BOOL

Zur Verknüpfung von Zahlenobjekten (als Ergebnis entstehen neue Zahlenobjekte) dienen die Funktionen ADD, SUB, MUL und DIV.

ADD : NUMBER x ... x NUMBER ⟶ NUMBER
SUB : NUMBER x ... x NUMBER ⟶ NUMBER
MUL : NUMBER x ... x NUMBER ⟶ NUMBER
DIV : NUMBER x ... x NUMBER ⟶ NUMBER

Diese vier Funktionen sind also n-stellig (n = 2, 3, ...); sie entsprechen den Grundoperationen im Zahlenkörper. Bei SUB werden die hinteren Argumente von dem ersten abgezogen, bei DIV wird das erste durch das Produkt der folgenden Argumente dividiert. [1]

(ADD 1 2 3) ergibt 6
(SUB 7 2 2) ergibt 3
(MUL 3 3 3) ergibt 27
(DIV 24 2 3) ergibt 4.

Zum Vergleich von Zahlenobjekten dienen GT, GE, LT und LE.

GT : NUMBER x NUMBER ⟶ BOOL
GE : NUMBER x NUMBER ⟶ BOOL
LT : NUMBER x NUMBER ⟶ BOOL
LE : NUMBER x NUMBER ⟶ BOOL

GT liefert als Resultat T, wenn das erste Argument echt größer als das zweite Argument ist. GE liefert dasselbe Ergebnis, wenn das erste Argument größer oder gleich dem zweiten Argument ist. LT liefert T, wenn das erste Argument echt kleiner als das zweite Argument ist. LE wiederum liefert T, wenn das erste Argument kleiner oder gleich dem zweiten Argument ist.

(GT 2 1) ergibt T,
(GT 1 1) ergibt NIL,
(GE 1 1) ergibt T,
(LT 1 2) ergibt T,
(LT 1 1) ergibt NIL,
(LE 1 1) ergibt T,
(LE 2 1) ergibt NIL.

In TLC-LISP ist EQ **für Zahlenobjekte benutzbar**, weil es in diesem Falle den Zahlenwert berücksichtigt.

3.1.2 Ganze Zahlen

3.1.2.1 Externe Repräsentation

Ganze Zahlen (**Integers**, Fixnums) haben eine Repräsentation, die von der entsprechender Konstanten in anderen Programmiersprachen nicht abweicht:

<GanzeZahl> ::= [<Vorzeichen>] { <Ziffer> }
<Vorzeichen> ::= + | −
<Ziffer> ::= 0 | 1 | 2 | 3 | 4 | 5 | 6 | 7 | 8 | 9

1 Für die Beispiele benutzen wir die naiv angenommene externe Notation für ganze Zahlen; siehe (3.1.2.1)

Das bedeutet, daß auf ein mögliches Vorzeichen eine gewisse Anzahl von Ziffern folgt. Die Anzahl der Ziffern ist bestimmt von einer implementationsabhängigen Größenbeschränkung: In TLC-LISP ist die **größte darstellbare Zahl** 8191, die **kleinste darstellbare** Zahl −8191.
Beispiele: 1, +700, −51.

3.1.2.2 Grundfunktionen

Typ-Prüfung erfolgt mit der Funktion FIXP.

FIXP : OBJ ⟶ BOOL

Verknüpfungsoperationen für Integers sind +, −, *, / und REM.

+ : FIXNUM x FIXNUM ⟶ FIXNUM
− : FIXNUM x FIXNUM ⟶ FIXNUM
* : FIXNUM x FIXNUM ⟶ FIXNUM
/ : FIXNUM x FIXNUM ⟶ FIXNUM
REM : FIXNUM x FIXNUM ⟶ FIXNUM

Die ersten drei Funktionen sind die entsprechenden Operationen für ganze Zahlen, / ist die ganzzahlige Division, REM der dabei entstehende Rest.

(/ 10 3) ergibt 3,
(REM 10 3) ergibt 1.

Weitere Verknüpfungsfunktionen:

LOGAND : FIXNUM x FIXNUM ⟶ FIXNUM
LOGOR : FIXNUM x FIXNUM ⟶ FIXNUM
LOGXOR : FIXNUM x FIXNUM ⟶ FIXNUM
COMPL : FIXNUM ⟶ FIXNUM

Mit diesen Funktionen kann die **bitweise** „logische" Verküpfung der als Bitmuster interpretierten Argumente erreicht werden. Die Semantik der ersten drei Funktionen geht aus dem Namen hervor, COMPL bildet das Komplement des Arguments.

(LOGAND 6 12) ergibt 4,
(LOGOR 2 4) ergibt 6,
(LOGXOR 12 10) ergibt 6,
(COMPL 0) ergibt −1,
(COMPL 1) ergibt −2,
(COMPL −1) ergibt 0.

Konvertierungsfunktion ist FIX.

FIX : NUMBER ⟶ FIXNUM

(FIX 1.999999) ergibt 1.

Spezielle **Vergleichsfunktionen** für Integers gibt es nicht.

3.1.3 Gleitkommazahlen

3.1.3.1 Externe Repräsentation

Gleitkommazahlen (**Reals**, Flonums) haben eine externe Repräsentation, die der entsprechender Konstanten in anderen Programmiersprachen sehr ähnlich ist:

<Gleitkommazahl> ::= [<Vorzeichen>] { <Ziffer> } . { <Ziffer> }
[E [<Vorzeichen>] { <Ziffer> }]

Alle folgenden genaueren Spezifikationen sind auf TLC-LISP bezogen: Auf ein optionales Vorzeichen muß **mindestens eine Ziffer** folgen, bevor der Dezimalpunkt kommen darf. Die Anzahl der Ziffern vor dem Punkt darf 37 nicht übersteigen. Beachte aber, daß das System nur sieben Ziffern in der Mantisse hält. Nach dem Punkt können weitere 37 Ziffern folgen. Der Exponent, der nach dem „E" folgt, ist optional. Das System jedoch benutzt ihn bei der Darstellung jeder Gleitkommazahl, die größer und gleich 10.0 und kleiner als 1.0 ist. Im Exponenten dürfen höchstens zwei Ziffern stehen.
Die **größte darstellbare Gleitkommazahl** ist 1.701410E+38, die **kleinste** −1.701410E+38, die **betragskleinste** 1.0E−38.

3.1.3.2 Grundfunktionen

Zur Typ-Prüfung dient die Funktion FLOATP.

FLOATP : OBJ ⟶ BOOL

Die Verknüpfungsfunktionen sind:

+$: FLONUM x FLONUM ⟶ FLONUM
−$: FLONUM x FLONUM ⟶ FLONUM
*$: FLONUM x FLONUM ⟶ FLONUM
/$: FLONUM x FLONUM ⟶ FLONUM

Alle vier Funktionen entsprechen den Grundoperationen im Zahlenkörper (mit **Rundung**!).

(+$ 1.500000 0.000700) ergibt 1.500699,
(−$ 1.555555 0.444444) ergibt 1.111110,
(*$ 1.555555 0.000002) ergibt 3.111109E−6,
(/$ 1.666666 2.000000) ergibt 8.333329E−1.

Konvertierungsfunktion:

FLOAT : NUMBER ⟶ FLONUM

(FLOAT 5) ergibt 5.0

Spezielle Vergleichsfunktionen für Gleitkommazahlen gibt es nicht.

3.2 Zeichen

Auch Zeichenobjekte haben keine echte Komponente. Der eines dieser Objekte charakterisierende Zeichenwert ist dem Programmierer nicht als Komponente zugänglich.

3.2.1 Externe Repräsentation

Zeichenobjekte haben eine externe Repräsentation, die aus einem besonderen Präfixzeichen (dem „Backslash" \) gefolgt von einem ASCII-Zeichen besteht, wenn dieses extern darstellbar ist.

```
<Zeichen>        ::= \ <ASCII-Zeichen>
<ASCII-Zeichen>::= ! | " | # | $ | % | & | ' | ( | ) | * | + | , | — | . | / | 0 |
                   1 | 2 | 3 | 4 | 5 | 6 | 7 | 8 | 9 | : | ; | < | = | > | ? | § |
                   A | B | C | D | E | F | G | H | I | J | K | L | M | N | O | P |
                   Q | R | S | T | U | V | W | X | Y | Z | [ | \ | ] | ^ | _ | ` |
                   a | b | c | d | e | f | g | h | i | j | k | l | m | n | o | p | q |
                   r | s | t | u | v | w | x | y | z | { | | | } | ~.
```

Beispiele: \a, \/, \0.

3.2.2 Grundfunktionen

Typprüfung erfolgt mit CHARP.

CHARP : OBJ ⟶ BOOL

(CHARP 'A) ergibt NIL (weil A ein Symbol ist),
(CHARP \A) ergibt T.

Konvertierungsfunktion ist ASCII.

ASCII : CODE ⟶ CHAR
CHAR ⟶ CODE

mit CODE = {0, 1, 2, ..., 127}; d.h. CODE ist Teilmenge von FIXNUM.

(ASCII 127) ergibt \\,
(ASCII \+) ergibt 43.

Zeichen können zu Objekten eines neuen Typs, zu Zeichenketten, zusammengefügt werden.

3.3 Zeichenketten

Zeichenketten sind Objekte, die aus einer **Folge von Zeichen** bestehen: Sie haben also eine bestimmte Anzahl von Komponenten (Zeichen), die bei ihrer Bildung festgelegt wird. Zwischen diesen Zeichenkomponenten gibt es eine feste **Ordnungsrelation**, so daß vom ersten, zweiten, ..., bis letzten Zeichen gesprochen werden kann.

3.3.1 Externe Repräsentation

Die externe Repräsentation für Zeichenketten besteht aus der in Apostrophen eingeschlossenen Folge von ASCII-Zeichen, die den Komponentzeichen entsprechen (dabei auftretende Apostrophe stehen doppelt, Sonderzeichen fehlen eventuell):

<Zeichenkette> ::= " { <ASCII-Zeichen> } "

Beispiel: Die aus den Zeichen \A, \+, \b, \", \! bestehende Zeichenkette hat die externe Repräsentation:

"A+b""!"

3.3.2 Grundfunktionen

Die Typ-Prüfung von Zeichenobjekten erfolgt mit STRINGP.

STRINGP : OBJ ⟶ BOOL

(STRINGP 'A) ergibt NIL (weil A ein Symbol ist),
(STRINGP \A) ergibt NIL (weil \A ein Zeichen ist),
(STRINGP "A") ergibt T.

Zur Erzeugung einer Zeichenkette geben wir Folgen von Zeichen oder anderen Zeichenketten (deren Zeichen benutzt werden sollen) an, die in der gegebenen Reihenfolge die neue Zeichenkette bestimmen; als Konstruktionsfunktion für die neue Zeichenkette verwenden wir STRING.

STRING : STRCHAR x ... x STRCHAR ⟶ STRINGS

Dabei ist die Menge STRCHAR die Vereinigung von STRINGS und CHAR.

(STRING "ANFANG" \1 "MITTE" \2 "ENDE")

ergibt

"ANFANG1MITTE2ENDE".

Mit den folgenden Selektionsfunktionen kann man auf Komponenten oder Komponentengruppen von Zeichenketten zugreifen:

- mit GETCHAR auf einzelne Komponenten-Zeichen (über ihre Position, eine ganze Zahl):

  GETCHAR : STRINGS x FIXNUM ⟶ CHAR

- mit CHARPOS auf das erste Vorkommen eines Zeichens (um die Position zu ermitteln):

  CHARPOS : CHAR x STRINGS ⟶ FIXNUM

- mit SUBSTRING auf eine Gruppe von aufeinanderfolgenden Zeichen (unter Angabe von Startposition und Länge). Die dabei scheinbar entstehende Zeichenkette ist kein neues Objekt, wie die mit STRING konstruierte, sondern **bleibt** mit allen ihren Komponenten-Zeichen ein Teil der Ausgangskette. **Änderungen in der Teilzeichenkette sind somit Änderungen in der Ausgangs-Zeichenkette**:

  SUBSTRING : STRINGS x FIXNUM x FIXNUM ⟶ STRINGS

  (GETCHAR "ABCDEFG" 3) ergibt \C,
  (CHARPOS \F "ABCDEFG") ergibt 6,
  (SUBSTRING "ABCDEFG" 2 4) ergibt "BCDE".

REPLACE ist eine Modifikationsfunktion, mit der gleich ganze Zeichengruppen (Teilzeichenketten) geändert werden können. Die Änderung beginnt in der ersten Komponente und umfaßt soviele Komponenten wie die als Änderungsvorrat angegebene zweite Zeichenkette enthält. Natürlich können nicht mehr Komponenten geändert werden, als vorhanden sind. Wenn also die zweite Zeichenkette länger ist als die erste, wird die Modifikation beendet (selbst wenn die zu modifizierende Zeichenkette eine Teilzeichenkette war).

REPLACE : STRINGS x STRINGS ⟶ STRINGS

(REPLACE "123456" "XX") ergibt "XX3456".

Zum Vergleich von Zeichenketten dienen die Funktionen STRCOMP und EMPTY; letztere vergleicht mit der leeren Zeichenkette.

STRCOMP : STRINGS x STRINGS ⟶ {−1, 0, 1}
EMPTY : STRINGS ⟶ BOOL

(STRCOMP "ABC" "AB1") ergibt −1,
(EMPTY "") ergibt T.

Die Anzahl der Komponenten (Zeichen) einer Zeichenkette wird ermittelt durch die Funktion STRSIZE.

STRSIZE : STRINGS ⟶ FIXNUM

(STRSIZE "1234") ergibt 4.

3.4 Symbole (Literal-Atome)

Symbole sind Objekte, die drei Komponenten haben. In manchen LISP-Systemen haben Symbole auch vier Komponenten, wenn nämlich zwischen „Wert“ und „Funktionsdefiniton“ unterschieden wird.

Die Komponenten eines Objekts werden bezeichnet mit:

Name	(**P-Name**, von engl. print name),
Attribut-Liste	(**P-Liste**, von engl. property list),
Wert-Zelle	(engl. value cell).

Der Name dient zur **Identifikation** des Objekts; er ist vom Typ Zeichenkette. Die Wert-Komponente kann, muß aber nicht vorhanden sein. Ein Symbol besitzt auch eine Liste von Attributen, die sog. P-Liste (die allerdings auch leer, d. h. mit dem Symbol NIL belegt sein kann). Ein Attribut (Eigenschaft, engl. property) ist eine Kombination, die aus einem Attribut-Namen (**Indikator**, engl. indicator, property name) und einem zugeordneten **Wert** (engl. property value) besteht. Relationen können auf kanonische Weise mit P-Listen dargestellt werden; man kann sagen, daß durch P-Listen eine assoziative Speicherorganisation (zumindest simulativ) realisiert wird.

3.4.1 Externe Repräsentation

Die externe Repräsentation eines Symbols entspricht der Folge von Zeichen in der P-Name-Komponente. (Man beachte, daß die externen Repräsentationen von Symbol und P-Name-Komponente verschieden sind. So werden etwa Apostrophe nur einfach ausgegeben). Es ist möglich, Symbole zu bilden, deren externe Repräsentation so beschaffen ist, daß sie bei der Eingabe nicht zu Symbolen umgeformt wird. So läßt sich aus der Zeichenkette "\a" ein Symbol erzeugen, das als externe Repräsentation \a haben würde. Beim Einlesen resultiert ein Zeichen. Diese Schwierigkeit wird in anderen LISP-Dialekten durch Voranstellen eines besonderen Zeichens (Fluchtsymbols) gelöst, das vor den Zeichen . \ " ( ) und dem Leerzeichen (wir sprechen von **Syntaxzeichen**) steht.

Beispiele: ATOM, SEHRLANGESATOM, A7!, +.

3.4.2 Grundfunktionen

Zur Typ-Prüfung dient die Funktion SYMBOLP.

SYMBOLP : OBJ ⟶ BOOL

(SYMBOLP \A) ergibt NIL (weil \A ein Zeichen ist),
(SYMBOLP "SYMBOL") ergibt NIL (weil "SYMBOL" eine Zeichenkette ist),
(SYMBOLP 'A) ergibt T.

GENSYM ist eine Konstruktionsfunktion, die mit jedem Aufruf ein „neues“ Symbol der Form G0001, G0002, ... liefert. Diese Symbole haben keine Wertkomponente und eine leere P-Liste.

GENSYM : ∅ ⟶ SYMBOL

INSERT ist eine Konvertierungsfunktion, mit der aus Zeichenketten zugehörige Symbole erzeugt werden. Sie haben die Argumentzeichenkette als P-Namen, keine Wertkomponente und eine leere P-Liste. Falls das Symbol (gleichen Namens) allerdings schon existiert, wird nicht ein zweites mit diesem Namen erzeugt, sondern das vorhandene als Wert geliefert. [2]

INSERT : STRINGS ⟶ SYMBOL

Zum Zugriff auf die Komponenten von Symbolen gibt es mehrere Funktionen:

- zum P-Namen: PNAME, Ergebnis ist eine Zeichenkette

  PNAME : SYMBOL ⟶ STRINGS

  (PNAME NIL) ergibt "NIL".

- zur P-Liste: PLIST, Ergebnis ist eine Liste

  PLIST : SYMBOL ⟶ LIST

  (PLIST NIL) ergibt NIL.

Dabei ist LIST eine Teilmenge der um das Symbol NIL erweiterten Menge PAIR. Vorzuziehen sind jedoch Zugriffe auf einzelne Attribute über deren Namen mit der Funktion GETPROP:

GETPROP : SYMBOL x SYMBOL ⟶ OBJ

- zur Wertzelle: keine explizite Zugriffsfunktion (ein Aufruf des Interpreters erfüllt den Zweck):

  (EVAL <Symbol>) für ein bestimmtes Symbol.

Die P-Namen-Komponente von Symbolen kann nicht geändert werden. Man sollte sich auch hüten, dies über die Modifikationsfunktion für Zeichenketten eine Ebene tiefer, in dem Komponenten-Objekt selbst, durchzuführen.
Auch der Komponente P-Liste ist keine Modifikationsfunktion zugeordnet. Es gibt jedoch zwei spezielle Modifikationsfunktionen, die eine Ebene tiefer, in dem Komponenten-Objekt ansetzen. Dadurch lassen sich einzelne Attribute ändern. Ein Attribut wird eingeführt oder — sofern es schon existiert — in seinem Wert modifiziert mit Hilfe der Funktion PUTPROP. Der Attributwert kann ein beliebiges Objekt sein. Dieses neue Attribut wird auch als Wert eines PUTPROP-Terms

2 In diesem Fall können Wert und P-Liste existieren

geliefert. Ein Attribut wird beseitigt durch die Funktion REMPROP unter Angabe des Symbols und des Attributnamens. Dabei wird der alte Attributwert als Ergebnis des REMPROP-Terms benutzt. War das Attribut gar nicht vorhanden, dann resultiert der Wert NIL.

PUTPROP : SYMBOL x SYMBOL x OBJ ⟶ OBJ

REMPROP : SYMBOL x SYMBOL ⟶ OBJ

Beispiele für den Umgang mit P-Listen:[3]

```
> (PUTPROP 'ZEUS 'TOCHTER 'ATHENE)
ATHENE

> (GETPROP 'ZEUS 'TOCHTER)
ATHENE

> (REMPROP 'ZEUS 'TOCHTER)
ATHENE

> (GETPROP 'ZEUS 'TOCHTER)
NIL

> (REMPROP 'ZEUS 'TOCHTER)
NIL
```

Der Inhalt der Wertzelle wird verändert mit der Funktion SETQ.

SETQ : SYMBOL x OBJ ⟶ OBJ

Beispiele:

```
> (SETQ EINS 1)
1

> EINS
1

> (SETQ EINS 'EINS)
EINS
```

3.5 Funktionsobjekte

Funktionsobjekte sind **potentiell aktive Objekte**. Sie haben keine zugreifbaren Komponenten. So verwendet man sie, indem man sie aktiviert (aufruft, anwendet).

3 Das Zeichen „ ' " bewirkt eine sog. Quotierung; es sorgt dafür, daß wir mit dem Symbol selbst und nicht mit seinem Wert arbeiten — siehe 4.6

3.5.1 Externe Repräsentation

Es gibt kein Funktionsobjekt mit einer echten externen Repräsentation. Die Objekte der Typen SUBR, FSUBR und LSUBR werden vom System als besondere Zahlen ausgegeben, die beim Einlesen jedoch zu (evtl. mehr als) einem Objekt ganz anderer Art (Zahlen, Symbole) umgeformt werden. Die Objekte der Typen EXPR, FEXPR, MACRO, CLOSURE werden vom System als besondere Paar-Objekte dargestellt. In diesem Fall ist diese Darstellung nicht ganz nutzlos, weil bei der Eingabe einer entsprechenden Zeichenfolge zwar kein Funktionsobjekt erzeugt wird, aber ein Term, der bei Auswertung ein solches zum Wert hat. Beim Typ CLOSURE ist die Darstellung ganz nutzlos.

Beispiele: Das Typprüfungs-Funktionsobjekt (Wert des Symbols TYPE) hat in TLC-LISP als externe Repräsentation

9313.

Ein durch den Term

(LAMBDA (x) (CAR (CDR x)))

gebildetes Funktionsobjekt des Typs EXPR hat die externe Repräsentation

(LAMBDA (X) (CAR (CDR X))).

3.5.2 Grundfunktionen

Zur Typ-Prüfung für Funktionsobjekte dient PROCP.

PROCP : OBJ ⟶ BOOL

Konstruktionsfunktionen:

Wie wir in den folgenden Kapiteln lernen werden, gibt es verschiedene Arten von Funktionsobjekten, zu deren Erzeugung die folgenden Funktionen verfügbar sind:

LAMBDA, FLAMBDA, MLAMBDA und CLOSURE.

(Was die unterschiedlichen Eigenschaften der jeweils erzeugten Funktionsobjekte betrifft — diese sind vom Typ EXPR, FEXPR, MACRO bzw. CLOSURE —, siehe Kap. 9).

LAMBDA : LIST1 x LIST2 ⟶ FUNCTION
FLAMBDA : LIST1 x LIST2 ⟶ FUNCTION
MLAMBDA : LIST1 x LIST2 ⟶ FUNCTION

Die Menge LIST1 ist eine spezielle Teilmenge von PAIR, LIST2 eine Teilmenge von PAIR vereinigt mit NUMBER, CHAR, STRINGS, SYMBOL und FUNCTION. Beide

Mengen lassen sich schlecht ohne Bezugnahme auf die Semantik der betreffenden Funktion beschreiben.
Da die externe Repräsentation der funktionalen Objekte meist unbrauchbar ist, gibt es eine Reihe von Funktionen, die derartige Objekte erzeugen und sogleich einem Symbol als Wert zuweisen. Dieses Symbol wird dann als Funktionsname benutzt. Alle diese Funktionen haben das betreffende Symbol als Wert.

DE : SYMBOL x LIST1 x LIST2 ⟶ SYMBOL
DF : SYMBOL x LIST1 x LIST2 ⟶ SYMBOL
DM : SYMBOL x LIST1 x LIST2 ⟶ SYMBOL

Beispiele werden in den Kapiteln 5, 6 und 7 gegeben.

Konvertierungsfunktionen:

Die Konvertierung von Funktionsobjekten (nur für EXPRs, FEXPRs und MACROs) in Listenstrukturen erfolgt mit GETFN. Die inverse Operation, nämlich die Änderung eines Funktionsobjekts durch Rekonvertierung einer Listenstruktur, ist durch Anwendung von PUTFN möglich.

GETFN : FUNCTION1 ⟶ LIST
PUTFN : FUNCTION1 x LIST ⟶ LIST

Die Menge FUNCTION1 enthält alle Funktionsobjekte der Typen EXPR, FEXPR, MACRO.

Beispiele:

```
> (DE F (X) (+ X 1))
F

> (GETFN F)
((X) (+ X 1))
```

Funktionsobjekte werden in den verschiedenen LISP-Systemen sehr unterschiedlich dargestellt und gehandhabt; das hat historische Gründe.

3.6 Paare (Cons-Objekte)

Paare sind Objekte, die zwei Komponenten-Objekte haben: einen Linksteil („Car") und einen Rechtsteil („Cdr").

Wir veranschaulichen uns Gruppen von Paaren durch sog. Strukturzeichnungen:

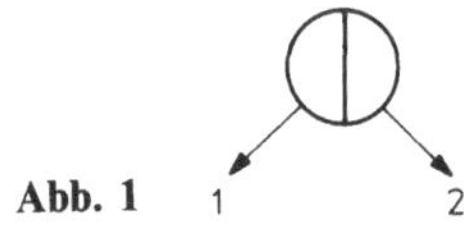

Abb. 1

Ein Paar mit der Zahl 1 als Car und der Zahl 2 als Cdr.

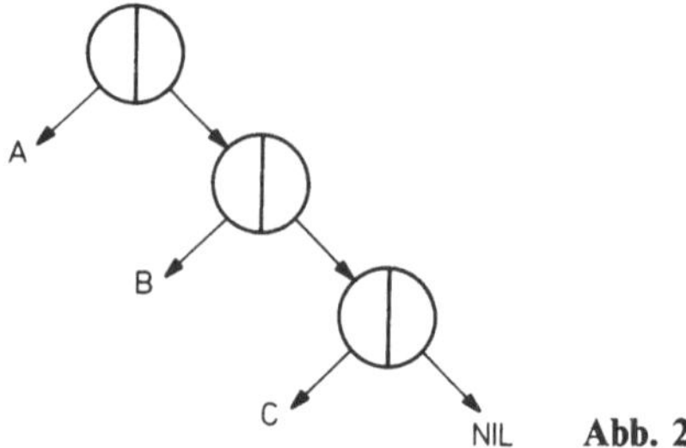

Abb. 2

Ein Paar mit dem Symbol A als Car und einem Paar als Cdr, das das Symbol B als Car und ein weiteres Paar als Cdr hat, das wiederum das Symbol C als Car und das Symbol NIL als Cdr hat.

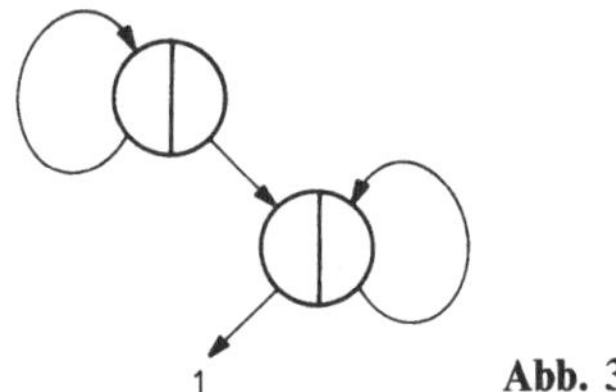

Abb. 3

Ein Paar mit sich selbst als Car und einem Paar als Cdr, das die Zahl 1 als Car hat und sich selbst als Cdr.

3.6.1 Externe Repräsentation

Paare werden extern repräsentiert durch die sogenannten **S-Ausdrücke**, wenn die Komponentenobjekte beide eine externe Repräsentation haben.

```
<Paar>   ::= ( <Objekt> . <Objekt> )
<Objekt> ::= <GanzeZahl> | <Gleitkommazahl> | <Zeichen> |
             <Zeichenkette> | <Symbol> | <Paar>
```

Die externe Repräsentation eines Paars setzt sich also aus der externen Repräsentation seines Car und der seines Cdr zusammen. Diese Form der externen Repräsenation wird wegen der als Trennzeichen zwischen Links- und Rechtsteil eingeführten Punkte auch „Punkt-Notation" (engl. dot notation) genannt.

Beispiel: Das durch (CONS 1 2) erzeugte Paar hat die externe Repräsentation (1 . 2).

Aus dieser Darstellung ergibt sich die Konsequenz, daß die externen Repäsentationen der Komponenten, selbst wenn diese selbst Paare sind, ganz in der externen Repräsentation eines Paares enthalten sind.

Beispiel: Das Paar SEXPR habe als Car das Paar SEXPR1 mit der externen Repräsentation

(1 . 2)

und als Cdr das Paar SEXPR2 mit der externen Repräsentation

(ATOM . LISP).

Die Repräsentation von SEXPR ist somit:

((1 . 2) . (ATOM . LISP)).

Ein Paar kann als Komponente — etwa als Car — ein anderes Paar enthalten, welches das ursprüngliche Paar als Teil enthält (siehe Abbildung 3). Daraus würde sich eine **unendliche** externe Repräsentation ergeben. Es wird vereinbart, daß ein solches Paar **keine** externe Repräsentation habe.
Weil Gesamtheiten von Paaren gemeinsam in einer externen Repräsentation auftreten, führen wir den Begriff der **(Listen-)Struktur** ein:
Eine (Listen-)Struktur besteht

- aus genau einem „Anfangspaar",
- aus allen Paaren, die Komponenten von Paaren der (Listen-)Struktur sind.

Für die externe Repräsentation von Paaren gelten die folgenden Vereinfachungen:

1. Vor und nach Klammern können Leerzeichen weggelassen werden. Wo ein Leerzeichen steht, dürfen auch beliebig viele stehen oder neue Zeilen angefangen werden. Ausgenommen hiervon sind selbstverständlich die Stellen, wo das Leerzeichen als Bestandteil der externen Repräsentation von Zeichen oder Zeichenketten auftritt.
   Folgen auf ein Symbol ein Leerzeichen und ein Punkt, so kann das Leerzeichen ebenfalls wegfallen (es erhöht jedoch die Lesbarkeit).
   Leerzeichen, Klammern, Apostrophe und Punkte beenden den Namen eines Symbols (d. h., dessen externe Repräsentation); Leerzeichen vor und nach dem Punkt sind nur erforderlich, um eine Gleitkommazahl von einem Paar aus zwei ganzen Zahlen zu unterscheiden.

2. Für

   (<Objekt1> . (<Objekt2> . <Objekt3>))

   können wir auch schreiben:

   (<Objekt1> <Objekt2> . <Objekt3>).

   Beispiel: Für

   (1 .(2 .(3 . 4)))

können wir auch schreiben:

(1 2 .(3 . 4)) oder (1 2 3 . 4).

3. **Die Sonderrolle des Symbols** NIL: Zur Auszeichnung gewisser **linearer Strukturen** wird weiterhin vereinbart:
Statt

(<Objekt> . NIL)

können wir auch schreiben:

(<Objekt>).

Beispiele: Für (1 . NIL) können wir auch schreiben: (1),
für (1 .(2 .(3 . NIL))) können wir auch schreiben: (1 2 3).

Alle Strukturen, bei denen man vom „obersten“ Paar durch Verfolgen der Cdr-Kette zum Symbol NIL kommt, fallen unter diese Vereinfachung:

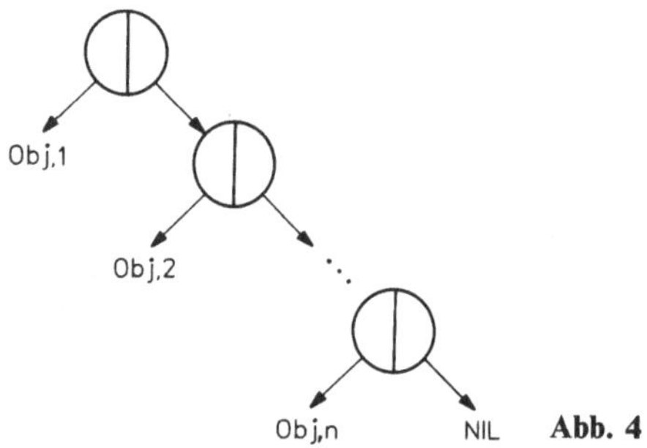

Abb. 4

(<Obj$_1$> <Obj$_2$> <Obj$_3$> ... <Obj$_n$>)

Damit wird in der externen Repräsentation dieser Strukturen eine Linearität in der Cdr-Richtung betont. Derartige Strukturen wollen wir als „**Listen**“ bezeichnen.
Eine Liste besteht

- aus genau einem Anfangspaar,
- aus genau einem Endpaar (dessen Cdr-Komponente NIL ist),
- aus allen Paaren, die Cdr-Komponenten von Paaren der Liste sind.

Die Car-Komponenten der Paare, die die Liste bilden, heißen „**Elemente**“ der Liste.
Man beachte, daß Listenelemente keine Komponenten der Liste sind! Listen sind keine Objekte, sondern Gesamtheiten von Paaren. Wenn ein Listenelement verändert wird, können dadurch gleichzeitig auch andere Listen verändert werden. Das ist bei der Modifikation von Komponenten beliebiger Objekte nicht der Fall.

Da man sich durch Listen mit Hilfe der für Paare definierten Zugriffsfunktionen CAR und CDR bewegt, gibt es viele Fälle, wo man sich der inneren Struktur von Listen bewußt sein muß. Der innere Aufbau einer komplexen Struktur muß aus der externen Repräsentation ableitbar sein.
Ein Paar kann Teil verschiedener Listen sein.

Beispiele:
Das Objekt (genauer: die Gruppe von Objekten)

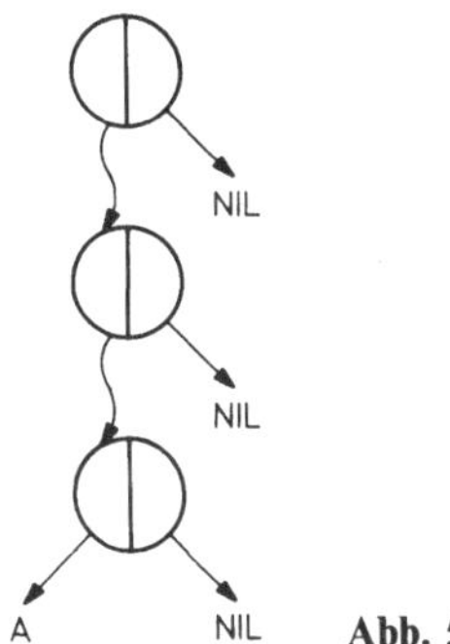

Abb. 5

hat die externe Repräsentation

(((A . NIL). NIL) . NIL),

in Listennotation: (((A))).

Der Car des Objekts hat die Repräsentation ((A)), der Cdr ist: NIL, der Car desjenigen Objekts, welches Car des Anfangsobjekts ist, hat die Repräsentation (A).

Die Struktur

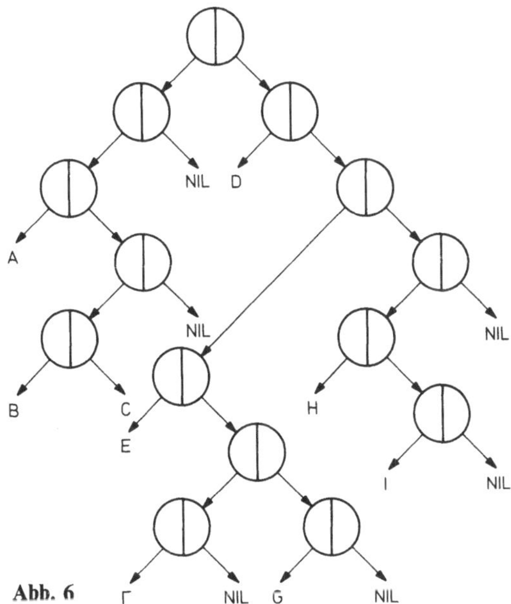

Abb. 6

entspricht dem Baum der externen Repräsentationen:

```
                    (* . *)
            (* . NIL)       ( D . *)
            ( A . *)        (* . *)
     (* . NIL)      ( E . *)     (* . NIL)
( B . C )           (* . *)      ( H . *)
            ( F . NIL)   ( G . NIL)   ( I . NIL)
```

Dabei soll der Stern symbolisieren, daß der jeweils darunterliegende Baum zu linearisieren und einzusetzen ist.
Damit hat diese Struktur die externe Repräsentation:

(((A . ((B . C) . NIL)) . NIL) . (D . ((E . ((F . NIL) . (G . NIL))) . ((H . (I . NIL)) . NIL)))).

Dafür können wir einfacher schreiben:

(((A (B . C))) D (E (F) G) (H I))

Es liegt also eine Liste mit den folgenden vier Elementen vor:

((A (B . C)))
D
(E (F) G)
(H I)

Das F ist der Car des Car des Cdr des Car des Cdr des Cdr der Listenstruktur. Grundsätzlich ist das erste Element einer Liste das Car des „obersten" Paares (Anfangspaares), das zweite Element das Car des Cdr-Objektes, das dritte Element das Car des Cdr-Objektes, das Cdr-Objekt des „obersten" Paares ist, usw.

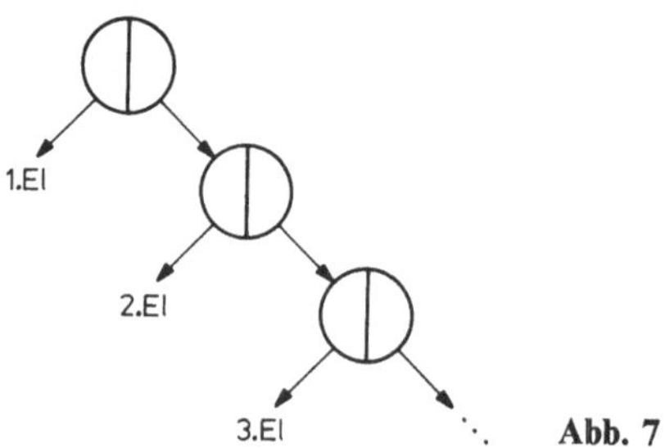

Abb. 7

3.6.2 Grundfunktionen

Die Funktion zur Typ-Prüfung für Paare heißt LISTP.

LISTP : OBJ ⟶ BOOL

Paare werden erzeugt mit der Konstruktionsfunktion CONS.

CONS : OBJ x OBJ ⟶ PAIR

Beispiel: (CONS 1 \a) ergibt (1 . \a)

Zugriff auf die Teile eines Paars wird ermöglicht durch die Funktionen CAR (für den Linksteil) und CDR (für den Rechtsteil).

CAR : PAIR ⟶ OBJ

CDR : PAIR ⟶ OBJ

Beispiele:

```
> (CAR '(A . b))
A

> (CDR '(A . B))
B
```

Als Modifikationsfunktionen zur Änderung (Auswechseln) der Komponenten dienen RPLACA (für den CAr) und RPLACD (für den CDr).

RPLACA : PAIR x OBJ ⟶ PAIR
RPLACD : PAIR x OBJ ⟶ PAIR

Beispiele:

```
> (RPLACA '(A . B) 1)
(1 . B)

> (RPLACD '(A . B) 2)
(A . 2)
```

Im Falle der Listenstrukturen befassen wir uns immer mit ganzen Gruppen von Paaren. Erste, zweite, dritte, etc. Elemente von Listen werden oft benötigt. Auch andere Objekte, die vom obersten Paar mit einigen Paarzugriffen hintereinander erreicht werden können, spielen eine große Rolle. Deshalb bieten die meisten LISP-Systeme entsprechende Kombinationen von Selektionsfunktionen an.
Die Namensgebung richtet sich hierbei nach der Reihenfolge der Zugriffe: Ein Cdr-Zugriff auf die Car-Komponente eines Paares kann direkt mittels der Funktion CDAR erreicht werden. In TLC-LISP sind alle derartigen Funktionen bis zu dreifacher Hintereinanderausführung enthalten:

CxxxR : PAIR ⟶ OBJ (wobei x = A oder x = D).

Beispiele:
Das zweite Element einer Liste LISTE bekommen wir mit

```
(CADR LISTE),
```

das dritte Element mit

```
(CADDR LISTE).
```

3.7 Weitere Datenstrukturen in verschiedenen LISP-Dialekten

Felder	Objekte, die eine (bei der Erzeugung anzugebene) Anzahl von gleichartigen Teilen haben. Der Zugriff auf die Teile (Feldelemente) erfolgt über den Index.
Hash-Arrays	Objekte, die eine Anzahl von zwei-elementigen Teilen haben, dessen eines (der „Schlüssel", Key) zur Identifizierung dient. (Auf den Schlüssel wird eine „Hash-Funktion" angewandt und liefert den Index).
Records	Objekte, die eine gegebene Anzahl von Teilen unterschiedlicher Typen haben. Davon werden einige eventuell nicht als LISP-Objekte dargestellt und müssen beim Zugriff in solche konvertiert werden. Der Zugriff auf die Teile eines Record erfolgt mittels spezieller Zugriffsfunktionen.
Hunks	Objekte, die eine begrenzte Anzahl von Teilen haben, welche unterschiedlichen Typs sein können. Man kann sie als Verallgemeinerung des Cons-Objekts ansehen. Die Zugriffsfunktion heißt üblicherweise CXR.
Tabellen	Array-ähnliche Datenstrukturen, deren Teile aber keine LISP-Datenobjekte sind. Ein Anwendungsfall für derartige Strukturen sind Systemtabellen zur Informationsverwaltung für die Ein- und Ausgabe. Für Tabellenzugriffe gibt es eine spezielle Zugriffsfunktion.

3.8 Übungen

3.0 Versuchen Sie Typprüfungen mit verschiedenen Objekten!

3.1 Aufgaben zu Zahlenobjekten

3.1/1: Formulieren Sie einfache arithmetische Ausdrücke wie a + b, c * d für ganze Zahlen (Fixnums), Gleitkommazahlen (Flonums) und gemischte Zahlentypen!

3.1/2: a) Addieren Sie die Zahlen 7 und 8, 7.0 und 8, 7.0 und 8.0;
b) Subtrahieren Sie 19 von 27, 19.0 von 27, 19.0 von 27.0;
c) Multiplizieren Sie 3 und 4, 3.0 und 4, 3.0 und 4.0;
d) Dividieren Sie 12 durch 5, 12.0 durch 5, 12.0 durch 5.0;
e) Addieren Sie 2, 3, 4, 5 und 6;
f) Subtrahieren Sie von 20 nacheinander 2, 3, 4, 5 und 6;
g) Multiplizieren Sie 2, 3, 4, 5 und 6;
h) Dividieren Sie 30 durch 4, das Resultat durch 3, das Resultat durch 5;

3.2 Aufgaben zu Zeichenobjekten

3.2/1 Geben Sie verschiedene Zeichenobjekte ein!
3.2/2 Was ist die externe Repräsentation des Zeichenobjekts „#“?
3.2/3 Was ist der ASCII-Code von „Y“?
3.2/4 Vergleichen Sie die Eigenschaften des Zahlenobjekts 7, des Zeichenobjekts \7 und des Zeichenkettenobjekts „7“!

3.3 Aufgaben zu Zeichenketten

3.3/1 Geben Sie verschiedene Zeichenkettenobjekte ein!
3.3/2 Bilden Sie eine Zeichenkette aus den Zeichen k, e, t, t und e!
3.3/3 Berechnen Sie die Position des „a“ in „Theater“!
3.3/4 Greifen Sie zum zweiten „t“ in „Kette“ zu!
3.3/5 Bilden Sie die Teilzeichenkette „kette“ von „Zeichenkette“!
3.3/6 Ändern Sie „Zeichenkette“ in „Ziffernkette“!
3.3/7 Ist „AAA“ lexikalisch vor „A“ eingeordnet? Wie steht es mit „a“ und „aaa“?

3.4 Aufgaben zu Symbolen

3.4/1 Was ist der P-Name von ATOM?
3.4/2 Generieren Sie ein Symbol mittels GENSYM! Wenn Sie diesen Vorgang mehrmals wiederholen, was sind die Resultate?
3.4/3 Weisen Sie dem Symbol SIEBEN den Wert 7 zu!
3.4/4 Was ist der Wert von SIEBEN nach Übung 3.4/3? (Verwenden Sie einmal die Interpreterfunktion EVAL explizit, einmal nicht!)
3.4/5 Ordnen Sie ATHENE unter dem Indikator VATER den Wert ZEUS zu!
3.4/6 Zeigen Sie mit einem Zugriff, daß die Eigenschaft erfolgreich zugeordnet wurde!
3.4/7 Beseitigen Sie die in Übung 3.4/5 zugeordnete Eigenschaft wieder!

3.5 Aufgaben zu Paaren (Cons-Objekten)

3.5/1 Konstruieren Sie ein Paar aus zwei Gleitkommazahlen!
3.5/2 Was ist der Unterschied zwischen (1.2 0) und (1 . 2)?
(Fertigen Sie Strukturzeichnungen an!)
3.5/3 Was ist die Objektstruktur von ((A 1) (B 2) (C 3))?
3.5/4 Was ist die Listendarstellung von (A .(B .(((C . NIL) . (((D . NIL) . NIL). NIL)) . NIL)))?
Zeichnen Sie die Objektstruktur, notieren Sie mögliche externe Repräsentationen und die einfachste, die Listennotation!
Welche externe Repräsentation hat das LISP-System für diesen Ausdruck? (Geben Sie vor die externe Repräsentation zu diesem Zweck ein „'“ ein!)
3.5/5 Wie viele verschiedene externe Repräsentationen gibt es für den Ausdruck (A .(B . (C . NIL)))? (Ignorieren Sie dabei die, die sich nur in unterschiedlichen Leerzeichenanzahlen unterscheiden!)
3.5/6 Geben Sie ein:
(SETQ ALPH6 '(A B C D E F))!
Werten Sie aus:
(CAR ALPH6),
(CDR ALPH6),
(CADR ALPH6),
(CDDR ALPH6),
(CADDR ALPH6),
(CDDDR ALPH6)!
Wie müßte ein ähnlicher Zugriff zu F lauten? (Gibt es eine solche Funktion?)

4 Das LISP-System im einfachen Dialog

4.1 Terme sind Listen

Wenn wir uns an das eingabebereite LISP-System setzen und auf das Prompt-Zeichen mit einem Term

```
> (ADD 1 2 3)
```

antworten, muß uns nun, nachdem wir die primitiven Datenstrukturen kennen und etwas über externe Repräsentation wissen, sofort auffallen, daß ein solcher Term streng nach den Regeln der Listennotation gebildet ist.

Terme sind Listen.

Betrachten wir den gegebenen Term, so stellen wir fest, daß er, als Liste verstanden, vier Elemente hat: Diese sind, in der angegebenen Reihenfolge, ADD, 1, 2 und 3. Das ADD wiederum kann nur ein Symbol sein, das als Name für die Additionsfunktion dient. Die Ziffern sind die externen Repräsentationen der entsprechenden Objekte.
Um diese Feststellung zu überprüfen, geben wir eine andere externe Repräsentation für die Liste ein:

```
> (ADD .(1 .(2 .(3 . NIL))))
```

Das Ergebnis ist wieder, wie oben, die Zahl 6.
Das System faßt also offenbar die Zeichenfolgen auf dem Terminal als externe Repräsentationen von Objekten auf und formt sie in die entsprechenden Objekte um. Aus Termen werden Listen erzeugt. Wie reagiert das System auf andere externe Repräsentationen?
Wir geben eine Zahl ein:

```
> 7
7
```

Das Ergebnis ist die Zahl selbst. Ebenso verhält es sich, wie wir leicht entdecken können, mit Zeichen und Zeichenketten. Bei Symbolen stellen wir Schwierigkeiten fest. Während nach Eingabe von NIL wieder NIL als Ergebnis geliefert wird, bekommen wir nach Eingabe von A eine Fehlermeldung:

```
> A
*ERROR*
UNBOUND VARIABLE
A
```

Wir können uns leicht davon überzeugen, daß eine ähnliche Antwort auch dann kommt, wenn wir eine Liste eingeben, deren erstes Element keine Funktion bezeichnet (die wir aus Kapitel 3 kennen). Während also Zahlen, Zeichen und Zeichenketten immer akzeptiert werden, gilt das für Symbole und Paare nicht. Welche Paare und Symbole vom System „**ausgewertet**" werden, wie wir sagen wollen, lernen wir in diesem Kapitel.

Der LISP-Interpreter wertet Objekte aus.

Wir kommen zu einem anderen Beispiel: Wir könnten uns die Vereinfachungskonventionen für die externe Repräsentation von Listen (was die Einschiebung von Leerzeichen und den Übergang auf neue Zeilen betrifft) zu Nutze machen und eine Verwendung des LISP-Systems für eine Supermarkt-Kasse vorschlagen: Wenn ein Kunde mit seinem Wagen kommt, beginnt die Kassiererin, nach dem Prompt-Zeichen eine öffnende Klammer und den Operator einzugeben, und tippt dann jeden Summanden auf einer anderen Zeile ein:

```
> (ADD
        3.10
        0.50
        0.30
```

Unter die Summe wird der Schlußstrich durch Eingabe einer schließenden Klammer gezogen:

```
  )
```

Das LISP-System antwortet darauf mit der Ausgabe des Gesamtbetrags:

```
3.90
```

4.2 Der Dialog mit dem System

Es ist nun an der Zeit, daß wir auf einen anderen Umstand aufmerksam machen: Genau betrachtet findet ein Dialog zwischen Programmierer und LISP-System (Interpreter) statt:

$\longleftarrow$ Das System zeigt seine Eingabebereitschaft (>),
$\longrightarrow$ der Programmierer gibt einen Term ein,
$\longleftarrow$ das System antwortet mit dem Wert des Terms.

Aus der Perspektive des Systems betrachtet, ist also der Term einzulesen, dann auszuwerten und schließlich der Wert auszugeben.
Diese drei Schritte werden beliebig oft wiederholt — der Programmierer spricht von einer **Schleife** von Einlesen, Auswerten und Ausgeben. (Im Englischen verwendet man die Bezeichnung „READ-EVAL-PRINT-Loop" für diese

Schleife). Weil die uns sichtbare „Spitze" der Aktivitäten des Systems in der Wiederholung dieser Schritte besteht, nennt man diese Schleife auch **„Top-level Loop"**.
Zurück zur Kassiererin. Nachdem ihr das System die Rechnungssumme genannt hat, kann sie vom Kunden das Geld in Empfang nehmen. Weil es schnell gehen muß, soll die Kasse auch das Wechselgeld berechnen — aber wie kann das geschehen, ohne die Summe noch einmal einzugeben? Wir haben gelernt, daß wir der Summe einen Namen geben müssen. Die Kassiererin sollte also statt des ADD-Terms eingeben:

```
> (SETQ S (ADD
              3.10
              .
              .
              .    ))
```

Das LISP-System antwortet mit der Zahl, die gleich der Summe ist, beispielsweise

```
3.90
```

Hat der Kunde mit DM 5.— bezahlt, so wird das Wechselgeld berechnet:

```
> (SUB 5.00 S)
1.10
```

Wir stellen auf Grund der Antwort auf den eingegebenen Term

```
(SETQ S (ADD 3.10 0.50 0.30))
```

fest, daß auch diese Aktion, bei der wir der Zahl 3.90 den Namen S gegeben haben, einen Wert hat. In der Tat **hat jeder Term einen Wert**. Ob wir Namen vergeben (oder Wert-Zuweisungen vornehmen — was nur eine andere Sprechweise ist), ob wir Änderungen in Zeichenketten durchführen oder Paare erzeugen — immer resultiert ein Wert.
In der Regel werden wir diesen Wert verwenden und mit ihm weiterarbeiten — nur selten wird er vernachlässigt. Aus der Sicht des Interpreters **ist der Wert** sogar **die Hauptsache** und die andere Aktion (Benennung, Zuweisung, Änderung) nebensächlich, nur am Rande interessant: ein **Seiteneffekt**. Weil die Wirkung des zugeordneten Operators nicht nur darin besteht, seinen Argumenten einen Wert zuzuordnen, spricht man auch von einer **Pseudofunktion**. [1]
Wir können nun die im vorigen Abschnitt gestellte Frage, wann der Interpreter Symbole und Paare auswerten kann, beantworten: Symbole müssen einen Wert haben und die Paare (die oberste Objekte **echter** Listen sein müssen) als Car-Objekt entweder ein Funktionsobjekt oder ein anderes Objekt (speziell ein Symbol) haben, dessen Wert ein Funktionsobjekt ist.

---

1 Im Extremfall kann der Wert beliebig und nutzlos sein

4.3 Die Umgebung verändert sich

Wir haben gelernt, daß Symbole als Namen von Objekten benutzt werden. Der primitive Operator SETQ, der die Wertzelle des betreffenden Symbols — des ersten Arguments — füllt (ändert), kann als fundamentaler Benennungsoperator aufgefaßt werden.
Anstatt diese Benennung als Modifikation des benennenden Symbols mit dem zu benennenden Objekt zu verstehen, ist auch eine andere Sicht möglich, die weitere Überlegungen ermöglicht: Wir können uns vorstellen, daß eine abstrakte Beziehung (abstrahierend von der speziellen Methode der Realisierung) zwischen Symbol und Objekt hergestellt wird: Zwischen Symbol und Objekt wird durch die Benennung (Namensvergabe) eine **Assoziation** aufgebaut, die vom Symbol auf das Wertobjekt gerichtet ist.
Die Menge der zu einem Zeitpunkt gültigen Assoziationen zwischen Symbolen und bestimmten Objekten nennt man die (dann aktuelle) **Umgebung**. Die Umgebung, die wir antreffen, wenn das System startet, heißt die **globale Umgebung** („top-level environment"). In ihr sind u. a. bereits viele Namen mit vorgegebenen Funktionsobjekten assoziiert.
Da in unserem Beispiel die globale Umgebung durch den gegebenen SETQ-Term verändert wurde, könnte man von einer neuen Umgebung sprechen. Wir wollen jedoch vereinbaren, auch diese Umgebung als globale Umgebung zu sehen — als **veränderte** Umgebung. Operationen mit Seiteneffekten schaffen also keine neuen Umgebungen — sie verändern bestehende.
Das heißt: **Umgebungen sind zeitlich veränderlich**.
Wir sollten unser Augenmerk darauf richten, daß die globale Umgebung durch die Namensvergabe an S, die Assoziation von S mit 3.90, nur eine ganz kleine Änderung erfahren hat. Die Kassiererin hat in einem einzigen Schritt eine Stelle der Umgebung geändert. Diese Änderung bleibt erhalten und spätere Terme können sie benutzen.
Diese Vorgehensweise ist charakteristisch für die Programmierung in LISP: Durch das Herstellen von Assoziationen zwischen Symbolen und Objekten wird schrittweise die Arbeitsumgebung angereichert — dies wird besonders interessant, wenn es sich bei den Objekten um Funktionsobjekte handelt.

4.4 Verschachtelung von Termen

Der Term (SETQ S (ADD 3.10 0.50 0.30)) unterscheidet sich dadurch von den anderen bisherigen Beispielen, daß das zweite Argument wieder ein Term ist. Die **Verschachtelung von Termen** erweitert in nützlicher Weise die Tischrechnerfähigkeiten des LISP-Systems.
Stellen wir uns vor, ein Physiker möchte Skalarprodukte von dreidimensionalen Vektoren (V_{11} V_{12} V_{13}) und (V_{21} V_{22} V_{23}) berechnen. Dies kann er nach dem Muster

$$
\begin{array}{l}
(\mathrm{ADD}\ (\mathrm{MUL}\ V_{11}\ V_{21}) \\
\qquad\quad (\mathrm{MUL}\ V_{12}\ V_{22}) \\
\qquad\quad (\mathrm{MUL}\ V_{13}\ V_{23}))
\end{array}
$$

tun, also etwa durch

```
(ADD (MUL 3.05 0.25)
     (MUL 1.16 2.07)
     (MUL 7.21 1.73))
```

Er verschachtelt also die Multiplikationsterme in einen umfassenden Additionsterm.
Der Verschachtelung sind in LISP keine prinzipiellen Grenzen gesetzt. Durch die potentiell unbegrenzte Komplexität der Terme hat der Programmierer ein Mittel in der Hand, um mit einfachsten Termen beliebig komplexe Handlungen Aktionen zu veranlassen.

Die Verschachtelung von Termen ist die hauptsächliche Methode in LISP, prozedurale Objekte (die Terme) zu verknüpfen und größere Einheiten aufzubauen.

Man kann sich leicht vorstellen, daß ein stark verschachtelter Term trotz der Klammern unübersichtlich wird. Zur Erhöhung der Übersichtlichkeit sollte man versuchen, innere Terme gleicher Verschachtelungstiefe so zu notieren, daß ihre benachbarte Position optisch deutlich wird: Dazu rücken wir die betreffenden Terme ein. Dieses Einrücken kann auch wieder für komplexe Argumente der eingerückten Terme erforderlich sein. Muß sehr viel eingerückt werden, wird der rechte Zeilenrand zum Problem; die Anordnung von Resten solcher Terme, die nicht ganz auf eine Zeile passen, kann die schöne Optik stören.
Jedes LISP-System enthält Programme, die Terme in der beschriebenen Art ausgeben und dabei — in mehr oder weniger schöner Weise — das Problem des begrenzten Formulars lösen; ein solches Programm heißt **Pretty-Printer** (siehe Kap. 8).

4.5 Auswertung von Termen

Bei der Einführung der Terme war gesagt worden, der Wert eines Terms ergebe sich durch Anwenden der Funktion auf ihre Argumente. Diese Formulierung haben wir benutzt, weil im Falle der Zahlen das Argument unmittelbar gegeben schien. Nun können aber als Argumente Symbole und selbst wieder Terme auftreten.
Deshalb lautet die **Regel zur Bestimmung des Werts eines Terms, die allgemeine Auswertungsregel**:

Ein Term wird ausgewertet, indem
(A1). alle Elemente des Terms ausgewertet werden;
(A2). der Wert des ganz links stehenden Elements (der Wert des Operatorsymbols ist gewöhnlich ein Funktionsobjekt) auf die Werte der übrigen Elemente angewandt wird.

Wie wir sehen, wird zuerst der Auswertungsvorgang auf die Elemente des Terms ausgedehnt. Da diese Elemente auf Grund der Verschachtelung selbst wieder Terme sein können, muß auch die Auswertung ein rekursiver Vorgang sein. (Wir definierten Terme als Listen von Elementen, die Zahlen, Zeichen, Zeichenketten, Symbole oder wiederum Terme sein dürfen).
Wir wollen uns schon jetzt merken:

Rekursive Datenstrukturen führen zu rekursiven Verarbeitungsregeln.

Entsprechend der Definition von Termen müssen wir noch klären, was die Werte von Zahlen, Zeichen, Zeichenketten und Symbolen sind. Beim rekursiven Abstieg in die Elemente des Ausgangsterms müssen wir auf solche einfachen Elemente stoßen, weil Terme nur von endlicher Größe (und nicht zyklisch) sind. Für sie erweitern wir die allgemeine Auswertungsregel um Sonderfälle:

(A3). Der Wert eines Zahlenobjekts, eines Zeichenobjekts oder eines Zeichenkettenobjekts ist das jeweilige Objekt selbst.
(A4'). Der Wert eines Symbols, das Name eines Funktionsobjekts ist, ist eben dieses Funktionsobjekt.
(A4). Der Wert eines (sonstigen) Symbols ist das Objekt, das mit ihm in der aktuellen Umgebung assoziiert ist.

Man kann die vierte Regel *(A4')* durchaus als Sonderfall der Regel *(A4)* auffassen. Von besonderer Wichtigkeit ist die Rolle der Umgebung bei der Bestimmung des Wertes eines Symbols.
Daraus folgt, daß es eigentlich sinnlos ist, nach dem Wert eines Terms wie

```
(+ X 1)
```

zu fragen, ohne Information darüber zu liefern, in welcher Umgebung nach der Assoziation von X zu suchen ist. Die Umgebung **stellt den Kontext dar, in welchem die Auswertung stattfindet**. Damit unterstreichen wir die Relevanz von Elementen der Umgebung für eine Aufgabe der Informationsverarbeitung, hier der Auswertung.
Wir haben bisher noch einen weiteren Aspekt des Terms

```
(SETQ S (ADD 3.10 0.50 0.30))
```

(aus Abschnitt 4.1) vernachlässigt: Die allgemeine Auswertungsregel (*(A1)*–*(A4)*) wird hier nicht vollständig beachtet! Um den Wert des äußeren Terms zu bestimmen, haben wir alle Argumente auszuwerten. SETQ liefert uns den Zuweisungsoperator, der Term (ADD ...) ergibt den Wert 3.90; was ist jedoch mit S?
Unsere Absicht ist, S den Wert 3.90 zuzuweisen, also S mit dieser Zahl selbst, und nicht den Wert von S mit ihr zu assoziieren. Dem Zuweisungsoperator werden auch S selbst und 3.90 als Argumente übergeben. Wie kann man das verstehen?
Die Erklärung liegt darin, daß es Sonderfälle von Termen gibt, für die besondere Auswertungsregeln gelten. Diese Sonderfälle sind abhängig von dem ersten Element des Terms, dem Operator.
Wir müssen für den Zuweisungsoperator eine besondere Auswertungs-Regel aufstellen (und ähnlich für jeden weiteren Sonderfall):

(SETQ). Die Auswertung eines Terms, in der das erste Element der Zuweisungsoperator SETQ ist, findet wie folgt statt:

Das erste und dritte Element des Terms werden ausgewertet,
der Wert des dritten Elements wird dem zweiten Element, das ein Symbol sein muß, zugeordnet (assoziiert, in die Wertzelle eingesetzt);
dieser Wert ist zugleich auch der Wert des ganzen Terms.

Einen derartigen Term (engl. auch „Form") wie den SETQ-Term nennt man auch **Spezialform** (Spezielle Form, von engl. special form), weil er durch einen Spezialfall der Auswertungsregel *(A2)* definiert wird.
Man beachte: Der Spezialfall ist (in TLC-LISP) nicht an das Symbol SETQ gebunden, sondern an das Funktionsobjekt, das in der globalen Umgebung den Namen SETQ hat, das also mit dem Symbol SETQ assoziiert ist.
Den Termen, die wir auf dem Papier — oder dem Bildschirm — notieren, entsprechen intern Listenstrukturen (die aus Paaren bestehen). Sie symbolisieren die Berechnung und werden dem Interpreter als auszuwertende Objekte übergeben. Diese Vorschriften zur Berechnung („Programme") sind für ihn Daten.
Der Zweck einer Berechnung kann also nur dadurch erreicht werden, daß die Regeln der Auswertung (*(A1)–(A4)*, *(SETQ)* und noch weitere) bei der Formulierung von Termen berücksichtigt werden. Diese Terme werden durch den Eingabeprozess in Objekte, die die gleiche externe Repräsentation haben, umgeformt und dem Interpreter zur Auswertung übergeben.

Der Interpreter wertet also Objekte aus, seien dies Zahlen, Zeichen, Zeichenketten oder Paare (die Terme darstellen).

Die Möglichkeit der Verschachtelung erstreckt sich auf alle Terme, auch auf solche, die Seiteneffekte auslösen. Von den uns bekannten Funktionen wissen wir: Alle Konstruktions- und Modifikationsfunktionen führen zu Seiteneffekten. Terme, in denen Terme enthalten sind, welche Seiteneffekte auslösen, haben eine unangenehme Eigenschaft: Der Gesamtwert ist abhängig von der Reihenfolge, in der die Teilterme ausgewertet werden.
Ein Term wie

```
(ADD (MUL 3.05 0.25) (MUL 1.16 2.07) (MUL 7.21 1.73))
```

hat immer denselben Wert, gleichgültig, in welcher Reihenfolge die Argumente ausgewertet werden.
Dies gilt jedoch nicht für

```
(ADD (SETQ X (+ 3 4))
     X
     (SETQ X (+ 1 2)))
```

Wenn wir die Elemente von links nach rechts auswerten, ergibt sich 17, gehen wir von rechts nach links vor, so ergibt sich 13.
Der Grund liegt darin, daß Seiteneffekte durch Aktionen zu einem bestimmten Zeitpunkt ausgelöst werden: Das bedeutet, daß *Ereignisse stattfinden*. Demgegen-

über kann man Terme ohne Seiteneffekte als Beschreibungen ihrer Werte auffassen — sie sind zwar kontextabhängig, aber zeitunabhängig.
Damit der Programmierer von einer festen zeitlichen Abfolge dieser Ereignisse (der Seiteneffekte) ausgehen kann, gilt eine fundamentale **Reihenfolgeregel**, die der Interpreter befolgt:

Die Auswertung wird von links nach rechts und von innen nach außen vorgenommen.

Dennoch sollte sich jeder Programmierer zum Gebot machen:

Programmiere so, daß in Termen, in denen Argumente um ihres Wertes willen ausgewertet werden, das Resultat nicht durch eine bestimmte Auswertungsreihenfolge beeinflußt wird.

4.6 Quotierung — Beabsichtigte Suspendierung der Auswertung

Wir haben bisher — aus Gründen der Einfachheit — im Tischrechnermodus des LISP-Systems nur Terme ausgewertet, die Werte im Bereich der Zahlen lieferten. In den Übungen kamen auch schon Zeichen und Zeichenketten vor. Neben der Wertzelle besitzen Symbole aber noch, wie wir bereits wissen, eine andere wichtige Komponente: Die P-Liste.
Bei den Beispielen für die Selektions- und Modifikationsfunktionen (in 3.4.2) hatten wir ein Zeichen verwendet, das Zeichen „ ' “, das erst jetzt erklärt werden kann.
Wir schließen an die Beispiele in 3.4.2 an: P-Listen von Symbolen kann man vorteilhaft einsetzen, um diesen Symbolen Attribute zuzuordnen; um Eigenschaften von Objekten der realen Welt, die durch Symbole im Rechner repräsentiert werden, mit dem Symbol zu assoziieren. Wie wir wissen, werden Attribute mit der Funktion PUTPROP in die P-Liste eingefügt. Zu diesem Zweck müssen wir neben dem Wert des Attributs ein zweites Symbol für den Namen dieses Attributs angeben. So ließe sich etwa der Sachverhalt, daß normale Autos vier Räder haben, dadurch widerspiegeln, daß

dem Symbol	AUTO
unter dem Indikator	RAD
die Eigenschaft	4

zugeordnet wird.
Daß ein bestimmtes Auto AUTO1 rot ist, kann dadurch vermerkt werden, daß

dem Symbol	AUTO1
unter dem Indikator	FARBE
die Eigenschaft	ROT

zugesprochen wird.

Ausgeführt werden diese Zuordnungs-Operationen — als Seiteneffekte! — mittels der Funktion PUTPROP. Wir können aber nicht

```
(PUTPROP AUTO RAD 4)
```

schreiben, weil dann nach Werten für die durch AUTO und RAD bezeichneten Symbole gesucht würde. Für PUTPROP gilt die allgemeine Auswertungsregel; wir möchten in diesem Falle aber nicht, daß AUTO oder RAD ausgewertet werden. Das heißt, daß wir ein Mittel benötigen, um dem Interpreter mitzuteilen: *Nimm das nächste Objekt, wie es ist, und werte es nicht aus, denn es ist eine Programmkonstante!*

Es entspricht der Konzeption von LISP — und liegt auch nahe, wenn wir uns des oben über Spezialformen Gesagten entsinnen — daß dazu eine weitere Spezialform verwendet wird: Der QUOTE-Term. Der QUOTE-Operator hat nur ein Argument, dieses Argument wird **nicht** ausgewertet:

(QUOTE). Die Auswertung eines Terms, in dem das erste Element der QUOTE-Operator ist, findet wie folgt statt:

Der Wert des gesamten Terms ist gleich dem zweiten Element.

Der QUOTE-Operator setzt also sein Argument sozusagen in Anführungszeichen. Mit diesem Hilfsmittel kann der PUTPROP-Term nun richtig geschrieben werden:

```
(PUTPROP (QUOTE AUTO)
         (QUOTE RAD)
         4)
```

Die zweite Zuordnung wird durch

```
(PUTPROP (QUOTE AUTO1)
         (QUOTE FARBE)
         (QUOTE ROT))
```

bewirkt. Die langen Quotierungsausdrücke sind lästig; daher gibt es eine kürzere externe Repräsentation:

```
'<Objekt>    für    (QUOTE <Objekt> )
```

Damit hätte der zweite PUTPROP-Term die Gestalt:

```
(PUTPROP 'AUTO1 'FARBE 'ROT)
```

Im Prinzip hätte man dieses Problem auch dadurch lösen können, daß die Symbole in der Umgebung mit sich selbst assoziiert werden. Freilich — wie könnte man das mit den bekannten Funktionen und ohne Quotierung erreichen? Verändern wir den Sachverhalt aber leicht, so gibt es keinen anderen Ausweg:

Nehmen wir an, daß wir im Tischrechnermodus nun die Grundfunktionen für Paare (und Listen) ausprobieren wollen. Wir stellen uns etwa die Aufgabe, das erste Element der Liste (A B C) zu ermitteln. Zwar wissen wir, daß A das Ergebnis sein muß, aber wie müssen wir den Term formulieren, der das richtige Ergebnis liefert? Leistet

```
(CAR (A B C))
```

das Gewünschte? Bei der Auswertung würde der Wert von (A B C) ermittelt werden. Dazu benötigen wir Werte von A, B und C — wobei A ein Funktionsobjekt als Wert haben muß. Vermutlich haben alle drei Symbole keine Werte — aber selbst wenn: sie interessieren uns für die Lösung unseres Problems ja gar nicht! Wir wünschen nicht, daß (A B C) als Term angesehen wird — dieser Ausdruck soll als Liste, als Datum interpretiert werden. Auch hier ist die Quotierung

```
(CAR '(A B C))
```

das geeignete Mittel, um diesen Unterschied auszudrücken.
Wir fassen zusammen:

Sollen Objekte, für die der Interpreter eine Auswertungsregel bereithält, dieser Regel nicht unterworfen werden und sie selbst als Konstante das Resultat der Auswertung sein, müssen sie quotiert werden.

Dies gilt vornehmlich für Symbole und Paare. Zahlen brauchen nie quotiert zu werden — sie sind ohnehin selbst Resultat ihrer Auswertung. Das gilt auch für Zeichen, Zeichenketten und Funktionsobjekte.

4.7 Die Wahrheitswerte T und NIL

Wir hatten die Menge der Wahrheitswerte mit BOOL bezeichnet. BOOL enthält die beiden Symbole T und NIL. Die Funktionen, deren Wertebereich BOOL ist, nennen wir auch „**Prädikate**". Mit ihnen werden Typprüfungen und Vergleiche durchgeführt.
Beispiele:

```
> (NUMBERP 1)
T

> (NUMBERP '(1))
NIL

> (GE 2 4)
NIL
```

Wie wir aus den Beispielen sehen können, steht T offenbar für den **Wahrheitswert Wahr** und NIL für den **Wahrheitswert Falsch**.
Bei

```
> (EQ '(A . B) '(A . B))
NIL
```

erinnern wir uns daran, daß die Eingabe von externen Repräsentationen zur Konstruktion neuer Objekte führt — nur im Falle der Symbole werden Symbole gleicher externer Repräsentation identifiziert (durch das sogenannte „Intern-Machen" — s. Kap. 2).
Das Beispiel

```
> (GETPROP 'AUTO 'SINNESORGANE)
NIL

> (GETPROP 'AUTO 'RAD)
4
```

zeigt uns, daß auch GETPROP so etwas wie ein Prädikat ist: Ist der Wert eines GETPROP-Terms NIL, so ist das Attribut (genauer: der Indikator) gar nicht vorhanden; ist der Wert verschieden von NIL, so ist das Attribut vorhanden und GETPROP liefert seinen Wert.
Dies stellt eine Art Erweiterung der Prädikate dar: Wir benutzen oft NIL als Wahrheitswert Falsch und alle übrigen Objekte wie den Wahrheitswert Wahr.

4.8 Übungen

Die Aufgaben sind in der Regel als praktische Übungen gedacht. Am besten setzen Sie sich zu ihrer Bearbeitung an ein Terminal!

4.1 Aufgaben zu Zahlenobjekten

4.1/1: Formulieren Sie kompliziertere arithmetische Ausdrücke wie
(a + b) * (c − d) , a + (b * c) − d, a + (b * (c − d))
für ganze Zahlen (Fixnums), Gleitkommazahlen (Flonums) und gemischte Zahlentypen!

4.1/2: a) Geben Sie der Zahl 7 den Namen SIEBEN, der Zahl 8 den Namen ACHT.
b) Bilden Sie damit die Differenz des Quadrates von SIEBEN und der Zahl ACHT!
c) Gibt es einen Unterschied zwischen 1.54 und 154/10?
Benutzen Sie für die Rechnung DIV, konvertieren Sie 154 zur Gleitkommazahl! Geben Sie zum Kontrast 154.0 ein!
d) Berechnen Sie die Volumina von Würfeln, Kugeln, Kegeln!
(Seitenlänge: 2.36, Radius: 6.771, Höhe: 4.326)

4.2 Aufgaben zu Zeichen- und Zeichenketten-Objekten

4.2/1: Ist der Zeichenwert von A größer als der von a?
(Benutzen Sie ASCII und GT!)

4.2/2: Bilden Sie eine Zeichenkette aus den Zeichen, die als Zeichencode 30, 40, 50 und 60 haben!

4.2/3: Wie kann man die einzelnen Zeichen aus "STRING" herausholen?

4.2/4: Gegeben sei eine vier Zeichen lange Zeichenkette mit dem Namen STR. Bilden Sie daraus eine Zeichenkette, die die Zeichen aus STR in umgekehrter Reihenfolge enthält!
Konstruieren Sie eine Zeichenkette, die die ersten drei Zeichen von STR enthält, gefolgt von den Zeichen, aus denen die ebenfalls gegebene Zeichenkette SUBSTR besteht!

4.3 Aufgaben zu Symbolen

4.3/1: Weisen Sie dem Symbol B1 den Wert 3 zu! Weisen Sie dem Symbol B2 den P-Namen von B1 zu. Ändern Sie in der Zeichenkette B2 das erste Zeichen zu „C". Werten Sie nun B1 aus! Was geschieht und warum?

4.3/2: Generieren Sie ein Symbol mittels GENSYM und weisen Sie es dem Symbol V1 als Wert zu! Weisen Sie ein Symbol mit dem gleichen Namen (nicht durch GENSYM erzeugt) dem Symbol V2 zu! Haben V1 und V2 identische Objekte als Wert?

4.3/3: Generieren Sie ein Symbol mittels GENSYM, machen Sie es „intern“ (Funktion INTERN) und weisen Sie das Resultat dem Symbol V3 als Wert zu! Weisen Sie ein Symbol mit dem gleichen Namen (nicht durch GENSYM erzeugt) dem Symbol V4 zu! Haben V3 und V4 identische Objekte als Wert?

4.3/4: a) Geben Sie KARL das SOHN-Attribut mit Wert KURT, KURT das VATER-Attribut mit dem Wert KARL, KURT das EHEFRAU-Attribut mit Wert VERONIKA, KURT und VERONIKA das SOHN-Attribut mit Wert DIETER.

b) Ist DIETER KARLs Enkel? (Nachprüfung durch geschachteltes GETPROP über das SOHN-Attribut)

4.3/5: Repräsentieren Sie den folgenden gerichteten Graphen durch P-Listen, benutzen Sie als Indikatoren SUCC für Nachfolger- und PRED für Vorgängerknoten. Überlegen Sie, mit welchen Ausdrücken man von einem gegebenen zu einem anderen Knoten gelangen kann!

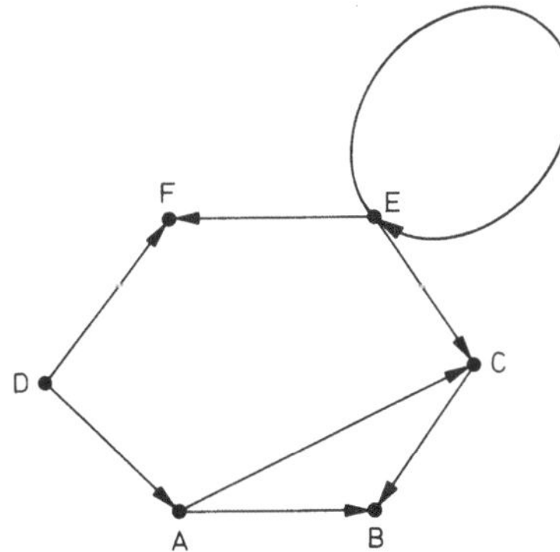

Abb. 8

4.4 Aufgaben zu Paaren

4.4/1: a) Geben Sie der Liste (((A) 1) (B (2)) ((C 3))) den Namen LISTE!
Wie ist ihre Objektstruktur (Zeichnung)?
Überprüfen Sie diese Struktur durch wiederholte und verschachtelte CAR-CDR-Anwendungen!

b) Geben Sie dem ersten Element aus LISTE den Namen E1, dem zweiten den Namen E2, dem dritten den Namen E3!

c) Ändern Sie den CDR von E1 in 1, den CDR von E2 in 2, den CDR von E3 in 3!
Was ist der Wert von LISTE?
Wie ist die Objektstruktur (Zeichnung)?

4.4/2: Was ist die Listendarstellung von
(A . ((B . NIL) . ((C . NIL) . (((D . NIL) . NIL) . NIL))))?
Zeichnen Sie die Objektstruktur, notieren Sie die Listendarstellung!
Welche externe Repräsentation hat das LISP-System für diesen Ausdruck?

4.4/3: Geben Sie möglichst viele verschiedenen externen Repräsentationen für den Ausdruck
((A . NIL) . ((B . NIL) . (C . NIL)))!

4.4/4: Geben Sie ein:
```
(SETQ ALPH6 '(A (B) ((C)) (((D))) ((((E)))) (((((F))))))
```
Werten Sie aus:
```
(CAR ALPH6)
(QUOTE ALPH6)
(CDR ALPH6)
(CDDR ALPH6)
(CDDDR ALPH6)
(CADR ALPH6)
(CAADDR ALPH6)
```
Mit welchen verschachtelten Termen kann man auf A, B, C, D, E und F zugreifen?

4.4/5: Eine Listenstruktur sei gegeben unter dem Namen LISTE. Sie ist jeweils durch die folgenden verschachtelten Ausdrücke beschrieben. Versuchen Sie graphische Darstellungen der Objektstruktur!

a) (CAR LISTE) = A
   (CDR LISTE) = B
b) (CAR (CAR LISTE)) = A
   (CDR (CAR LISTE)) = NIL
   (CAR (CAR (CDR LISTE))) = B
   (CDR (CAR (CDR LISTE))) = NIL
   (CDR (CDR LISTE)) = NIL
c) (CAR (CAR LISTE)) = A

4.4/6: Gegeben sei die Listenstruktur LL:

(((A B C) ((D E F) (G H I))) (J K L M) N).

Zeichnen Sie die Objektstruktur von LL!

Werten Sie die folgenden Ausdrücke aus:

a) (CAR LL)
b) (CDDR LL)
c) (CADAR LL)
d) (CAADR (CADAR LL))
e) (CADDR (CADAR LL))
f) (CADADR LL))
g) Geben Sie zu jedem Symbol in LL an, mit welchem Ausdruck man auf es zugreifen kann!
h) Ändern Sie die Struktur so, daß für C 3 steht und für L \L!

5 Funktionsdefinition als Abstraktion über Termen

5.1 Was ist Abstraktion?

Die umgangssprachliche Verwendung des Wortes „abstrakt“ bringt es in die Nähe von „vage“, „unklar“ und „unverständlich“ und identifiziert es mit „unkonkreter werden“. Mit diesem Sprachgebrauch wird aber die Bedeutung der Abstraktion verdeckt. Ein Grund für dieses Mißverständnis kann darin liegen, daß der Zweck der Abstraktion nicht erkannt wird. Hinzu kommt, daß nicht jeder Versuch, zu abstrahieren, glückt, weil der Abstrahierende oft zu sehr das Anschauliche aus den Augen verliert. Beispiele für erfolgreiche Abstraktionen zeichnen sich dadurch aus, daß das Abstrakte auf das Konkrete bezogen ist und aus ihm seine Bedeutung gewinnt.
Wenn man „abstrahieren“ mit „unkonkreter werden“ assoziiert, geht man vom Wortsinne aus und meint, die Abstraktion sei durch „weglassen“ (abziehen, lat. abstrahere) von partiellen Eigenschaften, Merkmalen, Bestimmungen zu vollziehen. Mit dieser Sicht befindet man sich durchaus in einer alten philosophischen Tradition.
Diese *negative* Definition der Abstraktion kann aber nicht erklären, welche Eigenschaften, Merkmale und partiellen Bestimmungen „abzuziehen“ sind. Hat man den „abstrakten Gegenstand“ so bestimmt, so scheint es, als ob nur von den „unwesentlichen“ Eigenschaften abzusehen ist — die „wesentlichen“ aber hervorgehoben würden. In vielen Fällen kann man sehr schnell einige der unberücksichtigten weggelassenen Eigenschaften nennen. Aber damit hat man das Problem nur verschoben, weil nun zu klären ist, was „wesentlich“, und auch, welches der „Rest“ von unwesentlichen Eigenschaften ist.
Das Abstraktionsverfahren der modernen Logik, das in seiner Grundidee auf einen Vorschlag G. Freges zurückgeht, wählt daher den umgekehrten, den *positiven* Weg: Dinge werden unter einen Begriff subsumiert, wenn sie **gleiche** explizit benennbare Eigenschaften haben.
Wir ordnen alle Dinge, die eine gleiche Eigenschaftsprägung haben, einer Klasse zu. Mit dieser Einteilung definieren wir eine **Äquivalenzrelation.**
Eine Äquivalenzrelation R hat folgende Eigenschaften:

- *Für jedes* a: $(a, a) \in R$ bzw. $a\,R\,a$.
  (Reflexivität)

- *Wenn* $(a, b) \in R$ bzw. $a\,R\,b$, *dann* $(b, a) \in R$ bzw. $b\,R\,a$.
  (Symmetrie)

- *Wenn* $(a, b) \in R$ bzw. $a\,R\,b$
  und $(b, c) \in R$ bzw. $b\,R\,c$
  dann $(a, c) \in R$ bzw. $a\,R\,c$.
  (Transitivität)

Über die Dinge, die in eine solche Klasse fallen, lassen sich nun gemeinsame Aussagen machen, d.h. es gibt Aussagen, die, wenn sie für ein Element einer Äquivalenzklasse gelten, auch für jedes andere Element dieser Klasse gültig sind. Wenn wir uns auf diese Aussagen beschränken und zum Ausdruck bringen wollen, daß sie bezüglich der Äquivalenzrelation invariant sind, verwenden wir einen hypothetischen abstrakten Gegenstand, der nur die gemeinsamen Eigenschaften hat. *Wir sprechen auf eine neue Weise.*
Für die Aussagen A, die bezüglich einer gegebenen Äquivalenzrelation invariant sind, d.h. mit A(x) auch für alle zu x äquivalenten y gelten (also: A(y)), wird dieser Sachverhalt auf eine neue Weise ausgedrückt durch Einführung eines Abstraktors, z.B. α.
Um Aussagen über den durch den Abstraktor αx bezeichneten abstrakten Gegenstand zu notieren, schreiben wir

$$A(\alpha x).$$

Ein charakteristisches Beispiel für Abstraktoren ist uns allen vertraut: die natürlichen Zahlen. Hier ist die Äquivalenzrelation die des *Bestehens aus gleich vielen Zählzeichen.* Aussagen über Zahlen lassen sich zurückführen auf Aussagen über Zählzeichen, nur wird von deren spezifischer Konstruktion abgesehen.
In diesem Sinne sind Zahlen also abstrakte Zählzeichen.
Ausgehend von der Mengenlehre hat man auch versucht, Zahlen mit der Abstraktion durch die Gleichmächtigkeit von Mengen einzuführen. Methodisch betrachtet handelt es sich hierbei um eine Bestimmung im nachhinein, da man davon ausgeht, daß die Mengenlehre im vollen Umfang bereitsteht, bevor man überhaupt über Zahlen sprechen kann. Diese Darstellung verwendet nicht Zählzeichen, sondern Mengen, und baut auf der Äquivalenzrelation der Gleichmächtigkeit auf. Zahlen werden in dieser Weise als abstrakte Mengen aufgefaßt. Es gibt sogar Versuche, ihnen spezielle Repräsentanten aus den Äquivalenzklassen zuzuordnen:

$$1 = \{\emptyset\}, \quad 2 = \{\emptyset, \{\emptyset\}\}, \quad 3 = \{\emptyset, \{\emptyset\}, \{\emptyset, \{\emptyset\}\}\}, \quad \text{usw.}$$

Wir verwenden die abstrakte Redeweise, um dadurch zu signalisieren, daß die betreffende Aussage in einem Kontext steht, in dem nur die im obigen Sinn invarianten Aussagen von Interesse sind.
In der folgenden tabellarischen Übersicht sind einige Abstraktoren mit der jeweiligen Grundklasse und der zugehörigen Äquivalenzrelation zusammengestellt:

Abstraktor	**Grundklasse**	**Äquivalenzrelation**
Zahl	Zählzeichen	Figurengleichheit
Menge	Aussageformen	logische Äquivalenz
Begriff	Nominatoren/ Prädikatoren	Synonymität
Aussage	Sätze	Inhaltsgleichheit
Schema	Handlungen	gleiche Handlungsabläufe
Funktion	Terme	gleicher Wert beim Einsetzen (Substitutionsäquivalenz)

Abstraktion ist also kein psychischer Prozeß, sondern ein logischer, d. h. eine Operation mit Aussagen. Die Abstraktionsmethode liefert die Möglichkeit, so zu reden, *als ob* wir über neue Gegenstände — nämlich „abstrakte Objekte" — redeten, obwohl wir nur in einer neuen Weise über die bisherigen Gegenstände, die konkreten Objekte, sprechen.

5.2 Funktionale Abstraktion in LISP

Wir wollen für eine gegebene Kugel mit dem Radius 4 den Inhalt berechnen. Durch Eingabe von

```
> (MUL (MUL (DIV 4.0 3.0) 3.14) (MUL 4 4 4))
```

erhalten wir den gewünschten Wert.
Es sind leicht Situationen denkbar, in denen für viele Kugeln Inhalte berechnet werden müssen. Wir hätten also für jeden Fall einen ähnlichen Ausdruck zu schreiben:

```
> (MUL (MUL (DIV 4.0 3.0) 3.14) (MUL 5 5 5))
...
> (MUL (MUL (DIV 4.0 3.0) 3.14) (MUL 6 6 6))
...
etc.
```

Das ist natürlich sehr ermüdend. Nun ist die Struktur aller dieser Terme ähnlich. Wir können einen konstanten und einen variablen Teil unterscheiden. Den konstanten Teil könnte man zusammenfassen durch

```
(SETQ K (MUL (DIV 4.0 3.0) 3.14))
```

und fortan beispielsweise schreiben

```
(MUL K 2.13 2.13 2.13).
```

Schon die Wertzuweisung stellt eine Abstraktionshandlung dar: Dem Wert sieht man nicht mehr an, auf welche Art er zustandegekommen ist. Wir abstrahieren über Berechnungsschritte (Äquivalenzrelation: Wertgleichheit), etwa:

```
(MUL (DIV 4.0 3.0) 3.14)

(MUL 3.14 (DIV 4.0 3.0))

(MUL 4.0 (DIV 3.14 3.0))
usw.
```

Das Resultat der Abstraktion ist die Konstante K.

Für beliebige Werte der Radien der Kugeln müssen wir immer dieselbe Termstruktur

```
(MUL K <Radius> <Radius> <Radius> )
```

verwenden.
Bei langen Gleitkommazahlen könnte die wiederholte Eingabe der Radien zu Fehlern führen. Deshalb halten wir die Struktur des Terms fest und verwenden auch für den Radius einen Namen — etwa R.
Für einen konkreten Radius 0.44 haben wir dann einzugeben:

```
> (SETQ R 0.44)
> (MUL K R R R)
```

Weil R jeweils einen neuen Wert bekommt, sprechen wir von einer **Variablen**. Durch die Einführung der Variablen wird in der Abstraktionsklasse der wertgleichen Terme ein Repräsentant bestimmt.
Nun sollte der Name der Variablen keine Rolle spielen. Was uns allein interessiert, ist die *Struktur des Terms*. Wir bilden die Äquivalenzrelation der strukturgleichen Terme, wobei die Variablen nur als **Platzhalter** betrachtet werden.
Demgemäß gelten zwei Terme dann als äquivalent, wenn sie

- gleich viele Argumente haben,
- dasselbe Funktionssymbol haben,
- falls sie konstante Argumente an i-ter Stelle haben, müssen diese gleich sein,
- falls sie allgemeine Terme als Argumente an j-ter Stelle haben, müssen diese äquivalent sein.
- Falls das Argument an k.ter Stelle eine Variable ist, muß folgendes gelten:
  Wenn die Variable im ersten Term zum ersten Male auftritt, dann muß auch im zweiten Term eine Variable zum ersten Male auftreten.
  Wenn die Variable im ersten Term schon einmal aufgetreten ist, dann muß es ein „erstes Auftreten" derselben Variablen geben. An dieser Stelle hat der Variablen im ersten Term eine Variable im zweiten Term entsprochen. Genau diese Variable im zweiten Term muß nun, bei der Wiederholung, erneut im zweiten Term auftreten.

Äquivalent sind also:

```
(+ 1 2 3)                    und   (+ 1 2 3)
(/ (MUL 3 4) (MUL 1 2))      und   (/ (MUL 3 4) (MUL 1 2))
(* A 1)                      und   (* A 1)
(- A 1)                      und   (- B 1)
(+ A 1 A 2)                  und   (+ B 1 B 2)
(* A (- 1 (+ A 2)))          und   (* B (- 1 (+ B 2)))
etc.
```

Als Abstraktor verwenden wir das Symbol LAMBDA und sprechen von **funktionaler Abstraktion**. Bei dieser Abstraktion ensteht eine Funktion:

```
(LAMBDA (R) (MUL (MUL (DIV 4.0 3.0) 3.14) R R R))
```

Wir wissen, daß ein solcher Term in LISP als Wert ein besonderes Objekt, ein funktionales Objekt, hat. Wenn das Funktionssymbol LAMBDA ist, handelt es sich um ein **EXPR-Funktionsobjekt**.
Wir werden LAMBDA-Terme kurz als „Funktion" bezeichnen. Damit meinen wir, daß als Resultat der Auswertung dieses Terms ein Funktionsobjekt entsteht.
In der Funktion

```
(LAMBDA (R) (MUL K R R R))
```

ist K als Konstante gedacht. Über Wertänderungen von K erhält man verschiedene Funktionen. K kann man also als Parameter (und damit auch als Variable) für eine Schar von Funktionen betrachten. Wir nennen R eine **gebundene Variable** und K eine **freie Variable**. Die Eigenschaft von Variablen, frei oder gebunden zu sein, bezieht sich immer auf einen **LAMBDA-Ausdruck**. Es ist durchaus möglich, daß ein und dieselbe Variable sowohl frei als auch gebunden auftritt, weil LAMBDA-Ausdrücke — wie Terme — verschachtelt werden können.
Die Variablen in der **LAMBDA-Variablen-Liste** sind **die von diesem LAMBDA-Ausdruck gebundenen Variablen**.
Ein so gebildetes Funktionsobjekt ist eine zulässige Funktion in LISP: Es kann als Funktion verwendet werden. Wir könnten das Kugelvolumen demnach durch

```
((LAMBDA (R) (MUL K R R R)) 5.5 )
```

berechnen — was in diesem konkreten Fall keine Abkürzung (der Schreibarbeit) mit sich bringt.
Die funktionale Abstraktion mittels LAMBDA hat die Eigenschaft, die Namen der gebundenen Variablen austauschbar zu machen (vgl. die Äquivalenzrelation!).
Der Ausdruck

```
(LAMBDA (X) (MUL K X X X))
```

erzeugt also **dieselbe** Funktion.
Natürlich darf als gebundene Variable nicht K verwendet werden, weil K ja schon als freie Variable vorkommt. Würde man es dennoch versuchen, so resultierte ein *Namenskonflikt*.
Wenden wir uns wieder dem funktionalen Objekt zu. Der Umgang mit ihm wird erheblich einfacher, wenn wir ihm einen Namen geben. Dies könnte mit SETQ geschehen:

```
> (SETQ VOLUME
        (LAMBDA (R) (MUL K R R R)))
```

und wir können dann eine Volumenberechnung einfach durch

```
> (VOLUME 5.5)
```

erreichen.
Üblicherweise wird die Namensgebung mit der Definitionsfunktion DE vorgenommen, wobei eine um das LAMBDA verkürzte Notation gilt:

```
(DE VOLUME (R) (MUL (MUL 3.14 (DIV 4.0 3.0)) R R R))
```

Namen wie VOLUME stellen die Beziehung zum Aufgabenbereich her. Sobald wir wissen, daß VOLUME eine Funktion ist (so sprechen wir meist für „daß VOLUME der Name eines Funktionsobjekts ist"), die bei gegebenem Radius das entsprechende Kugelvolumen liefert, interessiert uns weniger, wie sie die Berechnung ausführt — wichtig ist allein, **daß** sie es tut.
Man sagt dazu: **Wichtig ist die Funktion, nicht ihre Realisierung** (Implementation) — oder, anders ausgedrückt: Es sind allein die Eingabe-Ausgabe-Relationen (engl.: input-output-relations) einer Funktion, auf die es ankommt.
LISP bietet leider, wie die meisten Programmiersprachen, keine Möglichkeit, diese Eingabe-Ausgabe-Relationen anzugeben und zu überprüfen. (Man könnte sicher ein derartiges System für LISP aufbauen.) So sind diese Zusicherungen über die Arbeit einer Funktion eher implizit zu sehen.
Der Programmierer sollte grundsätzlich Funktionen so definieren, daß sie keinerlei Implementationsdetails anderer Funktionen berücksichtigen oder verwenden. Funktionsnamen sollten so gewählt werden, daß sie implizite Annahmen über ihre Arbeit in Form von „Verträgen" über Eingabe-Ausgabe-Relationen aufdrängen. Bei der Planung eines Systems von Funktionen sollte man diese Verträge explizit formulieren und als Kommentare zu den Definitionen hinzufügen.
Damit ist ein weiterer Aspekt der Abstraktion von Termen zu Funktionen herausgestellt:
Wir bilden Abstraktionsklassen von Funktionen, die gleiches Eingabe-Ausgabe-Verhalten zeigen und verwenden in der Programmierung einen ihrer Repräsentanten. Ein Wechsel dieses Repräsentanten wird die Korrektheit keiner anderen Funktionsdefinition beinflussen.
In unserem Beispiel:

```
(DE VOLUME (R) (MUL (DIV 4.0 3.0) 3.14 R R R))

(DE VOLUME (R) (MUL 3.14 (DIV 4.0 3.0) (MUL R R R)))

(DE VOLUME (R) (MUL (DIV 4.0 3.0)
                    (MUL 3.14 (MUL R (MUL R R)))))
etc.
```

definieren alle dieselbe Funktion.
Zum Ende also spielt die strukturelle Äquivalenz der Termen, die die funktionale Abstraktion ermöglichte, gar keine Rolle mehr, sondern nur noch die Wertäquivalenz.
Wir fassen zusammen:

Die Definition von Funktionen benötigt folgende Grundhandlungen:

1. Verschachtelung von Termen,
2. Verwendung von Variablen,
3. Benennung des Funktionsobjekts (mit dem impliziten Vertrag über die Eingabe-Ausgabe-Relationen, d. h. seine Funktionsweise).

Den Prozeß der funktionalen Abstraktion haben wir in folgenden Schritten eingeführt:

1. Klassifizierung (Bildung von Klassen einer Äquivalenzrelation) strukturgleicher Terme, die konkrete Werte enthalten; Einführung von Platzhaltern für die sich unterscheidenden Teilstrukturen in den Termen.
2. Mit Einführung der LAMBDA-Abstraktion werden die Platzhalter zu Variablen. Wieder wird nach Strukturäquivalenz klassifiziert, wobei die Namen der Variablen offen bleiben.
3. Durch Benennung des Funktionsobjekts wird seine konkrete Form unwesentlich. Wichtig bleibt die durch es realisierte funktionale Beziehung zwischen Argumenten und Werten, seine Eingabe-Ausgabe-Relationen. Diese kann man sich in einem impliziten Vertrag festgehalten denken.

5.3 Auswertung von Termen mit LAMBDA-Ausdrücken als Funktion

Ein Term, dessen erstes Element ein LAMBDA-Term der Form

```
(LAMBDA ( <Variable> ) <Körper> )
```

oder ein Symbol ist, das ein EXPR-Funktionsobjekt zum Wert hat, wird zunächst nach der allgemeinen Regel ausgewertet. Wir wollen jetzt den Teil der Regel, der besagt, daß die Funktion auf die Argumente angewandt wird, ausführlicher besprechen.

Zuerst werden die Elemente des Terms von links nach rechts ausgewertet. Der Wert des ersten Elementes ist das Funktionsobjekt selbst. Wenn alle Argumente ausgewertet sind, wird das EXPR-Funktionsobjekt aktiviert. Der erste Schritt hierbei besteht in der Zuweisung der Argumente („aktuelle Parameter") an die Variablen („formale Parameter"). Dies ist jedoch *eine besondere Art* von Zuweisung, die wir unterscheiden müssen. Deshalb geben wir ihr einen besonderen Namen: Wir sprechen vom **Binden**.

Wir hatten darauf hingewiesen, daß man eine Zuweisung in der globalen Umgebung auch als Einrichten einer Assoziation zwischen Symbol und Wert auffassen kann. Im Unterschied dazu stellt das Binden der LAMBDA-Variablen mit ihren Argumenten keine Erweiterung einer gegebenen Umgebung durch neue Assoziationen dar:

Binden bedeutet Einrichten einer neuen Umgebung.

Diese neue Umgebung wird aufgebaut durch Umgestaltung der alten Umgebung. Dabei bleibt die alte Umgebung selbst erhalten — sie ist aber nicht mehr aktuell. Sie wird wieder aktuell, wenn die Anwendung der Funktion auf ihre Argumente beendet ist.

Die neue Umgebung setzt sich zusammen aus den Assoziationen zwischen den Variablen des Funktionsobjekts und den ihnen entsprechenden Argumenten — diese sind nun die Werte der Variablen. Hinzu kommen alle Assoziationen aus der alten Umgebung, die nicht durch die bereits erwähnten (neuen) Assoziationen „überschrieben" sind.

In dieser neuen Umgebung findet die Auswertung des Körpers des Funktionsobjektes statt. Dieser Körper ist ja auch wieder ein Term und wird also nach den Auswertungsregeln verarbeitet. Der aus diesem Vorgang resultierende Wert ist zugleich der Wert des ursprünglichen Terms.
Bevor mit diesem Wert weitergearbeitet wird, werden jedoch die Umgebungen gewechselt: Die alte Umgebung wird wieder aktuell.

Wir gehen also in folgenden Schritten vor:
1. Aufbauen der neuen Umgebung } Binden der Variablen
2. Aktualisieren der neuen Umgebung }
3. Auswerten des Funktions-Körpers
4. Aktualisieren der alten Umgebung

5.4 Beziehungen zwischen Umgebungen — globale und lokale Effekte

Wenn die alte Umgebung wieder aktuell wird, sind alle Assoziationen der Variablen aus der neuen Umgebung beseitigt — sie gelten nicht mehr. Statt dessen bestehen eventuelle ursprüngliche Assoziationen wieder — so, als ob nichts gewesen wäre. Die **Bindung** (wie wir die durch das Binden erzeugten Assoziationen nennen) der Variablen war also nur in der neuen Umgebung gültig — deshalb spricht man gern von **lokalen Variablen**.
Auf diese Art werden nicht nur die Assoziationen zwischen den Variablen und ihren ursprünglichen Werten, den Argumenten, vernichtet: Assoziationen werden auch dann aufgelöst, wenn den Variablen neue Werte zugewiesen wurden.
Eine Umgebung kann man demnach als ein Objekt auffassen, das aus (vielen) zweielementigen Komponenten besteht, den Assoziationen (Bindungen). Zu jedem Symbol gibt es eine solche Assoziation — allerdings ist in vielen Fällen die Bindung leer. Das zweite Element in den Assoziationen läßt sich durch Zuweisungen (SETQ) überschreiben.
Durch den Wechsel in die alte Umgebung werden wieder die Bindungen der lokalen Variablen gültig, die vor der Auswertung des Terms bestanden. Das bedeutet, daß man in LISP nicht über Variable Werte nach außen geben kann: Es gibt **keine Ergebnisparameter (Variablenparameter)** wie in Pascal!
Daß Bindungen rückgängig gemacht werden, gilt jedoch nur für die lokalen Variablen. Jede neue Assoziation zwischen Symbol und Wert, die durch eine Zuweisung des Wertes zu dem Symbol aufgebaut — bzw. verändert — wurde, bleibt erhalten, wenn das Symbol nicht als lokale Variable benutzt wurde:

In diesem Falle sprechen wir von **globalen Variablen**.

Man beachte, daß die Eigenschaft von Variablen, global zu sein, relativ ist! Sie bezieht sich auf die Umgebung bzw. auf das Funktionsobjekt, das den Aufbau der Umgebung veranlaßt. Eine Variable kann in einer äußeren Umgebung lokal und in einer inneren Umgebung global sein. („Inneres" und „Äußeres" sollen hier eine Verschachtelung symbolisieren: Die „innere" Umgebung wird aktuell entweder

direkt dadurch, daß die „äußere" Umgebung inaktuell und zur „inneren" Umgebung verändert wird, oder dadurch, daß sie eine andere Umgebung, die von der ursprünglich äußeren Umgebung aus „innen" liegt, inaktuell macht. Die Zwischenumgebung ist also von der ursprünglichen „inneren" Umgebung aus gesehen „außen".)
Um diese relative (auf die Umgebungen bezogene) Globalität der Variablen anzudeuten, spricht man von „fluid variables", im Unterschied zu den echten „global variables" (auch: „constants"), die nirgendwo gebunden sind.

Beispiel:

```
> (DE SQUARE (X) (MUL X X))
SQUARE

> X
*ERROR*
UNBOUND-VARIABLE
X

> (SQUARE 7)
49

> X
*ERROR*
UNBOUND-VARIABLE
X

> (DE SQUARE7 (X) (SETQ X 7) (MUL X X))
SQUARE7

> (SETQ Y 9)
9

> (SQUARE7 Y)
49

> Y
9

> X
*ERROR*
UNBOUND-VARIABLE
X

> (DE SQUARE-AND-SET (Y) (SETQ X 7) (MUL Y Y))
SQUARE-AND-SET

> (SQUARE-AND-SET 7)
49
```

```
> Y
9

> X
7

> (SQUARE-AND-SET Y)
81
```

Man sollte mit der Verwendung globaler Variablen äußerst zurückhaltend sein: Zwischenwerte (durch innere Zuweisungen Symbolen zugeordnet) von Funktionen werden so außerhalb sichtbar und beeinträchtigen die Arbeit mit den Eingabe-Ausgabe-Relationen, weil sie in diesen entweder nicht berücksichtigt sind, oder weil sie diese komplizierter machen.
Wir können nun Bindung und Wertzuweisung als Modifikationsoperationen von Objekten (Symbolen) ansehen. Demgemäß haben diese Modifikationsoperationen von Symbolen nur lokale, zeitlich beschränkte Gültigkeit, wenn das betreffende Symbol als lokale Variable benutzt wurde.
Welche Modifikations- und Konstruktionsfunktionen (als Beispiele für Seiteneffekte auslösende Funktionen) haben ähnliche Einschränkungen?
Wir wissen schon, daß die Erzeugung eines beliebigen Objekts nur Folgen haben kann, wenn es referenzierbar bleibt. Jede Konstruktionsoperation übersteht das Wiederaktuellwerden einer alten Umgebung, wenn das betreffende Objekt referenzierbar bleibt, wenn es also nicht nur über lokale Variable referenzierbar war. Ebenso wirken sich alle Modifikationsoperationen an Objekten, die nicht nur lokal referenzierbar sind, global aus. Ein typisches Beispiel ist das Intern-Machen von Symbolen. Dieses wäre nur dann nicht von globalem Effekt, wenn man die sog. Symboltabelle, das Verzeichnis der Symbole, als „normales" LISP-Objekt benennen, erzeugen und ändern könnte.
Lokale Variable — und damit neue Umgebungen — kann man auch mittels der Spezialform LET einführen. Wir schreiben

```
(LET (( <Var1> <Term1> )
      ( <Var2> <Term2> )
       . . .
      ( <Varn> <Termn> ))

      <Körper> )
```

Vor der Auswertung des <Körper> wird jede der Variablen <Var_i> an den Wert des zugeordneten <$Term_i$> gebunden, also mit <$Term_i$> „initialisiert". <$Term_i$> sollte gleich NIL sein, wenn erst später im <Körper> des LET-Terms das Objekt berechnet werden kann, das eigentlich in der Bindung zu der lokalen Variablen stehen soll. Eine Zuweisung wird dann benutzt, um die Assoziation mit NIL zu überschreiben. Als <Körper> ist jeder beliebige Term zugelassen, im allgemeinen Fall sogar eine Folge von Termen. Der LET-Term ist äquivalent zu

((LAMBDA (<Var_1> . . . <Var_n>) <Körper>)
<$Term_1$> . . . <$Term_n$>)

Hinweis: Aus blockstrukturierten Programmiersprachen der ALGOL-Familie kennen wir ebenfalls den Begriff der lokalen Variablen. Lokal (zu einem Block) sind solche Variablen, die in einem Block vereinbart worden sind; sie sind nur innerhalb des Blocks definiert, können also nur verwendet werden, so lange der Block „aktiv" ist.

5.5 Bedingte Ausdrücke — Verwendung und Verknüpfung von Prädikaten

Sobald Funktionen **definiert** worden sind, hat man die Möglichkeit, sie zu jedem späteren Zeitpunkt anzuwenden. Es kann sein, daß sich aber in der Zwischenzeit die Umgebung in einer für die Funktion wichtigen Weise verändert hat: die **Anwendungs-Umgebung** kann verschieden sein von der **Definitions-Umgebung**. Zum Zweck der Orientierung sind programmtechnische Mittel erforderlich, um Bedingungen formulieren zu können.
Funktionen sollen nicht nur auf singuläre Datenobjekte anwendbar sein. Je nach Anzahl der möglichen Ausprägungen muß man Fallunterscheidungen vornehmen können.
Die Anzahl der Fälle kann sich, wie bei unstrukturierten Objekten, schlicht aus den Werten ergeben (etwa: für Wahrheitswerte zwei Fälle: T und NIL, für — darstellbare — Zeichen 96 Fälle, etc.). Bei strukturierten Objekten gewinnt man unterschiedliche Fälle aus strukturellen Eigenschaften (etwa: Zeichenketten einer gewissen Länge, Symbole mit bestimmten Attributen in der P-Liste, Paare mit Datenobjekten bestimmter Typen als Car etc.). Bei Objekten komplexerer Struktur kommen Fälle mit konkreten Werten als Teilstruktur hinzu.
Funktionen müssen die Korrektheit ihrer Argumente überprüfen können — die zulässigen Typen bzw. Werte führen zu entsprechenden Fallunterscheidungen. Hinzu kommen Klassen- bzw. Bereichsfestlegungen in der Menge der Objekte eines Typs.
Wenn wir etwa den Absolutbetrag einer Zahl x berechnen wollen, müssen wir drei Fälle unterscheiden:

1. $x > 0$
2. $x = 0$
3. $x < 0$

Die bekannte Definition

$$\mathrm{abs}(x) = \begin{cases} x, & \text{falls} \quad x > 0 \\ 0, & \text{falls} \quad x = 0 \\ -x, & \text{falls} \quad x < 0 \end{cases}$$

wird in LISP mit Hilfe einer Spezialform notiert:

```
(DE ABS (X)
    (COND ((GT X 0) X)
          ((EQ X 0) 0)
          ((LT X 0) (SUB 0 X)) ))
```

Wie man sieht, sind die Elemente des COND-Terms (wir sprechen vom **bedingten Ausdruck**) keine Terme — nicht einmal Repräsentationen auswertbarer Objekte! Die allgemeine Form des bedingten Ausdrucks ist:

```
(COND ( <Bedingung_1> [<Term_1i>] )

      ( <Bedingung_2> [<Term_2j>] )
      . . .
      ( <Bedingung_n> [<Term_nk>] ) )
```

Dabei sind die Bedingungen Terme oder externe Repräsentationen beliebiger auswertbarer Objekte. Jede Bedingung wird von Ausdrücken gefolgt, für die das gleiche gilt. Jede derartige Liste von Bedingung und ihr folgenden Termen nennt man eine **Klausel**. Es sind auch Klauseln zulässig, die nur eine Bedingung enthalten.

Ähnlich wie im Falle von SETQ müssen wir eine Auswertungsregel angeben:

(*COND*) Beim Auswerten eines bedingten Ausdrucks werden zuerst die Bedingungen <Bedingung$_i$> in der angegebenen Reihenfolge ausgewertet, bis eine einen von NIL verschiedenen Wert hat.
In der ersten Klausel, deren Bedingung <Bedingung$_j$> einen von NIL verschiedenen Wert geliefert hat, werden, falls vorhanden, die in der Klausel folgenden Terme ausgewertet.
Der Wert des gesamten bedingten Ausdrucks ist gleich dem Wert des *letzten* ausgewerteten Teilausdrucks.

Damit ergeben sich folgende Konsequenzen:

- Hat keine der Bedingungen einen von NIL verschiedenen Wert, so ist der Wert des gesamten COND-Terms NIL; der letzte ausgewertete Teilausdruck ist ja die letzte ausgegebene Bedingung.
- Stehen hinter der ersten Bedingung, deren Wert verschieden von NIL ist, keine weiteren Terme, so ist der Wert der Bedingung selbst der Wert des gesamten COND-Terms.
- Die Werte der Terme in der ausgewählten Klausel werden, bis auf den des letzten Terms, nicht weitergegeben — die Terme stehen dort also nur um ihrer Wirkung (Seiteneffekt) willen.
- Tritt als Bedingung ein Symbol mit einem Wert ungleich NIL (T hat einen solchen Wert — nämlich T) oder ein anderes auswertbares Objekt auf, das kein Term ist, so ist dieses mit Sicherheit das letzte ausgewertete Prädikat. Dies drückt sich in der Sprechweise „sonst" bzw. „in allen anderen Fälle" aus (engl.: catch-all clause).
- Als Bedingungen dürfen beliebige Terme auftreten, weil „nicht NIL" wie „T" behandelt wird.

Wir sehen, daß wir ABS auch kürzer durch

```
(DE ABS (X)
   (COND ((LT X 0) (SUB 0 X))
         (T X)))
```

definieren können.
Betrachten wir noch ein weiteres Beispiel: Eine natürliche Zahl heißt „gerade", wenn sie durch 2 teilbar ist:

```
(DE EVEN (X)
   (COND ((FIXP X) (EQ (REM X 2) 0))
         (T (ERROR "not an integer" X)) ))
```

Dabei sei ERROR eine Funktion, die einen Fehler — hier den falschen Argumenttyp — signalisiert.
Wie die Beispiele nahelegen, sollte man grundsätzlich versuchen, die letzte Klausel eines bedingten Ausdrucks mit dem Prädikat T zu beginnen.
Aus vielen anderen Programmiersprachen kennen wir das ***if*** ... ***then*** ... ***else***-Konstrukt. Damit wäre die allgemeine COND-Form (mit T als <Bedingung_n>) durch

if <Bedingung_1> ***then*** <Term_1>
else if <Bedingung_2> ***then*** <Term_2>
...
else <Term_n>

darzustellen.
Im Grunde können mit COND alle Beziehungen zwischen Bedingungen und Konsequenzen ausgedrückt werden. Zur Illustration mögen die Definitionen der logischen Verknüpfungen NOT, AND und OR dienen:

```
(DE NOT (X)
   (COND (X NIL)
         (T) ))

(DE AND (X Y)
   (COND (X Y)
         (T NIL) ))

(DE OR (X Y)
   (COND (X)
         (Y)
         (T NIL) ))
```

Während NOT auf eine äquivalente Weise als Systemfunktion in jedem LISP-System vorhanden ist, liegen AND und OR in verallgemeinerter Form vor, denn sie können beliebig viele Argumente haben. In beiden Fällen wird folgende „Auswertungsökonomie" realisiert: Sobald der Wert feststeht, wird kein weiteres

Argument mehr ausgewertet. Dies wird übrigens schon in der obigen Definition für AND sichtbar: Y braucht überhaupt nicht ausgewertet zu werden, wenn X den Wert NIL hat!
Daher gibt es weitere Spezialfälle der allgemeinen Auswertungsregel:

(*AND*) Die Argumente von AND werden von links nach rechts ausgewertet, bis eines den Wert NIL hat.

(*OR*) Die Argumente von OR werden von links nach rechts ausgewertet, bis eines einen von NIL verschiedenen Wert hat.

(*AND.OR*) Der Wert des letzten ausgewerteten Arguments ist der Wert der gesamten Spezialform.

Üblicherweise wird der Sonderfall zugelassen, daß beide Terme keine Argumente haben:

Der Wert von (AND) ist T.

Der Wert von (OR) ist NIL.

In vielen Fällen können AND und OR anstelle von COND verwendet werden, um Bedingungen zu prüfen und zugeordnete Konsequenzausdrücke auszuwerten. Die genannte Auswertungsökonomie wird dabei oft bewußt ausgenutzt: In der Reihenfolge früher stehende Bedingungen blocken die Weiterverarbeitung von Fällen ab, die sonst zu einem Fehler geführt hätten. Diese Eigenschaft wird im folgenden Beispiel verwendet:

```
(DE ISCONST (X)
    (OR (NULL X)
        (EQ X T)
        (NUMBERP X)
        (AND (LISTP X)
             (EQ (CAR X) 'QUOTE))))
```

Die CAR-Operation (in der letzten Zeile) wäre für alle vorher abgefragten Fälle nicht sinnvoll.

Eine weitere Möglichkeit zur Verarbeitung von Fallunterscheidungen bietet SELECTQ. Ein ähnliches Konstrukt ist aus anderen Programmiersprachen als CASE-Statement bekannt. Der allgemeine SELECTQ-Term hat folgende Form:

(SELECTQ <Selektorterm>

(<Expr$_1$> [<Term$_{1i}$>])

(<Expr$_2$> [<Term$_{2j}$>])

. . .)

Wie beim COND-Term nennt man auch hier die Listen, die mit <Expr> beginnen und dann einen oder mehrere Terme enthalten, Klauseln. Dabei kann jedes <Expr$_i$> entweder ein **Atom** (d. h. eine Zahl, ein Zeichen, eine Zeichenkette oder ein Symbol) oder eine Liste von Atomen sein. Keines der <Expr$_i$> wird ausge-

wertet. Ist der Wert des Selektorterms gleich diesem Atom bzw. in der durch <Expr$_i$> dargestellten Liste enthalten, so werden die in der Klausel folgenden Terme ausgewertet und der Wert des letzten Terms in der Klausel als Wert des gesamten SELECTQ-Terms zurückgegeben. Ist dies für keine der <Expr$_i$> erfüllt, so ist der Wert des SELECTQ-Terms NIL. Wie beim COND-Term empfiehlt es sich, als <Expr> der letzten Klausel T („otherwise") vorzusehen.
Beispiel: Eine Funktion zur Analyse von Zeichen:

```
(DE ANALYZE-CHAR (X)
    (SELECTQ X
          ((\A \E \I \O \U) (VOCAL-HANDLER))
          ((\B \C \F \H \J \K \L \M ...) (CONSONANT-HANDLER))
          ((\. \, \? \! \;) (PUNCTUATION-HANDLER))
          (\      (EMPTY-CHAR-HANDLER))
          (OTHERWISE (NOT-A-CHAR)) ))
```

5.6 Ein größeres Beispiel: Die Baukastenwelt („Blocks World")

Unsere bisherigen Programmbeispiele bestanden fast ausschließlich aus singulären Funktionen. Wir wenden uns nun einem größeren Anwendungsfall zu, zu dessen Bearbeitung wir ein System von Funktionen erstellen müssen; bei dieser Gelegenheit sollen auch einige Elemente eines guten Programmierstils dargestellt werden. Die Baukastenwelt, im folgenden auch „Block-Welt" (engl. blocksworld) genannt, wurde als eines der frühen „paradigmatischen" Beispiele für ein Programmsystem der Künstlichen Intelligenz durch die Arbeit von T. Winograd (1972) bekannt. Später wurde es — vor allem zu didaktischen Zwecken — durch Winston (1977) und Winston/Horn (1981) aufbereitet und fand dadurch weite Verbreitung. Wie kein anderes Beispiel gestattet die Block-Welt, mit relativ einfachen Mitteln eine durchaus interessante Anwendung zu gestalten. Aus diesem Grunde haben auch wir uns entschieden, an dieser Stelle die Block-Welt zu erarbeiten.
Die (abgeschlossene) „Mikro-Welt", die den Objektbereich der Block-Welt darstellt, besteht aus einem Tisch, auf dem sich verschiedene Bausteine (Blöcke, Kegel, Pyramiden, Kugeln) befinden. Ein Roboter, der einen mechanischen Arm besitzt, soll mit diesen Bauklötzen einfache Operationen ausführen. Ziel des Systems ist es, Pläne zu entwerfen, nach denen der Roboter handeln kann, wenn er einfache Kommandos, wie z. B. ein Objekt aufzuheben oder einen Gegenstand auf einen anderen zu stellen, zu befolgen hat (s. Abb. 9).
Die Pläne sind Folgen von primitiven Bewegungsanweisungen an den Roboterarm.
Die primitiven Aktionsmöglichkeiten des Roboters sind:

MOVE-ARM-TO – Arm vom aktuellen Standort zu einem Zielort bewegen
GRASP – Objekt greifen
UNGRASP – Objekt loslassen

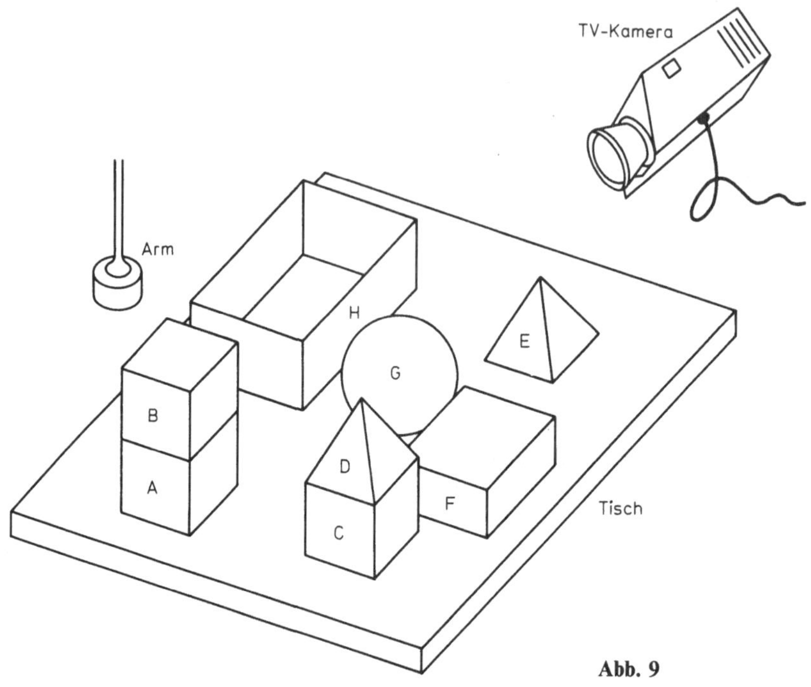

Abb. 9

Beispiel:
Der Plan, um den Bauklotz B auf den Bauklotz F zu stellen, hat die Form

```
((MOVE-ARM-TO <Ort von B>)
 (GRASP 'B)
 (MOVE-ARM-TO <Platz über F>)
 (UNGRASP 'B))
```

Als Formen von Bauklötzen sind zugelassen: Quader, Pyramiden, Kugeln und Schachteln (Bauklötze, in die man — von oben — andere Bauklötze hineinstellen kann). Jeder Baustein wird durch ein Symbol repräsentiert, und seine Eigenschaften werden als Attribute in seiner P-Liste festgehalten.

Beispiele:

Symbol	Attribut-Name	Attribut-Wert
A	OB-TYPE	BRICK
	POSITION	(1 1 0)
	SIZE	(2 2 2)
	SUPPORTED-BY	TABLE
	DIRECTLY-SUPPORTS	(B)
	COLOR	BLUE
HAND	GRASPING	NIL
	POSITION	(5 5 5)

Beispiele für einfache Kommandos sind:

```
(PICK-UP 'C), (PUT-ON 'A 'C) etc.
```

Wir wollen nun schrittweise den Programmcode für das Block-Welt-System entwickeln. Wegen der begrenzten Programmierkenntnisse gehen wir davon aus, daß auf jedem Objekt allenfalls ein anderes stehen kann (auf diesem wiederum wieder höchstens nur eines, usf.) Die Kommentare schreiben wir zwischen den Code hinter Semikolons „;“. Wir beginnen mit der Funktion PUT-ON, die bewirken soll, daß (im Modell) der Baustein OBJECT auf den Gegenstand SUPPORT gestellt wird:

```
(DE PUT-ON (OBJECT SUPPORT)
                              ; definiere die Funktion PUT-ON
   (LET ((PLACE NIL) (PLAN NIL))
                              ; zwei lokale Variable
      (COND ((SETQ PLACE (FIND-SPACE SUPPORT OBJECT))
             (PUT-AT OBJECT PLACE))
                              ; Wenn für das Objekt auf SUPPORT noch Platz ist,
                              ; kann es sofort daraufgestellt werden.
            ((SETQ PLACE (MAKE-SPACE SUPPORT OBJECT))
             (PUT-AT OBJECT PLACE)) )
                              ; Andernfalls muß Platz frei gemacht werden (durch
                              ; Herunterstellen anderer Bausteine).
      (REVERSE PLAN) ))
                              ; Ergebnis von PUT-ON ist der Plan, der durch Seiten-
                              ; effekte der Unterfunktionen erzeugt wurde und zu-
                              ; nächst in umgekehrter Reihenfolge vorliegt.

(DE PUT-AT (OBJECT PLACE)
                              ; definiere die Funktion PUT-AT, der genaue Stellplatz
                              ; ist bekannt:
   (GRASP OBJECT)             ; greife das Objekt,
   (MOVE-OBJECT OBJECT PLACE)
                              ; bewege den Arm,
   (UNGRASP OBJECT) )         ; lasse das Objekt los.

(DE GRASP (OBJECT)            ; definiere GRASP. Man beachte, daß die Hand eigent-
                              ; lich keinen Parameter benötigt, jedoch die planerzeu-
                              ; gende Funktion GRASP die Änderung festhalten muß
                              ; und daher das Argument erforderlich ist.
   (LET ((KRUFT NIL))         ; lokale Variable für das Objekt in der Hand
      (COND ((EQ OBJECT (GETPROP 'HAND 'GRASPING)) NIL)
                              ; wenn der Arm das Objekt bereits greift, muß nichts
                              ; getan werden.
            (T (COND ((GETPROP OBJECT 'DIRECTLY-SUPPORTS)
                      (CLEAR-TOP OBJECT)))
                              ; sonst: Wenn auf dem Objekt noch ein anderes darauf-
                              ; steht, muß es heruntergestellt werden.
               (COND ((SETQ KRUFT (GETPROP 'HAND 'GRASPING))
                      (GET-RID-OF KRUFT)))
                              ; Wenn die Hand einen anderen Gegenstand hält, muß
                              ; dieser abgesetzt werden. Nun kann die Arbeit beginnen:
```

```
            (MOVE-HAND (TOP-CENTER OBJECT))
                            ; Bewege Arm über das Objekt,
            (PUTPROP 'HAND 'GRASPING OBJECT)
                            ; vermerke die geänderte Situation,
            (SETQ PLAN (CONS (LIST 'GRASP OBJECT) PLAN))))))
                            ; und generiere den Greifbefehl für den Roboter-Arm.

(DE MOVE-OBJECT (OBJECT NEWPLACE)
                            ; Der OBJECT-Parameter wäre eigentlich unnötig — die
                            ; Situationsänderung muß jedoch festgehalten werden.
                            ; (Für den Arm ist nur die Bewegung und das Ziel wich-
                            ; tig.)
    (REMOVE-SUPPORT OBJECT)
                            ; Hebe das Objekt an — d.h. entferne es aus der Eintra-
                            ; gung des unterstützenden Objekts.
    (MOVE-HAND (NEW-TOP-CENTER OBJECT NEWPLACE))
                            ; Bewege den Arm so, daß das Objekt am neuen Platz
                            ; abgestellt werden kann.
    (PUTPROP OBJECT 'POSITION NEWPLACE)
                            ; Vermerke die geänderte Situation.
    (ADD-SUPPORT OBJECT NEWPLACE) )
                            ; Stelle das Objekt ab — d.h. vermerke es beim neuen
                            ; unterstützenden Objekt.

(DE UNGRASP (OBJECT)
    (COND ((NOT (GETPROP OBJECT 'SUPPORTED-BY))
              (ERROR "attempt to loose object"))
                            ; Vorsicht, wenn das Objekt fallen würde!
          (T (PUTPROP 'HAND 'GRASPING NIL)
                            ; Vermerke die geänderte Situation.
             (SETQ PLAN (CONS (LIST 'UNGRASP OBJECT) PLAN)) )))
                            ; Generiere den Befehl des Loslassens für den Roboter.
; Die Unterfunktionen für GRASP:

(DE CLEAR-TOP (OBJECT)
    (LET ((LST (GETPROP OBJECT 'DIRECTLY-SUPPORTS)))
         (COND ((NULL LST)NIL)
                            ; wenn nichts auf OBJECT steht, dann muß nichts getan
                            ; werden.
               (T (PUT-ON (CAR LST) 'TABLE)) )))
                            ; wenn auf OBJECT nur ein Klotz steht, wird dieser auf
                            ; den Tisch gestellt.

(DE GET-RID-OF (OBJECT)
    (LET ((AUX-SPACE (FIND-SPACE 'TABLE OBJECT)))
         (COND (AUX-SPACE (PUT-AT OBJECT AUX-SPACE))
               (T (ERROR "Table full!")) )))
                            ; Ein Objekt wird auf den ersten besten freien Platz auf
                            ; dem Tisch gestellt.

(DE MOVE-HAND (POSITION)
    (COND ((EQUAL POSITION (GETPROP 'HAND 'POSITION)) NIL)
                            ; Wenn die Hand schon richtig positioniert ist, sind wir
                            ; fertig.
```

```
        (T (PUTPROP 'HAND 'POSITION POSITION)
                            ; Wenn nicht, vermerke die neue Position
           (SETQ PLAN (CONS (LIST 'MOVE-ARM-TO POSITION)
                                 PLAN)))))
                            ; Generiere den Befehl zur Armbewegung.

; Die Unterfunktionen für MOVE-OBJECT:

(DE REMOVE-SUPPORT (OBJECT)
   (LET ((SUPPORT (GETPROP OBJECT 'SUPPORTED-BY)))
                            ; Der Gegenstand, auf dem OBJECT stand.
      (PUTPROP SUPPORT
           'DIRECTLY-SUPPORTS
            (REMOVE* (GETROP SUPPORT 'DIRECTLY-SUPPORTS)))
            ; Der daraufstehende Gegenstand ist herunter. (REMOVE* s. S. 264)
      (PUTPROP OBJECT 'SUPPORTED-BY NIL) ))
                            ; Es gibt keinen Gegenstand mehr, auf dem OBJECT
                            ; steht.

(DE ADD-SUPPORT (OBJECT PLACE)
   (LET ((SUPPORT (GET-OBJECT-UNDER PLACE)))
                            ; Das Objekt, das die neue Unterlage bildet
      (COND ((OR (EQ SUPPORT 'TABLE)
                 (EQ (GETPROP SUPPORT 'OB-TYPE) 'BOX)
                 (EQ (GETPROP SUPPORT'OB-TYPE) 'BRICK))
                            ; die Unterlage darf keine Pyramide oder Kugel sein!
             (PUTPROP SUPPORT
                      'DIRECTLY-SUPPORTS
                      (CONS OBJECT (GETPROP SUPPORT
                                      'DIRECTLY-SUPPORTS)))
                            ; Trage das neue daraufstehende Objekt ein.
             (PUTPROP OBJECT 'SUPPORTED-BY SUPPORT) ))))
                            ; Trage die neue Unterlage ein.
```

Nun sind noch die folgenden Funktionen zu implementieren, um das Beispiel zu vervollständigen:

MAKE-SPACE (eine schwache Funktionsvariante von CLEAR-TOP):
Wenn auf der Unterlage (erstes Argument) genügend Platz für das Objekt (zweites Argument) ist, dann braucht nichts getan zu werden. Andernfalls wird der Bauklotz heruntergesetzt. Achtung bei Kegeln und Kugeln: Auf diesen ist nie Platz!

FIND-SPACE:
Diese Funktion muß entscheiden, ob auf der Unterlage (erstes Argument, zum Beispiel dem Tisch) genügend Platz für das Objekt (zweites Argument) ist — dazu ist genaue Kenntnis der Positionen der bereits daraufstehenden Gegenstände erforderlich; Exaktheit vorausgesetzt. Andernfalls müßte über die Kamera die wirkliche Situation analysiert werden (— Kugeln können ein wenig rollen, die Hand arbeitet etwas unexakt, etc.)
Als partielle Lösung sei vorgesehen, daß der menschliche Dialogpartner des Programms entscheidet.

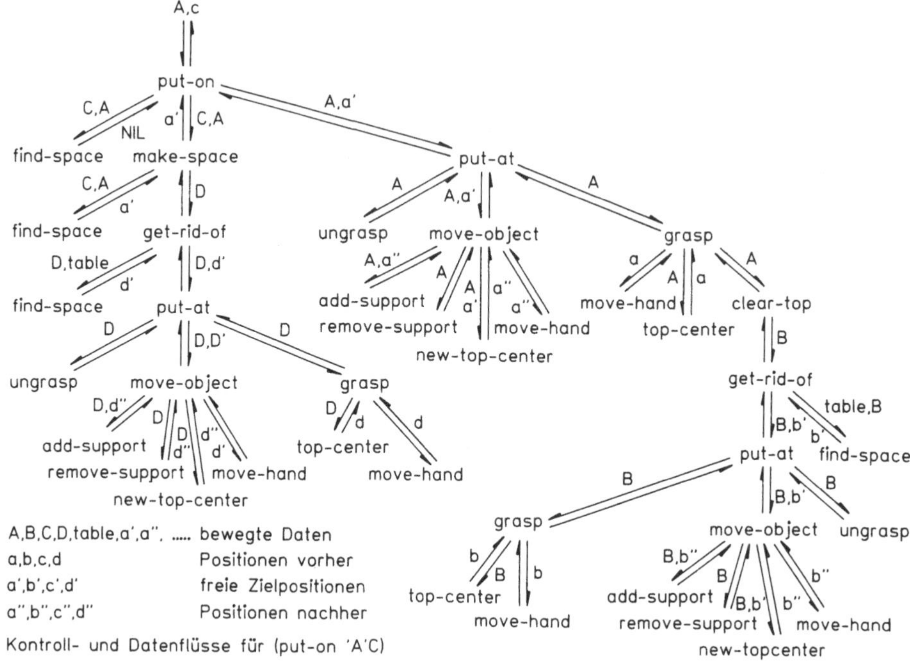

Abb. 10

TOP-CENTER:

hängt davon ab, wie die Position eines Körpers bestimmt ist: Ist sie die Mitte der Grundfläche, so addiert TOP-CENTER einfach die Höhen, ist sie aber eine Ecke, so muß zunächst die Mitte der Grundfläche berechnet werden. Es kann aber die Position unmittelbar mit TOP-CENTER übereinstimmend definiert werden.

NEW-TOP-CENTER:

gibt die Zielposition des Armes an. Da als zweites Argument die Position des Ortes auf der Unterlage angegeben ist, bietet sich an, Positionen auf die Grundfläche zu beziehen. NEW-TOP-CENTER hätte zu dieser Position die Höhe des Objekts zu addieren.

GET-OBJECT-UNDER:

liefert den Namen eines Objekts, das an einer gegebenen Position steht. Als Informationsquelle dienen entweder globales Wissen oder von der TV-Kamera gelieferte Daten (s. Abb. 10).

5.7 Literaturhinweise

1. Wir halten ein korrektes Verständnis der Abstraktion für äußerst wichtig. In der Informatik begnügt man sich oft mit dem „negativen" Modell der Abstraktion. Der Leser sollte sich mit diesem für die Informatik zentralen Verfahren ausführlich auseinandersetzen. Wir empfehlen: Lorenzen/Schwemmer (1975) und Kambartel et al. (1974).

2. Als weiterführende Literatur zur funktionalen Abstraktion kann Bauer/Wössner (1981) benutzt werden. Church (1941) hat die LAMBDA-Abstraktion zur Grundlage seines Kalküls gemacht.
3. Die Bedeutung der bedingten Ausdrücke wird in Minsky (1967) diskutiert.
4. Zur Blockwelt hatten wir schon die Hinweise gegeben: Winograd (1972), Winston (1977) und Winston/Horn (1981)

5.8 Übungen

5.5/1: Formulieren Sie in präziser Weise die spezielle Auswertungsregel für die SELECTQ-Form!

5.6/1: Implementieren Sie die am Ende des Block-Welt-Beispiels beschriebenen, noch fehlenden Funktionen MAKE-SPACE, FIND-SPACE, TOP-CENTER, NEW-TOP-CENTER und GET-OBJECT-UNDER. Modifizieren Sie CLEAR-TOP so, daß diese Operation wie für Objekte ausgeführt wird, auf die etwas gestellt werden kann (also keine Pyramiden, Kugeln usw.).

5.6/2: Implementieren Sie eine Datenbank Ihrer Verwandtschaftsverhältnisse! Hierzu eignen sich besonders gut P-Listen.

a. Versuchen Sie, ein geeignetes System von Attributen zu finden!

b. Betrachten Sie die beiden folgenden Mengen von Attributen:

b1) EHEPARTNER
AELTESTES-KIND
VATER
MUTTER
A-GESCHWISTER (nächst ältere(r) Bruder/Schwester)
J-GESCHWISTER (nächst jüngere(r) Bruder/Schwester)
GESCHLECHT

b2) EHEPARTNER
KINDER
VATER
MUTTER
GESCHWISTER
GESCHLECHT

Lassen sich mit den beiden Attributmengen dieselben Verwandtschaftsverhältnisse ausdrücken?
Worin unterscheiden sich die erzeugten Datenstrukturen?

c. Definieren Sie unter Verwendung der Attribute aus b1) die folgenden Funktionen (sämtlich Prädikate):

IST-MAENNLICH
IST-WEIBLICH
IST-VATER
IST-MUTTER
IST-VERHEIRATET
IST-SCHWESTER
IST-BRUDER
IST-ONKEL
IST-TANTE
IST-GROSSMUTTER
IST-GROSSVATER

Hinweis: Zur Vereinfachung der Definition der letzten vier Funktionen sollten Hilfs-Prädikate

HAT-GESCHWISTER-MIT-KIND
HAT-A-GESCHWISTER-MIT-KIND
HAT-J-GESCHWISTER-MIT-KIND

verwendet werden.

6 Komplexe Datenstrukturen und ihre Verarbeitung — Rekursion und Iteration

6.1 Zusammensetzen (Kombinieren) von Daten zu komplexeren Strukturen

Das Zusammenfügen von Termen — prozeduralen Bausteinen — ist möglich, weil Terme verschachtelt werden können: An Argumentstellen dürfen sowohl einfache Grundbausteine (zu sich selbst ausgewertete Objekte und Symbole) als auch Terme stehen. Die Grundbausteine selbst können zwar bei, aber nicht zu der Verschachtelung verwendet werden.
Ganz ähnlich verhält es sich mit den Datenobjekten: Es gibt einige, die von vornherein Zusammensetzung auf Grund ihrer Struktur ermöglichen. Dies sind insbesondere die Symbole und die Paare, deren Komponenten beliebige Objekte sein dürfen. Da Paare zwei Komponenten haben, wird damit die Kombination von zwei beliebigen Datenobjekten ermöglicht. Wird z. B. die Aufgabe gestellt, Gegenstände mit Datenobjekten zu beschreiben, die aus nur zwei Teilen bestehen, so bieten sich Paare als Darstellungsmittel an.
Beispiel: Zur Darstellung von rationalen Zahlen sind zweielementige Strukturen erforderlich, in denen wir Zähler und Nenner unterbringen können. Wir könnten dazu Paare verwenden: Der Zähler kommt in den Car, der Nenner in den Cdr. Der Bruch 1/2 wird durch das Paar (1 . 2) repräsentiert.
Zur Darstellung komplexer Zahlen bieten sich ebenfalls Paare an. Der Realteil kommt in den Car, der Imaginärteil in den Cdr.
Die komplexe Zahl 1 + 2i wird durch das Paar (1 . 2) repräsentiert.
Als großen Nachteil müssen wir feststellen, daß man den Datenobjekten alleine, den Paaren, nicht ansieht, welche Sorte von Zahlen sie darstellen sollen. Ein Ausweg wäre, im Bereich der komplexen Zahlen nur mit reellen Komponenten zu arbeiten, d.h. Real- und Imaginärteil als Gleitkommazahl zu halten.
In ähnlichen Fällen, und besonders dann, wenn eine größere Anzahl von Teilen darzustellen ist, werden hauptsächlich *Listen* verwendet. Insbesondere tut man dies immer dann, wenn unter den Teilen keine ausgesprochene Gewichtung oder Vorrangbeziehung besteht.
Beispiel: Um rationale Zahlen von komplexen Zahlen unterscheiden zu können, verwenden wir Listen und benutzen das erste Element für einen Typen-Indikator.
So seien der Bruch 1/2 durch (RATIONAL 1 2)
und die komplexe Zahl 1 + 2i durch (COMPLEX 1 2) dargestellt.
Wenn hierarchische Beziehungen zwischen den Teilen einer darzustellenden Struktur bestehen, verwendet man Listenstrukturen. Zu den bekanntesten Strukturen dieser Art gehören die Bäume.
Zur Darstellung binärer Bäume bieten sich unmittelbar aus Paaren gebildete Strukturen an. Wenn die Knoten dieser Bäume selbst keine Information tragen und ihre Blätter auf Symbole beschränkt sind, erhalten wir für LISP klassische Strukturen: Aufgrund ihrer externen Repräsentation werden solche Datenstruk-

turen als „Symbolische Ausdrücke" (engl. S-Expressions) bezeichnet (siehe 3.6). Für allgemeinere Bäume wird man Listenstrukturen verwenden.
Beispiel: Repräsentation binärer Bäume (nach Winston/Horn (1981))
Wir repräsentieren die Blätter des Baums durch Atome (Zahlen, Symbole) und die Knoten durch drei-elementige Listen, die in dieser Reihenfolge den Knotennamen, den linken Unterbaum und den rechten Unterbaum enthalten.
Der Baum (s. Abb. 11)

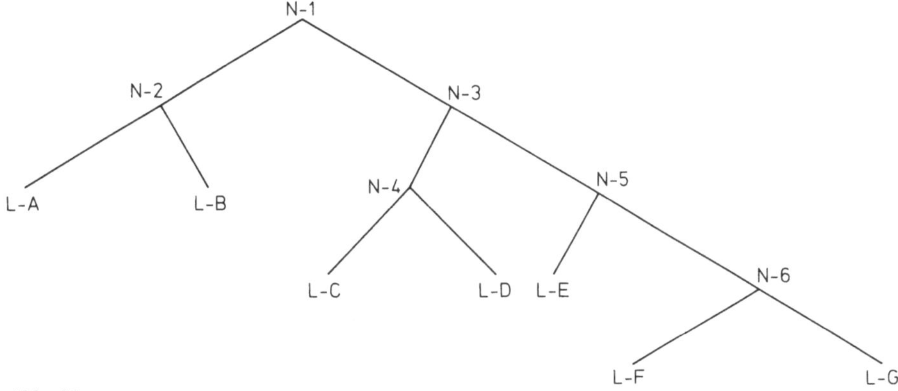

Abb. 11

wird durch

(N-1 (N-2 L-A L-B) (N-3 (N-4 L-C L-D)
(N-5 L-E (N-6 L-F L-G))))

dargestellt (s. Abb. 12).
In allen genannten Fällen sind durch die Listen einfache externe Repräsentationen der Strukturen bereitgestellt.
Will man jedoch in hierarchischen Strukturen Beziehungen zwischen Teilen, die auf verschiedenen Niveaus stehen, nicht nur in einer Richtung repräsentieren,

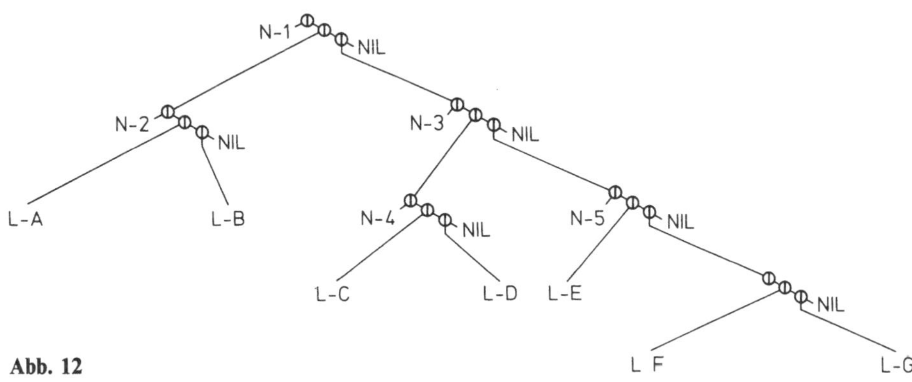

Abb. 12

ergeben sich Schwierigkeiten, denn zyklische Teilstrukturen haben keine externe Repräsentation. Wenn wir Netzwerke darstellen wollen, so müssen wir auf jeden Fall die Möglichkeit von Zyklen berücksichtigen. Im Prinzip könnten wir Listenstrukturen verwenden, jedoch wäre die Orientierung in einem so dargestellten Netzwerk recht schwierig.
Dies ist ein wichtiger Grund, **Symbole** für die Repräsentation von Netzwerken heranzuziehen. Die Knoten eines Netzwerks werden durch Symbole dargestellt, die von einem Knoten ausgehenden Kanten mit Hilfe ihrer P-Listen. Dabei hat man noch den besonderen Vorteil, über die Indikatoren verschiedene Kantentypen darstellen zu können.
Beispiele:

1. Repräsentation binärer Bäume durch P-Listen anhand des obigen Beispiels. Wir wollen explizit zwischen einem linken Nachfolgeknoten L-SUC und einem rechten Nachfolger R-SUC unterscheiden. Da es keine vorgegebene externe Repräsentation gibt, müssen wir den Baum durch folgende Kombinationen explizit aufbauen:

```
(PUTPROP 'N-1 'L-SUC 'N-2)
(PUTPROP 'N-2 'L-SUC 'L-A)
(PUTPROP 'N-1 'R-SUC 'N-3)
(PUTPROP 'N-3 'R-SUC 'N-5)
(PUTPROP 'N-5 'R-SUC 'N-6)
(PUTPROP 'N-6 'R-SUC 'L-G)
(PUTPROP 'N-2 'R-SUC 'L-B)
(PUTPROP 'N-3 'L-SUC 'N-4)
(PUTPROP 'N-4 'L-SUC 'L-C)
(PUTPROP 'N-4 'R-SUC 'L-D)
(PUTPROP 'N-5 'L-SUC 'L-E)
(PUTPROP 'N-6 'L-SUC 'L-F)
```

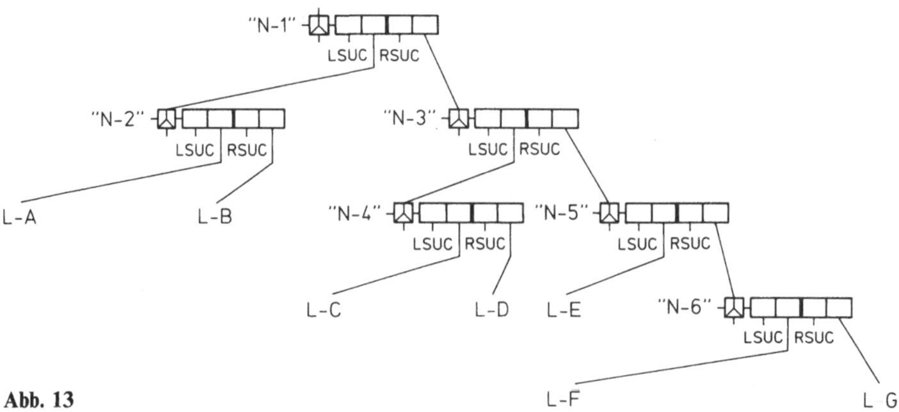

Abb. 13

Falls wir keine Ordnungsrelation für die Nachfolgeknoten verlangen, genügt ein Kantentyp SUC. Den Baum konstruieren wir in diesem Fall durch folgende Terme:

```
(PUTPROP 'N-1 'SUC '(N-2 N-3))
(PUTPROP 'N-2 'SUC '(L-A L-B))
(PUTPROP 'N-3 'SUC '(N-4 N-5))
(PUTPROP 'N-4 'SUC '(L-C L-D))
usw.
```

2. Verwandtschaftsbeziehungen in einer Familie werden üblicherweise durch Bäume dargestellt. Tatsächlich handelt es sich jedoch um Netzwerke. Solche Netzwerke können wir mit den Kantentypen ELTERNTEIL (bzw. VATER und MUTTER), J-GESCHWISTER (für den nächst jüngeren Bruder/Schwester) A-GESCHWISTER (für die nächst ältere Schwester/Bruder), AELTESTES-KIND, EHEPARTNER und GESCHLECHT darstellen (vgl. Übungsaufgabe 5.7/2).

6.2 Datenabstraktion

Wie wir gesehen haben, gibt es zur Darstellung einer Datenstruktur, in der wir Gegenstände und Sachverhalte abbilden wollen, die abstrakter Natur sind oder in der Welt vorgefunden werden, viele Möglichkeiten.
Wir kommen wieder auf das Beispiel der rationalen Zahlen zurück. Jetzt wollen wir eine Funktion entwickeln, die zwei rationale Zahlen addiert. Das können wir dadurch erreichen, daß wir als neuen Nenner das Produkt der beiden alten Nenner benutzen. Dementsprechend multiplizieren wir die zunächst die Zähler mit dem jeweils anderen Nenner und addieren sie dann.[1] Wir verwenden vorerst die einfache Paar-Repräsentation.

```
(DE +RAT (X Y)                ; die Funktion heiße +RAT. Ihre Argumente
                              ; sind rationale Zahlen
  (LET ((NUM (+ (* (CAR X) (CDR Y))
                (* (CDR X) (CAR Y))))
                              ; der ungekürzte Zähler
        (DEN (* (CDR X) (CDR Y))))
                              ; der ungekürzte Nenner
       (CONS NUM DEN) ))
                              ; die neue rationale Zahl
```

Oben hatten wir festgestellt, daß diese bezüglich des verbrauchten Speicherplatzes so günstige Repräsentation ihre Nachteile hat. Beim Umgang mit mehreren Zahlensorten (z. B. komplexe Zahlen) können Fehler durch Verwechslung von Typen auftreten.

1 Dabei wollen wir das Problem des Kürzens erst einmal ausklammern

Der Übergang in die andere Repräsentation erfordert eine Umformulierung der ganzen Funktion:

```
(DE +RAT(X Y)
    (LET ((NUM (+ (* (CADR X) (CADDR Y))
                  (* (CADDR X) (CADR Y))))
          (DEN (* (CADDR X) (CADDR Y))) )
         (CONS 'RATIONAL
               (CONS NUM (CONS DEN NIL))) ))
```

In diesem Falle kann man die gemeinsame Struktur der beiden Funktionsvarianten noch erkennen. In der Praxis kommt es oft vor, daß Teilprogramme, die für verschiedene Repräsentationen geschrieben werden, völlig anders aussehen. Das liegt daran, daß Eigenheiten einer Repräsentation ausgenutzt werden, um die Programme effizienter zu machen.
Man weiß aber heute, daß Änderungen der Datendarstellung häufiger vorkommen, als es zunächst scheinen mag. Deshalb sollten Programme, die mit Datenstrukturen umgehen, nicht davon abhängen, welche konkrete Repräsentation gewählt wurde. Im Gegensatz dazu wäre es geradezu vorteilhaft, wenn diese geändert werden könnte, ohne daß die Programme modifiziert werden müssen.
Die Repräsentation der rationalen Zahlen wird in den beiden Varianten der Additionsfunktion beim Zugriff auf die Komponenten (Zähler und Nenner) und bei der Konstruktion des Ergebnisses sichtbar. Ganz allgemein benötigen wir die Kenntnis von der gewählten Repräsentation einer Datenstruktur, um ihren **Typ zu prüfen**, um neue **Datenobjekte zu konstruieren**, um auf ihre etwaigen Komponenten zuzugreifen (**Selektion**) und um Komponenten zu **modifizieren**.
Alle Repräsentationen von rationalen Zahlen müssen ermöglichen, auf Zähler und Nenner zuzugreifen. Bei binären Bäumen müssen wir Zugriffe auf die Zweige ausführen usw.
Nun haben wir schon gelernt, daß mit der Definition von Funktionen implizite Verträge über ihr Eingabe-Ausgabe-Verhalten verbunden sein sollten. Könnte man nicht Funktionen so definieren, daß sie z. B. den Zugriff auf Komponenten unabhängig von der Repräsentation leisten? Wenn wir den Blick von dieser sicher angesichts der vielen Möglichkeiten nicht leichten Aufgabe auf die Konsequenzen im Programm lenken, so entdecken wir nur Vorteile: Unter Voraussetzung des Einhaltens der Eingabe-Ausgabe-Verträge durch die Selektionsfunktionen können wir ihnen die Last der Repräsentationsabhängigkeit zuschieben. Das Programm selbst wird völlig unabhängig von der Darstellung der Daten.
Wir abstrahieren also über Datenstrukturrepräsentationen und zugehörige primitive Funktionen. Zwei Repräsentationen gelten als äquivalent, wenn sie gleiche primitive Funktionen und diese gleiche Eingabe-Ausgabe-Verträge haben.
Diesen Schritt bezahlen wir mit Einbußen von Programmeffizienz: Wir können nicht bei dem Zugriff auf Komponenten gleich nebenher Änderungen vornehmen, weil wir wissen, an welcher Stelle wir gerade in der Datenstruktur sind. Der Programmierer hat diese Funktionen (Typprüfung, Konstruktion, Selektion, Modifikation) als **primitive Funktionen** zu akzeptieren. Aus den offenen durchsichtigen Datenstrukturen werden geschlossene Datenobjekte (Datenkapseln).
Damit der Effekt dieses Übergangs zu größerer Unabhängigkeit von der Repräsentation sich auszahlt, bedarf es der Disziplin des Programmierers: Er muß

versuchen, seine Daten nur durch die „Brille“ dieser Funktionen zu sehen und er darf die Daten nur mit den in der Form dieser primitiven Funktionen gegebenen Werkzeugen manipulieren. Disziplin ist in LISP vor allem deshalb vonnöten, weil die Sprache nicht von vorneherein einen Zwang zur Datenabstraktion ausübt, jedoch eine derartige Verfahrensweise nahelegt, wie wir bereits im dritten Kapitel sehen konnten.

Die bei der Abstraktion „erzeugten“ abstrakten primitiven Funktionen müssen nun nicht programmiert werden. Statt dessen genügt immer die Menge der konkret gegebenen primitiven Funktionen. Weil in ihnen alles „Wissen“ über die konkrete Darstellung konzentriert ist, kann man beim Übergang zu einer neuen Repräsentation so vorgehen, daß man die gesamte Funktionsmenge auswechselt. Die impliziten Verträge jedoch bleiben bestehen und müssen von den neuen Funktionen erfüllt werden.

Die Unabhängigkeit des (impliziten) Vertrages von der konkreten Verwirklichung der Funktion hatten wir schon in Kapitel 5 als wesentliches Element der prozeduralen Abstraktion hervorgehoben. Jetzt jedoch geht es um eine ganze Gruppe von Funktionen, die um eine Datenstruktur geschart ist.

Um die neue Art der Abstraktion präzise beschreiben zu können, benötigen wir einige algebraische Begriffe.

Die unter einer gegebenen Repräsentation möglichen Datenstrukturexemplare bilden die **Trägermenge einer Algebra**, die primitiven Funktionen sind ihre **Operationen**. Alle Operationen zusammengenommen werden auch als „Struktur der Algebra“ bezeichnet.[2] Für alle Repräsentationen lassen sich solche Algebren ableiten. Die Struktur einer Algebra wird nicht nur durch die Anzahl der Operationen, sondern auch durch deren Eigenschaften charakterisiert: Stelligkeit der Operatoren, Typen ihrer Argumente und Werte etc.

In der Theorie der Algebra hat man den Begriff der **Isomorphie von Algebren** eingeführt: eineindeutige Beziehungen zwischen den Elementen der Trägermengen, die bezüglich der Struktur verträglich sind. Mit anderen Worten, auch zwischen den Strukturen bestehen eineindeutige Beziehungen, die Eigenschaften entsprechen sich. Wenn wir eine Operation auf Elemente der einen Trägermenge anwenden und das Resultat dann der eineindeutigen Abbildung unterwerfen, resultiert dasselbe Element, wie in dem Falle, wenn wir erst die Elemente der einen Trägermenge der Abbildung unterwerfen und dann die Bilder mit der korrespondierenden Operation verknüpfen.

Diese Isomorphie ist die Äquivalenzrelation der **Datenabstraktion**. Bei der Abstraktion entsteht ein Objekt, das von den Trägermengen der Algebren in der Abstraktionsklasse sowie den Namen der Operationen unabhängig ist. Wichtig sind nur noch die Eigenschaften der Operationen. Wie im Falle der funktionalen Abstraktion können wir sagen: eine abstrakte Datenstruktur ist implementationsunabhängig — die spezielle Repräsentation mittels der vorgegebenen Datenstrukturen spielt keine Rolle. Wichtig sind jetzt allein die primitiven Funktionen zur Erzeugung bzw. Verknüpfung, zum Zugriff und zur Veränderung sowie etwaige Prädikate.

---

2 Bemerkung: Man beachte die unterschiedlichen — aber verwandten — Bedeutungen von „Struktur“!

Beispiele:

1. Rationale Zahlen

Rationale Zahlen bestehen aus Zähler und Nenner, der Zähler ist eine ganze, der Nenner eine natürliche Zahl. Wir möchten rationale Zahlen addieren, subtrahieren, multiplizieren und dividieren. Weiterhin ist ein Prädikat für die Gleichheit zweier rationaler Zahlen erforderlich.
Die Funktionen

MAKE-RAT	(bildet eine rationale Zahl aus zwei Fixnums)
NUMER	(liefert den Zähler einer rationalen Zahl)
DENOM	(liefert den Nenner einer rationalen Zahl)

sind die für die Datenabstraktion entscheidenden Primitiva.
Unter Voraussetzung der Funktionen EQ, /, REM und GCD (größter gemeinsamer Teiler) müssen zwischen ihnen die folgenden Beziehungen gelten:
Für alle Fixnums X, Y (Y ≠ 0) mit Z = (GCD X Y) gilt (d.h. hat den Wert T):

1. (EQ (NUMER (MAKE-RAT X Y)) (/ X Z))
2. (EQ (DENOM (MAKE-RAT X Y)) (/ Y Z))

Für alle rationalen Zahlen R gilt: (GT (DENOM R) 0)
Mit Hilfe der drei Grundfunktionen können wir nun die arithmetischen Verknüpfungen definieren:

```
(DE +RAT (X Y)
    (MAKE-RAT (+ (* (NUMER X) (DENOM Y))
                 (* (DENOM X) (NUMER Y)))
              (* (DENOM X) (DENOM Y))))

(DE *RAT (X Y)
   (MAKE-RAT (* (NUMER X) (NUMER Y))
             (* (DENOM X) (DENOM Y))))

(DE =RAT (X Y)
   (AND (EQ (NUMER X) (NUMER Y))
        (EQ (DENOM X) (DENOM Y))))
```

Wir wollen uns an einem Beispiel verdeutlichen, in welchen Schritten eine Addition zweier rationaler Zahlen ausgeführt wird. Nachdem wir nur mit den für rationale Zahlen definierten primitiven Funktionen arbeiten, benötigen wir keine weitere Information über die spezielle Repräsentation des Datentyps „rationale Zahl" (in der Tat wurde die oben vorgeschlagene Darstellung durch eine Liste der Form (RATIONAL d n) verwendet). Die einzelnen Schritte werden in der Form einer Spur (engl. Trace) angegeben, wie man sie mit einem Trace-System[1] erzeugen kann.

```
> (SETQ A (MAKE-RAT 1 2))
(RATIONAL 1 2)
```

1 Siehe Anhang, 13

```
> (SETQ B (MAKE-RAT 3 4))
(RATIONAL 3 4)

> (+RAT A B)
(+RAT BROKEN)
 → +RAT: ((RATIONAL 1 2) (RATIONAL 3 4))
 (MAKE-RAT BROKEN)
  (+ BROKEN)
   (* BROKEN)
    (NUMER BROKEN)
     → NUMER: ((RATIONAL 1 2))
     ← NUMER: 1
    (DENOM BROKEN)
     → DENOM: ((RATIONAL 3 4))
     ← DENOM: 4
    → *: (1 4)
    ← *: 4
   (* BROKEN)
    (DENOM BROKEN)
     → DENOM: ((RATIONAL 1 2))
     ← DENOM: 2
    (NUMER BROKEN)
     → NUMER: ((RATIONAL 3 4))
     ← NUMER: 3
    → *: (2 3)
    ← *: 6
   → +: (4 6)
   ← +: 10
   (* BROKEN)
    (DENOM BROKEN)
     → DENOM: ((RATIONAL 1 2))
     ← DENOM: 2
    (DENOM BROKEN)
     → DENOM: ((RATIONAL 3 4))
     ← DENOM: 4
    → *: (2 4)
    ← *: 8
   → MAKE-RAT: (10 8)
   ← MAKE-RAT: (RATIONAL 10 8)
 ← +RAT: (RATIONAL 10 8)
(RATIONAL 10 8)
```

2. Endliche Mengen

Endliche Mengen seien im folgenden grundsätzlich durch Aufzählung ihrer Elemente definiert. Die konkrete Darstellung muß die Elemente der Menge enthalten. Ganz unwichtig ist jedoch, wie die Elemente in der konkreten Datenstruktur stehen, denn die Anordnung darf keine Rolle spielen. Jedes Element darf genau einmal in der Darstellung vorkommen.

Als Grundoperationen benötigen wir:

1. ADJOIN, um ein Element neu in eine Menge aufzunehmen,
2. MEMBERP, um für ein Element feststellen zu können, ob es in einer gegebenen Menge liegt,
3. CREATE-SET zur Bildung einer neuen leeren Menge,
4. SEARCH-SELECT, um zu einer gegebenen Eigenschaft ein Element finden zu können, das dieser Eigenschaft genügt; die Restmenge werde durch SEARCH-REM bestimmt;
5. MAP-SET, um eine gegebene Funktion (Abbildung, Operation) auf alle Elemente einer Menge anzuwenden,
6. EMPTYP zur Feststellung, ob eine Menge leer ist.

Mit Hilfe dieser Grundfunktionen lassen sich dann die Mengenoperationen Vereinigung, Durchschnitt, symmetrische Differenz usw. sowie die Mengengleichheit definieren.

Zwischen den Grundfunktionen müssen folgende Beziehungen gelten (wir benutzen LISP-Terme, um die Bedingungen zu notieren):

1. (EMPTYP (CREATE-SET))
2. Für alle Mengen S und alle Elemente X:
   2.1. (ADJOIN X S) ⇒ (MEMBERP X S)
   2.2. (EMPTYP S) ⇔ (NOT (MEMBERP X S))
3. Für alle Mengen S und alle Funktionen FN:
   3.1. (MEMBERP (SEARCH-SELECT FN S) S)
   3.2. (EMPTYP (MAP-SET FN (CREATE-SET)))
   usw.

Mit Hilfe dieser Grundfunktionen müssen wir nun die Mengenoperationen definieren; dies erfolgt im nächsten Abschnitt.

3. Binäre Bäume

Binäre Baume sind entweder Blätter oder Knoten, die zwei binäre Bäume als Nachfolger (Teilbäume, Unterbäume) haben. Zur Konstruktion und Manipulation binärer Bäume benötigen wir folgende Grundoperationen:

1. CREATE-TREE, um aus zwei Bäumen (oder Datenstrukturen, die als Blätter zulässig sind) einen neuen Baum zu bilden,
2. L-SUC und R-SUC, um von einem Knoten (Wurzel) ausgehend auf die beiden Nachfolger zuzugreifen,
3. TREEP, um festzustellen, ob ein gegebener Knoten ein Blatt oder ein Unterbaum ist.

Es müssen folgende Beziehungen gelten:

1. (EQ (L-SUC (CREATE-TREE X Y)) X)
2. (EQ (R-SUC (CREATE-TREE X Y)) Y)
3. (TREEP (CREATE-TREE X Y))

6.3 Lineare Datenstrukturen und lineare Rekursion

Zur Repräsentation von endlichen Mengen verwendet man in LISP üblicherweise Listen. Listen haben jedoch zwei Eigenschaften, die Mengen nicht haben sollen:

- in Listen gibt es eine vorgegebene Ordnung,
- ein Element kann in einer Liste mehrfach auftreten.

Die erste Eigenschaft dürfen wir nicht sichtbar werden lassen, die zweite muß durch ADJOIN ausgeschlossen werden.
Zunächst repräsentieren wir die leere Menge mit dem Symbol NIL. Das bedeutet für CREATE-SET, diese Konstante zu liefern:

```
(DE CREATE-SET () NIL)
```

Die Prüfung, ob eine Menge leer ist, wird so zum Vergleich mit dem Symbol NIL:

```
(DE EMPTYP (S) (EQ S NIL))
```

Die Standardfunktion NULL hat dieselbe Definition. Deshalb wäre auch möglich:

```
(DE EMPTYP (S) (NULL S))
```

Vergleichen wir die primitiven Operationen über Listen (Paaren — CAR, CDR und CONS genügen) mit den für Mengen benötigten Grundfunktionen, so stellen wir Beziehungen fest (dies ist auch der Grund für die Wahl der Repräsentation):

- CAR entspricht einem eingeschränkten SEARCH-SELECT (mit einem immer wahren Prädikat als erstem Argument),
- CDR steht in derselben Beziehung zu SEARCH-REM (mit einem immer wahren Prädikat),
- CONS entspricht ADJOIN; allerdings mit der Einschränkung, daß das neu hinzukommende Element nicht schon in der Menge enthalten sein darf.

Zur Implementierung eines Prädikats für die Mengengleichheit darf nicht einfach die Listengleichheit verwendet werden; sonst wären beispielsweise die Mengen

$\{1, 2, 3\}$ und $\{1, 3, 2\}$ ungleich.

Schon jetzt ist klar, daß die Beziehung (EMPTYP (CREATE-SET)) erfüllt ist, denn es gilt ja (NULL NIL).
Wenden wir uns nun den anderen Mengen-Grundoperationen zu! Es ist klar, daß wir sie nicht ohne die Grundfunktionen für Listen implementieren können. Die enge Verwandtschaft zwischen den Funktionen ermöglicht es aber, schon definierte Mengen-Grundoperationen in den weiteren Grundoperationen zu verwenden.
Beginnen wir mit MEMBERP:

```
(DE MEMBERP (X S)
    (COND
```

Bevor wir uns beliebigen Mengen zuwenden, fassen wir eine besondere ins Auge: die leere Menge. Kann X in ihr vorkommen? Sicher nicht:

```
((EMPTYP S) NIL)
```

Hier können wir das oben definierte Mengen-Grundprädikat verwenden. Nun zu beliebigen Mengen: Sie sind als Listen repräsentiert. Deshalb haben wir einfachen Zugriff zu dem (jeweils) ersten Element. Offensichtlich ist X in S enthalten, wenn das so ausgewählte Element mit X identisch ist:

```
((EQ X (CAR S)) T)
```

Und wenn nicht? Wir müssen die Selektion fortsetzen, sollten aber das durch die vergebliche Selektion gewonnene Wissen zur Problemreduktion nutzen: Wenn X ein Element von S sein soll, dann kann es nur noch Element der bei der Selektion anfallenden Restmenge (CDR S), d.h., es muß gelten:

```
(MEMBERP X (CDR S))
```

Zusammengefaßt ergibt sich:

```
(DE MEMBERP (X S)
   (COND ((EMPTYP S) NIL)
         ((EQ X (CAR S)) T)
         (T (MEMBERP X (CDR S)))))
```

Genausogut können wir schreiben:

```
(DE MEMBERP (X S)
   (COND ((EMPTYP S) NIL)
         ((EQ X (CAR S)))
         ((MEMBERP X (CDR S)))))
```

Eine Funktion wie MEMBERP, in deren Definition (d.h. in ihrem Funktionskörper) sie selbst verwendet wird, heißt **rekursiv**. Wie wir sehen, genügt die schlichte Möglichkeit, Prozeduren zu definieren — solange wir nur rekursive Definitionen zulassen —, um iterative oder zyklische Prozesse zu beschreiben.
Wieso kann eine solche zirkuläre Definition überhaupt verwendet werden? Dies wird klar, wenn wir den Verlauf des Verarbeitungsprozesses anhand eines Beispiels studieren:

```
(MEMBERP 'D '(F A G D E B))
```

Man kann sich den Ablauf der Berechnung so vorstellen, als ob

(MEMBERP 'X '(Y X ...)) zu (MEMBERP 'X '(X ...))

vereinfacht würde, und

(MEMBERP 'X '(X ...)) zu T bzw.
(MEMBERP 'X ()) zu NIL.

Also:

```
(MEMBERP 'D '(F A G D E B))
 ⇒ (MEMBERP 'D '(A G D E B))
    ⇒ (MEMBERP 'D '(G D E B))
       ⇒ (MEMBERP 'D '(D E B))
          ⇒ T
```

Wenn D das letzte Element der Liste gewesen wäre, hätten wir exakt n Schritte benötigt, wobei n die Anzahl der Elemente (Länge) der Liste, hier also die Kardinalität der Menge ist. Im Prinzip besteht somit eine lineare Proportionalität zwischen der Größe des zweiten Argumentes und der erforderlichen Anzahl von Verarbeitungsschritten. Die Berechnung verlief so, daß der jeweils nächste Schritt unmittelbar das Ergebnis des vorhergehenden weiterverarbeitete. Einen derartigen Prozeß nennen wir **Iteration**.
In LISP können wir also iterative Prozesse durch rekursive Funktionen beschreiben.
Ein iterativer Prozeß ist ein Vorgang, dessen Zustand darstellbar ist mit einer festen Zahl von Variablen, einer festen Regel, die angibt, wie die Zustandsvariablen zu verändern sind, wenn der Prozeß von einem Zustand zu einem folgenden übergeht, und mit einer Abbruchbedingung („termination test"), die festlegt, wann der Prozeß terminiert.
Wie in anderen Programmiersprachen haben wir auch in LISP spezielle Sprach-Konstrukte, um Iterationen als zyklische Abläufe zu beschreiben. Ein Beispiel hierfür ist die Spezialform DO:

```
(DO ( { ( <Var> <Init-Val> <Iter-Val> ) } )
    ( { ( <Exit-Test> [ <Exit-Value> ] ) } )
    <Body> )
```

Damit kann MEMBERP neu definiert werden.

```
(DE MEMBERP (X S)
   (DO ((L S (CDR L)))
       (((OR (EMPTYP L)
             (EQ X (CAR L)))
                              (NOT (EMPTYP L)) )) ))
```

Am Iterations-Ausdruck (CDR L) sehen wir deutlich, wie die Liste L Schritt für Schritt abgearbeitet wird. Da mit Iterations-Ausdruck und Ende-Test ausreichende Mittel bereitstehen, um der Spezifikation von MEMBERP zu genügen, kann der Körper der DO-Form leer sein.
Der Term (NOT (EMPTYP L)) dient dazu, um das richtige Resultat zu erzeugen: Ist die Menge leer, kann das Element nicht in ihr vorkommen, und das Ergebnis muß NIL sein. Wurde das Element gefunden, dann war der Test erfüllt, bevor die Liste ausgeschöpft war.
Betrachtet man die rekursive Form solcher iterativ-rekursiven Funktionen genau, dann stellt man fest, daß der Funktionskörper nach dem rekursiven Aufruf verlassen wird:

```
(DE F (X ...)
     (COND ( ... )
           (( ... ) (F (G ...) ...))
           ...
           (T (F (H ...) ...))))
```

Derartige Funktionen heißen **endrekursiv** (auch: **rest-rekursiv**, engl. **tail recursive**). Manche LISP-Systeme erkennen endrekursive Funktionsstrukturen und interpretieren diese direkt als Iteration!

Kehren wir zu den übrigen Mengen-Grundoperationen zurück! Mit MEMBERP können wir ADJOIN programmieren: Wenn ein der Menge hinzuzufügendes Element schon in ihr liegt, machen wir nichts. Im anderen Falle nehmen wir es in die Liste auf:

```
(DE ADJOIN (X S)
   (COND ((MEMBERP X S) S)
         (T (CONS X S))))
```

Die anderen Grundoperationen wollen wir nicht programmieren (Übungsaufgabe). Wir begnügen uns mit den schwachen Versionen der Auswahlfunktionen:

```
(DE SEARCH-SELECT (S) (CAR S))

(DE SEARCH-REM    (S) (CDR S))
```

Da nun die erforderlichen Mittel für die Mengenverknüpfungen bereit stehen, wollen wir uns einer von ihnen, der Vereinigung, zuwenden und demonstrieren, wie die Grundfunktionen benutzt werden. Die erwünschte Repräsentationsunabhängigkeit ist gesichert, wenn wir uns auf diese Grundfunktionen beschränken.

Die Vereinigung von zwei Mengen hat, wie wir sehen werden, manche Ähnlichkeit zur Prüfung, ob ein Element in einer Menge liegt (MEMBERP). Natürlich liegen die Verhältnisse nicht so einfach: Zwei Mengen werden vereinigt, indem man die Vereinigungsmenge aus allen den Elementen konstruiert, die entweder in der einen oder in der anderen Menge liegen. Wir können aber die Listen, die die beiden zu vereinigenden Mengen darstellen, nicht einfach aneinanderhängen, weil sonst die Elemente aus dem Durchschnitt doppelt auftreten würden. Deshalb gehen wir ähnlich wie bei MEMBERP vor. Wir beginnen mit der Definition der Vereinigungsfunktion UNION, indem wir zuerst die trivialen Fälle abhandeln:

```
(DE UNION (S1 S2)
   (COND ((EMPTYP S1) S2)
         ((EMPTYP S2) S1)
```

Damit sind wir schon beim Fall beliebiger nichtleerer Mengen. Jedes Element der einen Menge gehört in die Vereinigungsmenge:

```
(T (ADJOIN (SEARCH-SELECT S1)
           (UNION (SEARCH-REM S1) S2))))
```

Zusammengefaßt:

```
(DE UNION (S1 S2)
   (COND ((EMPTYP S1) S2)
         ((EMPTYP S2) S1)
         (T (ADJOIN (SEARCH-SELECT S1)
                    (UNION (SEARCH-REM S1) S2))))
```

Wir wollen uns nun anhand eines Beispiels den Ablauf des Berechnungsprozesses vor Augen halten. Es soll die Vereinigungsmenge der beiden durch (A B C D) und (B D F H) dargestellten Mengen ermittelt werden, also

```
(UNION '(A B C D) '(B D F H))
```

Es ergeben sich die folgenden Berechnungsschritte:

```
(UNION '(A B C D) '(B D F H)) = (ADJOIN 'A (UNION '(B C D) '(B D F H)))
 ⇒ (UNION '(B C D) '(B D F H)) = (ADJOIN 'B (UNION '(C D) '(B D F H)))
    ⇒ (UNION '(C D) '(B D F H)) = (ADJOIN 'C (UNION '(D) '(B D F H)))
       ⇒ (UNION '(D) '(B D F H)) = (ADJOIN 'D(UNION NIL '(B D F H)))
          ⇒ (UNION NIL '(B D F H)) = (B D F H)
          (UNION '(D) '(B D F H)) = (B D F H)
       (UNION '(C D) '(B D F H)) = (C B D F H)
    (UNION '(B C D) '(B D F H)) = (C B D F H)
(UNION '(A B C D) '(B D F H)) = (A C B D F H)
```

Wir sehen, daß die Anzahl der Schritte wieder proportional zur Größe der Argumente ist — in diesem Fall nur vom ersten Argument abhängig. Es liegt also ein Algorithmus mit linearer Abhängigkeit der Laufzeit vor. Im Unterschied zu MEMBERP **wächst nun aber auch der Speicherplatz**, der benötigt wird, um die zurückgestellten Verarbeitungsschritte aufzubewahren:

Wir sprechen von einem **linear rekursiven Prozeß**.

Wegen der zugrundeliegenden linearen Datenstruktur muß es aber auch einen iterativen Prozeß geben. Anstelle der (implizit aufgebauten) Kette zurückgestellter Verarbeitungsschritte können wir auch eine explizite Abbildung des Verarbeitungsprozesses in Zustandsvariable vornehmen. In unserem Beispiel brauchen wir eine Variable mehr, nämlich für die in Konstruktion befindliche Vereinigungsmenge (die im ersten Schritt schon gleich dem zweiten Argument ist):

```
(DE UNION (S1 S2) (UNION1 S1 S2 S2))
```

```
(DE UNION1 (S1 S2 U)
    (COND ((EMPTYP S1) U)
          (T (UNION1 (SEARCH-REM S1)
                     S2
                     (ADJOIN (SEARCH-SELECT S1) U)))))
```

Eine derartige Variable — wie U in unserem Fall — nennt man auch **Akkumulatorvariable**, da sie zum „Aufsammeln“ von Zwischenergebnissen dient.
Als rein iterative Form mittels DO ergäbe sich für UNION folgende Variante:

```
(DE UNION (S1 S2)
    (DO ((L S1 (SEARCH-REM L))
         (U S2 (ADJOIN (SEARCH-SELECT L) U)))
        (((EMPTYP L) U)) ))
```

Es ist interessant und aufschlußreich, das mit den iterativen Varianten ermittelte Resultat von

```
(UNION '(A B C D) '(B D F H))
```

zu betrachten: wir erhalten

```
(C A B D F H).
```

Als Liste gesehen ist dieses Resultat verschieden von dem mit der rekursiven Fassung gewonnenen — als Menge gesehen jedoch nicht.
Die Umformung eines rekursiven in ein iteratives Programm ändert also die Reihenfolge der Operationen und ist nur möglich, wenn die Operationen und damit das Resultat invariant bezüglich dieser Änderung sind.
Umformungen rekursiver in iterative Programme sind nur mit großem Aufwand möglich — nämlich durch völliges Umprogrammieren —, wenn die Rekursion an zwei Stellen zugleich auftritt, etwa nach dem Muster

```
(DE G (X ...) ... (F (G ...) (G ...)) ...)
```

Typische Instanzen solcher Fälle sind Funktionen über hierarchischen Datenstrukturen.

6.4 Hierarchische Datenstrukturen und Baum-Rekursion

Um Bäume zu repräsentieren, können wir, wie bereits demonstriert, ebenfalls Listenstrukturen verwenden.
Wir wählen die Darstellung derart, daß ein Niveau der Hierarchie jeweils den Knoten-Namen (falls erforderlich), die zugeordnete Knoten-Information (soweit vorhanden) und die abgehenden Zweige enthält. Wir behandeln hier nur binäre Bäume.

Damit kommen wir zu folgenden Grundfunktionen für binäre Bäume:

```
(DE CREATE-TREE (NODE INFO LSUC RSUC)
   (LIST NODE INFO LSUC RSUC)

(DE L-SUC (TREE) (CADDR TREE))

(DE R-SUC (TREE) (CAR (CDDDR TREE)))

(DE TREEP (OBJ)
   (AND (LISTP OBJ)
        (NOT (NULL (CDR OBJ)))
        (NOT (NULL (CDDR OBJ)))
        (NULL (CDDDR OBJ)) ))
```

Wir nehmen also an, daß Blätter Zahlen, Zeichenketten oder Symbole sind. Man beachte bei TREEP, daß wegen der verallgemeinerten Wahrheitswerte die Bedingung (NOT (NULL <Term>)) auch schlicht <Term> lauten kann!
Eine bekannte Aufgabe besteht darin, mit Hilfe dieser Grundfunktionen für einen gegebenen Baum die Zahl seiner Blätter zu ermitteln. Um den entscheidenden Punkt deutlich zu machen, wollen wir uns weiterhin auf binäre Bäume beschränken. Die zu definierende Funktion möge COUNTLEAVES heißen.

```
(DE COUNTLEAVES (TREE)
```

Wenn der Baum zum Blatt degeneriert ist, steht die Antwort fest: eins

```
   (COND ((NOT (TREEP TREE)) 1)
```

Andernfalls haben wir zwei Zweige vor uns, deren jeder eine gewisse Anzahl von Blättern, nämlich (COUNTLEAVES SUBTREE), hat, und wir brauchen nur die Anteile beider Zweige zu addieren:

```
         (T (+ (COUNTLEAVES (L-SUC TREE))
               (COUNTLEAVES (R-SUC TREE)) ))))
```

Zusammengefaßt:

```
(DE COUNTLEAVES (TREE)
   (COND ((NOT (TREEP TREE)) 1)
         (T (+ (COUNTLEAVES (L-SUC TREE))
               (COUNTLEAVES (R-SUC TREE)) ))))
```

Wenn wir diese Funktion auf den Baum aus Abschnitt 6.1 anwenden, erhalten wir folgende Aufrufstruktur, wobei wir kurzerhand jeden Unterbaum mit seinem

Knotennamen bezeichnen (zur Abkürzung schreiben wir CLV für COUNTLEAVES) (s. Abb. 14):

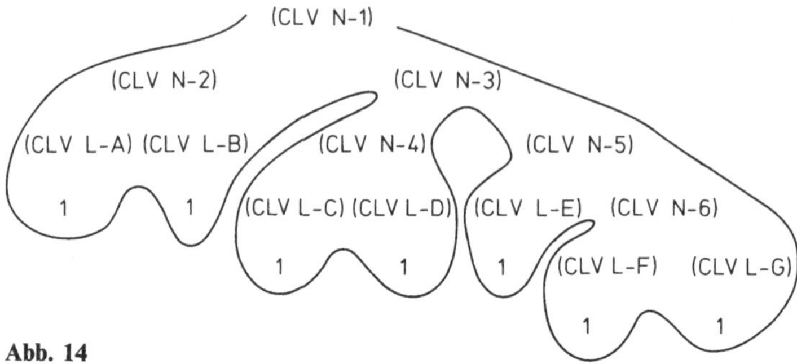

Abb. 14

Man beachte, wie dieser Baum der Verarbeitungsschritte den als zu verarbeitende Datenstruktur gegebenen Baum nachbildet. Der Grund hierfür liegt darin, daß im Körper der Funktion — den beiden abgehenden Zweigen entsprechend — zwei rekursive Aufrufe notiert sind. Einen derartigen Prozeß nennen wir **baum-rekursiv**.

Baum-rekursive Prozesse entstehen bei der Abarbeitung von Funktionen F, in deren Körper Kombinationen der Gestalt

```
(G (F ...) (F ...) ...)
```

vorkommen, das heißt Terme, bei denen mindestens zwei Argumente rekursive Aufrufe der umfassenden Funktion F sind.

Ein bekanntes Beispiel für baum-rekursive Berechnungsprozesse ist die Berechnung der Fibonacci-Zahlen. Diese Zahlenfolge ist die Lösung einer Aufgabe, die auf Leonardo von Pisa (Fibonacci) um 1220 zurückgeht: Wenn ein Kaninchenpaar einmal im Monat ein Paar Nachkommen bekommt (die jeweils aus einem Männchen und einem Weibchen bestehen sollen), und es einen Monat dauert, bis auch die neuen Paare sich fortpflanzen — wie viele Kaninchenpaare haben wir dann nach n Monaten? Wir gehen von folgender Rekursionsregel aus:

$$F_0 = 0$$

$$F_1 = 1$$

$$F_n = F_{n-1} + F_{n-2}$$

Daraus ergibt sich unmittelbar die Funktion

```
(DE FIBONACCI (N)
    (COND ((EQ N 0) 0)
          ((EQ N 1) 1)
          (T(+ (FIBONACCI (- N 1))
               (FIBONACCI (- N 2))))))
```

Obwohl das Programm auf diese Weise direkt und denk-ökonomisch aus der Rekursionsregel ableitbar ist, ist es aus der Perspektive des Ablaufs und der

Verwendung von Ressourcen keineswegs ökonomisch: Die von dem Prozeß benötigte Zeit hängt exponentiell vom Parameter N ab. Er verwendet diese Zeit hauptsächlich zur (mehrfachen) Berechnung bereits bekannter Zwischenergebnisse![3] Der Speicherbedarf steigt linear mit N an.
Dieses Mal kann immerhin ein iterativer Algorithmus gefunden werden, der, ähnlich wie im Falle der Funktion UNION, bei Verwendung von Akkumulatorvariablen die Addition in einer anderen Reihenfolge ausführt. Dies wiederum ist nur möglich, weil die Addition kommutativ ist und weil man dem Resultat — einer Zahl — die Reihenfolge der Operationen nicht ansieht, durch die es gebildet wird. Wegen der Baum-Rekursion benötigen wir sogar *zwei* Akkumulatorvariablen: die erste für die eben berechnete, die zweite für die im vorhergehenden Schritt berechnete Summe. In jedem Schritt führen wir die Operationen

$$A1 := A1 + A2$$
$$A2 := A1$$

simultan aus. Die Programmierung erfolgt wieder durch Einführung einer iterativen Hilfsfunktion:

```
(DE FIBONACCI (N)
   (COND ((EQ N 0) 0)
         (T (FIB-ITER 1 0 N))))

(DE FIB-ITER (A1 A2 N)
   (COND ((EQ N 1) A1)
         (T (FIB-ITER (+ A1 A2) A1 (- N 1)))))
```

Diese Form ist wieder endrekursiv (tail recursive), d. h. iterativ, mit den genannten Vorteilen des festen Speicherbedarfs und linearen Zeitverhaltens.

6.5 Arithmetische Ausdrücke als hierarchische Strukturen — Anwendungsbeispiel: Vereinfachung

Arithmetische Ausdrücke haben allgemein die Form:

<Exp$_1$> <Operator> <Exp$_2$>

Was ein zulässiger Ausdruck ist, wird rekursiv definiert: <Exp$_1$> und <Exp$_2$> sind entweder Zahlen, Variablensymbole oder selbst wieder Ausdrücke. Als Operatoren stehen üblicherweise +, −, * und / zur Verfügung.[4] So definierte arithmetische Ausdrücke lassen sich auf höchst einfache Weise mit binären Bäumen darstellen: Der Operator wird als Knoten-Information eingesetzt und Teilausdrücke werden durch Unterbäume dargestellt.

---

3 So wird die Hälfte der Zeit zur Berechnung von F_{n-2} verbraucht, was bereits zur Berechnung von F_{n-1} verwendet worden war

4 Für das folgende wollen wir das Problem der einstelligen (Präfix-) Operatoren — wie z. B. das unäre Minuszeichen — ignorieren

Ein charakteristisches Problem bei arithmetischen Ausdrücken ist das der Vereinfachung: Zu einem gegebenen Ausdruck soll ein anderer angegebenen werden, der hinreichend einfach ist, d.h. sich nicht weiter vereinfachen läßt. Nun ist diese Aufgabenstellung offensichtlich etwas vage: Was bedeutet „hinreichend einfach“? Ist

$(A + B)^2$

oder

$A^2 + 2*A*B + B^2$

einfacher?

In diesem Fall wird es sehr wohl davon abhängen, in welchem Zusammenhang wir auf den zu vereinfachenden Ausdruck gekommen sind und wie wir mit ihm weiterarbeiten wollen. „Einfachheit“ ist in der Regel nur im Kontext der zu lösenden Aufgabe bestimmt, wobei jedoch in jedem Fall triviale Teilausdrücke aufzulösen sind. Darauf wollen wir uns im folgenden beschränken.
Sicher darf ein vereinfachter Ausdruck keine Unterausdrücke der Form

```
(+ 4 5)
```

enthalten, oder

```
(+ X 0)
```

oder

(* X 1) bzw. (* X 0) etc.

Aus diesen Beispielen erkennt man, daß ein enger Zusammenhang zwischen Vereinfachung und den Operatoren besteht. Es wird sicher günstig sein, für jeden Operator eine spezielle Vereinfachungsfunktion zu schreiben. Alle diese Funktionen sollen durch eine Hauptfunktion SIMPLIFY aktiviert werden:

```
(DE SIMPLIFY (EXP)
    (COND ((NOT (TREEP EXP)) EXP)
          ((EQ (NODE-INF EXP) '+)
           (SIMP+ (L-SUC EXP) (R-SUC EXP)))
           ... ))
```

Bei diesem Vorgehen würden die speziellen Vereinfachungsfunktionen unnötig belastet: Sie bekämen unvereinfachte Ausdrücke als Argumente und könnten sich deshalb auf deren Struktur nicht verlassen. Deshalb setzen wir an dieser Stelle Rekursion ein:

```
(DE SIMPLIFY (EXP)
    (COND ((NOT (TREEP EXP) EXP)
```

```
((EQ (NODE-INF EXP) '+)
 (SIMP+ (SIMPLIFY (L-SUC EXP))
        (SIMPLIFY (R-SUC EXP))))
...))
```

Dies ist überraschenderweise schon die gesamte Rekursion, die wir zur Lösung des Vereinfachungsproblems brauchen. Die Spezialfunktionen beschäftigen sich nur noch mit besonderen Ausprägungen der Argumente:

```
(DE SIMP+ (EXP1 EXP2)
  (COND ((EQ EXP1 0) EXP2)
                        ; Fall: 0 + X
        ((EQ EXP2 0) EXP1)
                        ; X + 0
        ((NUMBERP EXP1)
                        ; erstes Argument ist Zahl
         (COND ((NUMBERP EXP2) (ADD EXP1 EXP2))
                        ; zwei Zahlen: addieren
               ((SYMBOLP EXP2) (CREATE-TREE () '+ EXP1 EXP2))
                        ; Zahl + Symbol
               ((EQ (NODE-INF EXP2) '+)
                (COND ((NUMBERP (L-SUC EXP2))
                        ; Fall: Zahl + (Zahl + Ausdruck)
                       (CREATE-TREE ()
                                    '+
                                    (ADD EXP1 (L-SUC EXP2))
                                    (R-SUC EXP2)))
                      (T (CREATE-TREE () '+ EXP1 EXP2))))
        ((NUMBERP EXP2) (SIMP+ EXP2 EXP1))
                        ; ist das zweite Arg. einfacher als
                        ; das erste, so vertausche sie!
        ((SYMBOLP EXP1)
         (COND ((EQ EXP1 EXP2) (SIMP* 2 EXP1))
                        ; Fall: X + X
               ((SYMBOLP EXP2) (CREATE-TREE () '+ EXP1 EXP2))
                        ; zwei Variablen
                        ; die Variablen könnten geordnet werden.
               ((EQ (NODE-INF EXP2) '+)
                (COND ((NUMBERP (L-SUC EXP2))
                        ; Fall: Symbol + (Zahl + Symbol)
                        ; → Zahl + 2 * Symbol
                       (COND ((EQ EXP1 (R-SUC EXP2))
                              (CREATE-TREE ()
                                           '+
                                           (L-SUC EXP2)
                                           (SIMP* 2 EXP1)))
                             (T (CREATE-TREE ()
                                             '+
                                             (L-SUC EXP2)
                                             (CREATE-TREE ()
```

```
                                              '+
                                              EXP1
                                              (R-SUC EXP2))
                                              ))))
                    ; hier: weitere Spezialfälle mit Symbol und Summe
                    (T (CREATE-TREE () '+ EXP1 EXP2))))
                    ; hier: Spezialfälle mit Symbol und *, / usw.
          (T (CREATE-TREE () '+ EXP1 EXP2))))
  ((SYMBOLP EXP2) (SIMP+ EXP2 EXP1))
                    ; Vertauschung, wenn Arg.2 einfacher als Arg.1
  ((EQ (NODE-INF EXP1) '+)
                    ; erstes Argument ist Summe
   (COND ((EQ (NODE-INF EXP2) '+)
                    ; zweites Ausdruck
          (COND ((AND (NUMBERP (L-SUC EXP1))
                      (NUMBERP (R-SUC EXP2)))
                    ; Fall: (Zahl + Ausdr.) + (Zahl + Ausdr.)
                 (CREATE-TREE ()
                              '+
                              (ADD (L-SUC EXP1)
                                   (L-SUC EXP2))
                              (CREATE-TREE ()
                                           '+
                                           (R-SUC   EXP1)
                                           (R-SUC EXP2))))
                    ; weitere Spezialfälle für Summe + Summe
                (T (CREATE-TREE () '+ EXP1 EXP2))))
                    ; weitere Spezialfälle für Summe + Ausdruck
         (T (CREATE-TREE () '+ EXP1 EXP2))))
  ((EQ (NODE-INF EXP2) '+) (SIMP+ EXP2 EXP1))
                    ; Ausdruck + Summe
                    ; weitere Spezialfälle für Ausdruck + Ausdruck
  (T (CREATE-TREE () '+ EXP1 EXP2))))
```

6.6 Rekursive Funktionen zur Manipulation von S-Ausdrücken

Bei der Verarbeitung von Listenstrukturen treten häufig einige Standardprobleme auf, die unabhängig von der konkreten zu bearbeitenden Aufgabe einer einfachen Lösung durch rekursive Funktionen zugeführt werden können. Die in diesem Abschnitt vorgestellten Funktionen haben für LISP geradezu klassischen Charakter: Sie gehören in der Tat zu den ersten Programmen, die in LISP implementiert wurden. EQUAL wurde zum ersten Male programmiert, als noch keine LISP-Implementation vorhanden war!
Es sind Funktionen von allgemeinem Interesse, denn sie dienen zur Verarbeitung von Listenstrukturen, wie sie in vielen Kontexten immer wieder auftreten (Vgl.

McCarthy et al. (1962)). Diese Funktionen sind in nahezu jedem LISP-System von vorneherein in der globalen Umgebung definiert; wir stellen sie nur vor, um an weiteren Beipielen rekursive Programmierung üben zu können.
In diesen Funktionen kommt der funktionale Programmierstil voll zur Geltung. Rekursion und Akkumulatorvariablen ermöglichen kurze übersichtliche Programme, deren Eleganz besticht. Auch die Effizienz läßt sich in beinahe allen Fällen kaum steigern.[5]

6.6.1 Funktionen für allgemeine Listenstrukturen

1. EQUAL
Das Identitäts-Prädikat EQ wurde zur Prüfung der Identität beliebiger Objekte als primitive Funktion eingeführt. Die Funktion EQUAL hingegen soll es gestatten, zwei gegebene S-Ausdrücke auf **Gleichheit** hin zu untersuchen, d.h. zu bestimmen, ob zwei Listenstrukturen (als Objekte sind zugelassen: Zahlen, Zeichen, Zeichenketten und Symbole — zusammen als **Atome** bezeichnet — sowie Paare selbst) als Gesamtheit von Objekten eine gleiche externe Repräsentation haben. Dabei sind pathologische Fälle ausgeschlossen (zyklische Strukturen).

```
(DE EQUAL (X Y)
   (COND ((ATOM X) (EQ X Y))
                         ; atomare Objekte haben nur dann
                         ; eine gleiche externe Repräsentation, wenn sie identisch
                         ; sind. Wenn das zweite Argument kein Atom ist,
                         ; können die Objekte nicht identisch sein.
         ((ATOM Y) NIL)  ; wenn nur das zweite Argument ein Atom ist, haben
                         ; wir Objekte verschiedenen Typs und unterschiedlicher
                         ; externer Repräsentation.
         ((EQUAL (CAR X) (CAR Y)) (EQUAL (CDR X) (CDR Y)))
                         ; Nun haben wir es mit Paaren zu tun: Sind die Car's
                         ; gleich, so müssen nur noch die Cdr's gleich sein.
         (T NIL)))       ; sonst: sind die Car's verschieden, so müssen die Struk-
                         ; turen verschieden sein.
```

2. SUBST
Die Funktion SUBST ist dazu gedacht, in einem S-Ausdruck Z an jeder Stelle, an der der Ausdruck Y vorkommt, den Ausdruck X für ihn einzusetzen. Dabei soll die Listenstruktur Z nicht zerstört oder geändert werden — eine Kopie ist zu liefern.

```
(DE SUBST (X Y Z)
   (COND ((EQUAL Y Z) X) ; Wenn eine Stelle gefunden ist, wo Y vorkommt, ersetze
                         ; es durch X.
         ((ATOM Z) Z)    ; In einem Atom kann es keine weiteren Vorkommen
                         ; geben.
         (T (CONS (SUBST X Y (CAR Z))
                  (SUBST X Y (CDR Z)) )) ))
                         ; sonst: Behandle Car und Cdr und setze die Resultate
                         ; zusammen.
```

5 Alle im folgenden angegebenen Funktionen wurden direkt mit den primitiven Funktionen für Paare realisiert

Beispiel:

(SUBST '(X . A) 'B '((A . B) . C)) ⇒ ((A . (X . A)) . C)

6.6.2 Funktionen für Assoziationslisten

Oft ist es sinnvoll, mit zweispaltigen Tabellen in der Form von Listen, die aus Paaren bestehen, zu arbeiten. Eine derartige Liste heißt **Assoziationsliste (A-Liste)**.Typisch sind A-Listen, deren Paare aus Symbolen und zugeordneten Objekten bestehen:

```
((PARIS FRANKREICH) (LONDON ENGLAND)
 (ROM ITALIEN) (BERLIN DEUTSCHLAND)).
```

Mit A-Listen können Umgebungen realisiert werden.[6]

3. PAIRLIS
PAIRLIS soll eine solche Liste von Paaren aus korrespondierenden Elementen der (sinnvollerweise gleich langen) Listen X und Y bilden und sie mit einer bereits vorhandenen (ggf. leeren) A-Liste A verketten. Aus:

(PARIS LONDON ROM BERLIN) und (FRANKREICH ENGLAND ITALIEN DEUTSCHLAND) — verkettet mit einer leeren A-Liste, wird so die oben angegebene A-Liste.

```
(DE PAIRLIS (X Y A)
   (COND ((NULL X) A)       ; Wenn eine der gleichlangen Listen leer ist, sind wir
                            ; fertig.
         (T (CONS (CONS (CAR X) (CAR Y))
                  (PAIRLIS (CDR X) (CDR Y) A))) ))
                            ; sonst wird ein neues Paar gebildet und an den
                            ; Anfang der A-Liste gestellt, die durch Verarbeitung
                            ; der Listenreste entsteht.
```

4. ASSOC
Neben einer Funktion zur Konstruktion von A-Listen benötigt man auch eine Funktion, um auf sie zuzugreifen. Diese Funktion, ASSOC, soll in der A-Liste nach einem Paar suchen, dessen Linksteil mit dem ersten Argument übereinstimmt.

```
(DE ASSOC (X A)
   (COND ((NULL A) NIL)     ; Wenn die A-Liste leer ist, dann kann kein Paar
                            ; gefunden werden.
         ((EQUAL (CAAR A) X) (CAR A))
                            ; Ist das passende Paar gefunden, so liefere es als
                            ; Resultat.
         (T (ASSOC X (CDR A))) ))
                            ; sonst: Suche im Rest der A-Liste.
```

6 Eine Umgebung kann man als ein Objekt auffassen, das aus (vielen) zweielementigen Komponenten besteht

Unter dem Namen ASSOC werden in den verschiedenen LISP-Systemen voneinander abweichende Funktionen angeboten. Manche sind auf Paare mit Symbolen als Linksteil spezialisiert (EQ-Test!). Es gibt auch Varianten, die den Rest der gesamten A-Liste, beginnend mit dem gefundenen Paar als Wert haben (so auch in TLC-LISP). Wir benutzen weiterhin nicht die TLC-Variante, sondern die hier definierte.
Man beachte, daß als Resultat nicht der Rechtsteil des betreffenden Paares geliefert werden sollte, weil ein dort plaziertes Symbol NIL vom negativen Ausgang nicht unterschieden werden kann!
Mit CDR, PAIRLIS und ASSOC kann man eine A-Liste in der Art eines Kellers verwalten, also in der Weise, wie wir es bei der Einführung des Umgebungsbegriffs (4.3, 5.4) diskutiert haben.

5. SUBLIS
Gegeben seien eine A-Liste A und ein S-Ausdruck Y. SUBLIS soll jeden Ausdruck in Y, der als Linksteil (Car) eines Paars in A vorkommt, durch den entsprechenden Rechtsteil (Cdr) dieses Paars, ersetzen, z. B.

```
(SUBLIS '((X . (MEIN RECHNER)) (Y . LISP))
        '(X VERSTEHT Y))
⇒ ((MEIN RECHNER) VERSTEHT LISP)
```

Dabei soll eine Kopie der Ausgangsstruktur erzeugt werden. Somit ist SUBLIS eine Verallgemeinerung von SUBST.

```
(DE SUBLIS (A Y)
   (LET ((P (ASSOC Y A))) ; Ist für Y ein Ausdruck in der A-Liste enthalten?
      (COND (P (CDR P))
                              ; wenn ja, liefere den neuen Ausdruck.
            ((ATOM Y) Y)
                              ; Wenn nein, so kann nichts in Y ersetzt werden, da Y
                              ; kein Paar ist.
            (T (CONS (SUBLIS A (CAR Y))
                     (SUBLIS A (CDR Y)))))))
                              ; sonst: Behandle Car und Cdr und setze die
                              ; Resultate zusammen.
```

Die klassische Variante war nur auf die Substitution von atomaren Ausdrücken bezogen:

```
(DE SUBLIS (A Y)
   (COND ((ATOM Y) (SUB2 A Y))
         (T (CONS (SUBLIS A (CAR Y))
                  (SUBLIS A (CDR Y)))) ))

(DE SUB2 (A Z)
   (COND ((NULL A) Z)
         ((EQ (CAAR A) Z) (CDAR A))
         (T (SUB2 (CDR A) Z)) ))
```

6.6.3 Funktionen für echte Listen

Die folgenden Funktionen sollen mit echten Listen arbeiten, d. h. mit Folgen von Paaren, die als Cdr-Kette zusammenhängen und deren letztes als Rechtsteil das Symbol NIL enthält. Die Art der Elemente dieser Listen ist völlig offen.

6. APPEND
Während wir mit CONS aus zwei S-Ausdrücken ein neues Paar-Objekt konstruieren können, was im Falle von Listen dazu führt, daß aus der als zweites Argument übergebenen Liste eine neue Liste entsteht, die das erste Argument für CONS nunmehr als erstes Element enthält, soll APPEND eine neue Liste erzeugen, die die Verkettung ihrer beiden Argumente in der gegebenen Reihenfolge darstellt:

```
(DE APPEND (X Y)
    (COND ((NULL X) Y)        ; Ist die erste Liste leer, so kann nichts vor die zweite
                              ; gehängt werden.
          (T (CONS (CAR X)
                   (APPEND (CDR X) Y))) ))
                              ; sonst: Stelle das erste Element der ersten Liste vor die
                              ; aus dem Rest der ersten Liste und der zweiten Liste
                              ; zusammengefügte Ergebnisliste.
```

APPEND erzeugt durch wiederholte Anwendung von CONS Kopien der als Argumente übergebenen Listen, modifiziert diese also nicht, so daß sie nach Anwendung von APPEND unverändert zur Verfügung stehen (im Unterschied zu der „destruktiven“ Funktion NCONC).

7. REVERSE
REVERSE soll eine Liste umkehren:

```
(DE REVERSE (L)
    (COND ((NULL L) NIL)    ; Eine leere Liste ist immer umgedreht.
          (T (APPEND (REVERSE (CDR L))
                     (CONS (CAR L) NIL)))))
                              ; sonst: Nimm das erste Element beiseite, drehe die Rest-
                              ; liste um und stelle das beiseite genommene Element ans
                              ; Ende.
```

Diese klassische Lösung ist sehr aufwendig, weil sowohl REVERSE als auch APPEND die ganze Liste durchqueren und kopieren. In diesem Falle könnte auch das destruktive NCONC benutzt werden. Damit wäre die zweite Kopie unnötig; das zweifache Durchqueren bleibt aber erforderlich.
Nach Analyse der Vorgänge sieht man, daß auch eine iterative Variante existiert. Das liegt daran, daß die durch die iterative Abarbeitung erzeugte Umkehr der Listenreihenfolge genau die beabsichtigte Leistung von REVERSE ist (s. Abschnitt 6.3)!

```
(DE REVERSE (L) (REVERSE-IT L NIL))
```

```
(DE REVERSE-IT (X Y)
    (COND ((NULL X) Y)
          (T (REVERSE-IT (CDR X) (CONS (CAR X) Y)) )))
```

8. LENGTH
Oft ist es wichtig, zu wissen, wie lang eine Liste ist, d.h. wie viele Elemente sie enthält. Das soll LENGTH durch Abzählen der Elemente erledigen:

```
(DE LENGTH (L)
    (COND ((NULL L) 0)       ; Eine leere Liste hat kein Element.
          (T (ADD 1 (LENGTH (CDR L))))))
                             ; sonst wird 1 (für „ein“ Element) zur Länge des Restes
                             ; addiert.
```

Eine iterative Lösung läßt sich einfach mit DO realisieren:

```
(DE LENGTH (L)
    (DO ((N 0 (ADD 1 N))
         (L L (CDR L)))
        (((NULL L) N)) ))
```

6.7 Literaturhinweise

1. Gute Kenntnisse über Datenstrukturen spielen für die LISP-Programmierung eine große Rolle. Ein gutes einführendes Buch ist Wirth (1979). Umfassender ist Aho, Hopcroft, Ullman (1983).
2. Abstrakte Datentypen wurden von Liskov/Zilles (1975) eingeführt. Ein gutes deutschsprachiges Lehrbuch ist Bauer/Wössner (1981).
3. Die Bedeutung der Rekursion bespricht Hermes (1961) in leicht verständlicher Weise. „Rekursion in der Komputerwissenschaft“ heißt ein empfehlenswertes Buch von Peter (1976).
4. Für eine detaillierte Diskussion der Fibonacci-Zahlen und ihrer vielfältigen Anwendungen in der Informatik sei auf Knuth (1968, Bd.1, Abschnitt 1.2) verwiesen.
5. Das Problem der Vereinfachung spielt eine große Rolle bei der Formelmanipulation. Bekannte Systeme sind mit LISP programmiert worden. Buchberger/Loos (1983) enthält neues Material und gute Übersichtsartikel. Moses (1971) diskutiert verschiedene Vereinfachungsstrategien.
6. Die meisten der angegebenen Funktionen wurden als Hilfsfunktionen für den LISP1-Interpreter entwickelt (McCarthy (1960)). Man kann leicht erkennen, daß die Funktionen keinerlei Modifikation der Listen vornehmen und völlig dem funktionalen (applikativen) Programmierstil genügen. Henderson (1980) enthält eine Einführung in das funktionale Programmieren und viele Beispiele.

6.8 Übungen

6.1/1: Bei der syntaktischen Analyse von Ausdrücken einer künstlichen oder natürlichen Sprache resultieren Bäume. Ein derartiger Baum sei in P-Listen-Darstellung gegeben. Dabei wird jeder Knoten durch ein Symbol repräsentiert, das folgende Merkmale haben kann:

OFFSPRING	Liste der Namen aller Nachfolger
PARENT	Name des Vorgängers
WORD	zeigt einen terminalen Knoten an.

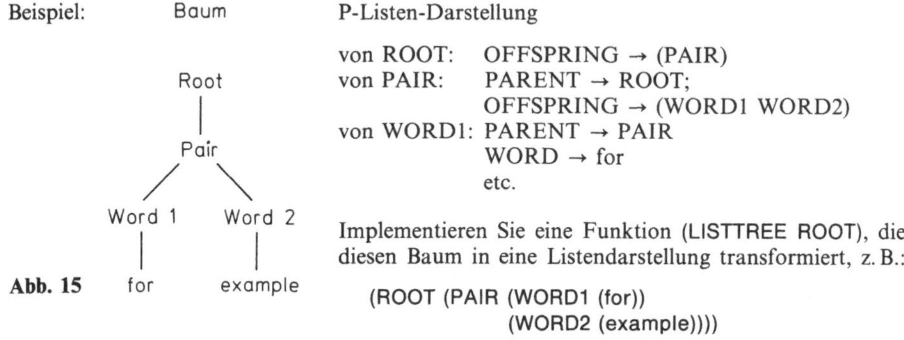

Beispiel: Baum

Abb. 15

P-Listen-Darstellung

von ROOT: OFFSPRING → (PAIR)
von PAIR: PARENT → ROOT;
OFFSPRING → (WORD1 WORD2)
von WORD1: PARENT → PAIR
WORD → for
etc.

Implementieren Sie eine Funktion (LISTTREE ROOT), die diesen Baum in eine Listendarstellung transformiert, z. B.:

```
(ROOT (PAIR (WORD1 (for))
            (WORD2 (example))))
```

6.2/1: Entwickeln Sie die Funktionen für die restlichen Grundoperationen über rationalen Zahlen (–RAT, /RAT)!

6.2/2: Entwickeln Sie die restlichen Grundfunktionen für Mengen!

6.2/3: Entwickeln Sie Funktionen für die Mengenoperationen Durchschnitt, Differenz, Kreuzprodukt!

6.2/4: Ändern Sie die Funktionen der Block-Welt (Kap.5) so, daß mehrere Objekte auf einem Baustein stehen können!

6.4/1: Nach einem alten Mythos arbeiten Mönche in einem Tempel im Fernen Osten daran, einen Turm von 64 konzentrischen Scheiben, der auf eine Säule gesteckt ist, auf eine andere von insgesamt dreien zu übertragen. Alle Scheiben haben paarweise verschiedene Durchmesser. Die Mönche gehen dabei nach folgenden Regeln vor:

- Man darf zu jedem Zeitpunkt nur eine Scheibe bewegen;
- Keine Scheibe darf auf eine andere mit kleinerem Durchmesser gelegt werden.

Zu Anfang liegen alle Scheiben der Größe nach übereinander auf einer Säule.
Schreiben Sie ein rekursives Programm, das diese Aufgabe der „Türme von Hanoi" für eine beliebige Zahl von Scheiben löst — am besten testen Sie es erst mal mit drei Scheiben und nicht gleich mit 64.

6.4/2: Implementieren Sie rekursive Funktionen, die für eine gegebene Liste bestimmen:

a. Die Anzahl der zu ihrer Darstellung erforderlichen Paar-Zellen (COUNT);
b. Die Liste aller ihrer Atome (FRINGE);
c. Die „geglättete" Liste (Einebnen der Sublistenstruktur der Tiefe n).
So liefert z. B. (FLAT L N) für die Argumente N = 1 und L = (A (B C) ((D E) F ((G H)))): (A B C (D E) F ((G H))).

6.4/3: Aus der Berechenbarkeitstheorie ist die Ackermannsche Funktion bekannt als eine berechenbare Funktion, die nicht primitiv-rekursiv ist. Ihre rekursive Definition lautet:

```
(DE ACKERMANN (X Y)
   (COND ((EQ X 0) (+ 1 Y))
         ((EQ Y 0) (ACKERMANN (- X 1) 1))
         (T (ACKERMANN (- X 1)
                       (ACKERMANN X (- Y 1))))))
```

Versuchen Sie, eine iterative Variante der Ackermannschen Funktion zu finden![1]

6.4/4: (Nach McCarthy, Talcott (1980))

a. Gegeben sei die Funktion DROP:

```
(DE DROP (U)
   (COND ((NULL U) NIL)
         (T (CONS (LIST (CAR U))
                  (DROP (CDR U))))))
```

Berechnen Sie mit Bleistift und Papier (DROP '(A B C))! Was leistet die Funktion DROP über Listen im allgemeinen?

1 Zur Ackermannschen Funktion siehe Brady (1977), Kap. 4.5

b. Wie verändert die folgende Funktion R2 Listen von Listen? Was bewirken R3 und R4?

```
(DE R2 (U)
   (COND ((NULL U) NIL)
         (T (CONS (REVERSE (CAR U))
                  (R2 (CDR U))))))

(DE R3 (X)
   (COND ((ATOM X) X)
         (T (REVERSE (R4 X)))))

(DE R4 (U)
   (COND ((NULL U) NIL)
         (T (CONS (R3 (CAR U))
                  (R4 (CDR U)) ))))
```

c. Berechnen Sie (R5 '(A B C D)) nach der folgenden Definition:

```
(DE R5 (U)
   (COND ((OR (NULL U)
              (NULL (CDR U))) U)
         (T (CONS (CAR (R5 (CDR U)))
                  (R5 (CONS (CAR U)
                            (R5 (CDR (R5 (CDR U))))))))))
```

Versuchen Sie diese Funktionen erst zu verstehen, bevor Sie sie mit dem LISP-System ausprobieren!

6.5/1: Implementieren Sie unter Berücksichtigung der Datenabstraktion ein Programm zum formalen Differenzieren algebraischer Ausdrücke. Das Programm sollte mindestens die folgenden Ableitungsregeln realisieren:

dc/dx = 0 für alle Konstanten c und alle von x verschiedenen Variablen
dx/dx = 1
d(u+v)/dx = du/dx + dv/dx
d(u*v)/dx = u*(dv/dx) + v*(du/dx)

Beachten Sie die rekursive Natur der beiden letzten Regeln! Als primitive Selektions- und Konstruktions-Operationen sollten Sie implementieren:

```
(CONSTANTP e)
(VARIABLEP e)
(SAME-VARIABLE v1 v2)
(SUMP e)
(PRODUCTP e)
(ADDEND e)      (erster Summand)
(AUGEND e)      (zweiter Summand)
(MULTIPLIER e)
(MULTIPLICAND e)
(MAKE-SUM a1 a2)
(MAKE-PRODUCT m1 m2)
```

6.6/1: Gegeben sei ein Rechteck der Größe n * m, über dem ein Quadratgitter liegt:

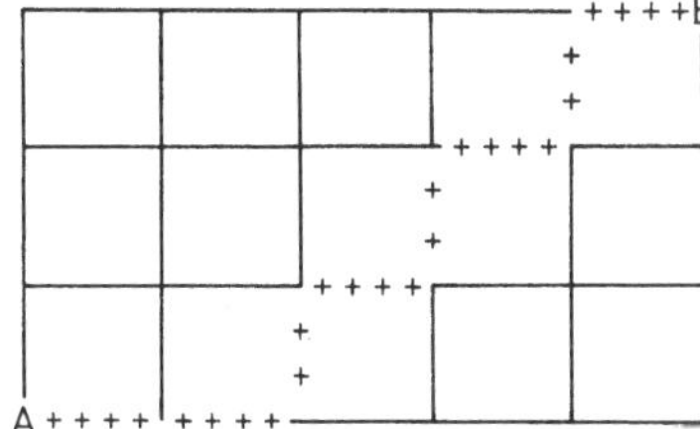

Abb. 16

Implementieren Sie eine möglichst effiziente Funktion (ANKE n m), deren Wert die Anzahl aller „kürzesten" Wege von A nach B ist, d.h. aller Wege, die von jedem Knoten im Quadratgitter nur in Richtung B weiterführen (in unserer Abbildung also nach oben oder nach rechts). Einer dieser Wege ist durch „+"-Zeichen für n = 5 und m = 3 wiedergegeben. Hinweis: Es empfiehlt sich eine hemmungslose Ausnutzung von Symmetrie-Eigenschaften etc. Hier sind einige Ergebnisse für ANKE tabelliert:

n	m	(ANKE n m)
6	6	924
9	9	48 620
7	14	116 280
3	15	816

6.6/2: Gegeben sei das folgende Labyrinth (nach Haraldson (1978)):

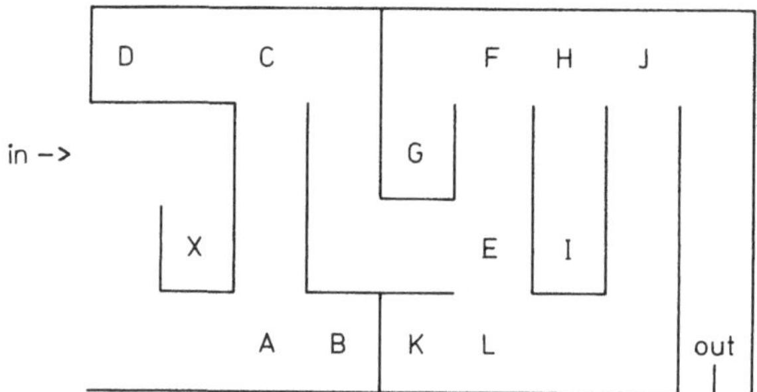

Abb. 17

Belegt man alle Kreuzungen und Wegenden mit Namen, so läßt es sich auch als Graph darstellen:

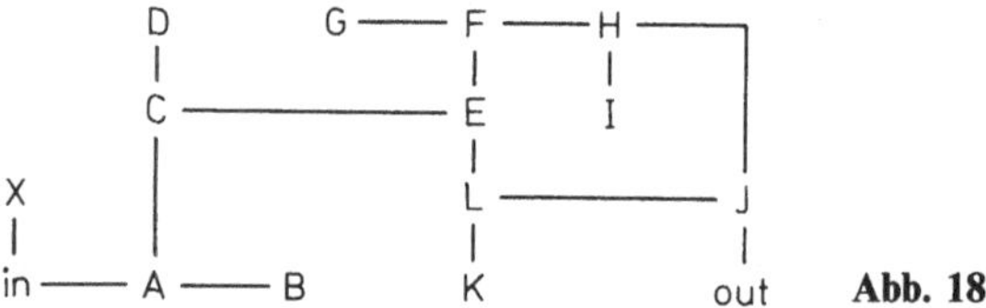

Abb. 18

Ein derartiger Graph kann als Assoziationsliste dargestellt werden, z. B.:

```
STRUCTURE = ((IN X A) (X IN) (A IN B C) (B A) (C A D E)
             (D C) (E C F L) (F G E H) (G F) (H F I J)
             (I H)  (J L H OUT) (K L) (L E J K))
```

Das erste Element jeder Subliste ist ein Knoten, die restlichen Elemente sind alle die Knoten, die von ihm aus direkt erreichbar sind. Schreiben Sie eine Funktion (MAZE L IN OUT WAY), die einen Weg durch das Labyrinth findet; wobei

- L die Struktur des Labyrinths darstellt,
- IN den Startknoten,
- OUT den Endknoten, und
- WAY als Akkumulator-Variable für den gesuchten Pfad dient.

Eine Lösung ist WAY = (IN A C E F H J OUT).

6.6/3: (Nach Stanford Comprehensive Examinations in Computer Science)
Folgendes Programm sei gegeben:

```
(DE FINDPATH (X Y)
   (FP1 (LIST X) Y NIL))

(DE FP1 (U Y PATH)
   (COND ((NULL U) 'LOSE)
         ((MEMBERP (CAR U) PATH) (FP1 (CDR U) Y PATH))
         ((EQUAL (CAR U) Y) (REVERSE (CONS Y PATH)))
         (T ((LAMBDA (W)
                  (COND ((EQ W 'LOSE) (FP1 (CDR U) Y PATH))
                        (T W)))
             (FP1 (SUCCESSORS (CAR U))
                  Y
                  (CONS (CAR U) PATH))) )))
```

Dieses Programm sucht „depth-first" nach einem Pfad von x nach y in einem endlichen gerichteten Graphen, wobei die Nachfolger zu einem Knoten durch die Funktion SUCCESSORS geliefert werden. Ist die Suche erfolgreich, so ist der Wert von (FINDPATH x y) eine Liste von Knoten, die mit x beginnt und mit y endet, so daß jeder Knoten außer x ein Nachfolger des vorherigen ist. Ist die Suche nicht erfolgreich, so erhalten wir LOSE. Nehmen Sie an, daß die Kosten für das Finden eines Pfades von den Kosten für die Berechnung der Nachfolger eines Knotens dominiert werden (vgl. 7.1.4).

a. Warum ist der Algorithmus ineffizient? Geben Sie ein Beispiel!

b. Implementieren Sie eine effizientere Version!

7 Kontrollstrukturen, Spezialformen und Macros

7.1 Was sind Kontrollstrukturen?

Die im letzten Kapitel vorgestellten Listenverarbeitungsfunktionen sind klassische Beispiele für den funktionalen Programmierstil. Dabei haben wir in der Rekursion **das** klassische Organisationsprinzip dieses Programmierstils kennengelernt. Gehen wir bei der Implementierung streng danach vor, so ist aus unseren Programmen nichts über ihren Ablauf ersichtlich. Streng funktional gesehen können wir lediglich Terme ineinanderschachteln, deren Auswertung nach einem gegebenen Schema, einer allgemeinen Auswertungsregel, erfolgt, wobei für einige Funktionssymbole Ausnahmen gelten. Eine solche Ausnahme ist der bedingte Ausdruck, der COND-Term.[1] Es wird also nur minimale Information über das Verhalten des Programms dargestellt, keinesfalls konkrete Eigenschaften der Programmausführung wie Zeitbedarf, Speicherbedarf oder einzelne Ausführungsschritte.
Eine allgemeine Programmiersprache wie LISP kann aber nicht ausschließlich auf ein einziges Verarbeitungsmodell festgelegt werden. Neben dem Modell der abstrakten mathematischen Funktionen kann der Programmierer auch das Modell einer Termreduktionsmaschine verwenden — daher spricht man auch vom „applikativen Programmierstil" — oder auch die konventionelle von Neumannsche Maschine. Während im ersten Falle jede Frage nach einer Ablaufreihenfolge keinen Sinn hat, erlaubt das operative Reduktionsmodell durchaus solche Überlegungen. Allerdings wird die Ablaufreihenfolge vor allem durch den konkreten Verarbeitungsmechanismus und weniger durch das Programm bestimmt.
Nun kann man sich aber vorstellen, daß die Terme den Funktionsaufrufen in traditionellen befehls-orientierten Programmiersprachen entsprechen, daß also im Normalfall nach „Berechnung" der Argumente die Funktion „angesprungen" wird. Wir können diese Sichtweise nicht ganz ausschließen, denn zum einen ist die Begriffsbildung der Informatik stark vom befehls-orientierten Verarbeitungsmodell geprägt, andererseits bleibt aber auch im objekt-orientierten Programmierstil die Frage nach der Ausführung der Reaktion auf empfangene Nachrichten offen. So kann man gewisse Strukturen in Funktionen recht anschaulich unter Verwendung des sequentiellen, befehls-orientierten Verarbeitungsmodells verstehen. Auch beabsichtigt der Programmierer des öfteren, im Rahmen seiner Anwendung ein bestimmtes Verarbeitungsmodell zu realisieren, und so auch explizit auf den Ablauf seines Programms Einfluß zu nehmen.
Der Terminus **Kontrollstruktur** wurde im Umfeld des befehls-orientierten Programmierstils geprägt. Unter Kontrollstrukturen versteht man Mittel zur Beschreibung der Ausführungsreihenfolge von Anweisungen oder Programmeinhei-

1 Auch dies wäre nicht erforderlich, wenn es keine anderen primitiven Objekte als Funktionen gäbe. Dann wäre der bedingte Ausdruck als eine Selektorfunktion über drei anderen Funktionen — Prädikat, TRUE-Fall und FALSE-Fall — realisierbar

ten. Analog zur Datenabstraktion kann man auch von **Kontrollabstraktion** sprechen; dabei wird über bestimmte Anweisungen oder Programmeinheiten abstrahiert und nur betrachtet, in welcher Weise sie miteinander verknüpft werden. Dabei kann man unterscheiden (vgl. Ghezzi, Jazayeri (1982)):

- Kontrollstrukturen auf der Ebene der Anweisungen; sie betreffen die Ordnung der Aktivierung einzelner Anweisungen oder Befehle, und
- Kontrollstrukturen auf der Ebene der Programmeinheiten; sie betreffen die Ordnung der Aktivierung von Programmeinheiten (abgeschlossener Folgen von Anweisungen).

7.1.1 Kontrollstrukturen auf der Ebene der Anweisungen

Die von-Neumannsche Maschine kennt nur zwei Möglichkeiten für die Reihenfolge der Ausführung von Befehlen: Sequenzierung (Hintereinanderausführung) und Verzweigung (Sprungbefehle). Sequenzierung ist der „Normalfall"; Befehle werden in der angegebenen Reihenfolge aktiviert. Soll von dieser Reihenfolge abgewichen werden, so ist für diesen Zweck ein besonderer Befehl vorgesehen, der Sprungbefehl. Um die Verwendung des Sprungbefehls entspann sich Ende der sechziger Jahre (Dijkstra (1968), Knuth (1974)) eine hitzig geführte Debatte — die sog. „Goto-Kontroverse", die zur Entwicklung der Methode der „Strukturierten Programmierung" führte. Strukturierte Programmierung ist vor allem eine Vorgehensweise für Programmentwurf und Implementierung; sie besteht aus zwei Phasen (vgl. Floyd (1979)):

In der ersten Phase, dem sog. „Top-Down-Entwurf" (auch: „Schrittweise Verfeinerung", engl. „stepwise refinement"), wird das Problem in eine kleine Anzahl einfacherer Teilprobleme zerlegt. Dieser Vorgang wird solange wiederholt, bis die entstandenen Teilprobleme einfach genug sind, um sie direkt lösen zu können. Die zweite Phase, die sog. „Methode der Abstraktions-Ebenen" (auch: engl. „Information hiding") besteht darin, von den konkreten Daten- und Funktionsobjekten der zugrundeliegenden Maschine zu den abstrakten Objekten aufzusteigen, die beim Top-Down-Entwurf konzipiert wurden.
Hand in Hand mit dieser Disziplin des Programmentwurfs geht ein kontrollierter Gebrauch der programmier-sprachlichen Mittel. Es konnte gezeigt werden (durch Böhm, Jacopini, vgl. Ledgard, Marcotty (1975)), daß ein allgemeines **goto** nicht erforderlich ist, d. h. daß die folgenden drei Kontrollstrukturen theoretisch vollständig sind:

- **Sequenzierung** (in Programmiersprachen der ALGOL-Familie durch das Semikolon zur Verkettung von Anweisungen ausgedrückt),
- **Selektion** (***if*** ... ***then*** ... ***else*** ...), und
- **Repetition** (***while*** ... ***do*** ...).

Nach befehls-orientierter Perspektive stellt uns LISP für die Sequenzierung PROGN, für die Selektion COND und SELECTQ (entspricht ***case*** ... ***of*** ...) und für die Repetition DO zur Verfügung. PROGN und COND sind wohl in jedem LISP-Dialekt verfügbar, nicht jedoch die anderen Konstrukte. An ihrer Stelle stehen dann ähnliche, teilweise weniger ausdruckskräftige Sprachelemente. Gelegentlich wäre es auch bequem, weitere Kontrollstruktur-Ausdrücke — die zwar keine theoretische Erweiterung, jedoch aber u. U. praktischen Nutzen mit sich bringen — definieren zu können; man denke etwa an das in der Schreibweise und auch Lesbarkeit einfachere

(IF <Pred> <Then-Expr> <Else-Expr>)

oder an

(REPEAT-UNTIL <Until-Expr> <Expr>)

bzw.

(REPEAT <Counter> <Expr>).

Terme dieser Art haben eine Eigenschaft gemeinsam: Sie dürfen nicht nach der allgemeinen Auswertungsregel ausgewertet werden. Sobald sie aufgerufen worden sind, müssen sie die Regie über die Auswertung ihrer Argumente selbst übernehmen. Solche Terme haben wir „Spezialformen" (engl. „special forms") genannt. Zur Implementierung von Kontrollstrukturen ist es notwendig, daß der Programmierer Mittel zur Definition von Spezialformen an der Hand hat. Diese Mittel werden wir in den folgenden Abschnitten einführen.

7.1.2 Kontrollstrukturen auf der Ebene der Programm-Einheiten

Neben Kontrollstrukturen auf der Ebene der Anweisungen kann man auch Abläufe im Großen, auf der Ebene von Programm-Einheiten betrachten. Unter einer Programm-Einheit sei hier — nach dem befehls-orientierten Programmierstil — eine logisch abgeschlossene Folge von Anweisungen verstanden, die eine bestimmte Teilaufgabe lösen, also ein Block im Sinne von ALGOL60, ein Unterprogramm, etc. Kontrollstrukturen im Großen sind mit der Ablauforganisation derartiger Programmeinheiten befaßt.
Dabei unterscheidet man (vgl. Ghezzi, Jazayeri (1982)):

- Blöcke und Unterprogramme,
- Behandlung von Ausnahmefällen (engl. „Exception handling"),
- Coroutinen (Quasiparallele Prozesse), und
- Parallele Prozesse (engl. „Concurrent units").

Die Ablauforganisation bei Blöcken und Unterprogrammen ist durch ihre Ineinanderschachtelung festgelegt. Blöcken im Sinne von ALGOL60 entsprechen in LISP ineinandergeschachtelte LAMBDA-Ausdrücke, wobei die lokalen Variablen eines Blocks durch die gebundenen (LAMBDA-)Variablen dargestellt werden, die sich dynamisch in genau derselben Weise verhalten: Sie sind nur so lange definiert, wie der dem Block entsprechende LAMBDA-Ausdruck aktiv ist. Als syntaktisch ansprechendere Version haben wir bereits den LET-Term kennengelernt. Auch für ihn gilt die Feststellung, daß er nur als Spezialform möglich ist.

7.1.3 Blöcke und Unterprogramme als Kontrollstrukturen

Den Unterprogrammen im befehls-orientierten Programmierstil entsprechen die Funktionsobjekte; allerdings hat in LISP jeder Ausdruck, also insbesondere jede Funktion, einen Wert. Manche Funktionen werden nur um ihres Seiteneffekts willen aufgerufen, z. B. alle Ausgabefunktionen. Man nennt sie **Pseudofunktionen**; sie haben in der Regel triviale Werte. In den Programmiersprachen der ALGOL60-Familie unterscheidet man zwischen allgemeinen und Funktions-Prozeduren. Erstere haben keinen Wert, können jedoch Ergebnisse durch sog. Wert- oder Ergebnisparameter weitergeben. Funktionsprozeduren haben stets einen Wert, der an ihrem Namen im Rumpf der Prozedur in der letzten ausgeführten Anweisung zugewiesen werden muß. Betrachtet man Prozeduren unter dem Aspekt der Ablaufkontrolle, so können nur Aufrufe von Funktionsprozeduren — mit Ausnahme der ganz außen stehenden Prozedur — ineinander verschachtelt werden, so, wie wir auch den Term (G (F X Y)) interpretieren: Wende die Funktion F auf die Werte von X und Y an und *liefere einen Wert*; auf diesen wiederum wird die Funktion G angewandt, woraus sich ein neuer Wert ergibt, etc.

Verwenden wir LAMBDA- und LET-Ausdrücke im obengenannten Sinn, um Kontrollstrukturen auszudrücken, so verwenden wir sie gerade nicht als Funktionen, denn es kommt in der Regel nicht auf Werte an. Dies sehen wir unmittelbar an einem Beispiel:

```
(LET () (PRINT 1) (PRINT 9))
```

ist äquivalent zu

```
((LAMBDA () (PRINT 1) (PRINT 9))).
```

Der Wert der Funktionsanwendung ist unwichtig. Es ist möglich, nur mit LAMBDA-Ausdrücken in diesem imperativen (befehls-orientierten) Stil Programme zu schreiben, ohne daß wir jemals einen Wert beachten; Ergebnisse werden einfach mit PRINT ausgegeben. Die letzte Konsequenz dieses imperativen Programmierstils besteht im sog. „Continuation Passing".

Prozeduraufrufe werden im befehls-orientierten Verarbeitungsmodell nach dem sog. „Call-and-Return"-Schema abgearbeitet: Nach geeigneten Vorbereitungen zur Parameterübergabe — Abspeichern der Parameter in bestimmten Registern bzw. einem Keller (engl. Stack) — wird der Code des Unterprogramms aktiviert und nach dessen Ausführung mit der Abarbeitung der unmittelbar auf den Unterprogrammaufruf folgenden Anweisung fortgefahren. Nun kann man Unterprogrammaufrufe auch unter einer anderen Perspektive, „Jump-and-Continue", betrachten (vgl. Padget (1982)). Der hierbei verwendete Begriff der **Fortsetzung** (engl. **Continuation**) entwickelte sich aus der sog. „expression continuation", die zur semantischen Behandlung allgemeiner Sprungbefehle eingeführt wurde. Man versteht darunter den „Rest des Programms", d. h., den Teil des Programms, an den der Wert des aktuellen Ausdrucks zur Weiterverarbeitung übergeben wird. In dieser Sichtweise wird dem Aufruf des Unterprogramms die „Fortsetzung" als Argument mitgegeben, sie wird nach Terminierung des Unterprogramms „als nächstes" ausgewertet.

Die folgende Definition der Fakultätsfunktion möge dies verdeutlichen (s. Steele, Sussman (1976)). Das zusätzliche Argument ist die Fortsetzungsfunktion (engl.

Continuation). Anstatt einen Wert zurückzugeben, wenden wir die Fortsetzungsfunktion auf das Resultat an:

```
(DE FACT-C (N C)
    (COND ((ZEROP N) (C 1))
          (T (FACT-C (SUB1 N)
                     (LAMBDA (A) (C (* N A)))))))
```

Wir erwarten nun, daß wir 3! erhalten durch den Aufruf

```
(FACT-C 3 (LAMBDA (X) X))
```

oder alternativ — um anzudeuten, daß wir uns für den Wert des Funktionsaufrufs selbst nicht interessieren, sondern nur um das gedruckte Resultat — durch

```
(FACT-C 3 (LAMBDA (X) (PRINT X))).
```

Anstelle von

```
(SQRT (FACT-C 3 (LAMBDA (X) X)))
```

würden wir in der Fortsetzungsfunktion vom Wert Gebrauch machen und schreiben

```
(FACT-C 3 (SQRT X)).
```

Leider erhalten wir jedoch nicht das erwartete Ergebnis. Die Ursache liegt darin, daß die in der Rekursion aufgerufene Fortsetzungsfunktion nicht in der richtigen Umgebung ausgewertet wird; man beachte, daß sie eine freie Variable enthält! Um das gewünschte Resultat zu erzielen, müßte die Fortsetzungsfunktion mit der zum Zeitpunkt ihrer Definition bestehenden Bindungs-Umgebung „eingefroren" werden. Die Lösung genau dieses Problems wird im neunten Kapitel vorgestellt, so daß wir die endgültige Realisierung von „Continuations" bis dahin aufheben müssen.

7.1.4 Behandlung von Ausnahmefällen und nichtlokale Ausgänge aus Funktionen

Die Reihenfolge der Schritte eines Berechnungsvorgangs ist im befehls-orientierten Verarbeitungsmodell genau festgelegt. In der Regel gibt es zu jedem Algorithmus Bedingungen, nach deren Eintreten es nicht sinnvoll ist, den Berechnungsvorgang in seinem „normalen" Ablauf fortzusetzen. Stattdessen soll die aktuelle Aufrufhierarchie verlassen und eine besondere Prozedur zur Abarbeitung von Ausnahmefällen, ein sog. „exception handler", aktiviert werden. Gewisse solche Bedingungen sind uns allen bekannt: Fehlersituationen wie „Division durch Null", „Feldgrenzenüberschreitung" etc. In manchen Situationen ist es jedoch durchaus nicht immer ein Fehlerfall, der eine Unterbrechung der normalen Aufrufhierarchie nahelegt. Es kann gerade sinnvoll sein, unter gewissen Bedingungen — wenn nämlich der eingeschlagene Weg sich als eine

Sackgasse erweist — die standardmäßige Aufrufhierarchie zu unterbrechen und an eine übergeordnete Stelle im Programmsystem **unter Kontrolle des Programmsystems** selbst zurückzukehren.
Eine derartige Möglichkeit für durch das Programm selbst kontrollierte Fehlerausgänge bieten die Pseudofunktionen CATCH und THROW. Wird ein CATCH-Ausdruck der Form

(CATCH <Symbol> <Term>)

ausgewertet, so wird das <Symbol> als eine Marke vermerkt und der Körper des CATCH-Ausdrucks, ein <Term>, in der üblichen Weise verarbeitet. Enthält jedoch einer seiner Teilterme einen Ausdruck der Gestalt

(THROW <Symbol> <Term>),

wobei dessen <Symbol> identisch mit der Marke des korrespondierenden CATCH-Ausdrucks sein muß, so wird der <Term> im Körper des THROW-Ausdrucks ausgewertet und sein Wert als Wert an diesen CATCH-Ausdruck zurückgegeben. Dieser Wert ist dann zugleich auch der Wert des gesamten CATCH-Ausdrucks. Damit wird ja die normale Reihenfolge der Auswertung von <Term> im CATCH unterbrochen, also ein nichtlokaler Ausgang aus diesem Auswertungsvorgang bewirkt.
Oft setzt man CATCH und THROW im Zusammenhang mit den sog. MAP-Funktionen ein, Funktionen, die eine gegebene Funktion auf Elemente bzw. Teillisten einer Liste sukzessive anwenden (s. Kap. 9).
Wir geben hier als Beispiel für die Verwendung nichtlokaler Ausgänge ein kleines Programm zur Syntaxanalyse mit kontextfreien Grammatiken, einen Parser, an (nach Laubsch et al. (1976)). Dieser Parser arbeitet „Top-Down“, d.h., er geht vom Startsymbol der Grammatik zu den terminalen Symbolen, also den Wörtern des eingegebenen Satzes vor. Im Falle syntaktischer Mehrdeutigkeit wird nur die erste passende Interpretation ermittelt.
Die Grammatik wird als Liste von Regeln angegeben. Jede Regel wird durch eine Liste dargestellt, deren erstes Element jeweils der rechten Seite der Regel entspricht, die anderen Elemente der linken Seite. Jede Alternative in der rechten Seite einer Regel ist wiederum durch eine Liste dargestellt. Da der Parser keinen „Back-Up“-Mechanismus enthält, d.h. im Falle einer Sackgasse nicht zu einem früheren Zustand zurückkehrt, um dort eventuell noch gemäß der Grammatik bestehende Alternativen zu versuchen, ist die Ordnung der Alternativen in den Regeln wichtig. So würde die Regel für die Verbalphrase

VP → V NP | V,

die die Verbalphrase definiert als Verb (V), gefolgt von einer Nominalphrase (NP) oder als Verb allein, bei umgekehrter Reihenfolge der Alternativen

VP → V | V NP

zu falschen Ergebnissen führen, wenn in dem eingegebenen Satz tatsächlich eine Nominalphrase auf ein Verb folgt. Diese Schwierigkeit ist aber leicht zu umgehen,

denn es ist stets möglich, die Alternativen, die mit den selben Konstituenten beginnen, der Länge nach absteigend zu ordnen.
Als Beispiel werde die folgende kontextfreie Grammatik gewählt:

```
     S → NP VP.               ; Ein Satz besteht aus Nominalphrase und Verbal-
                              ; phrase und wird durch einen Punkt abgeschlossen
    NP → NPR | DET N          ; Eine Nominalphrase ist entweder ein Eigenname
                              ; oder Artikel + Nomen
   NPR → linus | lisa         ; Dies sind die Eigennamen,
   DET → ein                  ; Artikel und
     N → auto | fahrrad       ; Substantive
    VP → V NP | V             ; Eine Verbalphrase besteht entweder aus
                              ; einem Verb, gefolgt von einer Nominalphrase
                              ; oder aus einem Verb allein
     V → kauft | liebt | faehrt ; Dies sind die Verben
```

Mit der eben eingeführten Listendarstellung erhalten wir:

```
(SETQ GRAMMAR '((S ((NP) (VP) \.))
                (NP ((NPR)) ((DET) (N)))
                (NPR (LINUS) (LISA))
                (DET (EIN))
                (N (AUTO) (FAHRRAD))
                (VP ((V) (NP)) ((V)))
                (V (KAUFT) (LIEBT) (FAEHRT))))
```

Die Funktion PARSE bekommt als Argumente das Startsymbol der Grammatik und den zu analysierenden Satz übergeben, z. B.

```
(PARSE '(S) '(LISA KAUFT EIN FAHRRAD \.)):

(DE PARSE (K S)
   (COND ((NULL S) NIL)
         ((ATOM K) (AND (EQ K (CAR S))
                        K))
         ((DO ((A (RIGHT-SIDE K) (CDR A))
                        ; in der Schleife werden alle Alternativen auf der
                        ; rechten Seite der Regel für K durchlaufen.
              (P NIL (PARSE-ALL (CAR A) S)))
                        ; Liefert PARSE-ALL ein Ergebnis, so wird das
                        ; Symbol K damit verbunden. Sind die Alternativen
                        ; ausgeschöpft und ist kein Ergebnis erzielt worden,
                        ; resultiert NIL.
             ((P (CONS (CAR K) P))
              ((NULL A) NIL) )))))
```

Die Funktion PARSE-ALL erledigt die eigentliche Analyse. Sie verwendet einen nichtlokalen Ausgang, EXIT genannt, um die Alternativen auf der rechten Seite einer Regel in der gegebenen Reihenfolge anzuwenden. Der nichtlokale Ausgang wird jedoch nur dann in Anspruch genommen, wenn die aktuelle Alternative nicht zum Erfolg führt. Im Erfolgsfall werden die noch möglichen Alternativen vernachlässigt und nur die erfolgreiche Alternative weiterverfolgt. Die Verwendung von THROW bewirkt, daß, falls PARSE NIL ergibt, die aktuelle Alternative abgebrochen wird und im selben Zustand — auf die selbe Stelle im Satz — eine weitere Alternative — sofern vorhanden — angewandt werden kann.

```
(DE PARSE-ALL (A S)          ; CATCH fängt mit der Marke EXIT die Unter-
                             ; brechung der MAPCAR-Schleife auf
   (CATCH EXIT
        (MAPCAR (LAMBDA (K)
                    (SETQ K (OR (PARSE K S)
                             ; ergibt PARSE NIL, erfolgt Abbruch
                                   (THROW EXIT NIL)))
                    (SETQ S (WORD-AFTER (LAST-TERMINAL K) S))
                             ; Weiterschalten im Satz
                    K)
                A)))         ; A = Liste von Alternativen

(DE RIGHT-SIDE (N)           ; liefert die rechte Seite einer Regel bei gegebener linker
                             ; Seite
   (CDR (ASSOC (CAR N) GRAMMAR)))

(DE WORD-AFTER (W S)         ; liefert den auf das Wort W folgenden Rest des Satzes S
   (COND ((NULL W) S)
         (T (CDR (MEMQ W S)))))

(DE LAST-TERMINAL (P)        ; ermittelt das letzte terminale Symbol (Atom) in P
   (COND ((ATOM P) P)
         (T (LAST-TERMINAL (CAR (LAST P))))))
```

Als Ergebnis von

```
(PARSE '(S) '(LISA KAUFT EIN FAHRRAD \.))
```

erhalten wir den Strukturbaum

```
(S (NP (NPR LISA))
   (VP (V KAUFT)
       (NP (DET EIN)
           (N FAHRRAD)))
   \.)
```

Für eine Klasse (in der Regel unbeabsichtigter) nichtlokaler Ausgänge besitzt, wie bereits bemerkt, jedes LISP-System einen „exception handler“: Es sind die

Fälle, in denen das System die Aufrufhierarchie der Funktionen mit einer Fehlermeldung abbricht, weil z. B. eine Typenunverträglichkeit bei Argumenten auftrat, eine Funktion mit der falschen Anzahl von Variablen aufgerufen wurde, ein Symbol keinen Wert hatte etc. Normalerweise wird dann der aktuelle Zustand des Systems einschließlich der erreichten Zwischenergebnisse nicht kommentarlos gelöscht, sondern bleibt zur Rückverfolgung des Fehlers erhalten. Hierzu gelten in nahezu jedem LISP-System andere Konventionen. In großen LISP-Systemen wird in der Regel im Fehlerfall automatisch ein Unterbrechungspunkt gesetzt und das sog. Break-Paket (s. Anhang, 13.1), ein Modul des Programmiersystems, aktiviert. In anderen Systemen stehen dem Benutzer Funktionen zur Verfügung, mit denen er den Systemzustand explizit untersuchen und manipulieren kann (in TLC-LISP sind dies die Funktionen ARGSFRAME, FCNFRAME, RETFRAME und TRACEFRAME).
Im Fehlerfall wird vom LISP-System eine Pseudofunktion ERROR aktiviert, die die Ausgabe einer Meldung bewirkt und dann zur Unterbrechung der Aufrufhierarchie führt. Dabei kann diese Aufrufhierarchie im Fall einer rekursiven Funktion nur aus Aufrufen ihrer selbst bestehen, gewöhnlich steht jedoch eine Funktion im Aufrufzusammenhang einer Gruppe von Funktionen. Nichtlokal ist ein solcher Ausgang deshalb, weil nicht mehr die noch anstehenden Schritte der Weiterverarbeitung von Zwischenergebnissen (etwa zur vollständigen Abarbeitung der Rekursion) ausgeführt werden, sondern die Kontrolle unmittelbar an das „top level" des LISP-Systems übergeht. Die ERROR-Funktion kann jedoch, wie wir am Beispiel der Block-Welt bereits gesehen haben, auch vom Programmierer explizit aus einer anderen Funktion heraus aufgerufen werden, wenn Bedingungen eingetreten sind, deren Bestehen ein „normales" Weiterarbeiten nicht zulassen. In jedem Falle bewirkt jedoch ein Aufruf von ERROR die Rückkehr zum „top level" des Systems.
Manche LISP-Systeme, die CATCH und THROW nicht kennen, bieten eine Möglichkeit zur Programmierung nichtlokaler Ausgänge über die zentrale Fehlerbehandlung des Systems. Statt Terme oder Symbole mit EVAL auszuwerten, verwendet man eine Funktion ERRSET, die im Falle eines Fehlers den Aufruf von ERROR „auffängt" und als Wert NIL zurückgibt. Tritt kein Fehler auf, so ist der Wert von ERRSET eine Liste, die den Wert des Ausdrucks enthält. Auf diese Weise hat man eine Unterscheidungsmöglichkeit zwischen dem Fehlerfall und dem berechneten Wert NIL. Einen beliebigen nicht-lokalen Ausgang kann man in diesem Fall bewirken, wenn man in dem in ERRSET eingebetteten Ausdruck einen Fehler provoziert.

7.1.5 Coroutinen und parallele Prozesse

Die beiden noch nicht genannten Kontrollstrukturen auf der Ebene der Programmeinheiten sind quasiparallele und parallele Prozesse. Eine erschöpfende Behandlung kann an dieser Stelle noch nicht erfolgen, da wir einige der erforderlichen Grundlagen erst im neunten Kapitel einführen werden. Daher seien sie an dieser Stelle nur um der Vollständigkeit willen genannt. Aus dem bereits über den objekt-orientierten Programmierstil Gesagten sollte jedoch klar geworden sein, daß ein System von Objekten gerade kein sequentielles Verarbeitungsmodell voraussetzt.

Anders als Unterprogramme sind **Coroutinen (quasiparallele Prozesse)** symmetrische Programmeinheiten, die sich gegenseitig aktivieren. Coroutinen werden gewöhnlich nicht durch einen — dem Unterprogrammaufruf vergleichbaren — Aufruf erzeugt, sondern explizit generiert und existieren dann solange, solange ein Bezug auf sie besteht. Coroutinen befinden sich in **aktivem**, **passivem** oder **terminiertem** Zustand; aktiv darf in einem System von Coroutinen stets nur jeweils eine sein. Wenn eine Coroutine A eine andere Coroutine B aktiviert (engl. **resume**), so wird sie suspendiert (passiv) und ihr lokaler Zustand bleibt erhalten. Wird A zu einem späteren Zeitpunkt wieder aktiviert, so wird ihre Ausführung an der Stelle, an der sie suspendiert wurde und mit den Bindungen, die zum Zeitpunkt ihrer Suspension bestanden, fortgesetzt. So können wir Coroutinen als Funktionen verstehen, die mehr als jeweils einen Eintritts- und einen Austrittspunkt besitzen und die in der Lage sind, bei Suspension ihre Umgebung „einzufrieren".

Generatoren sind spezielle Coroutinen, die man gern dann verwendet, wenn durch eine Funktion eine möglicherweise sehr große Menge von Resultaten geliefert werden kann, jedoch jeweils nur eines oder wenige von diesen auf einmal benötigt werden. Ein Generator ist eine Coroutine, die so lange läuft, bis sie eine Ergebniskomponente geliefert hat, und sich dann selbst suspendiert. Benötigt ein Prozeß weitere Ergebniskomponenten, so aktiviert er den Generator wieder. Ein Generator gibt die Kontrolle stets an den ihn rufenden Prozeß zurück; kann er keine weiteren Ergebniskomponenten mehr erzeugen, terminiert er sich selbst.

Parallele Prozesse sind Programmeinheiten, die im Unterschied zu Coroutinen — zumindest theoretisch — kollateral, d. h. zeitlich überlappend, ausgeführt werden können. Parallele Prozesse können entweder disjunkt ausgeführt werden oder miteinander interagieren. Interaktion paralleler Prozesse kann ihre Ursache in Konkurrenz oder Kooperation haben. Konkurrenzsituationen entstehen dadurch, daß Prozesse sich um Zugriff zu einer gemeinsamen Ressource bewerben, die nur von jeweils einem Prozess, also unter gegenseitigem Ausschluß, genutzt werden kann. Prozesse können kooperieren, um ein gemeinsames Ziel zu erreichen. In beiden Fällen wird zur Gewährleistung korrekter Interaktion eine Vorrangrelation (Halbordnung) zwischen den elementaren Aktionen der Prozesse vorausgesetzt. Um diese Halbordung festlegen zu können, muß die Programmiersprache Mittel zur Formulierung von Synchronisations-Anweisungen bereitstellen. Der Einsatz von Coroutinen zur Implementierung eines Systems paralleler Prozesse setzt prinzipiell zu viel voraus: Sie erzwingen eine Überspezifikation des Systems, da man explizit angeben muß, wann ein Prozeß einen anderen aktiviert. Mit anderen Worten: Coroutinen bedingen eine vollständige Ordnung über Aktionen, wo eine Halbordnung ausreicht (vgl. Ghezzi, Jazayeri (1982)). Besonders störend wirkt dies dann, wenn die Prozesse sehr viel miteinander kommunizieren müssen, denn ein Prozeß muß, um einem anderen eine Nachricht zu senden, sich selbst terminieren.

Eine Variante der Behandlung von Ausnahmefällen als Kontrollstruktur ist unter dem Namen **„Dämon"** bekannt geworden. Ein Dämon ist ein suspendierter Prozeß, der auf das Eintreten eines bestimmten Ereignisses — oder einer Klasse von Ereignissen — wartet, beispielsweise auf eine bestimmte „Update"-Operation in einer Datenbank. Tritt das erwartete Ereignis ein, wird der Dämon aktiviert, führt seine Aufgabe aus und terminiert sich dann selbst oder suspendiert sich wieder, um auf ein erneutes Eintreten eines solchen Ereignisses zu warten.

7.1.6 Der Faden der Ariadne, oder: Kontrollstrukturen und Suchverfahren in Graphen

Wir haben im letzten Kapitel Verfahren zur Darstellung vernetzter Datenstrukturen und zu ihrer Verarbeitung kennengelernt. In diesem Abschnitt wollen wir in einem Beispiel von Suchverfahren, das auf Abelson et al. (1981) zurückgeht, kennenlernen, wie der Programmierer durch eine explizite Vorgabe der Ausführungsreihenfolge von Teilaufgaben das Verhalten von Algorithmen steuern kann. Er kann dies dadurch erreichen, daß er geeignet gewählte Schritte als getrennt ausführbare Einheiten in einer Liste, einer sog. **Agenda**, verwaltet und durch die Strategie der Auswahl der Einheiten zu ihrer Ausführung die dynamische Charakteristik des Algorithmus stark variieren kann. Dabei werden in jedem Falle sämtliche Schritte ausgeführt, doch die Reihenfolge ihrer Ausführung kann von großer Bedeutung sein.
Eine große Vielfalt von Problemen kann adäquat auf Suchvorgänge in Graphen abgebildet werden. Zunächst wollen wir Algorithmen betrachten, die derartige Suchvorgänge auf Bäumen ausführen. Im Anschluß daran werden diese Algorithmen auf das Suchen in allgemeinen Graphen erweitert. Zuletzt wollen wir untersuchen, wie lokale Änderungen in den Algorithmen das gesamte Verhalten des Suchprozesses, die Suchstrategie also, beeinflussen können.
Allgemeine Bäume wollen wir als abstrakte Datenstrukturen folgendermaßen darstellen: Mit jedem Knoten assoziieren wir eine Liste der Kanten, EDGES-OUT, die aus ihm herausführen. Jede Kante enthält den Knoten, TERMINUS, zu dem sie führt. Diese Namen sollen auch zugleich die Namen der primitiven Funktionen zur Selektion sein. Damit können wir eine Funktion FIND-PATH schreiben, die nach einem Pfad von einem START-Knoten zu einem END-Knoten sucht; wobei sie den ersten Pfad, den sie findet, als Liste von Kanten liefert, andernfalls FAILED:

```
(DE FIND-PATH (START-NODE END-NODE)
    (COND ((EQUAL START-NODE END-NODE) (THE-EMPTY-PATH))
                                ; Sind wir schon da?
                                ; fertig!
          (T (TRY-EDGES (EDGES-OUT START-NODE)
                                END-NODE))))
                                ; nein: versuche Kanten herauszufinden
```

Die Funktion TRY-EDGES probiert die ihr als Argument übergebenen Kanten der Reihe nach durch, ob der END-Knoten von deren jeweiligem TERMINUS aus erreicht werden kann:

```
(DE TRY-EDGES (EDGES END-NODE)
    (COND ((NO-MORE-EDGES? EDGES) 'FAILED)
                                ; geht's nicht mehr weiter? also: Fehlanzeige
          (T (LET ((E (FIRST-EDGE EDGES))
                   (R (REST-EDGES EDGES)))
                  (LET ((P (FIND-PATH (TERMINUS E) END-NODE)))
                       (COND ((NOT (EQUAL P 'FAILED))
                                ; gibt's einen Pfad von hier zum Ende?
                                ; Falls ja: Antwort konstruieren
```

```
                    (ADD-EDGE E P))
                   ; Nein: restliche Kanten probieren
                    (T (TRY-EDGES R END-NODE))))))))
```

Stellen wir uns die Aufgabe, diesen Algorithmus zu verwenden, um in einem Stadtplan einen Weg von einem Ausgangspunkt zu einem Zielpunkt zu finden! Zuerst stellen wir fest, daß ein Baum nicht geeignet ist, ein Netz von Straßen und Plätzen adäquat darzustellen: Zum einen ist er gerichtet; außerdem kann man mit einem Baum nur schwer wiedergeben, daß ein Ort auf verschiedenen Wegen erreicht werden kann — man müßte Knoten duplizieren. Deshalb erscheint es ratsam, von Bäumen auf allgemeine Netzwerke als Darstellungsmittel überzugehen. Wie wir wissen, können wir Netzwerke elegant mit P-Listen darstellen, allerdings ist, da es keine kanonische externe Repräsentation für solche Strukturen gibt, ihre Konstruktion etwas mühsam. Wir wählen als Attribut-Namen für einen Knoten im Netzwerk EDGES-IN für die in ihn hineinführenden Kanten (hier: Straßen) und analog EDGES-OUT für die herausführenden Kanten. Für jede Kante, die ja eine Straße darstellt, benötigen wir die Attribute SOURCE für den Ort, von dem sie ausgeht, NAME für ihren Namen und TERMINUS für den Ort, zu dem sie hinführt. Da wir zwischen Einbahnstraßen und (normalen) „Zweibahn"-Straßen unterscheiden müssen, stellen wir letztere als ein Paar von Einbahnstraßen dar. Mit den folgenden Funktionen wird der Aufbau einer Datenbasis, die unseren Stadtplan darstellt, erleichtert:

```
(DE ADD-ONE-WAY-STREET (STREET FROM TO)
   (LET ((NEW-EDGE (MAKE-EDGE STREET FROM TO)))
        (ADDPROP+ FROM 'EDGES-OUT NEW-EDGE)
        (ADDPROP+ TO 'EDGES-IN NEW-EDGE)))

(DE ADD-TWO-WAY-STREET (STREET PLACE-1 PLACE-2)
   (ADD-ONE-WAY-STREET STREET PLACE-1 PLACE-2)
   (ADD-ONE-WAY-STREET STREET PLACE-2 PLACE-1))
```

Die Hilfsfunktion ADDPROP+ dient zur Erweiterung von Attributen um zusätzliche Werte:

```
(DE ADDPROP+ (SYM IND VAL)
   (PUTPROP SYM IND (CONS VAL (GETPROP SYM IND))))
```

Wir können nun beginnen, unseren Stadtplan aufzubauen:

```
(ADD-TWO-WAY-STREET 'Universitaetsstr 'Hugenottenplatz
                                      'Lorlebergplatz)
(ADD-ONE-WAY-STREET 'Hauptstraße 'Hugenottenplatz 'Marktplatz)
etc.
```

Dies sind unsere Selektionsfunktionen für Kreuzungen:

```
(DE EDGES-IN (PLACE) (GETPROP PLACE 'EDGES-IN))

(DE EDGES-OUT (PLACE) (GETPROP PLACE 'EDGES-OUT))
```

Kanten stellen wir durch Listen dar; die Menge aller Kanten sei global unter *EDGES* zugreifbar:

```
(DE MAKE-EDGE (NAME SOURCE TERMINUS)
   (LET ((AN-EDGE (LIST NAME SOURCE TERMINUS)))
        (SETQ *EDGES* (UNION AN-EDGE *EDGES*))
        AN-EDGE))

(DE NAME (EDGE) (CAR EDGE))

(DE SOURCE (EDGE) (CADR EDGE))

(DE TERMINUS (EDGE) (CADDR EDGE))
```

Wege stellen wir ebenfalls durch Listen dar:

```
(DE FIRST-EDGE (EDGE-LIST) (CAR EDGE-LIST))

(DE REST-EDGES (EDGE-LIST) (CDR EDGE-LIST))

(DE THE-EMPTY-PATH () 'NIL)

(DE ADD-EDGE (EDGE PATH) (CONS EDGE PATH))

(DE NO-MORE-EDGES? (EDGE-LIST) (NULL EDGE-LIST))
```

Auf unserem Netzwerk können wir den für Bäume entwickelten Such-Algorithmus nicht mehr verwenden: Er findet aus Schleifen nicht heraus, sondern läuft endlos im Kreis herum. Was ist zu tun? Die Lösung ist schon sehr lange bekannt, spätestens seit Theseus, als er den Minotaurus erlegte: Beim Durchsuchen eines Labyrinths markiert man die Stellen, die man schon besucht hat. Wie bekannt, schlug Ariadne vor, Theseus solle eine Fadenrolle in das Labyrinth mitnehmen und beim Gehen den Faden abspulen, so daß er leicht erkennen kann, ob er einen Weg schon einmal begangen hat. In unserer Repräsentation könnten wir den Ariadne-Faden in der Form einer Menge THE-STRING bereits besuchter Plätze darstellen und diese vor jedem neuen Schritt überprüfen:

```
(DE FIND-PATH (START-NODE END-NODE)
   (INITIALIZE-STRING)
   (FIND-PATH-1 START-NODE END-NODE))

(DE FIND-PATH-1 (PLACE END-NODE)
   (COND ((EQ PLACE END-NODE) (THE-EMPTY-PATH))
                                ; Sind wir schon da?
                                ; Ja: fertig!
         ((NOT-VISITED? PLACE)
                                ; Waren wir schon an diesem Ort?
          (NOTE-VISIT PLACE)
                                ; Nein: Faden abrollen
                                ; und wegführende Kanten probieren
          (TRY-EDGES (EDGES-OUT PLACE) END-NODE))
         (T 'FAILED)))          ; Schon mal dagewesen...
```

In TRY-EDGES müssen wir den Aufruf von FIND-PATH durch den von FIND-PATH-1 ersetzen.
Hier ist Ariadnes Faden:

```
(SETQ THE-STRING (CREATE-SET))

(DE INITIALIZE-STRING ()
    (SETQ THE-STRING (CREATE-SET)))

(DE NOT-VISITED? (PLACE)
    (NOT (MEMBERP PLACE THE-STRING)))

(DE NOTE-VISIT (PLACE)
    (SETQ THE-STRING (ADJOIN PLACE THE-STRING)))
```

In großen Graphen mit einigen tausend Knoten kann die Darstellung durch Mengen enormen Aufwand kosten, da die Menge an jedem Knoten durchsucht werden muß. Wir können in zwei Richtungen nach effizienteren Lösungen suchen: Zum einen wäre zu überlegen, ob wir für Mengen nicht auch eine andere Darstellung finden, die schnellere Zugriffe bei Suchvorgängen ermöglicht. Eine solche Darstellungsmöglichkeit besteht in der Anordnung der Listenelemente in der Form eines binären Baums. Jeder Knoten enthält ein Element der Menge, seinen „Entry", und Verweise auf seine beiden Nachfolgeknoten. Der „linke" Verweis zeige dabei auf Knoten, die „kleinere" Elemente enthalten (im Fall von Zahlen: LT, im Fall von Namen: lexikalisch kleiner, etc.), der „rechte" Verweis analog auf Knoten mit „größeren" Werten. Man beachte, daß dieselbe Menge auf diese Weise durch unterschiedliche Bäume dargestellt werden kann! Der Vorteil dieser Darstellung liegt jedoch in der Effizienz des Zugriffs: Angenommen, wir wollen prüfen, ob eine Zahl k in einer Menge enthalten ist. Wir vergleichen sie mit dem „Entry" der Wurzel des Baums. Ist k kleiner, so brauchen wir nur im linken Teilbaum weiterzusuchen, andernfalls nur im rechten. Ist der Baum „balanciert", so wird jeder Teilbaum nur die halbe Größe des ihn unmittelbar umfassenden Baums haben. So haben wir in einem Schritt das Suchproblem in einem Baum der Größe n auf Suchen in einem Baum der Größe n/2 reduziert. Das gilt für jeden weiteren Schritt, deshalb wird die Anzahl der Schritte, die man zum Durchsuchen eines Baumes der Größe n braucht, mit O(log n) wachsen. Bei großen Mengen führt diese Form der Darstellung also zu einer erheblichen Beschleunigung bei Suchvorgängen. Da wir uns nun einer anderen Alternative zur Effizienzsteigerung zuwenden wollen, sei die Implementierung dieser Repräsentation als Übung vorgeschlagen.
Im anderen Fall können wir eine Steigerung der Effizienz dadurch erreichen, daß wir jeden bereits besuchten Ort mit einer Markierung versehen. Allerdings müssen wir die Markierungen wieder entfernen, bevor wir die nächste Suchaufgabe lösen. Damit gelangen wir zu folgenden Funktionen:

```
(DE FIND-PATH (START-NODE END-NODE)
    (LET ((ANSWER (FIND-PATH-1 START-NODE END-NODE)))
         (CLEAN-UP-MARKS START-NODE)
         ANSWER))
```

```
(DE CLEAN-UP-MARKS (PLACE)
   (COND ((NOT-VISITED? PLACE) NIL)
         (T (UNMARK PLACE)
            (CLEAN-LIST (EDGES-OUT PLACE)))))

(DE CLEAN-LIST (EDGELIST)
   (COND ((NO-MORE-EDGES? EDGELIST) NIL)
         (T (CLEAN-UP-MARKS (TERMINUS (FIRST-EDGE EDGELIST)))
            (CLEAN-LIST (REST-EDGES EDGELIST)))))

(DE NOT-VISITED? (PLACE)
   (NOT (GETPROP PLACE 'SCENT-MARK)))

(DE NOTE-VISIT (PLACE)
   (PUTPROP PLACE 'SCENT-MARK T))

(DE UNMARK (PLACE)
   (PUTPROP PLACE 'SCENT-MARK NIL))
```

Der Vorteil von FIND-PATH in dieser Lösung liegt in seiner Einfachheit. Allerdings hat es einen gravierenden Nachteil für unsere Anwendung: Es realisiert eine Suchstrategie, die man mit **Tiefe-Zuerst** („Depth-First") bezeichnet. Dies führt in unserem Fall dazu, daß wir auf Grund der Reihenfolge, in der Pfade gesucht werden, einen sehr langen Pfad als Lösung erhalten, obwohl es auch einen kürzeren gäbe. Die Ursache dafür liegt darin, daß der Algorithmus immer nur einen Pfad betrachtet und an jedem Knoten immer die gerade erste aus ihm herausführende Kante weiterverfolgt. Er erweitert also das Anfangssegment jedes Knotens sofort und steigt so immer weiter in die „Tiefe" — im Sinne des Wortes bei Bäumen —, bevor er einen anderen Zweig versucht. Eine alternative Strategie, die allerdings etwas schwieriger zu implementieren ist, heißt **Breite-Zuerst** („Breadth-First"). Sie findet stets den kürzesten Weg zum END-Knoten — vorausgesetzt, daß alle Kanten die gleiche (Einheits-)Länge haben. Der „Trick" liegt darin, daß man — falls möglich, parallel — alle Pfade einer bestimmten Länge entwickelt, bevor man sie zu verlängern versucht. Zur Realisierung der Breite-Zuerst-Strategie führen wir eine zusätzliche Datenstruktur, die Liste AGENDA, ein, in der wir die Pfade ablegen, die weiter zu erkunden sind:

```
(DE FIND-PATH (START-NODE END-NODE)
   (EXPLORE-NEXT (MAKE-AGENDA (EDGES-OUT START-NODE))
                 END-NODE))

(DE EXPLORE-NEXT (AGENDA END-NODE)
   (COND ((EMPTY-AGENDA? AGENDA) 'FAILED)
                         ; Falls Endknoten der ersten Kante des ersten Agenda-
                         ; Elements gleich dem Zielknoten, dann sind wird fertig!
         ((EQ END-NODE
              (TERMINUS (FIRST-EDGE (FIRST-AGENDA AGENDA))))
          (FIRST-AGENDA AGENDA))
                         ; Andernfalls müssen wir es mit den restlichen Pfaden
                         ; in der Agenda versuchen
```

```
        (T (EXPLORE-NEXT
             (SCHEDULE (REST-AGENDA AGENDA)
                       (PATH-EXTENSIONS
                           (FIRST-AGENDA AGENDA)))
             END-NODE))))

(DE PATH-EXTENSIONS (PATH)
   (PATH-EXTEND-ITER PATH
                     (EDGES-OUT (TERMINUS
                      (FIRST-EDGE PATH)))))

(DE PATH-EXTEND-ITER (PATH EDGELIST)
   (COND ((NO-MORE-EDGES? EDGELIST) NIL)
         (T (CONS (ADD-EDGE (FIRST-EDGE EDGELIST) PATH)
                  (PATH-EXTEND-ITER PATH
                                    (REST-EDGES EDGELIST))))))
```

Die Agenda wird als Liste implementiert:

```
(DE EMPTY-AGENDA? (AGENDA) (NULL AGENDA))

(DE FIRST-AGENDA (AGENDA) (CAR AGENDA))

(DE REST-AGENDA (AGENDA) (CDR AGENDA))

(DE SCHEDULE (AGENDA NEW-STUFF) (APPEND AGENDA NEW-STUFF))

(DE MAKE-AGENDA (THINGS) (MAPCAR LIST THINGS))
                    ; wendet die Funktion LIST auf alle Elemente von
                    ; THINGS an und bildet eine Liste dieser Werte
```

Diese Version des Breite-Zuerst-Suchalgorithmus ist zum Durchsuchen von Bäumen geeignet. Ist jedoch das Ziel nicht im Graphen enthalten oder führt zu ihm (wegen Einbahnstraßen) kein Weg, so untersucht der Algorithmus immer längere Pfade, ohne zu merken, daß er letztlich ins Leere läuft. Wie man Zyklen erkennen kann, haben wir bereits oben gesehen. Wir müßten nun entsprechend die Funktionen FIND-PATH und EXPLORE-NEXT modifizieren.
Der Einsatz einer Agenda gestattet die Realisierung beliebiger Suchstrategien. So können wir durch eine kleine Modifikation der Funktion SCHEDULE erreichen, daß das Programm die Tiefe-Zuerst-Suchstrategie verfolgt. Bei der Suchstrategie Breite-Zuerst werden zuerst alle bereits akkumulierten Alternativen untersucht, dann die neu hinzugekommenen. Daher wird in SCHEDULE die Agenda mit (APPEND AGENDA NEW-STUFF) erweitert, d. h. wir behandeln die Liste AGENDA wie eine **Warteschlange** (First-in-First-out). Bei Suchstrategie Tiefe-Zuerst werden neue Möglichkeiten vor bereits akkumulierten untersucht, d. h. wir müssen die Agenda wie einen **Keller (Stack)** (Last-in-First-out) behandeln.

Zweckmäßigerweise ändern wir einfach die Reihenfolge der Einreihung neuer Alternativen in die Agenda durch (APPEND NEW-STUFF AGENDA). Die Selektion der Alternativen aus der Agenda braucht damit nicht geändert zu werden. Neben diesen beiden Standard-Suchstrategien lassen sich mit dem Agenda-Verfahren auch andere Strategien verwirklichen, etwa „Best-First", wenn die Pfade gewichtet sind (d. h. ein „Kosten"-Attribut besitzen). Auch gemischte Strategien sind möglich, wenn während der Suche — auf Grund einer inzwischen eingetretenen Bedingung — auf eine andere Suchstrategie „umgeschaltet" wird.

7.2 Wozu werden Spezialformen benötigt?

Mit **„Spezialform"** bezeichnen wir solche Ausdrücke in LISP, die nicht der normalen Auswertungsregel unterliegen. Einige dieser Formen sind als Primitiva der Sprache notwendig, andere erweisen sich als sinnvoll, um die Lesbarkeit und Übersichtlichkeit von Programmen zu verbessern, die Umgebung und die standardmäßige Auswertungsregel zu beeinflussen, Mittel zur Abstraktion und Modularisierung zu implementieren, in den Kontrollfluß einzugreifen, Funktionen mit einer unbestimmten Anzahl von Argumenten definieren zu können, oder die Effizienz von Programmen zu erhöhen.
Wir wollen im folgenden (in Anlehnung an Pitman (1980)) diskutieren, inwiefern und in welchen Zusammenhängen Spezialformen sinnvoll und notwendig sind und welche Möglichlichkeiten LISP dem Programmierer zu ihrer Definition und Anwendung bietet. Aus syntaktischer Perspektive unterscheiden sich Spezialformen nicht von anderen Ausdrücken in LISP: sie haben die Gestalt von Termen. Im Gegensatz zu normalen Termen haben sie jedoch eine andere Semantik, denn sie werden nicht nach der normalen Auswertungsregel evaluiert. Wir haben bereits einige Spezialformen kennengelernt, die im LISP-System definiert sind, z. B. der QUOTE-Term, der COND-Term, die AND- und OR-Terme, und andere. Soll eine solche Spezialform ausgewertet werden, so wird der LISP-Interpreter sie zunächst wie jeden anderen Term behandeln: Zuallererst wird der Operator ausgewertet. Daraus muß der Interpreter „erkennen", daß es sich um eine Funktion handelt, die nicht der normalen Auswertungsregel unterliegt. So wird die standardmäßge Reihenfolge der Auswertung abgebrochen, d. h., die Operanden werden nicht mehr wie üblich ausgewertet, und eine spezielle Auswertungsregel tritt in Kraft. Bei der Einführung der erwähnten Spezialformen haben wir einige solche Auswertungsregeln vorgestellt.
Bevor wir uns mit der Implementierung von Spezialformen befassen, wollen wir zuerst die verschiedenen Verwendungszusammenhänge für Spezialformen betrachten, um Kriterien zu gewinnen, die ihre Implementierung erfüllen muß. Wozu also werden Spezialformen benötigt?

- **Einige Primitiva von LISP müssen Spezialformen sein.** Bei der Einführung des QUOTE-Terms haben wir diskutiert, wieso ein Operator notwendig ist, der die Auswertung von Ausdrücken verhindert, und daß eine derartige Leistung nicht mit den Mitteln der allgemeinen Auswertungsregel möglich ist. Die meisten primitiven Spezialformen dienen der Implementierung von Kontrollstrukturen, wie beispielsweise der COND-Term, oder der Realisierung von Funktionen, die beliebig viele Argumente verarbeiten können, wie LIST.

- **Implizites Quotieren erlaubt eine abkürzende Schreibweise.** In einem Programmiersystem tritt gelegentlich die Situation auf, daß bestimmte Funktionen — besonders auf dem „top level" des Systems — fast ausschließlich mit quotierten Argumenten aufgerufen werden. Angenommen, wir möchten im Dialog einen Baum oder ein Netzwerk als Datenbasis für ein Anwendungssystem, z. B. ein Suchprogramm, erstellen. Dazu müssen wir eine große Zahl von PUTPROP-Termen formulieren, deren Argumente nicht auszuwerten wären, denn es handelt sich bei ihnen um Namen von Knoten und Kanten, sowie Namen von Attributen. Es wäre bequem, wenn wir statt PUTPROP eine Funktion DEFPROP zur Verfügung hätten, die zwar die gleiche Wirkung wie PUTPROP hat, aber nicht verlangt, daß ihre Argumente quotiert werden müssen, wir also schreiben könnten (im Beispiel aus 5.1):

```
(DEFPROP N-1 L-SUC N-2)
```

- **Lokale Variable erhöhen die Übersichtlichkeit von Programmen.** Um zu vermeiden, daß bestimmte Ausdrücke, deren Werte im Körper einer Funktion an mehreren Stellen gebraucht werden, auch mehrfach ausgewertet werden müssen, ist es sinnvoll, sie nur ein einziges Mal auszuwerten und ihre Werte an Variable zu binden. Ein bequemes Hilfsmittel hierzu ist der LET-Term. An ihrem Beispiel haben wir gezeigt, daß wir für jeden LET-Term auch einen Term schreiben könnten, dessen Funktion ein LAMBDA-Ausdruck mit eben den betreffenden Variablen ist und deren Operanden die Ausdrücke sind, mit denen diese Variablen initialisiert werden sollen. Ohne Zweifel ist der LET-Term erheblich übersichtlicher.
- **Argumente sollen manchmal nicht in der aktuellen Umgebung ausgewertet werden.** Die normale Auswertungsregel besagt, daß ein Term — in der aktuellen Umgebung — so ausgewertet wird, daß zuerst seine Funktion und dann deren Argumente von links nach rechts evaluiert werden. Es gibt jedoch Situationen, in denen man die Argumente einer Funktion nicht in der aktuellen Umgebung ausgewertet haben, sondern die Auswertung verzögern möchte, um etwa vorher eine besondere Umgebung für ihre Evaluation einzurichten.
- **Abstraktion ermöglicht höhere Modularität.** Wie wir am Beispiel von LET sehen, ist es mit Hilfe von Spezialformen möglich, eine neue Klasse von Ausdrucksmitteln zu schaffen, besonders auch solche, die einen höheren Grad an Modularisierung für die Programme gestatten, die sie verwenden. Dadurch, daß wir der neuen Spezialform eine Bedeutung geben, die wir invariant zu ihrer jeweiligen besonderen Implementierung formulieren, vollziehen wir einen Abstraktionsschritt. Im Beispiel von LET sprechen wir von einer Gruppierung von Ausdrükken, für deren Auswertung wir mittels lokaler Variabler eine neue Umgebung schaffen — ohne dabei darauf eingehen zu müssen, daß LET tatsächlich durch einen Term der erwähnten Form mit einem LAMBDA-Ausdruck als Operator implementiert ist.
- **Bedingte Auswertung erfordert Spezialformen.** Jede Einflußnahme auf die Kontrollstruktur heißt, daß wir eine Abweichung von der normalen Auswertungs-

regel vornehmen müssen. Bedingte Ausdrücke einzuführen bedeutet ja gerade, daß bestimmte Ausdrücke dann und nur dann ausgewertet werden sollen, wenn bestimmte Bedingungen gelten, und nicht in jedem Fall, wie es die normale Auswertungsregel vorschreibt. Versuchen wir etwa, mit den uns bisher bekannten Mitteln einen IF-Term der Gestalt

```
(IF <Bedingung> <Konsequenz> <Alternative> )
```

zu definieren, so daß seine Bedeutung äquivalent ist zu der von

```
(COND ( <Bedingung> <Konsequenz> )
      ( T <Alternative> ),
```

so könnten wir dies nur erreichen mit

```
(DE IF (CONDITION CONSEQUENT ALTERNATIVE)
   (COND (CONDITION CONSEQUENT)
         (T ALTERNATIVE) ))
```

Mit der so definierten IF-Funktion ist aber ein IF-Term nicht äquivalent zu dem obigen COND-Term, weil bei seiner Auswertung ja zuerst alle drei Argumente ausgewertet würden, während bei dem COND-Term stets nur zwei der drei Ausdrücke, nämlich die <Bedingung> und — abhängig von ihrem Wert — dann *nur* entweder die <Konsequenz> oder die <Alternative> ausgewertet werden. Gerade diese Eigenschaft wird häufig ausgenutzt, wie das Beispiel

```
(IF (ATOM X) X (CAR X))
```

zeigt. Bemerkung: Quotierung der Argumente und ihre explizite Auswertung durch EVAL im Körper von IF bietet keine allgemeine Lösung dieses Problems wegen der sog. dynamischen Variablenbindung in LISP, worauf wir aber erst im neunten Kapitel eingehen werden.

- **Abhängig von der Form der Argumente können Seiteneffekte bewirkt werden.** Mit Spezialformen ist es möglich, der Auswertung von Termen eine Semantik zu geben, die der — in LISP sonst direkt nicht möglichen — Parameterübergabe durch „Call by name" entspricht. Beispielsweise gibt es in MacLISP eine primitive Funktion SETF, die man als eine verallgemeinerte Variante von SETQ ansehen kann. SETF hat die syntaktische Gestalt

```
(SETF <Form> <Wert> ).
```

Ist <Form> ein Symbol, so wirkt SETF wie SETQ. Im anderen Fall wird je nach Gestalt von <Form> eine Zuweisungsoperation ausgewählt, die einen Seiteneffekt bewirkt, z. B.

```
(SETF (CAR <Form> ) <Wert> ) ⇔ (RPLACA <Form> <Wert> )
```

```
(SETF (CDR <Form> ) <Wert> ) ⇔ (RPLACD <Form> <Wert> )
```

etc.

Wir werden im späteren Abschnitt über Macros zeigen, wie man eine derartige Spezialform implementiert.

- **Funktionen mit einer variablen Anzahl von Argumenten sind oft nützlich.** Wir haben bereits eine Reihe von System-Funktionen kennengelernt, die eine unbestimmte Anzahl von Argumenten verarbeiten können, z.B. die allgemeinen arithmetischen Operationen ADD und MUL, oder die listenbildende Funktion LIST. Nehmen wir an, wir benötigen eine verallgemeinerte Variante APPEND* der Funktion APPEND, die exemplarisch eingeführt sei:

```
(APPEND* <Form> ) ⇔ <Form>

(APPEND* <Form1> <Form2> )⇔(APPEND <Form1> <Form2> )

(APPEND* <Form1> <Form2> <Form3> )
        ⇔ (APPEND <Form1> (APPEND <Form2> <Form3> ))

i.a. (APPEND* <Form1> <Form2> ... <FormN> )
        ⇔ (APPEND  <Form1>
                  (APPEND* <Form2> ... <FormN> ))
```

Auch diese Eigenschaft können wir mit den uns bisher bekannten definitorischen Mitteln nicht ausdrücken.

- **Maßgeschneiderte Optimierung erhöht die Effizienz.** Im Zusammenhang der Datenabstraktion haben wir auf die Bedeutung der primitiven Funktionen hingewiesen; sie sind die einzigen repräsentations-abhängigen Elemente eines Programms, wenn es gemäß den Prinzipien der abstrakten Datentypen implementiert wurde. Die Unabhängigkeit unseres Programms von einer bestimmten Repräsentation erkaufen wir jedoch durch eine höhere Redundanz. Wenn wir — etwa bei der Darstellung von Bäumen — eine Repräsentation gewählt haben, in der die primitiven Operationen NODE-NAME äquivalent zu CAR und NODE-INF äquivalent zu CADR sind, so stellen die Definitionen

```
(DE NODE-NAME (X) (CAR X))

(DE NODE-INF (X) (CADR X))
```

ja nur eine vermittelte Äquivalenz her: Jeder Aufruf von NODE-NAME bewirkt einen weiteren Funktionsaufruf, nämlich von CAR, mit den üblichen Mechanismen der Argumentübergabe, anstatt direkt einen „Kurzschluß" zu der primitiven LISP-Funktion CAR herzustellen. In LISP-Dialekten, bei denen Funktionsobjekte in der Wert-Zelle ihres Symbols abgelegt werden (z.B.

TLC-LISP), kann die Äquivalenz in derartigen einfachen Fällen durch Zuweisungen wie

(SETQ NODE-NAME CAR), etc.

ausgedrückt werden. Ist eine derartige Möglichkeit nicht vorhanden, so könnte eine wesentliche Steigerung der Effizienz bei der Verarbeitung durch eine einmalige Substitution von NODE-NAME durch CAR, etc. erreicht werden. Auch dies können wir bisher nicht ausdrücken.
Bevor wir auf die Möglichkeiten zur Definition von Spezialformen eingehen, wollen wir kurz eine Verallgemeinerung des Konzepts der Variablenliste von LAMBDA-Ausdrücken vorstellen, wie es in einigen modernen LISP-Dialekten realisiert wurde. Es ermöglicht auf sehr einfache Weise die Implementierung einiger der genannten Leistungen, ohne daß man Spezialformen definieren muß.

7.3 Die verallgemeinerte Variablenliste

In einigen modernen LISP-Dialekten, insbesondere LispMachineLISP und CommonLISP, aber auch TLC-LISP, wurde das Konzept der Variablenliste von LAMBDA-Ausdrücken erweitert um die Möglichkeit, in ihr optionale, Rest- und lokale Variable zu vereinbaren und ggf. mit voreingestellten Werten zu besetzen. Die Variablen in der Variablenliste eines LAMBDA-Ausdrucks, wie wir sie bisher kennengelernt haben, sind **obligatorisch**, d. h., daß beim Funktionsaufruf für jede Variable ein Argument stehen muß, das an sie gebunden wird. Stimmt die Anzahl der Variablen nicht mit der der Argumente überein, so resultiert ein Fehler.
Durch die Möglichkeit zur Vereinbarung **optionaler** Parameter kann man nun Funktionen definieren, die neben den obligatorischen Variablen auch solche haben, für die im Bedarfsfall beim Aufruf Argumente angegeben werden können; sind keine Argumente (mehr) vorhanden — nachdem die obligatorischen Variablen an die aktuellen Parameter gebunden wurden —, so werden sie an vorgegebene Werte gebunden. Um optionale Parameter von obligatorischen unterscheiden zu können, muß in der Variablenliste zwischen den „normalen" und den optionalen Variablen das spezielle Symbol **&OPTIONAL** stehen. Soll für eine optionale Variable ein voreingestellter Wert gelten, der immer dann an die Variable gebunden wird, wenn für sie im aktuellen Aufruf kein Argument angegeben wurde, so muß in der Variablenliste an der Stelle der Variablen eine zweielementige Liste aus Variablenname und Wert stehen.
Will man Funktionen definieren, die beliebig viele Argumente verarbeiten können, so kann dies mit Hilfe einer **Rest-Variablen** geschehen. An sie werden die im aktuellen Aufruf noch verbleibenden, d.h. vorher nicht an obligatorische oder optionale Variablen gebundenen Argumente **in Form einer Liste** gebunden. Die Argumente werden dabei wie üblich ausgewertet; für die Verarbeitung der an die

Rest-Variable gebundenen Argumente muß der Programmierer im Körper der betreffenden Funktion selbst Sorge tragen. Um eine Variable — und es ist selbstverständlich in einer Variablenliste nur eine einzige sinnvoll — als Rest-Variable zu definieren, wird sie durch das spezielle Symbol **&REST** gekennzeichnet.
Lokale Variable zu vereinbaren und mit Anfangswerten vorzubesetzen ist mit der LET-Form möglich. Als syntaktische Variante der LET-Form kann man lokale Variablen auch in der Variablenliste eines LAMBDA-Ausdrucks deklarieren und mit Werten initialisieren. Lokale Variable sind solche, die in der Variablenliste von den genannten Variablenarten durch das spezielle Symbol **&AUX** getrennt sind. Für die Besetzung mit Anfangswerten gilt die gleiche Konvention wie bei optionalen Variablen, wobei man sich auch hier die Bindung als parallel vorgenommen zu denken hat.
Die allgemeine Form der erweiterten Variablenliste für LAMBDA-Ausdrücke ist damit:

```
([<Symbol>] [&OPTIONAL {<Var.s>}] [&REST <Symbol>]
                                  [&AUX {<Var.s>}])
```

wobei

```
<Var.s> ::= <Symbol> | ( <Symbol> <Ausdruck> ).
```

Die angegebene Reihenfolge ist verbindlich. Werden für optionale und lokale Variablen keine Anfangswerte angegeben, so werden sie mit dem speziellen „Wert" UNBOUND — und nicht NIL — initialisiert.

7.4 Definition von Spezialformen: FEXPRs, FLAMBDAs und NLAMBDAs

Bisher haben wir nur Funktionen kennengelernt, die vom Typ EXPR sind. Üblicherweise werden sie mit DE definiert. FEXPRs sind die erste Art von Spezialformen, die in LISP eingeführt wurden. Im Unterschied zu EXPRs werden sie mit nur **einer Variablen** definiert, dürfen aber mit beliebig vielen Argumenten aufgerufen werden. Beim Aufruf wird die **Liste der nicht ausgewerteten Argumente** an diese Variable gebunden. Die Auswertung der aktuellen Parameter muß, sofern erforderlich, im Körper der Spezialform selbst vorgenommen werden. An FEXPRs können also beliebig viele Argumente übergeben werden; da die Argumente beim Aufruf nicht unmittelbar ausgewertet werden, kann man, sofern die FEXPR dies bei deren Verarbeitung berücksichtigt, auch auf Quotierung verzichten. Es ist klar, daß FEXPRs nicht mit optionalen und Rest-Variablen definiert werden dürfen, sie können jedoch lokale Variable enthalten. Die übliche Form zur Definition von FEXPRs ist

```
(DF <Symbol> ( <Symbol> [&AUX {<Var.s>}]) {<Form>}).
```

Das durch DF erzeugte Funktionsobjekt unterscheidet sich von den mittels DE erzeugten EXPRs dadurch, daß seine externe Repräsentation mit FLAMBDA anstelle von LAMBDA beginnt. Selbstverständlich können FLAMBDA-Ausdrücke auch mit SETQ an Symbole zugewiesen werden.
Beispiele:

```
> (DF FTEST (X) (CAR X))
FTEST

> (FTEST A B C)
A

> FTEST
(FLAMBDA (X) (CAR X))

> (SETQ FF (FLAMBDA (X) X))
(FLAMBDA (X) X)

> (FF A B C)
(A B C)
```

Ein Beispiel für eine Spezialform, die beliebig viele Argumente verarbeiten kann und dabei deren Auswertung selbst kontrollieren muß, ist SETQQ. SETQQ soll eine gerade Anzahl von Argumenten verarbeiten, wobei das jeweils erste ein Symbol, das jeweils zweite ein beliebiger Ausdruck ist, indem es den Ausdruck, nun aber **unausgewertet**, dem Symbol als Wert zuweist.

```
(DF SETQQ (-L-)
   (DO ((L -L- (CDDR L))
        (VAL NIL VAL))
       (((NULL L) VAL)
        ((NULL (CDR L)) (ERROR "Setqq: odd no. of args")))
       (SETQ VAL (CADR L))
       (SET (CAR L) VAL)))
```

Der SET-Term in der letzten Zeile zeigt, daß VAL in der über -L- übergebenen — nicht evaluierten — Form zugewiesen wird. Der Wert von SETQQ ist gleich der letzten Form in der Folge seiner Argumente.
Wollen wir die oben erwähnte Spezialform APPEND* implementieren — ohne die Möglichkeit der Rest-Variablen auszunutzen —, so müssen wir berücksichtigen, daß die Argumente vor der Konkatenation noch auszuwerten sind. Dies und die eigentliche Verkettung der Elemente besorgt eine rekursive Hilfsfunktion APP*:

```
(DF APPEND* (L) (APP* L))

(DE APP* (X)
   (COND ((NULL (CDR X)) (EVAL (CAR X)))
         (T (APPEND (EVAL (CAR X)) (APP* (CDR X))))))
```

Eine Variante des Konzepts der FEXPRs wurde in InterLISP mit den NLAMBDA-Ausdrücken implementiert. NLAMBDA-Ausdrücke haben genau die gleichen Variablenlisten wie LAMBDA-Ausdrücke; NLAMBDA besagt, daß die Argumente nicht ausgewertet werden sollen. Diese Unterscheidung zwischen LAMBDA/NLAMBDA-Ausdrücken wird auch mit „eval/no eval" bezeichnet. Um zusätzlich auch noch die Möglichkeit der Spezifikation einer Rest-Variablen zu geben, ist es erlaubt, in die Variablenliste vor dem letzten Parameter einen Punkt einzufügen und ihn damit als Restparameter auszuzeichnen. Für die Variablenliste kann auch direkt ein Symbol stehen. Dann bezeichnet man die Funktion als „no spread"-Funktion — weil die Argumente nicht auf Variable verteilt werden. Durch die Kombination von „eval/no eval", Restvariablen und „spread/no spread" können alle Fälle abgedeckt werden (s. 9.1).
Die den EXPRs entsprechenden Systemfunktionen haben den Typ SUBR; analog haben die den FEXPRs entsprechenden Systemfunktionen den Typ FSUBR.

7.5 Definition von Spezialformen: Macros und MLAMBDAs

Der Begriff des Macro wurde zuerst im Rahmen der Assemblerprogrammierung eingeführt: Ganz allgemein versteht man unter einem Macro einen Text (i. a. einen Namen), der in einen anderen — in der Regel längeren — Text (i. a. eine Folge von Befehlen) expandiert wird. Normalerweise hat ein Macro Parameter, deren aktuelle Werte zum Zeitpunkt der Macro-Expansion diese steuern — z. B. durch die Auswahl von Alternativen — oder direkt in den expandierten Text eingesetzt werden. Damit hat der Programmierer die Möglichkeit, sich neue Befehle zu schaffen, insbesondere für längere, immer wiederkehrende Befehlsfolgen, wie beispielsweise für Ein-/Ausgabevorgänge, abgekürzte Schreibweisen zu definieren.
Durch die externe Repräsentation von Funktionen als S-Ausdrücke bietet LISP eine Einheit von Programmen und Daten, wie sie in kaum einer anderen höheren Programmiersprache gegeben ist. Ob ein „Text" — d. h. ein S-Ausdruck — als Programm oder als Datum anzusehen ist, hängt letztlich vom Kontext und damit von den auf ihn angewandten Prozeduren ab, in dem er verarbeitet wird. Es lag deshalb nahe, das Macrokonzept auch in LISP einzuführen; so verfügen nahezu alle modernen LISP-Systeme über Möglichkeiten zur Definition und Auswertung von Macros. Wir stellen einen sehr einfachen Ansatz vor, der — mit Ausnahme von InterLISP, wo Macros dieser Art nur indirekt realisierbar sind — weit verbreitet ist. Es ist klar, daß Macros Spezialformen sein müssen: sie sollen ja gerade nicht wie normale Terme ausgewertet, sondern zuerst in einen dann auszuwertenden Ausdruck expandiert werden.
Eine Macro-Definiton hat die Form

```
(DM <Symbol> ( <Symbol> [&AUX {<Var.s>}]) {<Form>})
```

Ein Macro kann mit einer beliebigen Zahl von Argumenten aufgerufen werden, da der „Text" des *gesamten Aufrufs* (einschließlich des Macro-Namens, also in der Form eines unausgewerteten Terms) als Liste an den Parameter gebunden wird.

Beispiel:
Definieren wir ein Macro

```
(DM MAC (L) <Körper> ),
```

so wird beim Aufruf

```
(MAC (CAR X) 4 'NOW)
```

eben dieser Term an L gebunden.
Im Körper des Macro kann der an den Parameter gebundene Term in einem ersten Schritt mit allen Mitteln, die LISP bietet, manipuliert werden. Der resultierende Term muß auswertbar sein; er wird dann in einem zweiten Schritt wie üblich ausgewertet und ergibt damit den endgültigen Wert des Macro-Aufrufs. Ein Macro-Aufruf bewirkt somit eine Programm-Transformation mit anschließender Auswertung: Der ursprüngliche Term (als Programm) wird an das Macro (nun als Datenelement) übergeben, wo er manipuliert (mit resultierendem Datenelement) und endlich ausgewertet wird (Resultat ist also ein Programm).
Beispiel:
Sei folgende Macro-Definition gegeben:

```
(DM NCONS (L) (LIST 'CONS (CADR L) NIL))
```

Betrachten wir den Term

```
> (NCONS 6),
```

so führt seine Auswertung zu folgender Kette von Ereignissen:

- Die Form (NCONS 6) wird an L gebunden,
- die Berechnung des Macro-Körpers ergibt den Ausdruck (CONS 6 NIL);
- dieser wird ausgewertet und führt zu dem Wert (6).

Die meisten Anwendungsarten von Spezialformen lassen sich mit Macros realisieren. Angenommen, unser LISP-System stellte die Funktion LIST — die beliebig viele Argumente verarbeiten kann — nicht zur Verfügung. Wir könnten LIST dann als Macro definieren:

```
(DM LIST  (L)
    (COND ((NULL (CDR L)) NIL)
          (T (CONS 'CONS
                   (CONS (CADR L)
                         (CONS (CONS (CAR L)
                                     (CDDR L))
                               NIL))) )))
```

Die externe Repräsentation von Macros beginnt mit MLAMBDA.

Macros sind ein elegantes Mittel zur Datenabstraktion. Durch sie können in Programmsystemen Implementierungsdetails „versteckt" werden, so daß die interne Konstruktion eines Programm-Moduls einschließlich der in ihm repräsentierten Datenstrukturen verborgen bleibt. Das heißt, daß man Macros auch als ein Mittel zum „information hiding" und damit als ein Mittel zur Reduktion der Komplexität eines Systementwurfs einsetzen kann.
Es wurde bereits darauf hingewiesen, daß neue Kontrollstrukturen in LISP mit Hilfe von Spezialformen einfach einzuführen sind. Auch hier erweisen sich Macros als besonders gut geeignet. Als Beispiel sei angegeben, wie man den oben erwähnten IF-Term als Macro definieren kann:

```
(DM IF (X)
    (LIST 'COND
          (LIST (CADR X) (CADDR X))
          (LIST 'T (CAR (CDDDR X)))))
```

Eine interessante und sehr wichtige Eigenschaft der Macros besteht darin, daß man Auswertungsaufwand sparen kann. Gewöhnlich wird ein Macro bei jedem Aufruf erneut expandiert. Verändert man jedoch den übergebenen Term dadurch, daß man in seinem Körper Modifikationsfunktionen anwendet, so wirkt das Macro „destruktiv", wie man an folgendem Beispiel sehen kann:

```
(DM FIRST (X) (CONS 'CAR (CDR X)))

(DE PRINT-FIRST (X) (PRINT (FIRST X)))
```

Bei jedem Aufruf von PRINT-FIRST wird die Macro-Expansion ausgeführt. Verändern wir jedoch die Macro-Definition von FIRST in ein „destruktives" Macro:

```
(DM FIRST (X) (RPLACA X 'CAR) X),
```

so wird nur beim ersten Aufruf von PRINT-FIRST der Term (FIRST X) in seinem Körper als Seiteneffekt in (CAR X) transformiert. Bei jedem folgenden Aufruf von PRINT-FIRST wird das Macro gar nicht mehr aktiviert, denn anstelle seines Aufrufs im Körper von PRINT-FIRST steht nunmehr direkt ein Aufruf von CAR! Das heißt, wir haben indirekt die Definition von PRINT-FIRST verändert; sie hat nunmehr die Form

```
(DE PRINT-FIRST (X) (PRINT (CAR X))).
```

Als ein Beispiel für eine Spezialform, die abhängig von der Form ihrer Argumente bestimmte Seiteneffekte bewirkt, wurde oben SETF genannt. Auch diese Eigenschaft ist leicht mit Macros zu erreichen. Welcher Term letztlich generiert und ausgewertet wird, hängt ausschließlich von den Argumenten für SETF, also den „Daten", ab. Wir setzen hier eine Programmiertechnik ein, die wir später als *datengesteuerte Programmierung* noch näher kennenlernen werden: Die jeweils zu generierende Funktion ist ein Attribut der Daten (nach Charniak et al. (1980)).

```
(DM SETF (EXPRESSION)
    (LET ((LFT  (CADR EXPRESSION))
          (RGT  (CADDR EXPRESSION)))
         (COND ((SYMBOLP LFT) (LIST 'SETQ LFT RGT))
               ((GETPROP (CAR LFT) 'SET-PROG)
                (CONS (GETPROP (CAR LFT) 'SET-PROG)
                      (APPEND (CDR LFT) (LIST RGT))))
               (T (ERROR "Unknown Form in SETF")))) )

(PUTPROP 'CAR 'SET-PROG 'RPLACA)

(PUTPROP 'CDR 'SET-PROG 'RPLACD)

(PUTPROP 'GETPROP 'SET-PROG 'PUTPROP)
```

7.6 Memo-Funktionen: Ein Beispiel für Macros

Bei der Einführung rekursiver Funktionen haben wir diskutiert, wie wir rekursive in iterative Funktionen transformieren können, so daß wir größere Effizienz gewinnen. Wir haben das Konzept der Akkumulatorvariablen eingeführt, die zur temporären Aufbewahrung bereits berechneter Zwischenergebnisse dienen. Unter der Bezeichnung „Memo-Funktionen“ wurde ein sehr ähnliches Konzept bekannt: Eine rekursive Funktion möge alle (Zwischen-)Ergebnisse zusammen mit den Argumenten in einer Tabelle ablegen, so daß diese bei jedem späteren Aufruf — nicht notwendigerweise innerhalb der selben Rekursionshierarchie — aus ihr entnommen werden können. Nur wenn ein Argument (bzw. eine Kombination von Argumenten im Falle mehrstelliger Funktionen) nicht in der Tabelle enthalten ist, wird der Wert gemäß der Funktionsdefinition berechnet und unmittelbar anschließend in der Tabelle abgespeichert.
Es ist nun sicherlich nicht schwierig, rekursive Funktionen so zu definieren, daß sie den gewünschten Seiteneffekt bewirken. Wir wollen hier aber eine andere Lösung verfolgen: Eine beliebige Funktionsdefinition möge mit Hilfe eines Macro so verändert werden, daß sie im Kern den anfänglich gegebenen Algorithmus enthält, ihn jedoch in eine Hülle packt, in der die genannten Tabellenzugriffe organisiert werden. Die Tabelle werde in Form einer Assoziationsliste unter dem Attributnamen CALLS auf der P-Liste des Symbols, das die Funktion bezeichnet, abgelegt, die ursprüngliche Funktionsdefinition ebenfalls dort unter dem Attributnamen OLD. Der Zugriff auf die Tabelle CALLS erfolgt mit Hilfe einer Variante der Funktion ASSOC, die in vielen LISP-Systemen unter dem Namen SASSOC als Standardfunktion vorhanden ist. Sie unterscheidet sich von ASSOC durch ein zusätzliches drittes Argument, das eine nullstellige Funktion sein muß; diese wird genau dann aufgerufen, wenn die Suche in der Assoziationsliste erfolglos war. Eben diese Eigenschaft nutzen wir aus: Wir bauen den ursprünglich gegebenen Funktionskörper in den Körper dieser Funktion ein, wobei als Seiteneffekt der damit berechnete Wert zusammen mit den Argumenten in der Tabelle CALLS abgelegt wird.

Das zu generierende Schema für Variablenliste und Funktionskörper muß also folgende Gestalt haben:

```
(var (CDR (SASSOC (var)
                  (GETPROP fn 'CALLS)
                  (LAMBDA NIL
                     (CAR (ADDPROP+ fn
                                    'CALLS
                                    ((var) (PROGN body))))
```

Die Herstellung einer Instanz dieses Schemas für jede gegebene Funktion leistet MEMO1:

```
(DM MEMO (L) (LIST 'MEMO1 (LIST 'QUOTE (CADR L))))
(DE MEMO1 (FN
           &AUX (FNTYPE (TYPE (EVAL FN)))
                FNEXPR
                VAR
                BODY)
   (COND ((NOT (MEMQ FNTYPE '(EXPR FEXPR)))
          (ERROR "Memo: Function undef. or of illegal type" FN)))
   (SETQ FNEXPR (GETFN (EVAL FN)))
   (SETQ VAR (CAR FNEXPR))
   (SETQ BODY (CDR FNEXPR))
   (COND ((GETPROP FN 'OLD)
          (ERROR "Memo: Function already memorized" FN))
         (T (PUTPROP FN 'OLD FNEXPR)))
                        ; urspr. Definition unter OLD auf P-Liste von FN
   (PUTFN (EVAL FN)     ; Konstruktion des neuen Funktionskörpers
          (LIST VAR     ; Variablenliste
            (LIST 'CDR
                  (LIST 'SASSOC
                        ; Tabellen-Zugriffsfunktion
                        (CONS 'LIST VAR)
                        ; Suchschlüssel
                  (LIST 'GETPROP (LIST 'QUOTE FN) ''CALLS)
                        ; liefert Tabelle
                  (LIST 'LAMBDA
                        ; Failure-Funktion: berechnet den Wert und
                        NIL
                        ; legt ihn in Tabelle ab
                        (LIST 'CAR
                              (LIST 'ADDPROP+
                                    (LIST 'QUOTE FN)
                                    ''CALLS
                                    (LIST 'CONS
                                          (CONS 'LIST VAR)
                                          (CONS 'PROGN BODY)))))))))
   FN)
```

Wenden wir dieses Macro auf die bekannte Definition der Funktion FAC

```
(DE FAC (N)
   (IF (EQ N 0) 1
      (* N (FAC (- N 1)))))
```

durch Auswertung von (MEMO FAC) an, so wird diese transformiert (die Funktion ADDPROP+ kennen wir aus 6.10) in:

```
(DE FAC (N)
   (CDR (SASSOC
          (LIST N)
          (GETPROP 'FAC 'CALLS)
          (LAMBDA NIL
             (CAR (ADDPROP+
                     'FAC
                     'CALLS
                     (CONS (LIST N)
                           (PROGN
                              (IF (EQ N 0) 1
                                 (* N (FAC (- N 1))))))))))))
```

Bei jedem Aufruf dieser Variante von FAC sind sämtliche in bisherigen Aufrufen berechneten Werte verfügbar. Die memorisierte Version von FAC ist also — in einem sehr beschränkten Sinn — „lernfähig". Zur Erzeugung dieser Instanz des oben genannten Schemas für FAC mußte ein verschachtelter Term mit vielen CONS- und LIST-Termen ausgeführt werden. Viel bequemer wäre es, wenn wir eine Möglichkeit hätten, ein derartiges Schema unmittelbar hinzuschreiben und daraus die entsprechenden Terme zu seiner Konstruktion erzeugen zu lassen. Es liegt nahe, auch hierzu Macros einzusetzen. In der Tat ist dies möglich; wir werden im Zusammenhang mit der Einführung der sog. Read-Macros im nächsten Kapitel darauf eingehen.

7.7 Sind FEXPRs wirklich erforderlich?

Als die beiden hauptsächlichen Gründe für die Verwendung von FEXPRs haben sich erwiesen:

- bedingte Auswertung der Argumente, und
- Vereinfachung der Notation durch implizites Quotieren.

Dadurch, daß FEXPRs es leicht machen, „konstante" Argumente zu übergeben, wird die Übergabe variabler Argumente umso komplizierter.
Eine oft verwendete Technik bei der Implementierung von Anwendungssystemen ist, eine — meist triviale — globale Funktion als FEXPR zu definieren, die die auszuführenden Aufgaben an die eigentlichen „Arbeitspferde" delegiert. Bei-

spiele hierfür sind die globalen Funktionen der meisten Module in einem Programmiersystem; z. B. gilt häufig für den Pretty-Printer:

```
> (PP F1 F2 F3)            ; globale Funktion („Anwender-Oberfläche“)
```

bewirkt Aufrufe (PP-FN 'F1), (PP-FN 'F2), etc. Soll nun aber die Folge der Symbole F1, F2, F3 als Liste Ergebnis einer Auswertung sein, z. B. Wert von (CALLERS), so darf man **nicht** schreiben

```
> (PP (CALLERS)),
```

denn (CALLERS) würde ja nicht ausgewertet. Als Umweg bietet sich eine Konstruktion wie

```
> (EVAL (CONS 'PP (CALLERS)))
```

an, was ersichtlich nicht zur Verständlichkeit des Code beiträgt. Ein analoges Problem ergibt sich bei der Funktion APPLY. In manchen LISP-Systemen (z. B. TLC-LISP) wurde daraus die Konsequenz gezogen, daß man FEXPRs mit APPLY **nicht** anwenden kann.
Wir haben gesehen, daß wir dieses Problem — und auch das Problem der beliebigen Zahl von Argumenten — mit Macros elegant lösen können. Es liegt daher nahe, zu empfehlen, so weit wie nur irgend möglich auf FEXPRs zu verzichten. Dennoch — bisher ist die Verwendung von FEXPRs im Grunde nur eine Stilfrage. Der von Pitman (1980) u. a. geäußerte Vorschlag, in neuen LISP-Implementierungen gar keine FEXPRs mehr vorzusehen, was ohne Beschränkung der Allgemeinheit zulässig ist, hat jedoch noch einen tieferen Grund, der mit Schwierigkeiten bei der Compilation von LISP zusammenhängt: bei FEXPRs ist ja gerade nicht von vorneherein bekannt, **wann** die Argumente ausgewertet werden. Im einzelnen wird dies erst im letzten Kapitel geklärt werden können.
Zum Schluß sei noch darauf hingewiesen, daß manche — vor allem ältere — LISP-Implementationen im Unterschied zu FEXPRs keine Macros kennen. Charniak et al. (1980) zeigen (Kap. 3), wie Macros auf einfache Weise mit Hilfe von FEXPRs implementiert werden können.

7.8 Literaturhinweise

Den umfassendsten Überblick über Konzepte der Kontrollstrukturen und ihre Realisierung in verschiedenen Programmiersprachen vermitteln Ghezzi, Jazayeri (1982). Viele weiterführende Literaturhinweise gibt Nicholls (1975); auch auf Elson (1973) sei an dieser Stelle verwiesen. Eine systematische Aufarbeitung unter theoretischem Anspruch bieten Ledgard, Marcotty (1975). Steele und Sussman (1976) betrachten die Modellierung befehlsorientierter Sprachkonstrukte in einer applikativen Variante von LISP. Padget (1982) zeigt eine Anwendung von Continuations und Coroutinen in der algebraischen Formelmanipulation. Eine ausführliche Diskussion der Spezialformen in LISP leistet Pitman (1980).

7.9 Übungen

7.4/1: Versuchen Sie, die angegebene Definition von SETF so zu erweitern, daß auch Kombinationen von CAR und CDR als erstes Argument verarbeitet werden können, z. B.

(SETF (CADR X) Y) ⇒ (RPLACA (CDR X) Y).

7.4/2: Implementieren Sie ein LET-Macro, das die angegebene Transformation in einen Term — mit einem LAMBDA-Ausdruck als Funktion — vornimmt!

7.4/3: Bekanntlich kann man mit einer Liste einen Keller simulieren, wobei man lediglich die primitiven Funktionen

CONS zur Kellerung eines neuen Elements,
CAR zur Entnahme des obersten Elements, und
CDR zum Rücksetzen des Keller nach Entnahme des obersten Elements

benötigt. Implementieren Sie Macros

(POP <List>) und (PUSH <Element> <List>)

— sie gehören in vielen LISP-Dialekten zum Standardvorrat —, die als Seiteneffekt das Einkellern und Entkellern mit Hilfe der Modifikationsfunktionen für Listen besorgen und als Wert das betreffende Kellerelement liefern!

7.4/4: In Charniak et al. (1980) wird der LOOP-Term eingeführt, der in seiner Leistung mit DO verglichen werden kann. Das LOOP-Konstrukt hat die Form

(LOOP {<Klausel>}),

wobei als <Klausel> zugelassen sind

(INITIAL {<Var> <Expr>})	– jede Variable <Var> wird mit dem Wert von <Expr> initialisiert;
(WHILE <Expr>)	– die Schleife wird abgebrochen, wenn <Expr> zu NIL evaluiert;
(DO {<Expr>})	– die Folge der Ausdrücke <Expr> wird von links nach rechts ausgewertet;
(NEXT {<Var> <Expr>})	– bei jedem Durchlauf wird jede Variable <Var> an den Wert der zugeordneten <Expr> gebunden;
(UNTIL <Expr>)	– die Schleife wird abgebrochen, wenn <Expr> zu T (Nicht-NIL) evaluiert;
(RESULT <Expr>)	– (Gesamt-)Wert des LOOP-Ausdrucks

Beispiel für eine Anwendung von LOOP:

```
(LOOP (INITIAL SUM 0)
      (UNTIL (EQUAL N 0))
      (NEXT SUM (ADD SUM N)
            N   (SUB N 1))
      (RESULT SUM))
```

Implementieren Sie LOOP als Macro, das einen entsprechenden Aufruf von DO konstruiert!

8 Ein- und Ausgabe

8.1 Dateien als Objekte

Zwischen der „internen Welt" der LISP-Objekte und der Außenwelt ist Kommunikation möglich. Sie kann grundsätzlich in beiden Richtungen erfolgen. Durch diese Kommunikation werden Objekte erzeugt, Auswertungsvorgänge angestoßen, während deren Verlauf wiederum Objekte erzeugt oder verändert werden oder gar verloren gehen können. Während der Kommunikation werden externe Repräsentationen von Objekten hergestellt.
Zunächst ist nur das Terminal Medium dieser Kommunikation; es stellt gleichsam ein Fenster in die Welt der LISP-Objekte dar, durch das wir Vorgänge betrachten und beeinflussen können.
Da es sich als notwendig erweist, Bestände von Daten und Funktionsdefinitionen aufzuheben und von einer Instanz der „LISP-Welt" zur anderen zu retten, treten externe Dateien (engl. file) in den Vordergrund der Kommunikation insbesondere, wenn man den Umfang der übertragenen Datenmengen bedenkt.
Die Existenz von Dateien im Computersystem bzw. auf externen Medien kann man in ähnlicher Weise betrachten wie die von Objekten im LISP-System. **Dateien sind Objekte**: Bestimmte Funktionen des Betriebssystems ermöglichen, sie zu erzeugen und zu löschen, zu benennen und zu ändern. Dateien haben eine **Struktur**: sie bestehen aus einer Folge von Zeichen, in manchen Systemen aus einer Folge von Sätzen (engl. records), die selbst wiederum aus Folgen von Zeichen bestehen.
Dateien sind jedoch Objekte außerhalb von LISP, daher können wir sie in LISP nicht direkt manipulieren. Wir wollen jedoch von LISP aus auf sie lesend oder schreibend zugreifen.
Ein Ausgabevorgang besteht normalerweise in der Übertragung der externen Repräsentation von LISP-Objekten. Bei Eingabevorgängen wird durch übertragene externe Repräsentationen auf bereits bestehende LISP-Objekte Bezug genommen oder es werden neue Objekte erzeugt. Im allgemeinen fließt also ein Strom von Zeichen hin und her.
Aus der Perspektive der „internen Welt" der LISP-Objekte stellt sich ein Eingabevorgang so dar, als ob aus einer Quelle neue Objekte — bzw. Referenzen auf existierende — sprudeln. Obgleich bei der Ausgabe weder Objekte noch Referenzen verschwinden, kann man (wie z. B. in TLC-LISP) das Bild symmetrisch machen und von **Quellen** und **Senken** (engl. **source**, **sink**) sprechen. Durch diese Sprechweise und entsprechende Ausdrucksformen in der Programmiersprache kann man der Forderung nach Geräte- bzw. Medienunabhängigkeit für die Ein- und Ausgabe gerecht werden. Eine Konsequenz hiervon ist, daß zunächst kein grundsätzlicher Unterschied zwischen der Kommunikation mit dem Terminal und mit Dateien auf irgendeinem Speichermedium besteht.
Zu den wenigen Systemen neben LISP, bei deren Entwicklung diese Forderung konsequent durchgehalten wurde, gehört das Betriebssystem UNIX, wo sie in der Tat eines der zentralen Entwurfskriterien war.

Da viele Dateien mit unterschiedlichen Eigenschaften existieren können, ist es vorteilhaft, nicht alle Ströme aus der gleichen Quelle entspringen und in der gleichen Senke versickern zu lassen. Weiterhin möchte man derartige Eigenschaften intern verändern, zumindest aber abfragen können. Zu diesem Zweck wurden in LISP Objekte eingeführt, die gleichsam „Schattenobjekte“ der externen Dateien sind. Allerdings liegt es im Ermessen des LISP-Programmierers, diese Objekte zu erzeugen oder zu vernichten — unabhängig von der Existenz der Dateien in der Außenwelt.

Selbstverständlich muß, wenn ein solches Quellenobjekt Information liefern soll, eine externe Datei angesprochen werden. Andernfalls bleibt, bildhaft gesprochen, die Quelle trocken — was zu einer Fehlermeldung führt. Diese internen Schattenobjekte, die externe Dateien beschreiben und als Vehikel für Quellen und Senken dienen, nennen wir **File-Objekte** (engl. file objects).

File-Objekte kann man ganz allgemein als Strukturen verstehen, die als **statische Komponenten** Objekte haben, welche zur Beschreibung von Datei-Attributen wie Name, Zugriffsrechte, Anzahl der Zeichen in ihnen — bei satz-orientierten Dateien Anzahl der Sätze, Anzahl der Zeichen pro Satz, usw. — dienen, und als **dynamische Komponenten** (während Ein-/Ausgabe-Vorgängen, an denen sie beteiligt sind) aktuelles Zeichen, aktueller Zeichenzähler, aktueller Satz-Zähler, etc. Hinzu käme eine Komponente, die das **Kommunikationsfenster** darstellt: Wir können bei satz-orientierten Dateien etwa an Pufferbereiche denken. Puffer sind i.a. keine LISP-Objekte, wären jedoch als Zeichenkette (String) oder Liste von Zeichenketten vorstellbar.

In InterLISP und verwandten LISP-Dialekten gibt es derartige File-Objekte nicht. Die externen Dateien werden vielmehr als LISP-Objekte direkt simuliert: Man kann mit externen Dateien nur über eine Spezifikation — in der ihr Name eine wichtige Rolle spielt — in Kontakt treten. Es kann nicht mehrere Repräsentanten für eine Datei geben. Prädikate, Selektions- und Modifikationsfunktionen arbeiten wie für normale LISP-Objekte. Allerdings ist eine Verbindung nur herstellbar, wenn die Dateien außerhalb der „LISP-Welt“ auch existieren. Die dynamischen Komponenten sind erst zugreifbar für „geöffnete“ Dateien.

In TLC-LISP hat ein File-Objekt nur zwei statische Komponenten, die sogenannten „Prozeß-Modifikationsfelder“ — nur eines ist jeweils brauchbar, weil sie der Ein- bzw. Ausgabe zugeordnet sind. Die Selektions- und Modifikationsfunktionen für diese Komponenten sind TYPEREAD bzw. TYPEPRINT.

Beide haben als erstes Argument ein File-Objekt. Wird ein zweites Argument nicht angegeben, so liefern die Funktionen lediglich das aktuelle Komponenten-Objekt. Wird ein zweites Argument angegeben, dann resultiert der alte Wert dieser Komponente und das zweite Argument wird zum neuen Komponenten-Objekt. Ihre Wirkung entspricht der des zweiten Arguments von READ (s. 8.4) bzw. des dritten Arguments von PRINT (s. 8.8).

TYPEREAD : FILES ⟶ {0, 1, 2, 3}
: FILES x {0, 1, 2, 3} ⟶ {0, 1, 2, 3}

TYPEPRINT : FILES ⟶ {0, 1, 2, 3}
: FILES x {0, 1, 2, 3} ⟶ {0, 1, 2, 3}

Neben der statischen haben die File-Objekte in TLC-LISP auch eine dynamische Komponente: einen Zeichenzähler. Unterlegt man den Dateien eine Zeilenstruktur, so kann dieser Zähler Werte zwischen der Position des linken und der des rechten Randes auf einer absoluten Skala annehmen. Die beiden Randpositionen sind durch die Werte der globalen Variablen LEFT-MARGIN und RIGHT-MARGIN gegeben, der aktuelle Wert des Zeichenzählers durch die Selektionsfunktion CHARCT. Geändert wird diese Komponente nur durch tatsächliche Ein-/Ausgabeprozesse.[1] Wir haben also:

CHARCT : FILES ⟶ FIXNUM

Der Wert von CHARCT gibt die Anzahl der noch auf die Zeile passenden Zeichen an und kann nie größer als der Wert von RIGHT-MARGIN sein.
In den meisten LISP-Systemen ist die Erzeugung eines File-Objekts unmittelbar mit der Bezugnahme auf eine externe Datei verbunden. Diese erste definitive Bezugnahme wird, im Unterschied zu den eigentlichen Übertragungs-Operationen, vom jeweiligen Betriebssystem bestimmt — wie allgemein von der Betriebssystem-Umgebung die Realisierung des Konzepts der File-Objekte und die möglichen Selektions- und Modifikationsfunktionen, ja sogar die Namensgebung, abhängt. Man nennt diese erste Kontaktaufnahme eines Programms mit einer externen Datei **Öffnen** (engl. opening). Also: In der Regel sind Öffnen einer Datei und Erzeugung des zugeordneten File-Objekts unmittelbar miteinander verbunden.
Bei dieser Vorgehensweise entsteht jedoch ein Problem: Mit jedem Öffnen derselben externen Datei wird ein **neues File-Objekt** erzeugt. Das alte File-Objekt ist noch vorhanden, aber eventuell durch eine Abschlußoperation (engl. closing) unbrauchbar geworden. Wir werden auf diese Operationen noch näher eingehen — wichtig ist hier: In vielen LISP-Systemen besteht eine eigenartige Kopplung zwischen externer Datei und File-Objekt, die den — mit der sonst sauber verwirklichten Objektorientierung unverträglichen — Zustand eines *existierenden, aber unbrauchbaren Objekts* ermöglicht.
Wenn die File-Objekte beim Öffnen der externen Datei erzeugt werden, sind gewöhnlich die statischen Komponenten mit Standardeintragungen belegt und die dynamischen Komponenten enthalten Anfangswerte. Dem Programmierer stehen Selektions- bzw. Modifikationsfunktionen zum Ändern dieser Komponenten zur Verfügung.
Das Öffnen einer Datei und damit die Erzeugung des zugeordneten File-Objekts erfordert die Identifikation der Datei über einen Namen sowie eventuell weitere Angaben über Verfügbarkeit, Zugriffsweise o.ä. Zu diesem Zweck gibt es in so gut wie jedem LISP-System eine Funktion namens OPEN, deren Parameter, die der Dateispezifikation dienen (s. 8.2), von System zu System verschieden sein können. Das erzeugte File-Objekt muß auf irgendeine Art referenzierbar gehalten werden — wie jedes andere Objekt auch, gleich welchen Typs. Üblich ist die Zuweisung an ein Symbol:

```
(SETQ MYFILE (OPEN <File-Name>)).
```

1 Beim Einlesen anderer Objekte als Zeichen wird der Zähler immer auf 80 gestellt

Die Referenz auf das File-Objekt ist nicht nur erforderlich, wenn man statische oder dynamische Komponenten abfragen oder ändern will, sondern auch dann, wenn Ein-/Ausgabeoperationen auf die Datei vorgenommen werden. In manchen LISP-Systemen gilt die Konvention, daß Ein-/Ausgabefunktionen auf die zuletzt geöffnete („aktuelle“) Datei wirken, sodaß eine Bezugnahme auf das File-Objekt unterbleiben kann. In TLC-LISP dienen beide Parameter von OPEN zur Dateispezifikation.

Ist die Arbeit mit einer Datei beendet oder ein Wechsel in der Verarbeitungsart beabsichtigt — z. B., daß nach einer Folge von Ausgaben nun wieder eingelesen werden soll —, muß die Datei **geschlossen** werden. Hierzu dient i.a. eine Funktion mit dem Namen CLOSE, wobei das File-Objekt als ein Parameter auftritt. Nach dem CLOSE kann mit dem File-Objekt nicht mehr viel gemacht werden: Möglicherweise bleibt der Endzustand der statischen bzw. dynamischen Komponenten weiterhin verfügbar.

Ob eine Datei offen oder geschlossen ist, d. h., ob das File-Objekt brauchbar oder unbrauchbar ist, kann in vielen LISP-Systemen nur indirekt festgestellt werden: In TLC-LISP zum Beispiel gibt es eine globale Variable FILE-LIST, deren Wert die Liste der Namen aller verarbeitbaren (offenen) Dateien ist. Zu Beginn enthält sie nur die dem Terminal entsprechenden Datei-Namen.

8.2 Spezifikation von Dateien

Wie wir bereits angedeutet haben, ist gerade die Ein- und Ausgabe in höchstem Maße systemspezifisch; so kann auch wenig allgemeines zur Spezifikation von Dateien gesagt werden. Wir werden uns daher notgedrungen auf eine ganz bestimmte Realisierung — nämlich die in TLC-LISP — einlassen müssen, wobei aber keine technischen Einzelheiten, sondern nur die konzeptionellen Merkmale angesprochen werden sollen.

Durch die Spezifikation einer Datei wird der OPEN-Funktion — oder, wie in InterLISP, auch den Selektionsfunktionen zu statischen und dynamischen Komponenten — mitgeteilt, welche externe Datei angesprochen werden soll. Um diese Bezugnahme auf eine externe Datei herstellen zu können, muß der Dateiname in der Form angegeben werden, wie sie die Kommandosprache des jeweils im Hintergrund stehenden Betriebssystems erfordert.

In TLC-LISP gelten für Datei-Namen die Konventionen des darunterliegenden Betriebssystems CP/M. Ein Datei-Name besteht aus drei Teilen: Laufwerk-Bezeichnung, Datei-Name i.e.S. und Extension; es gibt keine strukturierten Kataloge (engl. directory) und keine Versionsnummern. Datei-Spezifikationen sind als Zeichenketten zu notieren; bei der Bezugnahme auf die externe Datei werden kleine Buchstaben in große umgesetzt. Die in der Betriebssystem-Umgebung aktuelle Voreinstellung für die Laufwerk-Bezeichnung (im Normalfall „A“) gilt nach Aktivierung des LISP-Systems weiter: So sprechen "DATA.LSP", "A:DATA.LSP" und "data.lsp" alle dieselbe Datei an.

Fast alle LISP-Systeme machen für das Terminal eine Ausnahme von der generellen Regel der Datei-Spezifikation. So wird in InterLISP das Symbol T verwendet, in MacLISP und in UCI-LISP NIL. Weitere Terminals werden, wenn sie möglich sind, wie normale Dateien behandelt. TLC-LISP kennt zwei File-Objekte, die bereits dem Terminal zugewiesen sind: CONSOLE und KEYBOARD. Beide unterscheiden sich in ihrem Echo-Verhalten bei der Eingabe.
Wichtig für die Datei-Spezifikation kann neben dem Namen die beabsichtigte Verwendung sein, beispielsweise, ob im Fall einer nicht leeren Ausgabedatei ihr bereits vorhandener Inhalt überschrieben oder die neue Information an ihr Ende angefügt werden soll.
Die zur Spezifikation einer Datei erforderlichen Angaben hängen vom jeweiligen LISP-Dialekt ab. Die sauberste Lösung ist wohl in InterLISP gefunden worden: Man muß neben dem Dateinamen noch eine „Zugriffsart" (engl. access mode) und eine „Erkennungsart" (engl. recognition mode) angeben und diese werden zur Bestimmung der Versionsnummer verwendet.
In TLC-LISP besteht die Möglichkeit, als zweiten Parameter für OPEN einen Datei-Status anzugeben (OLD oder NEW), je nachdem, ob die Datei vorhanden ist oder nicht.
Die Angabe, ob eine Datei als Ein- oder Ausgabedatei dienen soll, erfolgt normalerweise beim Öffnen. In TLC-LISP ist das nicht der Fall, sondern dieser Modus wird implizit durch den ersten Ein- oder Ausgabevorgang festgelegt. Dadurch ist aber ausgeschlossen, daß auf ein und dieselbe Datei **zugleich** lesend und schreibend zugegriffen werden kann.

8.3 Allgemeines über die Ein-/Ausgabe

Führt man sich die Arbeitsweise des durchschnittlichen Anwenders vor Augen, so kann man feststellen, daß er hauptsächlich zwei Arten von Ein-/Ausgabevorgängen benötigt:

- Eingabe und Ausgabe am Terminal, und
- Eingabe und Ausgabe ganzer Dateien.

Um ihm diese Arbeit zu erleichtern, wurde das Konzept der „**aktuellen Datei**" (engl. standard file, standard source, standard sink) eingeführt. Solange er sich an die Voreinstellungen hält, braucht er sich um Dateien und ihre Spezifikation, Öffnen und Schließen, usw. nicht zu kümmern. Auch wenn er direkt Ein-/Ausgabefunktionen verwendet, muß er nicht unbedingt auf Details des Dateisystems eingehen.
Will er eine ganze Datei auf einmal laden, so kann er dies in den meisten LISP-Systemen mit einem einzigen Funktionsaufruf bewirken. Üblicherweise heißt diese Funktion LOAD; sie veranlaßt, daß von der angegebenen Datei Ausdruck für Ausdruck gelesen und unmittelbar anschließend ausgewertet wird.

Erst wenn der Anwender kompliziertere Ein-/Ausgabevorgänge durchführen möchte, ändert sich das Bild. Hierzu gehören:

- Ein-/Ausgabe außerhalb der verfügbaren externen Repräsentation (d.h. ohne Beachtung der LISP-Syntax);
- Zeichen- oder ausdrucksweise Ein-/Ausgabe;
- Formatierte Ein-/Ausgabe.

Beziehen sich diese Prozesse auf die jeweils aktuelle Datei, so muß der Programmierer entweder besondere Ein- und Ausgabefunktionen verwenden oder — so in TLC-LISP — die normalen Funktionen mit besonderen optionalen Parametern.
Beim häufigen Wechsel zwischen Dateien wird man ganz auf die aktuelle Datei verzichten und die betreffende Datei gleich als Argument der gewählten Funktion angeben. Meist sind die aktuellen Dateien als Werte globaler Variablen verfügbar, so in TLC-LISP als Werte von CURRENT-SOURCE (Eingabe) und CURRENT-SINK (Ausgabe). Mit den Werten dieser Variablen arbeiten alle Ein- und Ausgabefunktionen, falls die optionalen Parameter nicht angegeben werden.
Durch einfache Zuweisungen wie (SETQ CURRENT-SOURCE MYFILE) kann man eine neue aktuelle Eingabedatei einrichten. Bei verschachtelten Prozessen ist es möglich, daß zu irgend einem Zeitpunkt mit einer früheren aktuellen Datei weiter gearbeitet werden muß. Um zu verhindern, daß auf dieses File-Objekt dann kein Bezug mehr besteht, kann im Anwendungsprogramm ganz einfach eine Liste „wartender“ Dateien geführt werden:

```
(DE CHANGE-CURRENT-SOURCE (NEW-FILE)
    (PUSH CURRENT-SOURCE SOURCE-FILE-STACK)
    (SETQ CURRENT-SOURCE NEW-FILE))
```

Stößt später ein Einleseprozeß auf die END-OF-FILE-Markierung der aktuellen Eingabe-Datei, so wird die alte Eingabe-Datei reaktiviert:

```
(DE RESET-CURRENT-SOURCE ()
        (SETQ CURRENT-SOURCE (POP SOURCE-FILE-STACK)))
```

Will man mitten in einem Ein-/Ausgabe-Prozeß nur einen oder wenige Ausdrücke von einer Datei lesen bzw. auf eine Datei ausgeben, die verschieden von der jeweils aktuellen ist, so kann die kurzfristige „Umlenkung“ durch Angabe dieser Datei als Parameter der betreffenden Ein- oder Ausgabefunktion bewirkt werden.
Wenn der Wechsel der Ein-/Ausgabe-Prozesse mit der Aufrufhierarchie in einem System von Funktionen synchron verläuft, bietet es sich an, die Verwaltung der Umgebungen für die Dateikoordination zu nutzen: CURRENT-SOURCE kann z.B. als lokale Variable verwendet werden. Die aktuelle Datei ergibt sich aus der aktuellen Bindung dieser Variablen; vorübergehend suspendierte Dateien warten in äußeren inaktuellen Umgebungen.

8.4 Eingabe

Die Eingabe in LISP orientiert sich normalerweise an der externen Repräsentation von LISP-Objekten. Doch gibt es neben der „normalen" Eingabe ganzer S-Ausdrücke auch die Möglichkeit, zeichen- oder zeilenweise einzulesen. Im Normalfall ist für jede besondere Art des Einlesens auch eine besondere Funktion vorgesehen: So etwa

READ, um komplette LISP-Objekte einzulesen;
READCH, um ein Zeichen einzulesen; und
READLINE, um eine Zeile einzulesen;
etc.

TLC-LISP bietet hier eine interessante Ausnahme, auf die wir deshalb etwas näher eingehen wollen: Alle diese Aufgaben — bis auf zeilenweises Lesen — sind in einer Funktion READ vereinigt. Ohne Argumente aufgerufen, liest READ die nächste externe Repräsentation eines Objekts von der aktuellen Eingabe-Datei (CURRENT-SOURCE) und konvertiert sie zu einem LISP-Objekt. Dabei richtet es sich nach den voreingestellten Regeln für die Syntax der Zeichen (siehe 8.5). Beim Einlesen von Listenstrukturen (S-Ausdrücken) werden gewöhnlich mehrere Paare und ggf. auch Symbole konstruiert.
Mit einem Argument — das ein File-Objekt sein muß — aufgerufen, liest READ von der zugeordneten Datei die nächste externe Repräsentation eines Objekts — in der gleichen Weise, wie von der Standard-Datei (CURRENT-SOURCE) beim Aufruf ohne Argumente.
Die speziellen Varianten dieses READ sind durch Angabe eines zweiten Arguments (bzw. durch Voreinstellung im Modifikations-Feld des Eingabe-Prozesses mittels TYPEREAD) möglich:

Ist das zweite Argument
- 0, dann erfolgt ein normales READ
- 1, dann erfolgt ein READCH
- 3, dann erfolgt ein PEEKC,
  d.h. ein READCH, *ohne das Zeichen zu konsumieren* (der Zeichenzähler wird nach dem Lesen wieder auf die Position vor das Objekt zurückgesetzt).

Aus diesem Angebot könnte man die üblicherweise verfügbaren Eingabefunktionen bilden:

```
(SETQ *READ* READ)

(DE READ (&OPTIONAL (FILE CURRENT-SOURCE)
          &AUX (OLDFILE CURRENT-SOURCE)
                              ; rette aktuelle Quelle
               (TEM (TYPEREAD FILE)))
                              ; schütze Modifikationsfeld vor Seiteneffekt der Funk-
                              ; tion READ
```

```
   (PROG1 (*READ* FILE 0)
                          ; lies Objekt
          (SETQ CURRENT-SOURCE OLDFILE)
                          ; alte Quelle zurück
          (TYPEREAD FILE TEM)) )
                          ; alter Wert des Modifikationsfelds

(DE READCH (&OPTIONAL (FILE CURRENT-SOURCE)
                &AUX (OLDFILE CURRENT-SOURCE)
                     (TEM (TYPEREAD FILE)))
   (PROG1 (*READ* FILE 1)
          (SETQ CURRENT-SOURCE OLDFILE)
          (TYPEREAD FILE TEM)) )

(DE PEEKC (&OPTIONAL (FILE CURRENT-SOURCE)
               &AUX (OLDFILE CURRENT-SOURCE)
                    (TEM (TYPEREAD FILE)))
   (PROG1 (*READ* FILE 3)
          (SETQ CURRENT-SOURCE OLDFILE)
          (TYPEREAD FILE TEM)) )
```

Ein typisches Problem, bei dem die standardmäßige Eingabeform nicht verwendet werden kann, ist das der formatierten Eingabe. Von einer Datei soll nur ein Teil der Information gelesen werden, nämlich die Ausdrücke, die in den Spalten i, j, k beginnen. Dazwischen mögen nach Annahme nicht nur Leerzeichen stehen. Die drei pro Zeile gelesenen Ausdrücke sollen in Form einer Liste zurückgegeben werden:

```
(DE READ3-FORM (I J K)
   (LET ((X NIL) (Y NIL))
        (INPOS I)
        (SETQ X (READ1 (- J I)))
        (INPOS J)
        (SETQ Y (READ1 (- K J)))
        (INPOS K)
        (LIST X Y (READ (- RIGHT-MARGIN K))) ))

(DE INPOS (CNT)
   (COND ((EQ CNT (CHARCT CURRENT-SOURCE)))
         (T (READCH)
            (INPOS (- CNT 1)))))
```

Wir müssen dabei voraussetzen, daß die Ausdrücke nie über die Grenze ragen, an der der jeweils nächste Ausdruck beginnt.
Wenn READ nur ein Objekt einlesen und danach den Zeichenzähler immer korrekt auf dem nächsten zu lesenden Zeichen der Zeile stehen lassen würde, könnten wir definieren:

```
(DE READ1 (CNT) (READ))
```

Die READ-Funktion in TLC-LISP hat aber nicht diese Eigenschaft, wenn die TYPEREAD-Komponente 0 ist. Die beste Lösung unter den gegebenen Umständen ist daher zeichenweise Eingabe. Die Umformung der anfallenden Liste von Zeichenobjekten in das eigentliche Objekt — das READ liefern würde — überlassen wir der Funktion READLIST (s. 8.8).

```
(DE READ1 (CNT)
   (COND ((EQ CNT 0) \ )
         (T (READLIST (READ2 CNT NIL)))))

(DE READ2 (CNT CHARLIST)
   (COND ((EQ CNT 0) (REVERSE CHARLIST))
         (T (READ2 (- CNT 1)
                   (CONS (READCH) CHARLIST)))))
```

Man muß bei der Eingabe beachten, daß die Ströme, die in das LISP-System hineinfließen, nach außen hin nicht sichtbar sind. Da das Terminal wie jede andere Datei behandelt werden soll, gilt dies auch für die „Terminaldatei" KEYBOARD. Will man Eingabeprozesse verfolgen, d.h. von ihnen ein ECHO sehen, so erfordert dies gesonderten Aufwand, z.B. eine Modifikation von READ. Es gibt allerdings eine Ausnahme: Da der Programmierer am Terminal gewöhnlich ein Echo seiner Eingaben auf dem Bildschirm wünscht, wurde eine zweite Terminaldatei, CONSOLE, vorgesehen, die das Echo liefert.

8.5 Lexikalische Verarbeitung und syntaktische Klassifikation von Zeichen

Die externen Repräsentationen für Objekte, die wir bisher angegeben haben, stellen streng genommen nur eine Konvention dar. Es wären ohne weiteres auch andere Darstellungen möglich, denn die Funktion READ arbeitet tabellengesteuert. Welche syntaktische Bedeutung jedes Zeichen hat, ist in einer Tabelle festgehalten, auf die über den Code der Zeichen zugegriffen wird. Damit ist die Prozedur zur syntaktischen Analyse, der **Parser**, vollkommen unabhängig von den aktuellen Darstellungen der Zeichen, denn sie arbeitet nur mit den Tabelleneintragungen. Diese Einrichtung erlaubt es, auf einfache Weise die syntaktischen Eigenschaften der Zeichen dynamisch zu ändern.
Es ist konsequent, diese Möglichkeit auch dem Anwendungsprogrammierer zur Verfügung zu stellen — leider gibt es aber auch hier große Unterschiede von LISP-System zu LISP-System. Manchmal — wie in TLC-LISP — ist diese Syntax-Tabelle (engl. **Readtable**) nicht einmal ein LISP-Objekt. Die syntaktische Klasseneinteilung der Zeichen ist jedoch in allen Systemen mehr oder weniger die gleiche. Ausgehend von den Konventionen für die externe Repräsentation der LISP-Objekte müssen wir mindestens folgende Unterscheidungen treffen:

1. „Normale“ Zeichen (A, B, ... Z)
2. Ziffern (0, ... 9)
3. Dezimalpunkt und Punkt für S-Ausdrücke (.)
4. Begrenzungszeichen für Zeichenobjekte (\ )
5. Begrenzungszeichen für Zeichenketten (")
6. Leerzeichen (   )
7. Öffnende Klammer (( )
8. Schließende Klammer ( ))
9. Quote-Zeichen (')

In den verschiedenen LISP-Systemen sind nicht immer alle diese Klassen von Zeichen in der jeweiligen Readtable enthalten, manche sind unter einer Rubrik zusammengefaßt. Auch kommen weitere Klassen hinzu, z. B. Kommentarbegrenzer, Read-Macro-Zeichen (s. u.), „Backspace“ u. a.
In LISP-Systemen, wie z. B. in MacLISP, in denen auch die Syntax-Tabellen LISP-Objekte sind, kann man Kopien einer solchen Tabelle erzeugen, die bezüglich einiger Klassen von Zeichen modifiziert sind und jeweils eine dieser Tabellen zur aktuellen erklären. Eine komplette Änderung der ursprünglich gegebenen Tabelle wird wohl kaum in Frage kommen; gewisse kleine Modifikationen können aber durchaus von Nutzen sein, etwa die Einführung der Zeichen { und } als zusätzliche Klammern.
Für Zugriff bzw. Änderung von Tabelleneintragungen gibt es eine spezielle Funktion (TYPECH). Die vorgeschlagene Änderung ergäbe sich in TLC-LISP mit:

```
(TYPECH \{ 10)
(TYPECH \} 11)
```

Unter Verwendung der zeichenweisen Eingabe haben wir die Möglichkeit, ein Programm zur **lexikalischen Analyse** beliebiger Zeichenströme, einen sog. **Scanner**, zu implementieren. Seine Aufgabe ist es, in einem Zeichenstrom alle elementaren Objekte — Symbole, Zahlen und Zeichenketten — und Trennzeichen zu erkennen, die elementaren Objekte zu konstruieren und (die Trennzeichen als Zeichenobjekte) als Wert zu liefern. Zusätzlich ist die Erkennung von Kommentaren wünschenswert, so daß sie sogleich aus dem Eingabestrom herausgeschnitten werden können. Manche LISP-Systeme stellen dem Programmierer den mit der Syntax-Tabelle arbeitenden Scanner als Funktion zur Verfügung (z. B. TLC-LISP mit der Funktion SCAN).
Ein Scanner dient dann seinerseits als Baustein für die Implementierung eines Programms zur **syntaktischen Analyse**, eines **Parsers**. Die Funktion READ ist der Parser für LISP: Sie liest einen Zeichenstrom, analysiert ihn syntaktisch, und generiert, falls er der Syntax für S-Ausdrücke genügt, ein LISP-Objekt. Eine ganz einfache Variante von READ, die nur die Listen-Notation verarbeiten kann, könnte man mit Hilfe von SCAN so implementieren (vgl. Allen (1980)):

```
(DE READER (&AUX OBJ)
    (SELECTQ (SETQ OBJ (SCAN))
             ( \( (READ-REST))
             ( T OBJ)))
```

```
(DE READ-REST (&AUX OBJ)
   (SELECTQ (SETQ OBJ (SCAN))
            ( \( (CONS (READ-REST) (READ-REST)))
            ( \) NIL)
            ( T (CONS OBJ (READ-REST)))))
```

Der Parser in einem LISP-System muß natürlich weitergehende Fähigkeiten besitzen: Erkennung der Punkt-Notation bei Paaren, Möglichkeiten zur Behandlung von Fehlern und zur Verarbeitung von Korrekturen während der Eingabe (Zurücksetzen des Eingabezeigers durch „Backspace" und Überschreiben).
Wir wollen nun — in Anlehnung an Allen (1980) — überlegen, wie wir einen allgemeinen Parser implementieren können, also ein Programm zur syntaktischen Analyse von Ausdrücken, die einer (vorgegebenen) anderen Syntax als der von LISP genügen. Das zugrundeliegende Problem besteht darin, in einem Zeichenstrom, einem Text, eine Struktur zu finden; das heißt, die elementaren Objekte der Sprache und ihre Beziehungen untereinander zu erkennen. Ein Scanner findet die elementaren Objekte heraus; Aufgabe des Parsers ist es, die Beziehungen, in denen diese untereinander stehen, zu entdecken.
Üblicherweise wird in das Problem der syntaktischen Analyse am Beispiel der arithmetischen Ausdrücke eingeführt. Wir stützen uns hier auf ein Analyse-Schema, das auf V. Pratt (1973) zurückgeht: „Top Down Operator Precedence", das seinerseits auf einem Konzept von R. Floyd (1963) beruht.
Stellen wir uns also die Frage: „Wie soll der Ausdruck 'x+y*z' strukturiert (analysiert) werden?" Die übliche Lösung besteht darin, das y mit dem z zu assoziieren, als Ergebnis damit die Gruppierung 'x+(y*z)' vor '(x+y)*z' zu bevorzugen. Man sagt, daß der Operator '*' stärker bindet als der Operator '+', daß er höhere Präzedenz habe. In der Prattschen Verallgemeinerung wird jedem Operator eine *rechte* und eine *linke „Bindungskraft"* zugeordnet. Seien die Operatoren P und Q und ein Textsegment der Form

... P ... Q ...

gegeben. Ist die *rechte* Bindungskraft von P größer als die *linke* Bindungskraft von Q, so wird der (analysierte) Text zwischen P und Q mit P assoziiert.
In unserer Implementierung legen wir die Bindungskräfte jedes Operators nach einem Vorschlag von M. Griss in Form eines Paars auf seiner P-Liste unter dem Attribut-Namen INFIX ab, z. B.:

```
(PUTPROP '+ 'INFIX '(10 . 10))
(PUTPROP '- 'INFIX '(10 . 10))
(PUTPROP '* 'INFIX '(12 . 12))
(PUTPROP '= 'INFIX '( 5 .  5))
(PUTPROP '? 'INFIX '(-2 . -2)).
```

Dabei mögen uns '=' als Zuweisungsoperator und '?' als Abschlußsymbol für Ausdrücke dienen.
Der Parsing-Algorithmus wird mit einem Anfangswert für die Bindungskraft und einem Anfangssymbol initialisiert und verarbeitet dann den gegebenen Ausdruck von links nach rechts so lange, bis er einen Operator mit linker Bindungs-

kraft findet, die größer als die gegebene ist. Findet er einen Operator mit einer kleineren linken Bindungskraft, so wendet er sich selbst rekursiv an. Der Ausdruck

```
z = x+y*z ?
```

wird analysiert und übersetzt in

```
(= z (+ x (* y z)).
```

Sollen die Operatoren — wie in unserer Notation — selbst als Trennzeichen dienen, so muß die Syntax-Tabelle für den Scanner (im System) entsprechend modifiziert werden; andernfalls sind Leerzeichen zur Trennung der elementaren Objekte erforderlich. Die vom Parser erzeugte Repräsentation des Ausdrucks kann dann in LISP weiterverarbeitet, z. B. algebraisch vereinfacht, und zuletzt ausgewertet werden.
Dies ist die Implementierung des Parsers:

```
(DE SCANIT () (SETQ OBJ (SCAN))).
                                 ; OBJ bezeichnet das aktuelle Objekt und ist globale
                                 ; Variable für PARSE
                                 ; SCANIT muß vor dem ersten PARSE-Aufruf aktiviert
                                 ; worden sein.

(DE PARSE (RBP EXP               ; RBP: Rechte Bindungskraft, EXP: Ausdruck
           &AUX (EX2 (GETPROP OBJ 'PREFIX)))
  (IF EX2
    (SETQ EXP (LIST EXP (PARSE EX2 (SCANIT))))
                                 ; Wenn ein Präfix-Operator vorliegt, bilde Liste aus
                                 ; bisherigem Ausdruck und dem nächsten Objekt
    (SCANIT))
  (DO ((EX2 (GETPROP OBJ 'INFIX) (GETPROP OBJ 'INFIX)))
                                 ; Bindungskräfte des aktuellen Objekts
     (((OR (NULL EX2) (GE RBP (CAR EX2)))
      EXP))                      ; Objekt kein Operator oder rechte Bindungskraft von
                                 ; EXP größer als linke Bindungskraft von OBJ
     (SETQ EXP (LIST OBJ EXP (PARSE (CDR EX2) (SCANIT))))))
                                 ; Bilde Liste aus aktuellem Objekt, bisher analysiertem
                                 ; Ausdruck und zu analysierendem Rest
```

8.6 Read-Macros

Am häufigsten wird die Syntax-Tabelle durch die Einführung von **Read-Macros** modifiziert. Read-Macros sind ein bequemes Mittel, LISP syntaktisch zu erweitern. Ein als Read-Macro definiertes Macro-Zeichen bewirkt den Aufruf eines mit diesem Zeichen assoziierten Macro. Die Ausdrücke, die den Macro-Parametern entsprechen, werden dynamisch von der Eingabedatei gelesen. Wir wollen dies an der Definition des Quote-Zeichens, das als Read-Macro definiert ist, zeigen:

```
(DMC \' () (LIST (QUOTE QUOTE) (READ)))
```

DMC ist die Funktion zur Definition von Read-Macros. Ersichtlich haben Read-Macros keine Argumente. Der dem Macro-Parameter entsprechende Ausdruck wird durch das (READ) von der aktuellen Eingabedatei gelesen. Als Wert der Macro-Verarbeitung resultiert eine Liste, die mit QUOTE beginnt und dann den eingelesenen Ausdruck enthält. Die „normale" Eingabe wird unmittelbar hinter dem Parameterausdruck fortgesetzt. Eine beliebte Anwendung von Macro-Zeichen in LISP besteht darin, durch spezielle Präfixzeichen besondere Zugriffe auf Variable zu erzeugen. Wir werden darauf in Kapitel 11 im Zusammenhang mit „Pattern Matching" zurückkommen.
Oft tritt das Problem auf, komplexe Strukturen explizit konstruieren zu müssen. Es tritt zum Beispiel auf, wenn die Konstruktionsfunktion im Rahmen einer Datenabstraktion entwickelt werden muß. Ein anderer typischer Fall liegt dann vor, wenn man sich Gruppen von Funktionen (Macros) generieren will, die eine ähnliche Struktur haben. Dazu sind oft tief verschachtelte Terme erforderlich, die zumeist nichts anderes als Aufrufe der strukturbildenden primitiven Funktionen wie CONS und LIST enthalten.

Beispiel:
Die zu erzeugenden Funktionsdefinitionen sollen folgende Struktur haben (variable Teile sind klein geschrieben):

```
(DE name arglist
    (COND ((NULL arg1) resultat)
          (T (fun expr (name (CDR arg1) args)))))
```

Für arglist = (X Y), arg1 = X, resultat = Y, fun = CONS, expr = (CAR X), args = Y ergibt sich APPEND.

Für arglist = (X Y A), arg1 = X, resultat = A, fun = CONS, expr = (CONS (CAR X)(CAR Y)), args = (CDR Y) A ergibt sich PAIRLIS.

Um dieses Definitionsschema zu verwirklichen, muß man folgenden Term schreiben:

```
(LIST 'DE name arglist
      (LIST 'COND (LIST (LIST 'NULL arg1) resultat)
                  (LIST T (LIST fun
                                expr
                                (CONS name
                                      (CONS (LIST 'CDR arg1)
                                            args))))))
```

Es wäre eine große Erleichterung, wenn man die Strukturen in der gewünschten Form, d.h. in ihrer externen Repräsentation, hinschreiben könnte und aus dieser Notation dann die entsprechenden Terme zu ihrer Erzeugung generiert würden. Zu erzeugende Strukturen haben in der Regel **konstante** und **variable** Teile (im Beispiel groß bzw. klein notiert). Lägen nur konstante Teile vor, so könnte die Struktur einfach quotiert werden; dies ist jedoch keine Lösung unseres Problems, sobald im Inneren der Struktur auch variable Teile vorkommen. Für diese müßte es möglich sein, die Quotierung aufzuheben, im ganzen also gewissermaßen eine Operation der Art „Quotieren bis auf ...“ anwenden.
Die Implementierung einer derartigen „Quasi-Quotierung“ ist mit Read-Macros auf relativ einfache Weise zu erreichen. Wir müssen ein Macro-Zeichen „Quasi-Quote“ (auch „Backquote“) definieren, das wie Quote wirkt, und ein zweites Zeichen, das, falls es in einem quasi-quotierten Ausdruck vorkommt, die Quotierung aufhebt, also eine Auswertung bewirkt. Wir haben damit die genau umgekehrte Situation zur gewöhnlichen LISP-Auswertung: Nichts ist auszuwerten, was nicht besonders gekennzeichnet ist. Normalerweise ist alles auszuwerten, es sei denn, es ist besonders (durch QUOTE) gekennzeichnet.
Wenn wir als Quasi-Quote-Zeichen ‘ benutzen und als Quote-aufhebendes Zeichen das Komma, dann könnten wir das obige Funktionsdefinitionenschema schreiben:

```
‘(DE ,name ,arglist
      (COND ((NULL ,arg1) ,resultat)
            (T (,fun ,expr (,name (CDR ,arg1) ,arg2 ,arg3)))))
```

Bei genauer Betrachtung dieses Ausdrucks stellen wir fest, daß im rekursiven Aufruf die einzelnen Argumente notiert werden müssen. Unsere Absicht war jedoch, an dieser Stelle einfach den „Rest der Argumente“, d.h. im allgemeinen eine Liste von weiteren Argumenten, unterzubringen. Um diese Unvollkommenheit zu verbessern, empfiehlt sich die Einführung von zwei verschiedenen Macrozeichen zur Aufhebung der Quasi-Quotierung: Eines soll die Auswertung bewirken und damit die einfache Substitution des Werts für den „invers“ quotierten Ausdruck. Ein weiteres soll das sog. „Splicing“ des Werts verursachen. Darunter versteht man das Einbetten eines listenförmigen Ausdrucks in einen anderen, nicht als ein Element, sondern als die Folge der Elemente, aus denen er besteht. In der externen Repräsentation wirkt sich dies so aus, daß eine Liste in eine andere Liste unter Wegfall ihres sie umgebenden Klammerpaars eingesetzt wird. Der Definitionsgenerator enthält als Teil den Ausdruck

```
(name (CDR arg1) args).
```

Dabei soll args bedeuten, daß an dieser Stelle die restlichen Argumente folgen. Bei dem einfachen inversen Quote (engl. unquote), können wir nur einzelne Argumente angeben; im Beispiel ,arg2, ,arg3 usw. Damit ist aber das Definitionsschema auf dreistellige Funktionen festgelegt. Mit dem einbettenden inversen Quote (die entsprechende Zeichenkombination sei ,@) könnte Bezug auf eine Liste genommen werden, als deren erste beiden Elemente „name“ und (CDR ,arg1) auftreten:

```
(,name (CDR ,arg1) ,@args)
```

Ein anderes typisches Beispiel sind Macro-Definitionen. Normalerweise (s. Kapitel 7) werden Macros während der Interpretation expandiert, was Auswertungszeit kostet. Will man unter Verwendung von Macros bequem Programme notieren, die Expansion der Macros aber auf den Zeitpunkt des Einlesens verlagern, kann man mit Quasi-Quote und den beiden anderen zugeordneten Macro-Zeichen(kombinationen) arbeiten.
Ein IF-Macro soll einen Ausdruck der Form

```
(IF <Pred>
    <Expr1>
    <Expr2> ... <Exprn> )
```

in eine COND-Form der Struktur

```
(COND ( <Pred>  <Expr1> )
      ( T       <Expr2> ... <Exprn> )
```

überführen. Konstruieren wir die COND-Form explizit, so können wir das IF-Macro folgendermaßen definieren:

```
(DM IF (TERM)
    (LIST 'COND
          (LIST (CADR TERM) (CADDR TERM))
          (CONS T (CDDDR TERM))))
```

Mit den Makrozeichen formulieren wir:

```
(DM IF (TERM)
    `(COND ( ,(CADR TERM) ,(CADDR TERM))
           ( T             ,@(CDDDR TERM)))).
```

Die Ersparnis in der Notation ist in diesem Fall noch relativ gering, steigt jedoch beträchtlich bei wachsender Komplexität der zu erzeugenden Ausdrücke.
Nun zur Implementierung des Quasi-Quote-Macro (vgl. Charniak et al. (1980)):
Das Zeichen ‘ aktiviert das Quasi-Quote:

```
(DMC \` () (QUASI-QUOTE (READ)))
```

Das Komma erzeuge Listen der Form

```
(*UNQUOTE* Ausdruck).
```

Die Kombination von , und @ erzeugt dabei die Liste

```
(*SPLICE-UNQUOTE* Ausdruck)
```

mit dem unmittelbar folgenden Ausdruck (Objekt).

Dies erreicht man durch

```
(DMC \,  (&AUX (CHAR (PEEKC)))
  (COND ((EQ CHAR \@) (READCH) (LIST '*SPLICE-UNQUOTE* (READ)))
        (T (LIST '*UNQUOTE* (READ)))))
```

Das Quasi-Quote sorgt für die Verarbeitung des — durch beide Unquote-Zeichen geprägten — folgenden Ausdrucks, in dem nach dem Einlesen Terme wie (*SPLICE-UNQUOTE* ...) und (*UNQUOTE* ...) auftreten.

```
(DE QUASI-QUOTE (SKEL)
   (COND ((NULL SKEL) NIL)
                           ; Die Abbruchbedingung. Normalerweise folgt auf ‘ eine
                           ; Liste.
         ((ATOM SKEL) (LIST 'QUOTE SKEL))
                           ; Folgt auf ‘ ein Atom, wird es quotiert.
         ((EQ (CAR SKEL) '*UNQUOTE*) (CADR SKEL))
                           ; Ein Term (*UNQUOTE* ...) wird durch sein Argu-
                           ; ment ersetzt (dies kann so ausgewertet werden).
         ((AND (LISTP (CAR SKEL))
               (EQ (CAAR SKEL) '*SPLICE-UNQUOTE*))
          (LIST 'APPEND (CADAR SKEL)(QUASI-QUOTE (CDR SKEL))))
                           ; Ein Term (*SPLICE-UNQUOTE* ...), der am Anfang
                           ; einer Liste steht, wird unquotiert in diese eingefügt.
                           ; Der Rest der Liste kann wiederum Unquote-Zeichen
                           ; enthalten.
         (T (COMBINE-SKELS (QUASI-QUOTE (CAR SKEL))
                           (QUASI-QUOTE (CDR SKEL))
                           SKEL))))
                           ; sonst: kombiniere Teilresultate.
```

```
(DE COMBINE-SKELS (LFT RGT SKEL)
   (COND ((AND (ISCONST LFT) (ISCONST RGT))
          (LIST 'QUOTE SKEL))
                           ; Sind beide Zweige Konstanten (Zahlen, NIL, T, quo-
                           ; tierte Ausdrücke), dann wird das ursprüngliche Paar
                           ; verwendet.
         ((NULL RGT) (LIST 'LIST LFT))
                           ; Liegt ein Paar vor, das eine Liste beendet, so erzeuge
                           ; eine Liste, die einem Term (LIST ...) entspricht.
         ((AND (LISTP RGT) (EQ (CAR RGT) 'LIST))
          (CONS 'LIST (CONS LFT (CDR RGT))))
                           ; Ist der rechte Zweig eine Liste, die einem Term
                           ; (LIST ...) entspricht, so erweitere diese Liste durch
                           ; Aufnehmen des linken Zweiges als erstes Argument.
         (T (LIST 'CONS LFT RGT))))
                           ; Sonst erzeuge eine Liste, die dem CONS-Term ent-
                           ; spricht.
```

Das Konstantenprädikat:

```
(DE ISCONST (X)
    (OR (NULL X)
         (EQ X T)
         (NUMBERP X)
         (AND (LISTP X)
              (EQ (CAR X) 'QUOTE))))
```

Nicht immer ist APPEND (vierte Klausel von QUASI-QUOTE) erforderlich. Eine günstige Optimierungsmöglichkeit beim Zusammenfügen der durch ,@ erzeugten Listen wird durch Verwendung von NCONC ermöglicht. Dazu benötigt man ein weiteres Unquote-Zeichen.

Es wird nahegelegt, das Memo-Macro aus dem letzten Kapitel mit Hilfe von Quasi-Quote zu programmieren; man kann unmittelbar sehen, wie das Programm an Kürze und Lesbarkeit gewinnt.

Wir wollen uns noch einer anderen Anwendung zuwenden, die auf Charniak (1980) zurückgeht. Im Anschluß an das über Datenabstraktion Gesagte wollen wir lernen, wie LISP auf einfache Weise um Möglichkeiten zur Definition von abstrakten Datentypen als Datenstrukturen so erweitert werden kann, daß die Zugriffsfunktionen zu Teilen dieser Datenstrukturen gleichsam automatisch mit definiert werden.

Als ein Beispiel hatten wir (in Kapitel 6) Bäume näher betrachtet. Ein Knoten eines Baums sollte die Teile Name, Knoten-Information und Nachfolger-Knoten enthalten. Unser Ziel ist, ein Macro zu konstruieren, mit dem wir die Struktur eines abstrakten Datentyps, in diesem Fall also eines Knotens, festlegen und das als Seiteneffekt sogleich die entsprechenden Selektionsfunktionen definiert.

Der Name einer Selektionsfunktion habe die Form

<Komponente>–<Datentyp-Name>.

Heißt der Datentyp für Knoten NODE und die Komponente für die Knoten-Information INFO, so heiße die Selektionsfunktion für diese Komponente INFO-NODE (gelesen: „INFO von NODE“).

Wir können somit definieren:

```
(RECORD-TYPE NODE (NAME INFO . SUC)),
```

und eine Instanz dieses Datentyps erzeugen mit

```
(SETQ REDWOOD (NODE 'ROOT0 'GROUND '( ... ))).
```

Zugriffe auf die Komponenten sind dann möglich durch

```
(NAME-NODE REDWOOD)    etc.
```

Ein Aufruf des RECORD-TYPE-Macro expandiert in einen Aufruf von DE, durch den die Konstruktionsfunktion für die Record-Struktur definiert wird. Die beiden Funktionen SLOT-EXTRACT-FUNS und STRUC-CONS-FORM bilden die Argumentliste und den Körper der Konstruktionsfunktion, wobei die erste eine

Liste der Namen der Komponenten (Felder, engl. „Slots") konstruiert und als Seiteneffekt Macros zum Zugriff auf diese Komponenten definiert.

```
(DM RECORD-TYPE (L)
    (LET ((*TYPE* (CADR L))
          (SLOTS (CADDR L)))
         (LIST 'DE
               *TYPE*
               (SLOT-EXTRACT-FUNS SLOTS NIL)
               (STRUC-CONS-FORM SLOTS))))
```

Während der Konstruktion der Argumentliste für die Konstruktionsfunktion (mit dem Namen des Datentyps) generieren wir die erforderlichen Selektionsmacros. Die Argumentliste muß extra aufgebaut werden, weil in der Strukturbeschreibung Punkte der externen Repräsentation der Paare auftreten dürfen, während eine Argumentliste eine einfache Liste von Symbolen sein muß.

```
(DE SLOT-EXTRACT-FUNS (SLOTS PATH)
    (COND ((NULL SLOTS) NIL)
          ((ATOM SLOTS)
           (EVAL '(DM ,(INSERT (STRING (PNAME SLOTS)
                                       \-
                                       (PNAME *TYPE*)))
                      ; Erzeugung des Namens des Selektionsmakros.
                       (L)
                       ,(DO ((LST (REVERSE PATH) (CDR LST))
                             (RES '(CADR L) (LIST 'LIST
                                                  (LIST 'QUOTE
                                                        (CAR LST))
                                                  RES)))
                            (((NULL LST) RES)))))
                      ; Erzeugung des Selektionsterms mit einer Funktion
                      ; CxR.
           (LIST SLOTS))  ; Aufbau der Argumentliste
          (T (NCONC (SLOT-EXTRACT-FUNS (CAR SLOTS)
                                       (CONS 'CAR PATH))
                    (SLOT-EXTRACT-FUNS (CDR SLOTS)
                                       (CONS 'CDR PATH))))))
```

Erzeugung des Körpers der Konstruktionsfunktion:

```
(DE STRUC-CONS-FORM (STRUC)
    (COND ((NULL STRUC) NIL)
          ((ATOM STRUC) STRUC)
          (T (LIST
               'CONS
               (STRUC-CONS-FORM (CAR STRUC))
               (STRUC-CONS-FORM (CDR STRUC))))))
```

Für das obige Beispiel (Baum-Knoten)

```
(RECORD-TYPE NODE (NAME INFO . SUC))
```

ergeben sich:

1. Die Definition der Konstruktionsfunktion

```
(DE NODE (NAME INFO SUC)
   (CONS NAME (CONS INFO SUC)))
```

2. Die Selektionsmakros

```
(DM NAME-NODE (L) '(CAR ,(CADR L)))
(DM INFO-NODE (L) '(CAR (CDR ,(CADR L))))
(DM SUC-NODE (L) '(CDR (CDR ,(CADR L))))
```

8.7 Ausgabe

Wie die Eingabe, so ist auch die Ausgabe in LISP normalerweise an der externen Repräsentation der Objekte orientiert. Wesentlich ist dabei, daß das Resultat einer Ausgabeoperation wiedereinlesbar sein soll, wir also bei Ausgabe und unmittelbar folgender Eingabe eines Objekts zumindest strukturgleiche Objekte erhalten. Probleme, dieses Ziel zu erreichen, bereiten zunächst alle Objekte mit unbrauchbarer externer Repräsentation (etwa Funktionsobjekte vom Typ SUBR), vor allem aber Symbole, deren P-Namen Zeichen mit syntaktischer Bedeutung enthalten. Im allgemeinen wird auch das Problem der **nicht-internen Symbole** ignoriert; d.h., sie können von intern-gemachten gleichnamigen Symbolen nicht unterschieden werden (s. Kapitel 2). Dieselbe Lösung wird für unbrauchbare externe Repräsentationen bevorzugt: Der Programmierer sei gewarnt, von ihnen Gebrauch zu machen.
Was bleibt, ist das Problem der nicht einlesbaren Symbole. Wie soll beispielweise das Resultat von

```
(INSERT "...((")
```

ausgegeben werden, ohne daß das Klammerngleichgewicht völlig durcheinander kommt? In den meisten LISP-Systemen ist hierfür ein besonderes Ausnahmezeichen („Fluchtsymbol“) vorgesehen, durch das ansonsten syntaktisch bedeutungsvolle Zeichen ihrer Rolle enthoben werden. Dieses Ausnahmezeichen, in MacLISP durch den Schrägstrich (engl. Slash), in InterLISP durch das Prozentzeichen dargestellt, besagt: Lies das folgende Zeichen als Bestandteil eines Namens ein! Wie würde der Schrägstrich selbst in MacLISP extern dargestellt? Richtig: Durch //! Das Resultat der obigen INSERT-Operation würde dann als /./././(/(ausgegeben und kann so direkt wieder eingelesen werden.

In manchen Fällen ist von vorneherein klar, daß man ausgegebene Zeichenfolgen nicht wieder einlesen will; z. B. gilt dies in der Regel für alle Ausgaben eines Dialogprogramms. In diesen Fällen möchte man — zumeist schon aus ästhetischen Gründen — Begrenzungszeichen wie die Zeichenkettenbegrenzer oder das Ausnahmezeichen (\) für Zeichenobjekte nicht mit ausgeben. Auch bei zeichenweiser Ausgabe können Begrenzungszeichen und Ausnahmezeichen stören.
Die meisten LISP-Systeme sehen für jede Art der Ausgabe eine besondere Funktion vor, so etwa PRIN1, um ganze Objekte in wiedereinlesbarer Form auszugeben, und PRINC, für die Ausgabe von Objekten unter Wegfall der Begrenzungs- und Ausnahmezeichen.
Wie bei der Eingabe sind in TLC-LISP auch alle diese Varianten der Ausgabe in einer Funktion vereinigt; sie heißt PRIN0.
Mit einem Argument, dem auszugebenden Objekt, aufgerufen, gibt PRIN0 die externe Repräsentation dieses Objekts ab dem nächsten freien Platz in der aktuellen Ausgabedatei (CURRENT-SINK) aus. Dabei werden Änderungen in der Syntax-Tabelle (s. 8.5) nicht berücksichtigt; genausowenig erfolgt eine Rekonvertierung expandierter Read-Macros zu Macro-Zeichen.
Mit zwei Argumenten aufgerufen — das zweite muß ein File-Objekt sein —, gibt PRIN0 die externe Repräsentation seines ersten Arguments auf die zugeordnete Datei aus.
Wie bei READ werden die Varianten von PRIN0 durch Angabe eines dritten Arguments (oder Voreinstellung im Modifikations-Feld des Ausgabe-File-Objekts mittels TYPEPRINT) angewählt:

Ist das dritte Argument

- 0, dann erfolgt „normales" PRIN1, d. h. jede Ausgabe wird mit einem Leerzeichen abgeschlossen;
- 1, dann erfolgt „dichtes" PRIN1 (kein abschließendes Leerzeichen);
- 2, dann erfolgt PRINC mit abschließendem Leerzeichen;
- 3, dann erfolgt PRINC ohne abschließendes Leerzeichen.

Die beiden Funktionen TERPRI (Auslösen eines Zeilenvorschubs) und PRINT (Ausgabe mit anschließendem Zeilenvorschub), die in jedem LISP-System verfügbar sind, wären schon mit PRIN0 definierbar:

```
(DE TERPRI (&OPTIONAL (SINK CURRENT-SINK)
            &AUX      (OLDSINK CURRENT-SINK)
                        ; Rette aktuelle Senke
                      (TEM (TYPEPRINT SINK)))
                        ; Schütze Modifikationsfeld vor Seiteneffekten von
                        ; PRIN0
    (PROG1 (PRIN0 <cr lf> SINK 3)
                        ; drucke — <cr lf> steht für externe Repräsentation
                        ; von carriage return + line feed
           (SETQ CURRENT-SINK OLDSINK)
                        ; alte Senke zurück
           (TYPEPRINT SINK TEM)) )
                        ; restauriere Modifikationsfeld
```

2 Hier bedeutet PRINC lediglich Unterdrückung der Zeichenkettenbegrenzer und des „Backslash" \ für Zeichenobjekte.

```
(DE PRINT (EXP &OPTIONAL (SINK CURRENT-SINK)
               &AUX (OLDSINK CURRENT-SINK)
                    (TEM (TYPEPRINT SINK)))
   (PROG1 (PRIN0 EXP SINK)
          (PRIN0 <cr lf> SINK 3)
          (SETQ CURRENT-SINK OLDSINK)
          (TYPEPRINT SINK TEM)) )
```

Enthält ein Ausdruck Macro-Zeichen, so werden diese unmittelbar bei der Eingabe expandiert. Wird ein derartiger Ausdruck ausgegeben, so ist ihm ja nicht mehr anzusehen, daß die ursprüngliche externe Repräsentation Macro-Zeichen enthielt. So wird beispielsweise beim Einlesen jeder Ausdruck der Form '<Expr> sofort in (QUOTE <Expr>) expandiert und diese Form erscheint auch wieder, wenn der Ausdruck mit den üblichen Ausgabefunktionen gedruckt wird. Um für die Ausgabe die ursprüngliche Form wiederherstellen zu können, müßte dies dem System explizit mitgeteilt werden. Zu diesem Zweck wurden in manche LISP-Systeme sog. **Print-Macros** eingeführt. Sie sind die Inversen der entsprechenden Read-Macros: Wird gewünscht, daß die durch Ausgabefunktionen erzeugte externe Repräsentation eines Ausdrucks — im Interesse einer kompakteren Darstellung — für bestimmte Formen Macro-Zeichen enthält, so ist dies durch entsprechende Print-Macros festzulegen. Zu ihrer Definition gibt es zumeist eine besondere Funktion, z. B. DPM (Define PrintMacro). Nicht immer sind Print-Macros mit den allgemeinen Ausgabefunktionen verknüpft; in manchen LISP-Systemen stehen sie nur im Zusammenhang mit Funktionen zur strukturierten Ausgabe von Listenstrukturen (Pretty-Printer, s. u.) zur Verfügung.

In Dialogprogrammen besteht eine immer wiederkehrende Teilaufgabe darin, dem Benutzer eine Meldung auszugeben, die die nächste Eingabeanforderung erläutert, diese Meldung mit einem charakteristischen Zeichen abzuschließen, die gewünschte Eingabe einzulesen, auf ihre Plausibilität hin zu überprüfen, ggf. sie ein weiteres Mal anzufordern und dann mit dem eingebenen Ausdruck im Programm weiterzuarbeiten. Eine minimale Hilfe-Option möge darin bestehen, daß der Benutzer bei Eingabe eines Fragezeichens ein Menü aller an dieser Stelle erlaubter Eingaben präsentiert bekommt. Es liegt nahe, diese Teilaufgabe durch eine allgemeine Funktion zu lösen. In InterLISP gehört eine derartige Funktion — mit wesentlich erweiterten Möglichkeiten — zum Standardvorrat, sie heißt ASKUSER. Hier ist eine sehr einfache ASKUSER-Funktion:

```
(DE ASKUSER (STR              ; Auszugebende Meldung
             &OPTIONAL (KEYLIST '(Y N)) (PROMPT ": ")
                              ; Erwartete Eingaben
   (PRINC STR)
   (PRINC PROMPT)
   (DO ((ANS (READ) (READ)))
       (((MEMBER ANS KEYLIST) ANS))
                              ; Fertig
       (COND ((EQ ANS '?) (PRINC "One of: ") (PRINT KEYLIST))
                              ; Hilfe!
             (T (PRINC "Eh?") (TERPRI)))))
                              ; Eingabe unerwartet
```

Um schöne Druckbilder zu erzeugen, z. B. bei Tabellen, benötigt man formatgesteuerte Ausgabe. Hierzu kann das dynamische Zeichenzählerfeld verwendet werden. Manche LISP-Systeme erlauben das freie Setzen dieses Feldes zwischen den Zeilen-Begrenzungsmarken LEFT-MARGIN und RIGHT-MARGIN — und damit die Positionierung des nächsten auszugebenden Zeichens. Ist das nicht möglich, so kann nur durch Ausgabe einer passenden Anzahl von Leerzeichen vorwärts positioniert werden. Da auch diese Aufgabe des öfteren vorkommt, empfiehlt es sich, ein allgemeines Werkzeug für formatierte Ausgabe zu implementieren.
Wir stellen ein von Charniak (1980) vorgeschlagenes Macro WRITE vor (mit MSG in UCI-LISP vergleichbar), das beliebig viele Argumente nach folgenden Regeln verarbeitet:

- Zeichenketten werden ohne ihre Begrenzer ausgegeben;
- T bewirkt einen Zeilenvorschub;
- Hat ein Argument die Form eines Terms, so wird geprüft, ob dieses mit einem bestimmten Schlüsselwort beginnt. Falls ja, wird ein dem Schlüsselwort zugeordneter Seiteneffekt bewirkt. Andernfalls wird der Term ausgewertet und der Wert mit PRIN0 ausgegeben.

Zulässige Schlüsselwörter und ihre Wirkungen sind:

(CODE <fixnum>): Ausgabe des Zeichens mit Code <fixnum>,
(LINES <fixnum>): Ausgabe von <fixnum> Leerzeilen,
(SPACES <fixnum>): Ausgabe von <fixnum> Leerzeichen,
(TAB <fixnum>): Vorrücken zur Ausgabe-Position <fixnum>.

Der Aufruf

```
(WRITE T "Gegebener Wert: " N (LINES 2) (SPACES 5)
        "Fakultaet(" N "):" (TAB 25) (FAC N) T (SPACES 5)
        "Fibonacci(" N "):" (TAB 25) (FIBONACCI N) T)
```

ergibt für N = 5 folgendes Druckbild:

```
Gegebener Wert: 5


     Fakultaet(5 ): 120
     Fibonacci(5 ): 8
```

Die folgende Implementierung gibt den Code für TLC-LISP wieder und nimmt auf einige Besonderheiten dieses Systems Rücksicht: Der vom System her vorgesehene Zeichenzähler CHARCT ist ein Restzeichenzähler; zur Positionsbestimmung wurde daher POS definiert. Zudem kennt TLC-LISP keine Tabulatorfunktion; TAB leistet durch Ausgabe von Leerzeichen das Gewünschte.

```
(DM WRITE (L)
    (CONS 'PROGN
           (NCONC
             (MAPCAR (LAMBDA (X)
                         (COND ((STRINGP X) (LIST 'PRINC X))
                               ((EQ X T) (LIST 'TERPRI))
                               ((AND (LISTP X)
                                     (MEMQ
                                       (CAR X)
                                       '(CODE LINES SPACES TAB)))
                                X)
                               (T (LIST 'PRIN0 X)) ))
                     (CDR L) )
             (LIST NIL) )))

(DE CODE (N) (PRINC (ASCII N)))

(DE LINES (N)
    (DO ((AN (ABS N) (SUB1 AN)))
        (((ZEROP AN) NIL))
        (TERPRI)))

(DE SPACES (N)
    (DO ((AN (ABS N) (SUB1 AN)))
        (((ZEROP AN) NIL))
        (PRINC " ")))

(DE TAB (N &AUX DELTA
                (AN (ABS N)))
    (SETQ DELTA (SUB AN (POS) 1))
    (COND ((LE DELTA 0) NIL)
          (T (SPACES DELTA)) ))

(DE POS () (SUB RIGHT-MARGIN (CHARCT)))
```

Eine in LISP äußerst bedeutsame Anwendung der formatierten Ausgabe ist das sog. **Pretty-Printing**. Als lineare Folge von Zeichen dargestellte Listenstrukturen, z. B. Funktionsdefinitionen, sind nur mit großer Mühe zu verstehen. Unter Pretty-Printing versteht man die strukturierte Aufbereitung der externen Repräsentation einer Listenstruktur in einer Weise, die ihren Aufbau transparent macht. Im einfachsten Fall kann dies schon durch geeignete Zeilenumbrüche und der Verschachtelungstiefe entsprechendes Einrücken erreicht werden. Das wesentliche Problem besteht darin, einen übersichtlichen Zeilenumbruch unter Berücksichtigung der Position des rechten Seitenrandes zu organisieren. Wenn das Pretty-Print-Programm eine Listenstruktur in der kanonischen Weise als Baum abarbeitet, kann es, an einem Knoten angelangt, noch nicht wissen, wie groß der dort beginnende Teilbaum ist, also auch nicht, ob der in der aktuellen Zeile noch verfügbare Platz ausreicht. Es müßte eine Vorhersage-Funktion auf den Teilbaum anwenden, um den für die Ausgabe benötigten Platz abzuschätzen. Damit sind mindestens zwei Durchläufe durch die Listenstruktur erforderlich: Einer, um die Vorhersageinformation zu gewinnen, und ein zweiter für die Druckaufbereitung. Die meisten Pretty-Print-Programme unterscheiden zwischen folgenden Formaten (vgl. Goldstein (1973)):

- Lineare Form: Keine Einfügung von besonderen Zwischenräumen und Zeilenvorschüben
- Standard-Form: Terme mit atomarem Operator (Funktionsnamen) werden dargestellt durch

(<Funktion> <PrettyPrint von Arg_1>
. . .
<PrettyPrint von Arg_n>)

- „Miser"-Form: Erhält die der Verschachtelungstiefe entsprechende Einrükkung:

(<PrettyPrint von Element_1>
. . .
<PrettyPrint von Element_n>)

- Block-Form: Blocksatzartige Darstellung für Listen von Atomen, z. B.

```
(A B C D E F G H
 I J K L M N O P
 ...)
```

- Definitionsform (für Funktionsobjekte), z. B.:

```
(DE <Name> <Argumentliste als Block>
    <Körper>
    ........
    ........ )
```

Eine einfache Pretty-Print-Funktion, die S-Ausdrücke nur nach dem Standard-Format ausgeben kann, ist mit relativ geringem Aufwand zu implementieren (nach Winston, Horn (1981)):

```
(DE *PRETTYPRINT (S)
        (COND ((AND (SYMBOLP S)
                    (GETD S)) (*PPAUX(GETD S) 0 T))
              (T (*PPAUX S 0 T))))

(DE *PPAUX (S-EXP S-EXP-START NEWLINE
            &AUX ARG-START)
    (COND (NEWLINE (TERPRI) (SETQ COLUMN 0)))
                                     ; Zeilenvorschub?
```

```
(DO NIL
    (((GE COLUMN S-EXP-START) NIL))
                        ; Startposition ansteuern
    (PRINC SP)
    (SETQ COLUMN (ADD1 COLUMN)))
(COND ((AND (ATOM S-EXP)
                        ; Falls S ein Atom ist:
            (NOT (PROCP S-EXP)))
        (PRINC S-EXP) ; drucken!
        (SETQ COLUMN
                        ; Spaltenzähler erhöhen
                  (ADD COLUMN (STRSIZE (MKSTRING S-EXP)))))
      (T (PRINC LP)   ; Öffnende Klammer
        (SETQ COLUMN (ADD1 COLUMN))
                        ; Spaltenzähler erhöhen
        (*PPAUX (CAR S-EXP) COLUMN NIL)
                        ; erstes Element „pretty" drucken
        (COND ((CDR S-EXP)
                        ; falls noch mehr da,
               (PRINC SP)
                        ; Zwischenraum drucken, Spaltenzähler erhöhen
               (SETQ COLUMN (ADD1 COLUMN))
               (SETQ ARG-START COLUMN)
                        ; Startposition merken;
               (*PPAUX (CADR S-EXP) ARG-START NIL)
                        ; nächstes Element pretty drucken
               (MAPCAR
                   (LAMBDA (E) (*PPAUX E ARG-START T))
                   (CDDR S-EXP))))
                        ; und dann den Rest auf neue Zeilen
        (PRINC RP)    ; Schließende Klammer
        (SETQ COLUMN (ADD1 COLUMN))
        S-EXP)))
```

Die Symbole für Trennzeichen werden global gesetzt:

```
(SETQ LP '\()
(SETQ RP '\))
(SETQ SP '\ )
```

Ein Pretty-Print-Programm ist nicht nur ein wichtiges Hilfsmittel für die Entwicklung von Programmen, sondern auch für deren Dokumentation. Insbesondere, wenn mehrere Programmierer an einem Projekt arbeiten, garantiert es gleiche äußere Form und damit durchgängige Lesbarkeit aller Programme. Möchte man LISP-Objekte (Funktionsdefinitionen, P-Listen, etc.) auf eine Datei retten, so wird dringend empfohlen, dies unter Verwendung eines Pretty-Printers zu tun. Ein Pretty-Printer gehört zum Standardvorrat an Dienstleistungen nahezu eines jeden LISP-Systems. Es liegt nun nahe, eine Funktion zu implementieren, die bei gegebenem Datei-Namen eine Liste von Symbolen so verarbeitet, daß der zu jedem Symbol gehörende Wert in strukturierter und wieder einlesbarer Form auf diese Datei ausgegeben wird, und mit dem Laden der Datei die Objekte unmittelbar zur Verfügung stehen. Das heißt, daß für jedes Symbol in dieser Liste geprüft wird, von welchem Typ sein Wert ist und dieser Wert dann in Abhängigkeit davon auf die Datei ausgegeben wird. Im Falle einfacher Bindungen soll dies in der Form eines Aufrufs von SETQ geschehen, handelt es sich um ein Funktionsobjekt, dann in der Form eines Aufrufs von DE etc. Hat das Symbol eine nichtleere P-Liste, so soll zusätzlich für jedes Attribut die externe Repräsentation der entsprechenden Aufrufe von PUTPROP erzeugt werden. Ein derartiges Programm kann darüberhinaus eine Reihe von nützlichen Hilfsdiensten versehen, wie z. B. die Anfertigung eines Inhaltsverzeichnisses, Aufzeichnen des Generierungsdatums und einer Versionszählung u. a. m. In InterLISP steht unter dem Namen MAKEFILE innerhalb des sog. „File Package" ein derartiges sehr komfortables Hilfsmittel zur Verfügung. Es besitzt neben den genannten Eigenschaften noch eine Vielzahl weiterer Fähigkeiten, wie etwa die automatische Überwachung jeglicher Änderungen an den betreffenden Objekten, und macht von den Möglichkeiten des Direktzugriffs auf Dateien (s. u.) Gebrauch.

8.8 Ströme und die Simulation von Ein-/Ausgabevorgängen durch Pseudo-Dateien

LISP-Systeme erlauben Ein- und Ausgabevorgänge ohne Verwendung von externen Dateien. Dabei werden entweder Listen von Zeichen erzeugt (EXPLODE, in InterLISP: UNPACK) oder Listen von Zeichen so in Objekte umgeformt, als fände ein Eingabeprozeß aus einer Liste von Zeichen statt (IMPLODE, READLIST; in InterLISP: PACK).

Zunächst wurden diese Funktionen für sich implementiert; dann erkannte man die weitgehende Äquivalenz mit PRINT und READ-Funktionen und setzte diese Ein-/Ausgabefunktionen zur Ausführung ein: Nur die Übertragung der einzelnen Zeichen in die Datei wurde dabei durch die Konstruktion der Zeichenliste bzw. Zugriffe zur Liste ersetzt. Kurokawa (1979) beschrieb diesen Vorgang als Nutzung eines „no-device channel".

In TLC-LISP wurde die gedankliche Entwicklung an dieser Stelle konsequent fortgesetzt: Wenn zur Datei-Spezifikation keine Zeichenkette (als Name einer externen Datei), sondern eine leere Liste oder eine Liste von Zeichenketten angegeben wird, dann wird ein **„Strom"** erzeugt, ein interner Fluß von Zeichen. Dazu gehört wiederum ein File-Objekt, das aus dem OPEN resultiert. An der Stelle des ersten Arguments wird nun aber statt des Datei-Namens eine Liste von Zeichenketten verwendet. Da in diese Liste die Resultate von Ausgabeoperationen (PRIN0) physisch eingefügt werden bzw. aus dieser Liste gelesen wird, sollte sie mindestens eine (leere) Zeichenkette enthalten und als Wert irgendeiner Variablen erreichbar sein, wenn man direkt mit den Zeichenketten umgehen möchte.

Weil dem File-Objekt in diesem Falle kein wirkliche externe Datei zugeordnet ist, stellt man sich eine **Pseudo-Datei** vor, um das Bild der Assoziation zwischen Datei und File-Objekt zu bewahren.

Wir wollen nun zeigen, wie man mit diesem Mittel eine Funktion MKSTRING, die aus einem beliebigen Atom (also beispielsweise auch aus einer Zahl) eine Zeichenkette erzeugt, und eine Funktion MKATOM, die die inverse Operation realisiert, implementieren kann:

```
(DE MKSTRING (ATM
              &AUX (NULL-FILE (LIST ""))
                             ; Anfangswert für Pseudo-Datei
                   NULL-SINK)
   (SETQ NULL-SINK (OPEN NULL-FILE 'NEW))
                             ; Pseudo-Datei öffnen
   (PRIN0 \" NULL-SINK 3)
   (PRIN0 ATM NULL-SINK)
   (PRINT \" NULL-SINK 3)
   (CLOSE NULL-SINK 'SAVE)
   (READ NULL-SINK))
```

```
(DE MKATOM (STR
            &AUX (NULL-FILE (LIST STR))
                 NULL-SOURCE)
   (SETQ NULL-SOURCE (OPEN NULL-FILE 'OLD))
   (SETQ STR (READ NULL-SOURCE))
   (CLOSE NULL-SOURCE 'SAVE)
   STR)
```

Die Funktion READLIST, wie sie aus MacLISP bekannt ist, baut aus einer Liste von Zeichenobjekten dasjenige Objekt auf, das entstehen würde, wenn die selben Zeichen sequentiell von einem Eingabemedium gelesen werden:

```
(DE READLIST (AT-LIS
              &AUX (IMP-LIS ""))
   (DO ((AT-LIS AT-LIS (CDR AT-LIS)))
       (((NULL AT-LIS) (MKATOM IMP-LIS)))
       (SETQ IMP-LIS (STRING IMP-LIS (MKSTRING (CAR AT-LIS))))))
```

Um ein beliebiges atomares Objekt in eine Liste von Zeichenobjekten zu zerlegen, aus denen es zusammengesetzt werden kann, dient die Funktion EXPLODE (in InterLISP: UNPACK):

```
(DE EXPLODE (OBJ)
   (COND ((CHARP OBJ) (EXPLO-CH OBJ))
         ((STRINGP OBJ) (EXPLO-ST OBJ))
         ((ATOM OBJ) (EXPLO-AT OBJ))
         (T (ERROR "Explode:" OBJ "is wrong argument"))))
```

Diejenige ihrer Unterfunktionen, die Atome „explodiert", heißt EXPLO-AT:

```
(DE EXPLO-AT (AT
              &AUX NF
                   NS
                   (EXPL-AT NIL)
                   (PN (MKSTRING AT))
                   (PN-LTH (STRSIZE PN)))
    (DO ((PN-LTH PN-LTH (SUB1 PN-LTH)))
        (((EQ PN-LTH 0) EXPL-AT))
        (SETQ NF (LIST (SUBSTRING PN PN-LTH 1)))
        (SETQ NS (OPEN NF 'OLD))
        (SETQ EXPL-AT (CONS (READ NS) EXPL-AT))
        (CLOSE NS 'SAVE)))
```

Die inverse Funktion zu EXPLODE heißt IMPLODE (in InterLISP: PACK), sie „implodiert" eine Liste von Zeichenobjekten in ein Atom:

```
(DE IMPLODE (OBJ
             &AUX ST-LTH)
    (COND ((EQ (CAR OBJ) \")
           (SETQ OBJ (APPLY STRING OBJ))
           (SETQ ST-LTH (STRSIZE OBJ))
           (SUBSTRING OBJ 2 (- ST-LTH 2)))
          (T (READLIST OBJ))))
```

Im Unterschied zu gewöhnlichen (externen) Dateien ist es bei Strömen möglich, von ihnen zu lesen *und* in sie zu schreiben. Wenn mehr gelesen werden soll, als geschrieben wurde, resultiert eine END-OF-FILE-Bedingung. Dieser Zustand hält solange an, bis wieder geschrieben wird. Auf diese Weise läßt sich ein Produzenten-/Konsumenten-Schema synchronisieren.
Ströme sind potentiell unendliche Datenstrukturen (s. 9.3). Charakteristisch für sie ist der Zugriff auf das immer nächste Element. Als naheliegendes Beispiel denkt man an den Strom der natürlichen Zahlen, wo uns (SUCCESSOR) die jeweils nächste Zahl liefert. Die übliche Implementierung von Strömen beruht auf der Integration von Datenstruktur und Erzeugerfunktion, denn unendlich lange Datenstrukturen sind nicht darstellbar. Die Pseudodateien eröffnen eine weitere Möglichkeit für die Implementierung von Strömen: Immer, wenn READ als Wert END-OF-FILE liefert, muß ein neuer Teil des Stroms, also der unendlichen Datenstruktur, generiert werden.

8.9 Direktzugriff auf Dateien

Normalerweise sind in LISP alle Dateien sequentiell und es wird von ihnen Ausdruck für Ausdruck gelesen und verarbeitet. Es gibt jedoch Anwendungsfälle, bei denen man gezielt bestimmte Ausdrücke lesen will. Das bedeutet, daß der übliche sequentielle Eingabevorgang von einem Positionierungsschritt eingeleitet werden muß.

Auch bezüglich des Direktzugriffs gibt es keinen systematischen Ansatz in den verschiedenen LISP-Systemen. InterLISP kennt eine besondere Klasse von Dateien, die sog. RANDOM-Dateien, wo der Programmierer ein FILE-POINTER-FIELD abfragen oder setzen kann, um damit eine Position in der Datei vorzugeben, von der ab eingelesen oder ausgegeben werden soll. Da auch auf diesen Dateien die Zeichen konsekutiv stehen, muß man sich Werte dieses Feldes merken, um später interessierende Ausdrücke erneut einlesen zu können.
Komplizierter ist die Situation beim Schreiben nach einer Positionierungsoperation: Wenn der neue Ausdruck länger ist als der alte, zerstört er eventuell weiter hinten stehende Ausdrücke, ist er kürzer, so ist der vorherige nicht vollständig überdeckt.
Zum Direktzugriff auf Dateien benötigen wir mindestens vier Grundoperationen. Die in TLC-LISP gewählte Variante hat folgende Ausprägung:

Alle externen Dateien sind in Sätze gleicher Länge (Records) strukturiert. Jeder Datei sind im zugehörigen File-Objekt zwei dynamische Felder zugeordnet: Ein absoluter Record-Zähler und ein relativer (auf den aktuellen Record bezogener) Zeichenzähler. Für diese Felder gibt es Selektions- und Modifikationsfunktionen:

Record-Zähler:

(GRECNO <File>)	liefert aktuelle Record-Nummer
(PRECNO <File> <Fixnum>)	setzt Record-Zähler auf <Fixnum>

Zeichen-Zähler:

(GRECPOS <File>)	liefert aktuelle Position im aktuellen Record
(PRECPOS <File> <Fixnum>)	setzt Zeichenzähler auf <Fixnum>

Eine Anwendung des Direktzugriffs wäre die Implementierung eines einfachen Datei-Systems: Von einer Datei sollen nur ausgewählte Funktionen geladen werden. Falls Änderungen oder Korrekturen vorgenommen werden, sind die geänderten Funktionen zu retten; die in einer Sitzung vorgenommenen Änderungen sollen zur nächsten Sitzung durch Anlegen einer neuen Version der Datei gerettet werden.
Der Direktzugriff zu Dateien eröffnet eine wichtige Möglichkeit, LISP-Objekte dynamisch aus einer Datei nachzuladen. Dies ist gerade in Systemen mit sehr begrenztem Arbeitsspeicher von besonderer Bedeutung. Für diese Technik verwendet man die Bezeichnung „**Autoload**". Zu ihrer Realisierung sind zwei Methoden üblich, die sich beide eines Inhaltsverzeichnisses bedienen, das für jedes Objekt die Anfangsposition und die Länge seiner externen Repräsentation auf der Datei enthält. Dieses Inhaltsverzeichnis kann sich entweder auf der Datei selbst oder auf einer eigenen Datei befinden. In TLC-LISP muß die Inhaltsverzeichnis-Datei mit LOAD geladen werden, wobei für jeden Eintrag in ihr ein Schattenobjekt, das sog. „Autoload-Objekt", erzeugt wird. Liegt ein Zugriff auf ein solches Objekt vor, so wird das Objekt, das es repräsentiert, von der die Objekte enthaltenden Datei im Direktzugriff nachgeladen.

8.10 Literaturhinweise

Über die Konzeption der Ein-/Ausgabe in LISP ist wenig veröffentlicht worden. Die freie Verfügung über Dateien wurde durch LISP2 eingeführt (Abrahams et. al.(1967)). Die erste umfassende Arbeit über Ein-/Ausgabe in LISP verfaßte Kurokawa (1981). Er schildert darin die in seinem System LISP 1.9 verfolgten Leitideen.
Auf eine neue objekt-orientierte Grundlage wurde die Ein-/Ausgabe in neueren LISP-Systemen gestellt, zum Beispiel bei der LISP-Maschine. Das ganze Ein-/Ausgabesystem ist mit Hilfe der Flavors (s. 10.4) implementiert worden (Moon et al. (1983)).

8.11 Übungen

8.5/1: Implementieren Sie das MEMO-Macro aus Kap. 7 mit Hilfe von Quasi-Quote!

8.6/1: Die wiedergegebene einfache Pretty-Print-Funktion kann ihre Ausgabe nur in Standard-Form aufbereiten. Implementieren Sie eine leistungsfähigere Pretty-Print-Funktion, die weitere Formate (z. B. Block-Form) erzeugen kann!

8.6/2: Die Modifikationsfunktionen RPLACA, RPLACD und NCONC ermöglichen die Realisierung zirkulärer Datenstrukturen, für die es keine externe Repräsentation gibt. Versucht man, die Standard-Ausgabefunktion PRINT auf zirkuläre Strukturen anzuwenden, so wird eine endlose Folge von Zeichen ausgegeben. Konzipieren Sie eine externe Repräsentation für zirkuläre Strukturen und implementieren Sie eine Druckprozedur, die diese Repräsentation erzeugt. Hinweis: Ariadnefaden...

8.6/3: (Anregung) In 8.6 wurde die Implementation eines einfachen RECORD-Pakets nach Charniak et al. (1980) in TLC-LISP vorgestellt. Die Autoren schlagen einige Erweiterungen vor:
- optionale Kennzeichner zur Identifikation von Records,
- automatische Definition eines Macro zum Setzen von Werten für jedes Feld,
- Definition eines Macro ATOM-TYPE für Datentypen, die nicht durch Records implementiert werden,
- Erweiterung von RECORD-TYPE und ATOM-TYPE, so daß Konstruktionsfunktionen mit Schlüsselwort-Syntax definiert werden.

(Exercises 4.2 – 4.7, S. 52 in Charniak (1980)).

8.7/1: Vervollständigen Sie die angegebene EXPLODE-Funktion!

8.8/1: Es wurde skizziert, welche Eigenschaften ein Dateisystem bei Ausnutzung des Direktzugriffs haben sollte. Implementieren Sie ein derartiges Dateisystem!

9 Funktionsobjekte

9.1 Funktionale: Funktionen, die Funktionen als Argumente haben

In den vorhergehenden Kapiteln trat bereits mehrfach das Problem auf, eine Funktion FN schrittweise auf alle Elemente einer Liste oder Menge anzuwenden und aus den Resultaten eine neue Liste zu bilden. Offensichtlich muß für jedes Element ein Term

```
(FN <Element>)
```

ausgewertet werden.
Da diese Aufgabenstellung immer wieder vorkommt, wollen wir eine Funktion definieren, die die elementweise Anwendung einer gegebenen Funktion auf Listen beliebiger Länge vornimmt:

```
(DE MAP1 (L)
   (COND ((NULL L) NIL)
         (T (CONS (FN (CAR L))
                  (MAP1 (CDR L)))))).
```

Nach

```
>(SETQ FN CAR)
```

ist der Wert von

```
>(MAP1 '((A 1) (B 2) (C 3)))

 (A B C).
```

Die Funktion MAP1 hat einen großen Nachteil: Die jeweils anzuwendende Funktion muß FN heißen. Offenbar soll aber auch die Funktion variabel, d.h. ein Parameter, sein. Können wir Variable mit Funktionsobjekten belegen?
Nur in ganz wenigen modernen LISP-Systemen, auch in TLC-LISP, kann diese Frage uneingeschränkt bejaht werden. An jeder Stelle, an der Funktionsnamen vorkommen dürfen, können auch Funktionsobjekte auftreten. Bei der Auswertung wird ohnehin das zugeordnete Funktionsobjekt als Wert des Funktionsnamens geliefert. Demgemäß können wir MAPCAR definieren:

```
(DE MAPCAR (FN L)
   (COND ((NULL L) NIL)
         (T (CONS (FN (CAR L))
                  (MAPCAR FN (CDR L))))))
```

Beim Aufruf dürfen wir den übergebenen Funktionsnamen schlicht als Argument notieren: So liefert beispielsweise

```
(MAPCAR CAR THINGS)
```

die Liste der jeweils ersten Elemente der Elemente von THINGS.
Wenn also THINGS Name der Liste

```
((A 1) (B 2) (C 3))
```

ist, so ist der Wert von

```
(MAPCAR CAR THINGS)
```

die Liste

```
(A B C).
```

Jedes LISP-System hat eine Reihe von **Funktionalen**, die MAP-Funktionen, die dieser Funktion MAPCAR ähnlich sind. Diese unterscheiden sich in der Art, wie sie aus der Liste L das Argument für die Funktion FN gewinnen, und wie sie das Ergebnis bilden:

	Die Funktion FN wird angewandt auf	
	sukzessive Restlisten	jedes Element
Ergebnis ist NIL	MAP	MAPC
Ergebnis ist Liste der Resultate	MAPLIST	MAPCAR
Resultate werden mit NCONC zusammengefügt	MAPCON	MAPCAN

Nicht in jedem LISP-System (so in TLC-LISP) sind alle MAP-Funktionen implementiert. Hinzu kommt, daß die Funktionen in den verschiedenen LISP-Systemen mit unterschiedlicher Argumentreihenfolge definiert sind.
InterLISP besitzt eine interessante Variante der MAP-Funktionen: Sie haben zwei funktionale Argumente. Die zweite Funktion gibt an, auf welche Weise die als Argument übergebene Liste in jedem Schritt verkürzt werden soll:

```
(DE I-MAPLIST (L F1 &OPTIONAL (F2 CDR))
   (COND ((NULL L) NIL)
         (T (CONS (F1 (CAR L))
                  (I-MAPLIST (F2 L) F1 F2)))))
```

Während die Definition von MAPCAR in den meisten LISP-Systemen in genau der beschriebenen Weise möglich ist — bekannte Ausnahme ist InterLISP, wo das erste Element eines Terms niemals ausgewertet wird, denn es muß entweder direkt ein Funktionsobjekt oder ein als Funktion definiertes Symbol sein —, ist der Aufruf von MAPCAR in der angegebenen Weise nur in TLC-LISP möglich. In allen anderen LISP-Systemen muß man notieren:

```
(MAPCAR 'CAR THINGS)
```

Die Ursache hierfür liegt in Fehlentscheidungen bzw. Fehlentwicklungen in der ganz frühen Entstehungsgeschichte von LISP. Ursprünglich wurden funktionale Bedeutungen der Symbole in der P-Liste abgelegt. Die Tatsache, daß man sehr bald verschiedene Typen von Funktionen unterschied, schien die Notwendigkeit dieser Entscheidung zu bestätigen. Inzwischen hat man sich leider daran gewöhnt, daß ein Symbol **gleichzeitig** einen (normalen) Wert und eine funktionale Bedeutung haben kann. Eng mit dieser aus methodischen Gründen beklagenswerten Tatsache hängt zusammen, daß Funktionsobjekte in völlig unterschiedlicher Weise verstanden werden:

In MacLISP etwa gibt es zwei Typen von Funktionsobjekten: LAMBDA-Ausdrücke (d.h. Paare, deren Car das Symbol LAMBDA ist) und SUBR-Objekte (d.h. ausführbarer Maschinencode). Diese Funktionsobjekte haben keinen Verhaltenstyp, der bezüglich der Auswertung abgefragt werden kann.[1] Er geht allein aus dem Attributnamen (Indikator) hervor, unter dem das Funktionsobjekt in der P-Liste des Funktionsnamens abgespeichert ist. Deshalb dürfen Funktionsobjekte nicht einfach in funktionaler Stellung vorkommen. LAMBDA-Ausdrücken wird der Verhaltenstyp EXPR (eval/spread) zugeordnet, wenn sie eine (ggf. leere) Variablenliste haben, und LEXPR (eval/no-spread), wenn an der Stelle der Variablenliste ein Symbol steht. Kommen Terme in funktionaler Stellung vor, werden sie so oft ausgewertet, bis sich ein als Funktion definiertes Symbol oder ein Funktionsobjekt ergibt. Dieses wird nur dann korrekt weiterverarbeitet, wenn es ein LAMBDA-Ausdruck ist. Dennoch wird empfohlen, in allen Fällen, in denen nicht direkt ein LAMBDA-Ausdruck oder ein Funktionsname in der Operator-Position des Terms steht, die Funktion FUNCALL zu verwenden. Damit erhalten wir folgende Variante von MAPCAR:

```
(DE MAPCAR (FN L)
    (COND ((NULL L) NIL)
          (T (CONS (FUNCALL FN (CAR L))
                   (MAPCAR FN (CDR L)) ))))
```

Bei InterLISP müssen wir zwei Varianten unterscheiden: Zum einen die konkrete Implementation, zum anderen eine im nachhinein erstellte Beschreibung einer abstrakten Maschine („InterLISP Virtual Machine Specification"). In der Implementation gibt es keinen primitiven Datentyp „Funktionsobjekt", stattdessen wird vage von „Funktionsdefinition" gesprochen. Funktionsdefinitionen befinden sich in einer besonderen Funktionsdefinitionszelle des Symbols. Die Funktion, die auf die Funktionsdefinitionszelle zugreift, konstruiert nur für SUBRs ein Paar, dessen Car den Verhaltenstyp (durch die Zahlen 0 – 3) beschreibt, und dessen Cdr ein „SUBR-Objekt" ist. Bei der Belegung der Funktionsdefinitions-

1 Sollen Argumente ausgewertet werden? Sollen Argumente auf mehrere Variablen aufgeteilt werden? (s. 7.4)

zelle gibt es keine sorgfältige Typenüberprüfung. LAMBDA-Ausdrücken sieht man den Verhaltenstyp an, denn man unterscheidet folgende Arten: [2]

(LAMBDA (<Var>) <Body>)	eval/spread
(LAMBDA <Var> <Body>)	eval/no-spread
(NLAMBDA (<Var>) <Body>)	no-eval/spread
(NLAMBDA <Var> <Body>)	no-eval/no-spread.

In funktionaler Stellung dürfen nur Symbole mit Funktionsdefinition oder LAMBDA-Ausdrücke vorkommen. Die Definition unseres einfachen MAPCAR würde lauten:

```
(DE MAPCAR (FN L)
   (COND ((NULL L) NIL)
         (T (CONS (APPLY* FN (CAR L))
                  (MAPCAR FN (CDR L)) ))))
```

Dabei entspricht APPLY* dem FUNCALL von MACLISP.
Auch in der Spezifikation der virtuellen InterLISP-Maschine (Moore (1976)) gibt es keinen primitiven Datentyp für Funktionsobjekte, aber das Konzept ist klar herausgearbeitet: Man unterscheidet zwei Arten von Funktionsobjekten, EXPRs und SUBRs. Von beiden kann man den Verhaltenstyp und ggf. die Anzahl der Argumente bzw. die Argumentliste ableiten. Die Struktur der SUBR-Funktionsobjekte bleibt versteckt, die EXPR-Funktionsobjekte sind Listenstrukturen. Die Auswertung ist so beschrieben, als ob sowohl Funktionen (d.h. Symbole mit belegter Funktionsdefinitionszelle) als auch Funktionsobjekte jeder Art in funktionaler Stellung vorkommen dürfen. Es ist unverständlich, warum die Einschränkung, daß das anzuwendende Funktionsobjekt nicht Resultat eines Auswertungsvorgangs sein darf, aufrecht erhalten wurde. Man hat in solchen Fällen generell APPLY* zu verwenden.
Ein nicht uninteressanter Ansatz wurde in StandardLISP (Marti et al. (1979)) gewählt: Der Zugriff auf die Funktionsdefinitionszelle liefert ein Paar, dessen Car ein den Verhaltenstyp beschreibender Indikator ist. Allerdings wurde das Konzept nicht konsequent durchgehalten, denn diese Paare werden nicht als Funktionsobjekte betrachtet. Daneben gibt es die Objektart „Funktions-Zeiger", die ähnlich wie in MacLISP — keinen Verhaltenstyp hat. In funktionaler Stellung dürfen „Funktions-Zeiger", Symbole und LAMBDA-Ausdrücke vorkommen.
Demgegenüber ist der in TLC-LISP gewählte Weg methodisch sauber und konsequent: Es gibt die Klasse der Funktionsobjekte.[3] Diese Objekte sind gleichberechtigte Objekte wie Zahlen und Paare und keineswegs als Listenstrukturen verarbeitbar. Alle Funktionsobjekte dürfen in funktionaler Stellung stehen, ebenso beliebige Terme, deren Wert ein Funktionsobjekt ist. Symbole haben keine Sonderstellung: Jedes in funktionaler Stellung auftretende Objekt wird ausgewertet. Alle Funktionsobjekte haben einen Verhaltenstyp, der mittels einer Typprüfungsfunktion abgefragt werden kann. LAMBDA-Ausdrücke nehmen ebenfalls keine Sonderstellung ein: Sie sind Terme, deren Werte Funktionsobjekte sind.

---

2 Dies sind weder Terme noch externe Repräsentationen von Funktionsobjekten sondern schlicht Listen, vgl. 7.1

3 s. Abschnitt 3.5

Dennoch bleiben auch bezüglich TLC-LISP Wünsche offen: Die externe Repräsentation der funktionalen Objekte ist nicht korrekt wiedereinlesbar. Es fehlen Selektions- und Modifikationsfunktionen für Funktionsobjekte.[4]
Wir werden im folgenden generell von den bequemen Mitteln in TLC-LISP Gebrauch machen. In allen Fällen jedoch, in denen nicht unmittelbar klar ist, daß das in funktionaler Stellung stehende Objekt zu einem Funktionsobjekt ausgewertet werden kann, wollen wir FUNCALL verwenden:

```
(DM FUNCALL (-CALL-)
    '(APPLY ,(CADR -CALL-) ,@(CDDR -CALL-)))
```

Zum Ende dieses Abschnitts wollen wir noch ganz allgemein auf die Bedeutung der MAP-Funktionen für die Anwendung eingehen.
Die MAP-Funktionen gestatten, eine Vielzahl von elementweisen Transformationen über Listenstrukturen auszudrücken, insbesondere auch Listen zu „filtern“. So wird MAPCAN oft dazu verwendet, von NIL verschiedene Werte zu „sammeln“; es gestattet „gefilterte Akkumulation“. Angenommen, wir möchten aus einer Liste von Zahlen die positiven „herausziehen“. Wenden wir ein entsprechendes Prädikat mit MAPCAR auf diese Liste an, so erhalten wir nicht direkt das Gewünschte:

```
> (SETQ NUMS '(-2 5 3 -7 -10 21 -3 17))
(-2 5 3 -7 -10 21 -3 17)

> (MAPCAR POSITIVEP NUMS)
(NIL 5 3 NIL NIL 21 NIL 17)
```

Um die Liste der positiven Zahlen zu gewinnen, müßten wir noch die Funktion APPEND* (s. 7.2, 7.4) auf unser Ergebnis anwenden. Allerdings erwartet APPEND*, daß seine Argumente die Form von Listen haben; der Aufruf von MAPCAR hätte damit die Gestalt

```
> (SETQ POSNUMS (MAPCAR (LAMBDA (Y) (IF (POSITIVEP Y) (LIST Y)))
                                        NUMS))
(NIL (5) (3) NIL NIL (21) NIL (17))

> (APPLY APPEND* POSNUMS)
(5 3 21 17)
```

Dieses Ergebnis können wir direkt durch MAPCAN erhalten; allerdings verwendet MAPCAN die Modifikationsfunktion NCONC anstelle von APPEND*:

```
> (MAPCAN (LAMBDA (Y) (IF (POSITIVEP Y) (LIST Y))) NUMS)
(5 3 21 17)
```

---

4 Man kann beide Aufgaben lösen, indem man ein Funktionsobjekt in eine Liste konvertiert, diese entsprechend verarbeitet und das Resultat rückkonvertiert

Eine weitere Möglichkeit besteht darin, eine besondere Funktion SUBSET für diese Aufgabe der Teilmengenbildung zu implementieren — faktisch entspricht unser Problem ja der Aufgabe, die Teilmenge aller Elemente einer Menge (Liste) zu konstruieren, die ein bestimmtes Prädikat erfüllen. Die Funktion SUBSET gehört in manchen LISP-Systemen zum Standardrepertoire. Dies ist eine iterative Version:

```
(DE SUBSET (FN L)
    (DO ((L L (CDR L))
         (POSL NIL POSL)
         (VAL NIL (FN (CAR L))))
        (((NULL L) (REVERSE POSL)))
        (COND (VAL (PUSH VAL POSL)))))
```

Es liegt nahe, eine vereinfachte Ausdrucksform für alle die durch MAPs formulierbaren Transformationsoperationen als Macro zu definieren. Ähnlich einem aus InterLISP (CLISP) bekannten Konstrukt haben Charniak et al. (1980) das FOR-Macro vorgeschlagen, das die gängigen MAP-Operationen zusammenfaßt. Es hat die Form

```
(FOR { ( <Var> IN <List> ) }
     [ (WHEN <Expr1> ) ]
     (DO | SAVE | FORALL | EXISTS | FILTER | SPLICE { <Expr2> })).
```

Dabei können für die <Expr> externe Repräsentationen beliebiger auswertbarer Objekte stehen. <Var> sind Symbole und <List> sind Objekte, deren Wert Listen zu sein haben.
Die Klauseln und ihre Schlüsselwörter haben die folgenden Bedeutungen:

Die WHEN-Klausel ist optional. Wird sie nicht angegeben, so entspricht dies dem Fall <$Expr_1$> = T. Das FOR-Macro expandiert in einen Term mit einer MAP-Funktion, wobei die Symbole <Var> zu LAMBDA-Variablen des funktionalen Arguments und die Vertreter von <List> zu weiteren Argumenten werden. Der Körper des LAMBDA-Ausdrucks bewirkt die Auswertung von <$Expr_2$>, sobald <$Expr_1$> einen von NIL verschiedenen Wert hat.[5]
DO bedeutet, daß keine Resultate der Auswertung gerettet werden. Wird SAVE angegeben, so erhalten wir eine Liste aller Funktionswerte. FORALL und EXISTS bewirken die Anwendung des Prädikatterms <$Expr_2$> auf alle Elemente von <List> und liefern T, wenn es für alle bzw. mindestens ein Element von <List> gilt, sonst NIL. FILTER bewirkt, daß eine Liste aller von NIL verschiedenen Funktionswerte zurückgegeben wird, und SPLICE bedeutet, daß diese Liste durch Anwendung von NCONC auf alle Funktionswerte gebildet wird. Damit gelten z. B. folgende Äquivalenzen:

```
(FOR (X IN L) (DO (FOO X)))   : (MAPC FOO L)

(FOR (X IN L) (SAVE (FOO X))) : (MAPCAR FOO L)
```

5 In beiden <Expr> dürfen die Variablen <Var> vorkommen

```
(FOR (X IN L)
     (FILTER (FOO X))) : (MAPCAN
                          (LAMBDA (X)
                             (LET ((X (FOO X)))
                                  (COND (X (LIST X)))))
                          L)

(FOR (X IN L)
     (WHEN (PRED X))
     (SAVE  (FOO  X))) : (MAPCAN
                          (LAMBDA (X)
                             (COND ((PRED X) (LIST (FOO X)))))
                          L)

(FOR (X IN L)
     (WHEN (PRED X))
     (FILTER (FOO X))) : (MAPCAN
                          (LAMBDA (X)
                             (COND ((PRED X)
                                    (LET ((X (FOO X)))
                                         (COND (X (LIST X)))))))
                          L)
```

Gemäß den Prinzipien der Datenabstraktion benutzen wir im FOR-Macro Selektionsfunktionen VARS-FOR, ARGS-FOR, TEST-FOR, TYPE-FOR und BODY-FOR für die entsprechenden Teile des aktuellen Terms. Aus diesen Komponenten wird der Aufruf einer MAP-Funktion konstruiert; die Auswahl der MAP-Funktion nimmt MAKE-MAPFN vor, die Konstruktion des LAMBDA-Ausdrucks besorgt MAKE-LAMBDA, dessen Körper wiederum durch MAKE-BODY und ADD-TEST gebildet und der auf die durch ARGS-FOR selektierten Elemente angewandt wird.

```
(DM FOR (L)
    (POP L)
    (LET ((VARS (VARS-FOR L))
          (ARGS (ARGS-FOR L))
          (TEST (TEST-FOR L))
          (TYPE (TYPE-FOR L))
          (BODY (BODY-FOR L)))
         (CONS (MAKE-MAPFN VARS TEST TYPE BODY)
               (CONS (MAKE-LAMBDA
                      VARS
                      (ADD-TEST
                         TEST
                         (MAKE-BODY VARS TEST TYPE BODY)))
                     ARGS))))
```

VARS-FOR gewinnt die LAMBDA-Variablen aus den Klauseln (<Var> IN <List>).

```
(DE VARS-FOR (L)
   (MAPCAN
      (LAMBDA (X)
         (COND ((IS-VAR-FORM X) (LIST (VAR-VAR-FORM X))))) L))
```

IS-VAR-FORM ist ein Prädikat, das für drei-elementige Listen wahr ist, wenn deren zweites Element das Symbol IN ist.

```
(DE IS-VAR-FORM (X)
   (AND (LISTP X) (EQ (LENGTH X) 3) (EQ (CADR X) 'IN)))
```

VAR-VAR-FORM holt die einzelne Variable aus solch einer dreielementigen Liste.

```
(DE VAR-VAR-FORM (X) (CAR X))
```

ARGS-FOR gewinnt die Listenargumente für die MAP-Funktionen.

```
(DE ARGS-FOR (L)
   (MAPCAN
      (LAMBDA (X)
         (COND ((IS-VAR-FORM X) (LIST (LIST-VAR-FORM X)))))
      L))
```

LIST-VAR-FORM holt ein einzelnes Argument aus einer dreielementigen Liste.

```
(DE LIST-VAR-FORM (X) (CADDR X))
```

TEST-FOR extrahiert die WHEN-Klausel, sofern eine vorhanden ist.

```
(DE TEST-FOR (L)
   (LET ((ITEM (ITEM-FOR '(WHEN) L)))
        (COND (ITEM (CADR ITEM)))))
```

TYPE-FOR entscheidet anhand des Schlüsselworts über den Typ der FOR-Schleife

```
(DE TYPE-FOR (L)
   (LET ((ITEM (ITEM-FOR '(DO FORALL EXISTS SAVE SPLICE FILTER)
                         L)))
        (COND (ITEM (CAR ITEM))
              ((ERROR "FOR: No body in FOR loop" L)))))
```

BODY-FOR baut den wichtigsten Teil des LAMBDA-Körpers. Wenn mehr als ein <Expr$_2$> angegeben wurde, konstruiert es einen PROGN-Term.

```
(DE BODY-FOR (L)
   (LET ((ITEM (ITEM-FOR '(DO FORALL EXISTS SAVE SPLICE FILTER)
                         L)))
        (COND (ITEM
                 (COND ((NULL (CDDR ITEM)) (CADR ITEM))
                       (T (CONS 'PROGN (CDR ITEM)))))
              (T (ERROR "FOR: No body in FOR loop" L)))))
```

ITEM-FOR liefert den Schlüsselwortteil des FOR-Terms.

```
(DE ITEM-FOR (KEYWORDS LL)
   (LET ((ITEM NIL))
        (SOME
          (LAMBDA (KEY) (SETQ ITEM (ASSOC KEY (CDR LL))))
          KEYWORDS)
        ITEM))
```

MAKE-MAPFN ist für die Auswahl der geeigneten MAP-Funktion zuständig:

```
(DE MAKE-MAPFN (VARS TEST TYPE BODY)
   (COND ((EQ TYPE 'DO) 'MAPC)
         ((EQ TYPE 'FORALL) 'EVERY)
         ((EQ TYPE 'EXISTS) 'SOME)
         ((NOT (EQ TYPE 'SAVE)) 'MAPCAN)
         ((NULL TEST) 'MAPCAR)
         ((SUBSET-TEST VARS BODY) 'SUBSET)
         (T 'MAPCAN)))
```

SUBSET-TEST prüft, ob der Körper mit einer der Variablen identisch ist.

```
(DE SUBSET-TEST (VARS BODY)
   (MEMBERP BODY (CAR VARS)))
```

MAKE-BODY setzt den auszuwertenden Ausdruck zusammen, dessen Werte ggf. gerettet werden müssen:

```
(DE MAKE-BODY (VARS TEST TYPE BODY)
   (COND ((EQ TYPE 'FILTER)
          ('LET ((X ,BODY))
                (COND (X (LIST X)))))
         ((OR (NOT (EQ TYPE 'SAVE)) (NULL TEST)) BODY)
         ((SUBSET-TEST VARS BODY) NIL)
         (T BODY)))
```

ADD-TEST baut einen bedingten Ausdruck um den durch MAKE-BODY konstruierten „Körper" herum, falls eine WHEN-Klausel gegeben ist:

```
(DE ADD-TEST (TEST BODY)
   (COND ((NULL TEST) BODY)
         ((NULL BODY) TEST)
         (T 'COND (,TEST ,BODY))
```

MAKE-LAMBDA vervollständigt den LAMBDA-Ausdruck.

```
(DE MAKE-LAMBDA (VARS BODY) 'LAMBDA ,VARS ,BODY))
```

EVERY liefert T, wenn das Prädikat FN für alle Elemente von L erfüllt ist.

```
(DE EVERY (FN L)
   (COND ((NULL L) T)
         ((NULL (FN (CAR L))) NIL)
         (T (EVERY FN (CDR L)))))
```

SOME liefert T, wenn das Prädikat FN für ein Element der Liste L erfüllt ist.

```
(DE SOME (FN L)
   (COND ((NULL L) NIL)
         ((FN (CAR L)) L)
         (T (SOME FN (CDR L)))))
```

9.2 Probleme mit Funktionsobjekten

9.2.1 Erste Problembeschreibung

Wir hatten in Kapitel 5 die Auswertung von Termen mit EXPR-Funktionsobjekt in funktionaler Stellung beschrieben. Bisher hatten wir uns damit begnügt, zu sagen, daß dieses Funktionsobjekt als Wert des LAMBDA-Terms (oder als Wert des Funktionssymbols) entsteht. Man kann diese Aussagen dahingehend erweitern, daß die Auswertung beliebiger Objekte in funktionaler Stellung keine Probleme mit sich bringt, wenn dabei ein Funktionsobjekt resultiert.
Wir werden nun zeigen, daß wir die letzte Etappe dieses Vorgangs, die „Etablierung" des Funktionsobjekts — insbesondere für EXPR-, FEXPR- und MACRO-Funktionsobjekte —, etwas genauer betrachten müssen. Um dies vorbereiten zu können, vereinbaren wir folgende Repräsentation für Funktionsobjekte:

SUBR-, FSUBR- und LSUBR- Funktionsobjekte notieren wir

```
<SUBR , <Ptr> >,
<FSUBR , <Ptr> >,
<LSUBR , <Ptr> >,
```

wobei <Ptr> die vom System verwendete externe Repräsentation für diese Funktionsobjekte ist.[6]
EXPR-, FEXPR- und MACRO-Funktionsobjekte notieren wir

```
<EXPR ,   <Arglist>, <Body> >,
<FEXPR ,  <Arglist>, <Body> >,
<MACRO , <Arglist>, <Body> >,
```

6 Die äußeren spitzen Klammern sind Teil der Repräsentation, nicht der Beschreibung

wenn sie als Resultat der Auswertung von Termen

```
(LAMBDA   <Arglist> <Body> ),
(NLAMBDA <Arglist> <Body> ),
(MLAMBDA <Arglist> <Body> )
```

oder von Definitionstermen

```
(DE <Name> <Arglist> <Body> ),
(DF <Name> <Arglist> <Body> ), bzw.
(DM <Name> <Arglist> <Body> )
```

entstanden sind.
Die Aufgabe möge darin bestehen, zwei beliebige einstellige Funktionen zu verknüpfen, d. h. für ihre Hintereinanderausführung zu sorgen. Die Verknüpfungsfunktion heiße COMPOSE:

```
(DE COMPOSE (F G)
```

Als Ergebnis liefern wir ein Funktionsobjekt, das beide als Argumente übergebenen Funktionen hintereinander anwendet:

```
(EVAL (LIST 'LAMBDA '(X)
              (LIST F (LIST G 'X)))) ).
```

Diese Konstruktion erscheint sehr aufwendig und es stellt sich die Frage, ob wir nicht schlicht

```
(DE COMPOSE (F G) (LAMBDA (X) (F (G X))))
```

schreiben können. Während die erste Version von COMPOSE für die Argumente CAR und CDR den Wert des LAMBDA-Terms

```
(LAMBDA (X) (CAR (CDR X)))
```

liefert, d. h. das Funktionsobjekt

```
<EXPR, (X), (CAR (CDR X))>,
```

wäre dies für die zweite Version der Wert des LAMBDA-Terms

```
(LAMBDA (X) (F (G X))).
```

Im ersten Falle spielt die zur Zeit der Auswertung dieses Terms vorhandene Umgebung keine Rolle — wir beziehen uns auf die globale Umgebung. Im zweiten Falle dagegen sind die Bindungen von F und G, die den Unterschied der inneren Umgebung zur globalen Umgebung darstellen, äußerst wichtig.

Wenn wir die Bindungen

F ... CAR,
G ... CDR

ignorieren, kann das entstehende Funktionsobjekt die ihm zugedachte Aufgabe nicht erfüllen, was wir unmittelbar am Beispiel sehen können. Dazu wollen wir die Anwendung der verknüpften Funktionen auf ein Argument analysieren:

((COMPOSE 'CAR 'CDR) Liste)

Die Auswertung des Terms wird durch die Auswertung des in funktionaler Stellung stehenden Terms begonnen. Dessen Auswertung aktiviert das COMPOSE zugeordnete Funktionsobjekt und wir binden

F mit CAR
und G mit CDR.

Dann wird die globale Umgebung inaktuell und die neue Umgebung aktuell. Nun ist der LAMBDA-Term auszuwerten. Wäre dessen Wert ohne weiteres das Funktionsobjekt

<EXPR, (X), (F (G X))>,

dann wäre dieses Resultat nicht brauchbar, weil es, in der globalen Umgebung (oder in irgendeiner anderen, in der die Bindungen zwischen F und CAR bzw. G und CDR fehlen) aktiviert, nicht die beabsichtigte Funktion realisiert.
Wir müssen also feststellen, daß LAMBDA-Terme, die Funktionsobjekte mit freien Variablen als Wert haben, von der Umgebung abhängig sind, in der sie ausgewertet werden. Die sich ergebenden Funktionsobjekte sind auf diese Umgebungen bezogen. Wir haben in Kapitel 5 gelernt, daß die Auswertung eines Terms, in dem Symbole vorkommen, von der Umgebung abhängig ist. Neu ist dagegen, daß *das Resultat abhängig* **bleibt**.
Funktionsobjekte mit freien Variablen werden auch gebildet, wenn wir Definitionen wie

(DE VOLUME (R) (MUL K R R R))

vornehmen. Doch geht hier der Programmierer davon aus, daß die freie Variable — hier K — in der jeweiligen Umgebung noch zu binden ist oder bereits mit einem Wert assoziiert wurde. Er weiß, daß, falls K mit 1 gebunden ist, ein Würfel-, und, falls K mit dem Wert von

(MUL (DIV 4.0 3.0) 3.14)

gebunden ist, ein Kugelvolumen berechnet wird.

Um zu zeigen, daß es im Kern um die Semantik der LAMBDA-Terme geht, diskutieren wir ein weiteres Beispiel:

```
(DE FOO (L)
    (MAPCAR (LAMBDA (X) (CONS X L))
                 '(A B C D)))
```

Soll der als Argument von MAPCAR auftretende LAMBDA-Term ein EXPR-Funktionsobjekt erzeugen, das L als freie Variable enthält? Sicher ist L in dem Term frei — aber in FOO ist es gebunden.
Man ist sich heute weitgehend einig, daß das entstehende Funktionsobjekt nicht eine freie Variable L enthält, sondern sich mit dieser Variablen auf die beim Eintritt in FOO errichtete Bindung bezieht. Wäre nämlich L wirklich frei, dann würde z. B. die für FOO belanglose und zufällige Bezeichnung der Variablen in MAPCAR eine Auswirkung auf FOOs Ein-/Ausgabeverhalten haben. Dies widerspräche den Prinzipien der funktionalen Abstraktion.
Man geht davon aus, daß der Programmierer beim Schreiben einer Funktion nicht alle möglichen dynamischen Abläufe antizipiert, sondern den Code statisch betrachtet. Deshalb spricht man von **statischen Bindungen** der Variablen.
Operational gesehen, d. h. auf den Ablauf bezogen, bedeutet das auch in diesem Fall, daß bei der Bildung eines Funktionsobjektes die aktuelle Umgebung berücksichtigt werden muß.
Wir belegen diese Feststellung für diese Variante des Problems, indem wir die Auswertung eines Beispielterms verfolgen:
Der Term

```
(FOO NIL)
```

wird durch Auswertung seiner Elemente (Funktion und Argument) und Erzeugen der Bindungen ausgewertet — hier die von

L mit NIL.

Dann wird die globale Umgebung inaktuell und die neue Umgebung (mit der erzeugten Bindung) aktuell. Wir haben im Körper von FOO den Term

```
(MAPCAR (LAMBDA (X) (CONS X L)) '(A B C D))
```

auszuwerten. Erstes und letztes Element (Funktion und zweites Argument) machen keine Schwierigkeiten. Das erste Argument liefert das Funktionsobjekt

<EXPR, (X), (CONS X L)>.

Wenn dieses ohne Bezugnahme auf die aktuelle Umgebung gebildet wird, gilt L als frei. Wir merken uns, daß die Konstruktion des Funktionsobjekts in der beim Eintritt in FOO gebildeten Umgebung stattfand.

Vor der Auswertung des Körpers von MAPCAR werden die Variablen gebunden,

FN mit dem Funktionsobjekt <EXPR, (X), (CONS X L)> und
L mit der Liste (A B C D).

Wieder wird die neue Umgebung aktuell gemacht; die durch FOO erzeugte Umgebung wird inaktuell.
Wir übergehen die Auswertung der Prädikate in MAPCAR und kommen direkt zum Term

(FN (CAR L)).

Der Wert von FN ist das Funktionsobjekt <EXPR, (X), (CONS X L)>, der Wert des Arguments ist A. Vor der Auswertung des Körpers des Funktionsobjekts erfolgt die Bindung von

X mit A,

die neue Umgebung wird aktuell, die alte, von MAPCAR erzeugte Umgebung wird inaktuell. Die entscheidende Frage ist hierbei: Welche Umgebung wird durch die Bindung von X erweitert — die durch den dynamischen Ablauf letzte Umgebung (durch MAPCAR erzeugt) oder die statisch an das Funktionsobjekt gekoppelte?
Wenn wir die dynamisch gegebene Umgebung bevorzugen, hat der Körper des Funktionsobjekts,

(CONS X L)

den Wert

(A A B C D).

Wenn wir die statisch an das Funktionsobjekt gekoppelte Umgebung bevorzugen, so ergibt sich

(A).

Dementsprechend sind die Gesamtwerte verschieden: Bei Bevorzugung der **„dynamischen" Semantik** hat der Term

(FOO NIL)

den Wert

((A A B C D) (B B C D) (C C D) (D D)),

bezogen auf die **„statische" Semantik** ist der Wert

((A) (B) (C) (D)).

Wie schon ausgeführt, wäre es verhängnisvoll, wenn willkürlich gewählte Variablennamen Einfluß auf die Auswertung hätten. Wir erwarten deshalb, daß die „statische" Semantik gilt. Zugleich ergibt sich mit dieser Wahl wegen des operationalen Modells der mitzuführenden Umgebungen, daß auch im COMPOSE-Beispiel die einfachere Version korrekt ist. Das bestärkt uns in unserer Sicht, die statische Semantik zu bevorzugen.
Leider ist diese Semantik mit Ausnahme der LISP-Dialekte NIL und Common-LISP in keinem LISP-System realisiert. Wenn wir beide Beispiele in TLC-LISP ausprobieren, erkennen wir, daß auch dort die „dynamische" Semantik gilt:[7]

```
> ((COMPOSE 'CAR 'CDR) '(A B C))
*ERROR*
UNBOUND VARIABLE
F

> (FOO NIL)
((A A B C D) (B B C D) (C C D) (D D))
```

Diese Situation erzwingt, daß wir uns mit dem Problem eingehend beschäftigen müssen.

9.2.2 Zweite Problembeschreibung

Von großer Bedeutung für den Ablauf der Auswertung ist die Implementation der Umgebungen. In objekt-orientierter Sicht müssen wir uns mit ihrer Konstruktion, dem Zugriff auf ihre Komponenten und der Modifikation dieser Komponenten befassen.
Umgebungen werden bei der Aktivierung von Funktionsobjekten konstruiert. Sie werden bei Zuweisungen modifiziert, und Zugriffe erfolgen bei der Auswertung von Symbolen.
Umgebungen sind, wie wir in Abschnitt 5.3 eingeführt haben, Mengen von Assoziationen zwischen Symbolen und (ihren Wert-)Objekten. In Abschnitt 5.4 haben wir direkt von einem „Objekt" gesprochen, das aus zweielementigen Komponenten, den Assoziationen, bestehe. Auch war gesagt worden, daß zu jedem Symbol eine solche, eventuell „leere", Assoziation existiere.
Wir müssen nun beachten, daß zu einem beliebigen Zeitpunkt während der Auswertung neue Symbole erzeugt (konstruiert) werden können. Um diese möglichen Symbole mit ihren — anfänglich normalerweise leeren — Bindungen berücksichtigen zu können, müssen wir die Umgebungen als abzählbare Mengen von Assoziationen zwischen allen möglichen Symbolen und zugeordneten Objekten betrachten. Von diesen unendlich vielen Assoziationen ist immer nur eine endliche Teilmenge „nichtleerer" Assoziationen vorhanden. Diese Menge kann aber schon recht groß sein — wenn man etwa bedenkt, daß in InterLISP über 500 Funktionen als System- oder Standardfunktionen vorgegeben sind.

7 Bem.: Für die letzte Auswertung muß MAPCAR wie in Abschnitt 9.1 als EXPR-Funktionsobjekt definiert sein

Einrichtung einer neuen Umgebung und Inaktuell-Werden der alten Umgebung durch Binden der LAMBDA-Variablen ändert nie allzuviel: Nur die neuen Bindungen stellen den Unterschied zwischen den beiden Umgebungen dar.
Es wäre also äußerst aufwendig, Umgebungen als Mengen aller ihrer Bindungen zu implementieren (etwa mit den Funktionen aus Abschnitt 6.3). Die übliche Lösung geht inkrementell vor: Man realisiert eine Umgebung als Objekt mit zwei Komponenten. Als erste Komponente tritt eine andere Umgebung auf — die Umgebung, die zur Erweiterung benutzt wird. Die kleine Menge der neu hinzu kommenden Bindungen bildet die zweite Komponente.
Zur Konstruktion einer neuen Umgebung sind demnach immer eine Bezugsumgebung und eine Menge von Bindungen erforderlich. Der Zugriff auf eine Bindung erfolgt über das Symbol: Zunächst wird in der Bindungskomponente der aktuellen Umgebung gesucht, ob das Symbol als erste Komponente einer Bindung auftritt, dann in der Bindungskomponente ihrer Bezugsumgebung, dann in der Bindungskomponente der Bezugsumgebung der Bezugsumgebung usf. Modifikation findet in zwei Schritten statt: Zuerst wird nach der richtigen Bindung gesucht und dann wird deren zweite Komponente modifiziert.
Um den Ablauf der Auswertung beschreiben zu können, vereinbaren wir eine Notation für Umgebungen, die uns hilft, das Problem der vielen Assoziationen zu umgehen: Wir bezeichnen die Ausgangsumgebung, die globale Umgebung, mit dem Namen TOPLEVEL-ENVIRONMENT, und meinen damit die unendlich vielen Bindungen. Jede Umgebung bekommt einen Namen. Die Bindungskomponente schreiben wir als Folge zweielementiger Listen. Damit ergibt sich folgende Notation:

```
<Umgebungsname> ACC: <Umgebungsname>
                BIND: { ( <Var> <Val> ) }
```

oder

```
TOPLEVEL-ENVIRONMENT.
```

Dabei bedeutet ACC: die Umgebungskomponente und BIND: die Bindungskomponente. In dieser Schreibweise kommt sinnfällig zum Ausdruck, daß eine Umgebung die vor ihr aktuelle nur inkrementell erweitert oder ändert. *Alle Bindungen, die über Suchoperationen in der über den ACC:-Selektor erreichbaren Kette von Umgebungen gefunden werden, liegen zusammen in der aktuellen Umgebung.*
Um den Ablauf der Auswertung in den beiden Beispielen (Abschnitt 9.2.1) unter Berücksichtigung der Umgebungen beschreiben zu können, bezeichnen wir die jeweils aktuelle Umgebung mit U_0. Die davor aktuelle Umgebung werde mit U_1 bezeichnet usw.; die globale Umgebung bekommt die Bezeichnung U_i (für $i \geq 0$). Damit sind zugleich die Umgebungen angegeben, die wieder aktuell werden, wenn die aktuelle Umgebung beseitigt wird.[8]
Zum MAPCAR-Beispiel:

8 Wir wissen schon aus Abschnitt 5.5, daß Umgebungen wie in einem Keller zu verwalten sind

Die Auswertung von (FOO NIL) finde in der globalen Umgebung statt (vgl. Abb. 19):

U_0: TOPLEVEL-ENVIRONMENT

Sobald der Körper von FOO aktiviert wurde, ist eine neue Umgebung etabliert:

U_0: FOO-ENVIRONMENT-1	ACC: TOPLEVEL-ENVIRONMENT BIND: (L NIL)
U_1: TOPLEVEL-ENVIRONMENT	

Mit Aktivierung des Körpers von MAPCAR wird wiederum eine neue Umgebung eingerichtet:

U_0: MAPCAR-ENVIRONMENT-2	ACC: FOO-ENVIRONMENT-1 BIND: (FN <EXPR, (X), (CONS X L)>) (L (A B C D))
U_1: FOO-ENVIRONMENT-1	ACC: TOPLEVEL-ENVIRONMENT BIND: (L NIL)
U_2: TOPLEVEL-ENVIRONMENT	

Danach wird der Körper des Funktionsobjekts aktiviert und es ist wiederum eine neue Umgebung etabliert:

U_0: ENVIRONMENT-3	ACC: **?** BIND: (X A)
U_1: MAPCAR-ENVIRONMENT-2	ACC: FOO-ENVIRONMENT-1 BIND: (FN <EXPR, (X), (CONS X L)>) (L (A B C D))
U_2: FOO-ENVIRONMENT-1	ACC: TOPLEVEL-ENVIRONMENT BIND: (L NIL)
U_3: TOPLEVEL-ENVIRONMENT	

Der kritische Punkt liegt nun darin, wie die Umgebungskomponente dieser aktuellen Umgebung aussieht: Ist sie MAPCAR-ENVIRONMENT-2 oder FOO-ENVIRONMENT-1?
Wählen wir die erste Alternative, so wird bei der Suche nach dem Wert von L die Liste (A B C D) gefunden, wählen wir die zweite Alternative, so wird NIL gefunden. Wir sehen recht deutlich, daß das Funktionsobjekt aus seiner Umgebung heraus nach innen, in eine Umgebung mit niederem Index bewegt wird (engl. downward functional object).

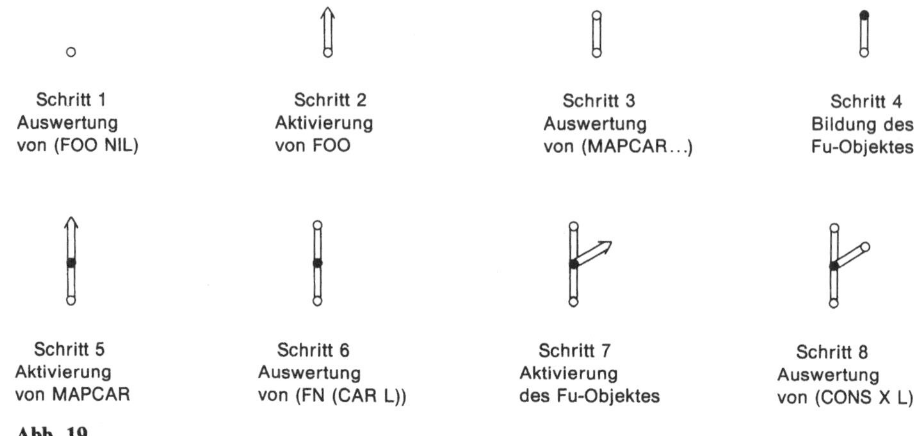

Abb. 19

Das zweite Beispiel reichern wir ein wenig an und werten den Term

(MAPCAR (COMPOSE 'CAR 'CDR) '((A B) (C D)))

in der globalen Umgebung aus (vgl. Abb 20).

U_0: TOPLEVEL-ENVIRONMENT

Sobald der Körper von COMPOSE aktiviert wurde, ist die erste Umgebung eingerichtet:

```
U0: COMPOSE-ENVIRONMENT-1 ACC:  TOPLEVEL-ENVIRONMENT
                          BIND: (F CAR)
                                (G CDR)
U1: TOPLEVEL-ENVIRONMENT
```

Ist die Auswertung des Funktionskörpers von COMPOSE abgeschlossen, befinden wir uns wieder im TOPLEVEL-ENVIRONMENT.

U_0: TOPLEVEL-ENVIRONMENT

Mit der Aktivierung des Körpers von MAPCAR wird die nächste Umgebung aktuell:

```
U0: MAPCAR-ENVIRONMENT-2  ACC:  TOPLEVEL-ENVIRONMENT
                          BIND: (FN <EXPR, (X), (F (G X))>)
                                (L ((A B) (C D)))

U1: TOPLEVEL-ENVIRONMENT
```

Wird jetzt der Körper des Funktionsobjekts aktiviert, so ist die aktuelle Umgebung:

U_0: ENVIRONMENT-2 ACC: **?**
BIND: (X (A B))

U_1: MAPCAR-ENVIRONMENT-2 ACC: TOPLEVEL-ENVIRONMENT
BIND: (FN <EXPR, (X) (F (G X)) ...>)
(L ((A B)(C D))

U_2: TOPLEVEL-ENVIRONMENT

Soll nunmehr das Symbol F ausgewertet werden, geht die Suche von ENVIRONMENT-2 in die Umgebungskomponente. Ist dies das MAPCAR-ENVIRONMENT-2, kann keine Bindung gefunden werden. Ist es aber das COMPOSE-ENVIRONMENT-1, verläuft die Suche erfolgreich. Wir sehen deutlich, daß das Funktionsobjekt nach außen, in eine Umgebung mit höherem Index bewegt wurde (engl. upward functional object).
Die „dynamische" Semantik ist also realisiert, wenn die aktuelle Umgebung als Umgebungskomponente immer die vor ihr aktuelle äußere Umgebung enthält. Die „statische" Semantik ist realisiert, wenn die aktuelle Umgebung als Umgebungskomponente die Umgebung enthält, die zur Zeit der Definition des Funktionsobjekts aktuell war.
Ähnlich wie die Umgebungen über den ACC:-Selektor verkettet sind, kann man die Kellerstruktur der Umgebungen als Verkettungen ansehen.[9] Deshalb spricht man von der **Zugriffskette** (engl. **access chain**) bzw. der **Kontrollkette** (engl. **control chain**) von Umgebungen. Aus dem Umfeld von ALGOL60, wo ein dem „downward"-Problem (funktionales Argument) verwandtes Problem auftritt, stammen die Begriffsbildungen **statische** und **dynamische** Kette. Die Zugriffsrechte sind durch statische Analyse des Programmtextes feststellbar — deshalb

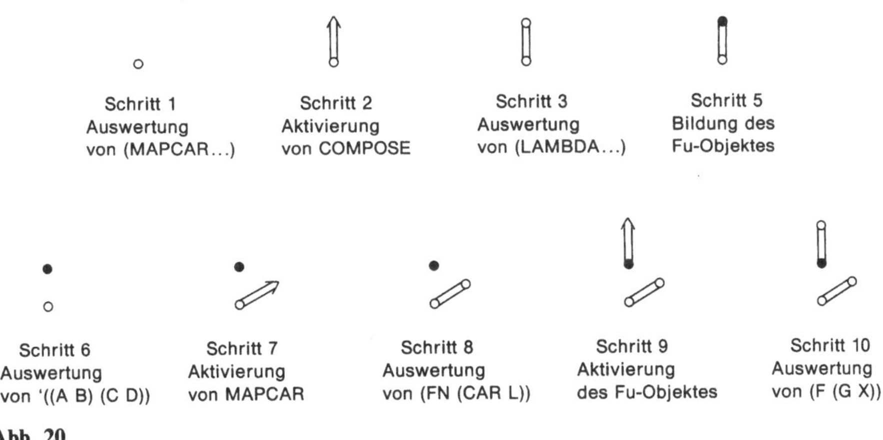

Abb. 20

9 Man wird in dieser Sicht bestärkt, da die für eine Umgebungen kennzeichnenden Teile, ihre neuen Bindungen, unterschiedlich groß sind, und zur Suche der tiefer gekellerten Umgebung Zeiger erforderlich sind

spricht man bei korrekter Implementation der Zugriffsketten von **statischen Variablen** — im Gegensatz zu den problematischen **dynamischen Variablen** — und auch von **statischer Bindung**.
Für die Erklärung der Bevorzugung der „dynamischen" Semantik in vielen LISP-Systemen, auch, wie wir gesehen haben, in TLC-LISP, gibt es technische und historische Gründe.

9.2.3 Technische Gründe für die Bevorzugung der „dynamischen" Semantik

Warum ist die „dynamische" Semantik in TLC-LISP implementiert? Auf diese Frage gibt es nur eine Antwort: **Aus Effizienzgründen**. Es ist nämlich gut bekannt, wie man die „statische" Semantik realisieren könnte (s. Kapitel 12)!
Die Effizienz wird an zwei Stellen zum Problem: Beim Zugriff auf Variablen und bei der Aktualisierung von Umgebungen.
Wenn die Umgebungsobjekte so realisiert werden, wie es für die „statische" Semantik erforderlich ist, dann muß beim Zugriff nach den Bindungen gesucht werden. Das kostet Zeit. Um den Variablenzugriff zu beschleunigen, verwendet TLC-LISP direkt die Wert-Komponente der Symbole. Das bedeutet, daß die Umgebungen nicht so wie in Abschnitt 9.2.2 beschrieben realisiert sind, sondern gewissermaßen umgekehrt: Die aktuelle Umgebung ist die unendliche Menge von Bindungen (die aber nicht Komponenten eines Objekts sind), und die früheren äußeren Umgebungen enthalten nur die inkrementellen Unterschiede.
Die Umgebungen bilden einen allgemeinen Baum, weil die ACC:-Komponente sich auf eine andere Umgebung bezieht. So können sich viele Umgebungen über die ACC:-Komponente auf die gleiche Wurzelumgebung beziehen. Zyklen sind nicht möglich, weil bei der Konstruktion von Umgebungen nur bereits existierende andere Umgebungen berücksichtigt werden können und eine Modifikationsfunktion für die ACC:-Komponente nicht existiert.
Bei der normalen Auswertung werden Umgebungen in einer linearen Kette aneinander gesetzt. Das ist einfach und geht schnell. Wenn ein Funktionsobjekt aktiviert wird, das sich auf eine Umgebung bezieht — die in einem Teil des Umgebungsbaumes zu finden ist, der durch viele Abzweigungen von der aktuellen Umgebung entfernt ist —, kann der Aufwand für den Umgebungswechsel enorm sein.
Dieser Aufwand wurde offenbar bei der Implementierung der meisten LISP-Systeme gescheut, möglicherweise auch aus der Meinung heraus, solche Umgebungswechsel würden selten benötigt. Das trifft auch auf TLC-LISP zu, wo allerdings, wie wir noch sehen werden, eine schwache Ersatzlösung bereitsteht. Daß die meisten LISP-Systeme so verfahren, hat aber auch historische Ursachen.

9.2.4 Historische Gründe für die Bevorzugung der „dynamischen" Semantik

Als das Umgebungsproblem 1959 zuerst auftrat, verstand man es nur als Fehler in der Verarbeitung funktionaler Argumente. Zu dieser Zeit war die objektorientierte Sicht noch lange nicht entwickelt worden. Der Programmierstil war

von der Erfahrung bei der Assemblerprogrammierung bestimmt. So wurde man nicht gewahr, daß ein prinzipielles Problem aufgetreten war.
Das Umgebungsproblem war außerdem mit einer weiteren Problematik verknüpft: Das LISP1-System enthielt als Datenstrukturen nur Gleitkommazahlen, Symbole und Paare. Die Funktionsobjekte wurden nicht als Elemente einer Klasse von verwandten Objekten aufgefaßt und aus der Verarbeitung ausgeschlossen. Es gab keine Grundfunktionen für diese Objekte und auch keine Typprüfungsfunktion, die für alle Funktionsobjekte gleichermaßen verwendbar gewesen wäre. Um die verschiedenen Arten von Funktionen zu unterscheiden, wurden sie über die P-Listen ihrer Namens-Symbole verwaltet. Unabhängig von diesem Symbol wurde mit den SUBR-Funktionsobjekten nicht gearbeitet. Die Funktionsobjekte traten als Wertkomponente von Assoziationen auf, deren Indikatoren heute noch als Bezeichnungen für Funktionsarten verwendet werden, wie z. B. SUBR, FSUBR usw. Dabei konnten die Werte der SUBR- und FSUBR-Attribute aber keineswegs als normale LISP-Objekte angesprochen und daher auch nicht als funktionale Argumente übergeben werden. Auch war es unmöglich, Terme aufzubauen, in denen SUBR-Funktionsobjekte direkt in funktionaler Stellung auftraten. Darüberhinaus gab es keine externe Repräsentation für alle derartigen Objekte. Nur die LAMBDA-Ausdrücke, die unseren EXPR-Funktionsobjekten entsprechen (aber nicht den LAMBDA-Termen!), wurden dann korrekt verarbeitet, wenn sie in funktionaler Stellung standen oder als Wert eines Symbols auftraten. Dies war darin begründet, daß sie als spezielle konstante Paare betrachtet wurden. Daher war die Verwendung eines funktionalen Arguments (als Symbol oder LAMBDA-Ausdruck) ein keineswegs normales Vorgehen. Da LAMBDA-Ausdrücke wie Terme als Listen repräsentiert wurden, mußte man sie vor dem Auswerten durch Quotieren schützen. Dies ermöglichte gleichzeitig die Übergabe von Funktionssymbolen, deren P-Liste die funktionale Bedeutung enthielt.
Diese Quotierung von funktionalen Argumenten ist noch heute üblich in vielen LISP-Systemen, weil die Trennung von funktionalem Wert und normalen Wert (durch SETQ und Bindung zugewiesen) erhalten geblieben ist.
Die Unterschätzung der Rolle funktionaler Objekte drückt sich dadurch aus, daß es üblicherweise keine besondere Auswertungsregel für Funktionsobjekte gibt, ja eigentlich keine Klasse von Funktionsobjekten. TLC-LISP ist hier eine rühmliche Ausnahme. Die LAMBDA-Ausdrücke sind noch heute in den meisten LISP-Systemen gewöhnlich Ersatzobjekte für die fehlende Klasse der Funktionsobjekte und keine Terme. Das kann man daran sehen, daß LAMBDA — im Unterschied zu seiner Definition in TLC-LISP — üblicherweise keine Funktion ist.

9.2.5 Lösungen des Umgebungsproblems: FUNARGs, Closures und lexikalische Umgebungskonstruktion

Wie bereits bemerkt, dachte man zunächst, das Umgebungsproblem würde durch einen Programmierfehler im Interpreter verursacht. Man vereinbarte, zur Lösung des Umgebungsproblems und zur Aufrechterhaltung der Quotierung für den Schutz der funktionalen Ersatzobjekte, eine Funktion FUNCTION einzuführen, die funktionale Argumente vor der Auswertung schützen sollte und in sog. **FUNARGs** zu überführen hatte.

FUNARGs sind Listen, die Funktionsobjekten entsprechen. Sie haben jedoch nicht nur eine prozedurale Komponente, den LAMBDA-Ausdruck, sondern auch eine Umgebungskomponente:

(FUNARG (LAMBDA <Varlist> <Term>) <Umgebung>)

Angewandt auf Argumente, die keine LAMBDA-Ausdrücke sind, arbeitet FUNCTION wie QUOTE. Dies gilt insbesondere für Funktionssymbole.
FUNARGs, die als Ergebnisse von Funktionen nach außen gegeben werden, nennt man „**upward FUNARGs**", solche, die als Werte von Variablen nach innen gegeben werden, „**downward FUNARGs**".
Wenn gleichzeitig die normale Quotierung von Funktionsobjekten (LAMBDA-Ausdrücken) erlaubt ist, bedeutet dies, daß der Programmierer die Wahl zwischen dynamischen und statischen Bindungen hat.
Betrachten wir noch einmal unsere beiden Beispiele aus dem letzten Abschnitt und sehen uns die Entwicklung der Umgebungslisten und die Bezugnahme auf sie aus den FUNARGs graphisch an:

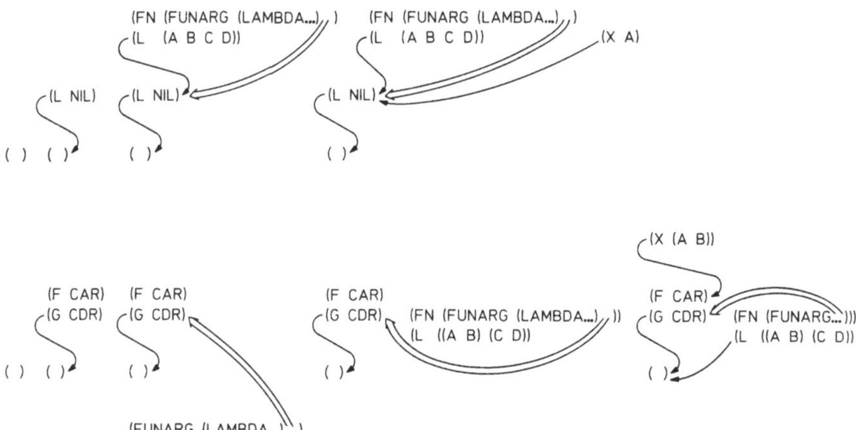

Abb. 21
Es ist sichtbar, daß Bäume von Umgebungen erzeugt werden.

Zuerst war das Umgebungsproblem nur in seiner ersten Variante aufgetreten (funktionale Argumente). Um so erstaunlicher scheint, daß die erste Lösung auch die zweite Variante des Umgebungsproblems (funktionswertige Funktionen) löst, damit also gleichzeitig eine vollständige Lösung des gesamten Umgebungsproblems ist. Das liegt an der Realisierung der Umgebungen als A-Listen, sodaß das Mitführen der Bindungslisten sowohl die Erzeugung korrekter Zugriffsketten als auch die Aufbewahrung inaktuell gewordener Umgebungen zur Folge hat.
Für einige Jahre wurde das Umgebungsproblem schlicht verdrängt, weil die Beispiele, die es auslösten, zu künstlich erschienen. Es zeigte sich, daß man für viele Anwendungen auch ohne funktionale Argumente auskommen kann. In den seltenen Ausnahmefällen versuchte man, auf den Gebrauch globaler (freier) Variabler zu verzichten. LISP-Systeme der sechziger Jahre, deren Interpreter ohne A-Liste

arbeiteten, beschränkten sich auf partielle Lösungen für das (downward) FUNARG-Problem.
Die Ursache für diese merkwürdige Diskrepanz — denn im Prinzip war die vollständige Lösung eines allgemeinen Problems, das man allerdings als solches gar nicht erkannt hatte, greifbar — lag in der fehlenden Durchdringung der theoretischen Grundlagen. McCarthy hatte den λ-Kalkül nicht als theoretische Basis für LISP gesehen, sondern nur als Lieferant einer Notation für Funktionen. Erst 1964 hat P. Landin eine Programmiersprache streng auf dem λ-Kalkül aufgebaut. Er gab Auswertungsregeln für alle Sprachelemente an, insbesondere auch für λ-Ausdrücke. Da die von A. Church ursprünglich vorgeschlagene Auswertungsregel der literalen Substitution zu aufwendig wäre, schlug Landin (in Weiterentwicklung der mit LISP verbundenen Ideen) als sinnvollen Wert eine Kombination von Umgebung und den Komponenten des λ-Ausdrucks vor. Dieses Gebilde nannte er **Closure**. Landin hat auch als erster den Begriff der Umgebung konsistent gebraucht. Seine Realisierung des Auswertungsalgorithmus für den λ-Kalkül, die auf vier als Listen implementierten Datenstrukturen **Stack, Environment, Control** und **Dump** beruhte, gab dem Ganzen den Namen: **SECD-Maschine**. Die SECD-Maschine hätte auch als Musterimplementation für LISP dienen können.
Landins theoretische Arbeiten führten zur Klärung des Umgebungsproblems. Dennoch hatte sich die Meinung festgesetzt, LISP müsse natürlicherweise dynamische Bindung unterstützen. Ein wesentlicher Grund dafür war, daß man sich weder effiziente Realisierungen noch Anwendungen, die von einer solchen Realisierung abhängen, vorstellen konnte.
Dies änderte sich mit Vorschlägen von E. Sandewall (1970), die nicht nur auf eine bescheidene Lösung des Umgebungsproblems hinausliefen, sondern auch damit verträgliche interessante Anwendungen umfaßten. Die eingeschränkte Lösung basierte auf der Entdeckung, daß im Normalfalle nur ganz wenige Variablen frei auftreten und von diesen nur einige in Umgebungsprobleme verwickelt sind. Welche der freien Variablen zur Sorge Anlaß geben, weiß der Programmierer am besten. Demgemäß soll er eine Liste genau dieser Variablen als zweites Argument der FUNCTION-Spezialform angeben.
Bezogen auf unsere beiden Beispiele bedeutet dies, daß wir

```
(DE FOO (L)
    (MAPCAR (FUNCTION (LAMBDA (X) (CONS X L))
                      (L))
            L))
```

und

```
(DE COMPOSE (F G)
    (FUNCTION (LAMBDA (X) (F (G X)))
              (F G)))
```

zu schreiben hätten. Damit hat der Programmierer die Wahl, dynamische oder statische Bindung für die freien Variablen festzulegen.

Die von Sandewall vorgeschlagene Lösung ist auch in TLC-LISP (nicht korrekt) verwirklicht. Anstelle von FUNCTION hat man jedoch CLOSURE zu verwenden, eine Funktion, die ihre Argumente auswertet. Die korrekte Formulierung ist demnach:

```
(DE FOO (L)
    (MAPCAR (CLOSURE (LAMBDA (X) (CONS X L))
                                 '(L))
            '(A B C D)))
```

bzw.

```
(DE COMPOSE (F G)
    (CLOSURE (LAMBDA (X) (F (G X))) '(F G)))
```

Für die von Sandewall vorgeschlagene Anwendung, die Simulation, ist typisch, daß Funktionen ihren aktuellen Zustand, d. h. die Werte aller lokalen Variablen, aufbewahren, wenn sie eine konkrete Aktivierung abschließen. In diesem Zustand können sie auch wieder aktiviert werden. Im Unterschied zu Prozeduren, die in Aufrufhierarchien Positionen inne haben, kann man derartige Funktionen gleichberechtigt nebeneinanderstellen. Man spricht von „**Coroutinen**"; durch sie können quasiparallele Prozesse realisiert werden (vgl. 7.1.5).
Anfang der siebziger Jahre experimentierte man darüber hinaus mit weiteren Kontrollstrukturen, darunter besonders mit dem „Backtracking". Für diese schien LISP nicht die geeigneten Mittel bereitzustellen.
Bobrow und Wegbreit legten 1973 einen Entwurf für die Realisierung allgemeiner Kontrollstrukturen vor. Gemäß einem Vorschlag von Weizenbaum, Umgebungszusammenhänge baumförmig zu konstruieren, entwarfen sie eine Datenstruktur für Umgebungen und zugeordnete Selektions- und Modifikationsfunktionen. Grundbausteine der allgemeinen Struktur sind sog. **Frames**, die aus zwei Teilen bestehen: Dem **Basic Frame** — dem Hauptbestandteil, dessen Größe von der zugeordneten Funktion abhängt und der bei ihrer Aktivierung zur Aufnahme der Bindungen gebildet wird — und der Erweiterung (engl. **Frame Extension**) mit variabler Größe zur Aufnahme der temporär benötigten Werte. Dadurch, daß die Frame Extension explizit Verkettungen für Variablenzugriff (access chain) und Ablaufkontrolle (control chain) enthält, können keine Probleme mit falschen Umgebungen entstehen. Gleichzeitig können auf diesem Modell basierend (quasi-)parallele Verarbeitung von Funktionsinkarnationen (Prozeßvarianten von Funktionen) und andere komplexe Kontrollstrukturen beschrieben werden, weil die Kontrollkette nicht linear durch einen Keller verarbeitet wird. Da dieser Entwurf demnach den Keller (engl. stack) verallgemeinerte, spricht man auch vom **Spaghetti-Stack** (s. Abb. 22).
Um die mit parallelen Prozessen verbundenen Probleme zu verstehen und einen flexiblen Rahmen für die Entwicklung paralleler Programme zur Verfügung zu haben, entwickelte Hewitt um 1973 das **„Actor-Modell"**. Aktoren sind Objekte, welche aus Datenstrukturen und Funktionen bestehen, und die, voneinander unabhängig in ihrer Existenz, **Nachrichten** austauschen (**message passing**), wodurch sie Berechnungsprozesse realisieren. Durch die Unabhängigkeit der Aktoren können Kontrollstrukturen aufgebaut werden, die Anforderungen an die Programmiersprache stellen, die weit über das hinausgehen, was für Backtracking und Coroutinen erforderlich ist.

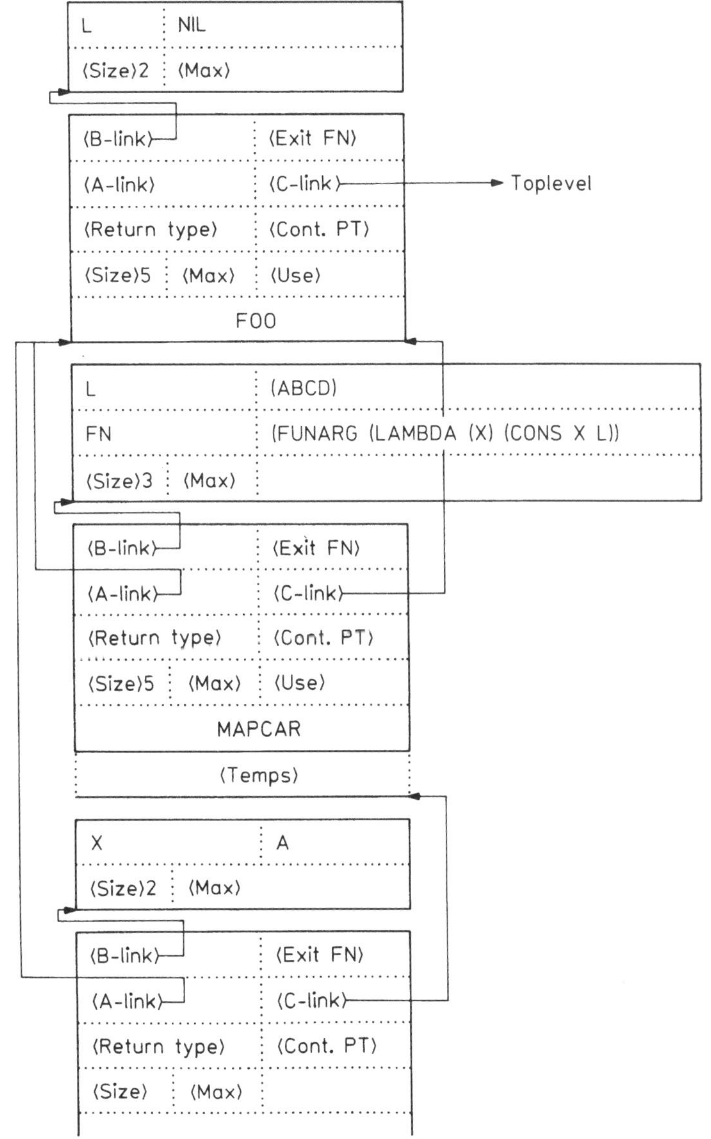

Abb. 22

1975 versuchten Steele und Sussman, ein Aktorensystem in MacLISP zu implementieren und kamen dabei zu der Schlußfolgerung, daß Aktoren konzeptionell dasselbe wie Closures (FUNARGs) sind. Sie konnten zeigen, daß alle Verhaltensweisen von Aktoren mit dieser Art von Funktionsobjekten verwirklicht werden können. Damit war nachgewiesen, daß LISP mit richtig implementierten Funktionsobjekten beliebige Kontrollstrukturen zu realisieren gestattet. Die Konsequenz, daß alle Funktionsobjekte in LISP Closures sein sollten, lag nun nahe: Wenn eine Funktion definiert wird, sollte sofort die Definitionsumgebung festgehalten werden.

Das bedeutet, daß Steele und Sussman die Einhaltung der statischen Semantik forderten. Diese Auffassung hat sich allerdings noch nicht in breitem Rahmen durchsetzen können. Die Gründe liegen zum einen in großen Programmbeständen, die von der dynamischen Semantik ausgehen, zum anderen in der — nicht unbedingt erfreulichen — Vielfalt unterschiedlicher (bis inkompatibler) LISP-Systeme und drittens in der **Ineffizienz** eines derartigen Schemas **beim Interpretieren**. Dennoch wurde der Versuch gemacht, LISP neu auf der Basis der statischen Semantik unter dem Namen NIL (New Implementation of LISP) zu implementieren. Steele und Sussman haben selbst versucht, auf der Basis ihrer Vorschläge eine Variante von LISP auf einfache Weise zu implementieren. Dieses System, SCHEME, besitzt in schöner Konsequenz — wie TLC-LISP — die Einschränkung, daß jedes Symbol nur einen Wert haben kann, sei er ein Funktionsobjekt oder nicht.
Wie ist die in SCHEME realisierte statische Bindung[10] zu verstehen? Im Normalfall ändert sich wenig gegenüber dem gewohnten LISP: Bei Definition von Funktionen im „Top-Level" — was ja üblich ist — bekommt das erzeugte Funktionsobjekt einen Verweis auf die globale Umgebung, das TOP-LEVEL-ENVIRONMENT, mit. Das bedeutet, daß eventuell frei vorkommende Variable sich auf globale Größen beziehen. Will man in einer Funktion die lokalen Variablen einer übergeordneten Funktion verwenden, muß man die Definition der betreffenden Unterfunktion in den Programmtext der Hauptfunktion so einordnen, daß dann, wenn die Unterfunktion wirklich definiert wird (bei Interpretation: Zur Laufzeit der Hauptfunktion), die gewünschte Umgebung aktuell ist.

9.3 Generatoren und Ströme

Im ersten Abschnitt dieses Kapitels haben wir über MAP-Funktionen auch als ein Mittel gesprochen, um Listen zu „filtern". Man kann nun ohne weiteres diesen Ansatz auf jede Art von Aufzählung von Elementen einer Struktur verallgemeinern. Als Ergebnis einer derartigen Funktion, die eine gegebene Funktion elementweise auf eine Datenstruktur anwendet, erwartet man in der Regel eine neue Struktur derselben Art. Daher nennt man Funktionen wie die MAP-Funktionen allgemein auch **Generatoren**. So kann man leicht ein Äquivalent für Bäume zu den als Listen-Generatoren verstandenen MAP-Funktionen definieren (nach Abelson et al. (1981)):

```
(DE TREE-GENERATE (FN TREE)
   (COND ((ATOM TREE) (FN TREE))
         (T (CREATE-TREE () () (TREE-GENERATE FN (L-SUC TREE))
                               (TREE-GENERATE FN (R-SUC TREE))))))
```

Nehmen wir an, wir möchten das erste Blatt eines Baumes herausfinden, das eine bestimmte Eigenschaft besitzt, etwa die, eine ungerade Zahl zu sein. Wenn wir mit Hilfe des eben eingeführten Generators das Prädikat ODDP auf den Baum anwen-

10 Steele und Sussman sprechen von „lexikalischer Bindung"

den, treiben wir einen entschieden zu hohen Aufwand: Wir können das Durchsuchen des Baums ja beenden, sobald wir das erste Blatt gefunden haben, das die gewünschte Eigenschaft hat! Diese Stelle eignet sich in besonderer Weise, einen nicht lokalen Ausgang vorzusehen — etwa unter Verwendung der oben eingeführten Primitiva CATCH und THROW. Allerdings haben wir ein zweites Problem damit noch lange nicht gelöst: Wollen wir etwa feststellen, ob zwei Bäume die gleichen Blätter haben, so können wir nicht umhin, zuerst von beiden Bäumen die Liste ihrer Blätter zu erzeugen und dann den Vergleich vorzunehmen. Sind die Bäume sehr groß und unterscheiden sie sich beispielsweise bereits im dritten Blatt, so haben wir immer noch einen wesentlich zu großen Aufwand getrieben. Können wir nicht einen Generator implementieren, der erst auf Bedarf das jeweils nächste Element „seiner" Struktur liefert (erzeugt)? Dies ist in der Tat mit den durch Closures verfügbaren Mitteln möglich. Ein idealisierter „Demand Generator" für den einfacheren Fall der Listen wäre die folgende Funktion: [11]

```
(DE LIST-DEMAND-GENERATE (LST)
   (CLOSURE
      (LAMBDA ()
         (COND ((NULL LST) 'EMPTY)
               (T (POP LST))))
      '(LST)))
```

Wir können auf diese Weise sogar Generatoren für unendliche Datenstrukturen implementieren, z. B. für die Liste der natürlichen Zahlen:

```
(DE INTEGERS-GENERATE (N)
   (CLOSURE
      (LAMBDA () (SETQ N (+ 1 N)))
      '(N)))
```

Mit dieser Definition erhielten wir (im Idealfall) nach Auswertung von (SETQ INTS (INTEGERS-GENERATE 7)):

```
> (INTS)
8

> (INTS)
9
etc.
```

Wir können mit dieser Methode Programme implementieren, die mit beliebig großen Datenstrukturen — normalerweise werden das Listen sein — umgehen: Die Elemente einer Struktur werden erst dann erzeugt, wenn sie tatsächlich gebraucht werden. Derartige inkrementell konstruierte Datenstrukturen nennt man **„Ströme"**; wir haben sie bereits im letzten Kapitel kennengelernt.

11 „idealisiert" wegen der Voraussetzung, daß Zuweisungen auch in der Umgebung der Closure gebundene Variablen verändern — andernfalls muß man behelfsweise auf die Modifikationsfunktionen zurückgreifen (Zuweisungen zu den Variablen in der Closure sind in TLC-LISP nicht möglich)

Zum Schluß sei noch angedeutet, daß man LISP selbst um diesen neuen Datentyp der Ströme erweitern könnte; man muß zu diesem Zweck neue Primitiva zum Zugriff auf und zur Konstruktion von Strom-Objekten einführen. Wird der Interpreter so modifiziert, daß ein Term generell erst dann ausgewertet wird, wenn sein Wert von einer anderen Funktion weiterverarbeitet werden soll — also nicht schon bei Übergabe als Argument —, so spricht man von **„verzögerter Auswertung“** (engl. **lazy evaluation)** (s. Friedman, Wise (1976) und Henderson (1981)).

9.4 Objekt-orientierte Programmierung und Prozeßsimulation

An dem Anwendungsbeispiel, das Sandewall (1970) besprach, ist besonders interessant, daß es eine Verknüpfung von Ideen einer applikativen oder funktionalen Sprache (LISP) und einer prozeßorientierten Sprache wie SIMULA vollzog. Sandewall hatte vorgeschlagen, Prozeßelemente durch Closures zu verwirklichen. In SIMULA werden solche Prozesse als Instanzen einer Klasse von Funktionen mit gleichem Programm und verschiedenen privaten Variablenwerten verstanden. Sandewall identifizierte „Programm einer Funktion“ in SIMULA mit „Funktionskörper“ in LISP, „private Variablenwerte“ mit „lokaler Umgebung des FUNARG“ und kam zum Ergebnis, daß Closures hervorragend geeignet sein müßten.
Zur Prozeßdefinition schlug er die Funktion DP vor:

```
(DF DP (U)
    (SET (CAR U)
         '(LAMBDA ,(CADR U)
                  (CLOSURE (LAMBDA ,@(CDDR U))
                           ' ,(CADR U)))))
```

Jeder Aufruf der Funktion DP erzeugt eine Klasse von Funktionskörpern, d. h. eine Funktion, die Funktionsobjekte mit unterschiedlichen privaten Variablenbelegungen erzeugt.
Sandewalls Beispiel:

```
(DP SPIT (X) ()                ; definiere eine Klasse von Prozessen mit der privaten
                               ; Variablen X.
    (COND (X (PROG1 (CAR X)
                               ; bei jeder Aktivierung eines Prozesses wird, falls der
                               ; lokale Vorrat nicht erschöpft ist, das erste Element
                               ; geliefert.
                    (SETQ X (CDR X))))))
                               ; Der Vorrat wird dabei verbraucht. Ist er erschöpft,
                               ; resultiert NIL.
```

Diescs Beispiel ist mit den oben besprochenen Generatoren (LIST-DEMAND-GENERATE) eng verwandt.

Mit (SPIT '(A B C D E)) erhalten wir ein Funktionsobjekt, dessen Werte nacheinander A, B, C, D, E, NIL, NIL usw. sind.
Ein Prozeßaustauschelement erhalten wir mit:

```
(DP ALTERNATE (G H) ()
    (LET ((M G))
         (SETQ G H)
         (SETQ H M)
         (FUNCALL H) ))
```

Der Wert von

```
(ALTERNATE (SPIT '(A B C D E))
           (SPIT '(1 2 3 4 5)))
```

ist ein Funktionsobjekt, das nacheinander die Werte

```
A 1 B 2 C 3 ...
```

liefern wird.
In der Prozeß-Definitionsfunktion DP gibt also das zweite Argument die Liste der privaten Variablen an, während das dritte Argument die Liste der formalen Parameter darstellt, mit der das produzierte Funktionsobjekt aktiviert werden muß.

Für LISP wurde die Anfang der siebziger Jahre einsetzende Entwicklung des Software-Engineering folgenreich. Hatte man bis dahin Datenstrukturen als statische Graphen verstanden, für deren Darstellung man neue Formalismen erarbeiten müsse, so ging man nun von den Operationen über diesen Strukturen aus. Die statische Darstellung trat als unwichtige „Repräsentation" zurück. Eine Datenstruktur wurde charakterisiert als Menge der zu ihr gehörenden Verarbeitungsfunktionen (Datenabstraktion, s. Kapitel 6).
Mit dieser Wende wurde auch SIMULA aktuell, denn es bot ein Sprachkonstrukt an, das es erlaubte, solche Gruppen von Funktionen konzeptionell zusammenzufassen: Die Klasse. Dieses Konstrukt ist es genau, das Sandewall wenige Jahre vorher durch Closures in LISP abbilden wollte.
Das **Klassenkonzept** hat zwei Aspekte: Einmal werden Datenstrukturen durch die Angabe ihrer Selektionsfunktionen definiert und bilden mit ihnen eine konzeptionelle Einheit. Zweitens können von diesen Klassendefinitionen ausgehend individuell verschiedene Instanzen erzeugt werden, die sehr eng mit dem Objektbegriff in unserem Sinne verwandt sind. Rückt man die Datenstrukturen in den Mittelpunkt der Betrachtung, so bedeutet die Instanzenbildung nicht mehr als den Aufruf der klassenbezogenen (typenbezogenen) Konstruktionsfunktion. Legt man jedoch das Gewicht auf die Prozeduren (Funktionen), so ergibt sich das Bild, daß voneinander unabhängige Inkarnationen (Exemplare) von Funktionen erzeugt werden, deren Programmtexte zwar identisch sind, aber jede von ihnen ihre privaten Kopien von lokalen Variablen, etc. hat. Unter den Daten, zu denen eine derartige Funktion Zugriff hat, sind auch solche, deren Existenz unabhängig vom Aktivierungszustand der Funktionen ist: Ihr Zustand bleibt unverändert, wenn die Funktion ihre Arbeit beendet hat, und sie sind zudem nur streng lokal zugreifbar.
Ebenfalls Anfang der siebziger Jahre wurde die Programmiersprache Smalltalk durch ein anders motiviertes Aufgreifen des Klassenkonzepts entwickelt. In

Smalltalk dient das Klassenkonstrukt dazu, die Bildung gleichartiger Objekte zu koordinieren. Gleichzeitig ermöglichen die Klassen durch explizite Beeinflussung des Empfangens und Sendens die Reihenfolge der Auswertung zu kontrollieren. Objekte in Smalltalk sind Elemente, Individuen, einer Klasse. Sie können Informationen speichern und kommunizieren untereinander durch das Senden und Empfangen von Nachrichten. Objekte werden nicht unabhängig von ihrer Klasse gesehen: Die Klasse vollzieht die Kommunikation für jedes Objekt, das zu ihr gehört.

Wenn wir, wie Sandewall (1970), Klassen als Funktionsobjekte produzierende Funktionen definieren, können wir den entsprechenden Programmierstil in LISP verwirklichen.

Dazu ein Beispiel: Die Klasse der rationalen Zahlen umfaßt Individuen, die sich durch Zähler und Nenner voneinander unterscheiden. Sie reagieren auf Nachrichten wie „Addiere dich mit...!“, „Subtrahiere von dir ...“ usw. Teil der Nachricht ist jeweils eine andere rationale Zahl.

Außer den privaten Variablen, die schon Sandewall benutzte, müssen wir jetzt also die verschiedenen Nachrichten abfragen. Dazu ist der SELECTQ-Term hervorragend geeignet. Unsere Klassendefinitionen enthalten demnach Komponenten der Form:

```
(LAMBDA (MESSAGE)
   (LET  ((OP (CAR MESSAGE))
          (ARG (CADR MESSAGE)))
         (SELECTQ OP
                  (op1 term11 ...)
                  ...
                  (opn termn1 ...)
                  (T (ERROR "Class: unknown Message" op)))))
```

Die Klauseln (op_i $term_{i1}$ ...) behandeln jeweils eine Nachricht.

Als Beispiel für ein System mit veränderlichem Zustand betrachten wir das Blocksystem der Eisenbahn.

Eine *Strecke* ist in *Blöcke* aufgeteilt. Jeder Block wird durch ein *Signal* an seinem Anfangspunkt gesichert. Ein Signal kann entweder „Halt“ oder „Fahrt-frei“ anzeigen. Befindet sich ein *Zug* in einem Block, so wird der Block so lange durch das Signal gesperrt, bis der Zug ihn verlassen hat. Der Lokomotivführer eines Zuges, der in den Block hineinfahren will, kann in unserem Modell die Signalstellung erfahren, indem er dem Signal die Nachricht „Signalstellung?“ sendet. Wenn der Zug das Signal passiert, schickt er ihm die Nachricht „Bin-vorbei!“. Dann muß das Signal auf „Halt“ gestellt werden. Gleichzeitig ist zu veranlassen, daß der vorhergehende Block frei gegeben wird, indem das zugehörige Signal auf „Fahrt-frei“ gesetzt wird. Dies können wir dadurch verwirklichen, daß das sich auf „Halt“ stellende Signal eine passende Nachricht, etwa „Freigeben!“, an das vor ihm stehende Signal schickt.

Wir haben also die privaten Variablen ZUSTAND und VORBLOCK sowie die Klauseln

```
("Signalstellung?" ZUSTAND)
("Bin-vorbei!" (SETQ ZUSTAND "Halt") (VORBLOCK "Freigeben!"))
("Freigeben!" (SETQ ZUSTAND "Fahrt-frei"))
```

Abb. 23

Insgesamt ergibt sich:

```
(DE SIGNAL-CLASS (VORBLOCK ZUSTAND)
   (CLOSURE (LAMBDA (MESSAGE)
                   (LET ((OP (CAR MESSAGE)))
                        (SELECTQ OP
                          ("Signalstellung?" ZUSTAND)
                          ("Bin-vorbei!" (SETQ ZUSTAND "Halt")
                                         (VORBLOCK "Freigeben!"))
                          ("Freigeben!" (SETQ ZUSTAND "Fahrt-frei")))))
                 '(ZUSTAND VORBLOCK)))
```

Mit jedem Aufruf von SIGNAL-CLASS wird ein neues Signal-Objekt als Instanz dieser Klasse generiert (exakt so kann es in TLC-LISP nicht realisiert werden; beachte Fußnote S. 189, Realisierung S. 195/196):

```
(SETQ SIGNAL2 (SIGNAL-CLASS SIGNAL1 "Fahrt-frei"))
```

Ein Streckenmodell würde natürlich nicht nur Signale umfassen, sondern Bahnhöfe, Züge usw. Wir können dabei konstatieren, daß das einzelne Signal einer Strecke völlig unabhängig ist von Signalen auf anderen Strecken. Im Modell könnten auf einer Strecke auch gleichzeitig mehrere Züge fahren — die Verarbeitung der Nachrichten kann auch von der Simulation her parallel erfolgen.
Der objekt-orientierte Programmierstil im engeren Sinne (den wir schon in Kapitel 1 eingeführt hatten) enthält diese Klassendefinitionen als wesentliches Konstruktionsmittel, als deren Resultat potentiell aktive Objekte gebildet werden können. In Smalltalk oder dem **Flavor**-System (s. Abschnitt 10.4), das LISP erweitert, wird dieser Stil durch bequeme Hilfsmittel zur Klassendefinition erleichtert. Dabei spielt eine besondere Rolle, daß man zur Definition einer neuen Klasse alte Klassen verwendet, indem man Nachrichten und private Variable übernehmen kann. Wenn man sich auf bereits definierte Klassen bei der Definition bezieht, **vererben** sich deren Eigenschaften (Zustandsvariablen und Nachrichten).

9.5 Simulation durch Funktionsobjekte mit zugeordneter Umgebung

Simulationsmodelle werden konstruiert, um das Verhalten realer, z. B. technischer, Systeme untersuchen zu können. Mit der Implementierung von Simulationsmodellen auf einem Rechner ist es möglich, durch Variation unterschiedlicher Randbedingungen zu studieren, welche Eigenschaften das Modell — und damit das durch es abgebildete System — besitzt. Simulation ist besonders dann von großer Bedeutung, wenn reale Experimente mit einem System nicht möglich sind. Läßt man ein Simulationsmodell so ablaufen, daß man nur zu bestimmten diskreten Zeitpunkten den Zustand des Systems aufzeichnet, so spricht man von **diskreter Simulation**.

Ein wichtiger Baustein für diskrete Simulationsmodelle ist die Warteschlange: Prozesse, die von irgend einer Bedienungsstation versorgt werden sollen, treffen mit nicht genau vorhersagbarer Ankunftszeit ein. Ihre Anforderungen an die Bedienungsstation können unterschiedlich sein. Wenn die eintreffenden Prozesse nicht sofort bedient werden können, müssen sie warten; in Abhängigkeit von der Zeit ihres Eintreffens werden sie bedient. Die Warteschlange sichert die Referenzen auf die wartenden Prozesse und garantiert die Reihenfolge der Bedienung.

Wir wollen nun kennenlernen, wie wir Simulationsmodelle mit den in diesem Kapitel eingeführten Mitteln elegant implementieren können. Wir greifen dabei auf eine von Abelson et al. (1981) vorgestellte Lösung zurück.

Wir stellen Warteschlangen durch Listenstrukturen dar. Das Symbol QUEUE möge auf die Warteschlange verweisen, genauer: Es verweist auf ein Paar, dessen Car auf das erste und dessen Cdr auf das letzte Element der die Warteschlange darstellenden Liste zeigt.

```
(p1 p2 ... pn)                  (p1 p2 ... pn pn+1)              (p2 ... pn+1)
 ↖        ↗    pn+1 kommt:       ↖        ↗  ↗      p1 geht:      ↖       ↑
(first . last)                  (first . last)                   (first . last)
```

Die Aufnahme eines neuen Prozesses — d.h. Eingliederung am Ende der Warteschlange — erfolgt durch

```
(RPLACD (CDR QUEUE) (LIST p))
(RPLACD QUEUE (CDDR QUEUE)).
```

Mit

```
(RPLACA QUEUE (CDAR QUEUE))
```

wird der jeweils erste Prozeß aus der Warteschlange entfernt.

Wir wollen Warteschlangen als abstrakte Datentypen einführen. Dazu benötigen die folgenden primitiven Prädikate, Selektions- und Modifikationsfunktionen:

EMPTY?	liefert T für eine leere Warteschlange, sonst NIL;
FRONT	liefert das vorderste Element der Warteschlange;
DELETE	entfernt das vorderste Element aus der Warteschlange;
INSERT	fügt ein neues Element hinten in die Warteschlange ein.

Das Problem, Bedienungsstationen richtig zu koordinieren, ist dadurch lösbar, daß man jeder Station eine eigene Warteschlange zuordnet. Dann muß irgendwann für jeden auf Bedienung wartenden Prozeß eine Entscheidung getroffen werden, in welche Schlange er einzureihen ist. Ein gutes Entscheidungskriterium ist die Länge der Warteschlange — je länger eine Schlange ist, umso länger muß man vermutlich anstehen.

Daher führen wir eine weitere Grundfunktion

LENGTH	zur Feststellung der Länge einer Warteschlange ein

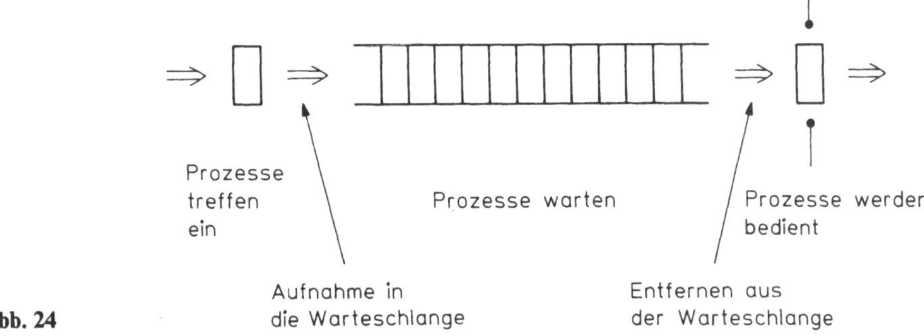

Abb. 24

Steht die Zahl der Bedienungsstationen beim Entwurf des Simulationsmodells bereits fest, dann können wir in der Initialisierungsphase mittels einer geeigneten Funktion MAKE-QUEUE ein Warteschlangenobjekt erzeugen und an Variable binden.

Schwieriger wird es, wenn diese Anzahl nicht von Anfang an feststeht: Es besteht ja nicht nur das Problem, die erzeugte Warteschlange referenzierbar zu halten; daneben haben wir noch das Problem des Zugriffs über eine Zeigervariable, die lokal zu jeder Warteschlange gehört. Wir lösen es dadurch, daß wir ein Funktionsobjekt mit dieser „privaten" Variablen erzeugen: eine Closure.

Wir sehen uns dabei aber unmittelbar vor eine neue Aufgabe gestellt: Wie kann es uns gelingen, alle vier zugeordneten primitiven Funktionen zugleich in eine Closure einzuschließen?

Eine überraschend einfache und elegante Lösung wird möglich, wenn wir die Warteschlangen als Objekte im Sinne des oben eingeführten, von Smalltalk beeinflußten Objektbegriffs realisieren. Wir nehmen an, daß der Aufruf der Selektionsfunktionen nicht zur Aktivierung übergreifender Funktionen führt, denen wir die betreffende Warteschlange als Argument übergeben, sondern umgekehrt: Wir rufen die Warteschlange auf mit der Spezifikation dessen, was wir von ihr wollen. Das kann man auch so interpretieren, daß wir der Warteschlange eine Nachricht senden, etwa des Inhalts „Bist Du leer?", und erwarten, daß sie uns dann die gewünschte Information zukommen läßt. Damit kommen wir zu folgender Konstruktionsfunktion für Warteschlangen:

```
(DE MAKE-QUEUE ()
   (LET ((PTR (LIST NIL)))  ; Paar für FIRST und LAST
      (CLOSURE
         (LAMBDA (MESSAGE)
            (SELECTQ (CAR MESSAGE)
               (LENGTH (LENGTH (CAR PTR)))
               (EMPTY? (NULL (CAR PTR)))
               (FRONT  (CAAR PTR))
               (DELETE (RPLACA PTR (CDAR PTR)))
               (INSERT
                  (LET ((NEW  (LIST (CADR MESSAGE))))
```

```
                    (COND ((NULL (CAR PTR))
                           (RPLACA PTR NEW))
                          (T (RPLACD (CDR PTR) NEW)))
                    (RPLACD PTR NEW)))
              (T (ERROR "Queue: Unknown message" MESSAGE))))
        '(PTR))))
```

Die bisher noch gar nicht erwähnte Typprüfungsfunktion ist gewissermaßen gleich eingeschlossen: Es wird angenommen, daß normalerweise die Warteschlange korrekt behandelt wird, daß man sich also des Typs bewußt ist. Andernfalls wird man sich des Objekts falsch bedienen, was zu einer Fehlermeldung führt.

Das Besondere der neuen Konstruktion besteht darin, daß in der Tat eine Art **Datenkapsel**, eine Klammer, um die primitiven Funktionen und zugeordneten Datenstrukturen, gebildet wurde. Außer den zulässigen Nachrichten brauchen wir über die Definition nichts zu wissen. Es gibt auch keinerlei konzeptionelle Schwierigkeit, sich vorzustellen, daß gleichzeitig von vielen solchen Warteschlangen-Objekten Nachrichten empfangen und Antworten gesendet werden.

Als nächstes wollen wir überlegen, wie ein Simulationsmodell im Ganzen organisiert werden soll. Es ist sicher nicht sinnvoll, es in Realzeit ablaufen zu lassen, denn es kann nicht sichergestellt werden, daß alle Berechnungen zur richtigen Zeit abgeschlossen sind. Wir müssen den Zeitverlauf also simulieren, d. h., daß wir die zu einer gewissen (Simulations-)Zeit anstehenden Berechnungen durchführen und dann einen Zeitsprung um eine gewisse Dauer vornehmen. Da die zu simulierenden Vorgänge aus einzelnen Ereignissen bestehen, die zu bestimmten Zeiten auftreten (Beginn einer Aktion, Ende einer Aktion, eines Zustandes, etc.), müssen wir alle Ereignisse, die nach dem nächsten Zeitsprung stattfinden sollen, sammeln. Wir benötigen einen Ort, an dem festgestellt werden kann, ob alle zu einem bestimmten Zeitpunkt gehörenden Berechnungen abgeschlossen sind, an dem dann der Zeitsprung vollzogen wird und alle zu dem neuen Zeitpunkt gehörenden Berechnungen ausgelöst werden können.

Wir stehen also vor der Aufgabe der Synchronisation des Simulationsmodells. Daß der Synchronisator die Zeitsprünge auslösen muß — und damit die einzelnen Simulationsprozesse —, ist klar. Daneben soll er die zukünftig auszulösenden Ereignisse so verwalten, daß sie zur korrekten Zeit aktiviert werden. Damit haben wir dem Synchronisator aber zwei völlig verschiedene Aufgaben zugedacht und er würde dementsprechend ganz unterschiedliche Argumente bekommen. Da die Anforderungen aber von Prozeß-Objekten kommen, werden sie die Form von Nachrichten haben. Warum sollte man nicht auch den Synchronisator als Objekt, das Nachrichten sendet und empfängt, definieren?

```
(DE MAKE-SYNCHRONIZER ()
  (LET ((BUFFER (LIST NIL)))
       (CLOSURE
         (LAMBDA (MESSAGE)
           (SELECTQ (CAR MESSAGE)
             (SIGNAL-ME (SETUP-SIGNAL (CADR MESSAGE)
                                      (CADDR MESSAGE))
                        '(OK))
```

```
                 (TICK (TICK))
                 (T (ERROR "Synchronizer: Unknown message"
                           MESSAGE))))
       '(BUFFER))))
```

Damit nehmen wir an, daß die Nachricht, mit der ein Prozeß-Objekt um spätere Aktivierung bittet, außer dem Nachrichtenkopf zwei Informationen enthält: Das Objekt selbst und die Differenz zwischen aktueller Zeit und gewünschter Weckzeit. Da die Zeit in diskreten Schritten abläuft, kann man so vorgehen, daß man im Puffer BUFFER zu jedem zukünftigen Zeitpunkt eine Unterliste von wartenden — besser: um Zeitinformation bittenden — Prozessen aufhebt. Diese sind keineswegs Prozesse in Warteschlangen, denn deren Reaktivierung hängt nicht von der Zeit, sondern von der Bedienung vor ihnen eingetroffener Prozesse ab.

```
(DE SETUP-SIGNAL (OBJECT DELAY)
   (ADD-TO-BUFFER OBJECT (ADD1 DELAY)))
```

Es ist möglich, daß die Weckzeit so weit in der Zukunft liegt, daß auch vorher liegenden Zeitpunkten noch keine Prozesse, die um Nachrichten bitten, zugeordnet sind. Das muß bei der Erweiterung des Puffers berücksichtigt werden, denn beim Zeitsprung wird jeweils die erste Liste von Prozessen abgearbeitet.

```
(DE ADD-TO-BUFFER (OBJECT N) (RPLACA BUFFER
                                 (EXTEND-BY-NIL (CAR BUFFER) N))
   (ADD-TO-LIST (NTH* (CAR BUFFER) N) OBJECT)))

(DE ADD-TO-LIST (POINTER OBJECT)
   (RPLACA POINTER (CONS OBJECT (CAR POINTER))))

(DE NTH* (X N)
   (COND ((EQ N 1) X)
         (T (NTH* (CDR X) (SUB1 N)))))

(DE EXTEND-BY-NIL (X N)
   (COND ((GE (LENGTH X) N) X)
         (T (EXTEND-BY-NIL (NCONC X (LIST NIL)) N))))
```

Wenn der Zeitsprung ausgeführt wird, müssen alle auf den neuen Zeitpunkt wartenden Prozesse informiert werden; der Puffer wird dann verkürzt:

```
(DE TICK ()
   (COND ((NULL (CAAR BUFFER)) NIL)
         (T (SIGNAL-ALL (CAAR BUFFER))))
   (RPLACA BUFFER (CDAR BUFFER)))
```

Die Zeitinformation wird den Prozessen als Nachricht geschickt:

```
(DE SIGNAL-ALL (OBJECTS)
   (COND ((NULL OBJECTS) NIL)
         (T ((CAAR OBJECTS)  (LIST 'SIGNAL (CADAR OBJECTS)))
            (SIGNAL-ALL (CDR OBJECTS)))))
```

Um ein Simulationsmodell implementieren zu können, benötigen wir noch Repräsentanten für Bedienungsstationen und „Kunden“ (zu bedienende Prozesse). Im einfachsten Fall haben wir eine Bedienungsstation mit zwei Schaltern vor uns — sonst gibt es nichts zu synchronisieren. Komplexere Modelle können aus diesen Bausteinen zusammengesetzt werden, z. B. Simulationsmodelle für Fertigungsanlagen oder Transportsysteme. Wir wollen uns die Konstruktion eines nicht ganz einfachen Simulationsmodelles am Beispiel eines Hafens veranschaulichen.

9.6 Das Hafenmodell: Ein konkretes Simulationsbeispiel

Ein Hafen habe eine gegebene Anzahl von Kais, an deren jedem eine bestimmte Menge von Schiffen entladen werden kann. Die Frage, die wir mit unserem Simulationsmodell beantworten wollen, lautet: Wie lange muß ein Schiff auf der Reede liegen, wenn wir eine bestimmte Wahrscheinlichkeit dafür annehmen, daß Schiffe den Hafen aufsuchen und wenn wir eine bestimmte Wahrscheinlichkeitsverteilung für ihre Verweilzeiten vorgeben?
Die aktiven Prozeßelemente in unserem Modell sind Kais (Bedienungsstationen, engl. server) und Schiffe (Kunden, engl. customer). Die den Schiffen entsprechenden Prozesse werden zur Ankunftszeit im Hafen erzeugt und mit Verlassen wieder vernichtet. Die Kai-Prozesse werden mit der Beschreibung des Hafens generiert. Jedem Kai ist eine private Warteschlange zugeordnet. Da an jedem Kai mehrere Schiffe liegen können, muß der Aufbau der Nachricht vom Kai an den Synchro-

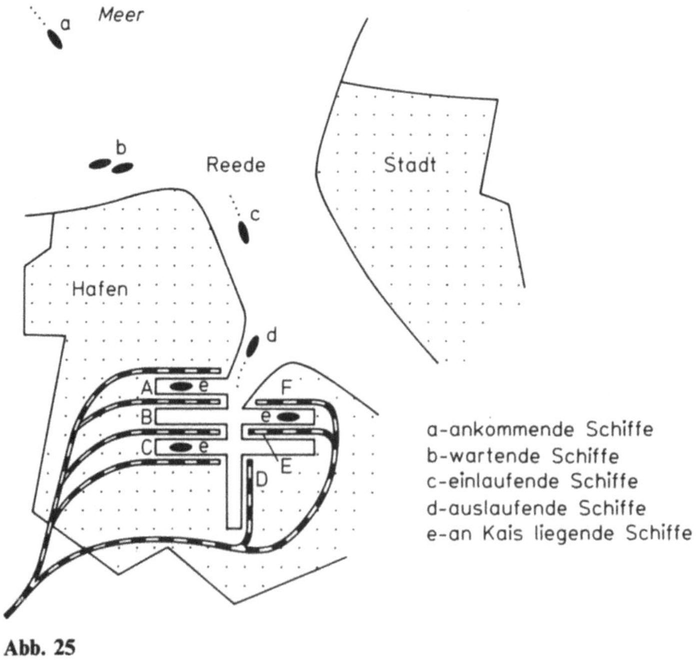

Abb. 25

nisator und von diesem an den Kai geändert werden: Das erste Element dieser Nachricht ist nun eine Kombination von Kai und Schiff.
Die Hauptfunktion des Simulationsmodells heißt SIMULATE. Ihre Argumente sind:

KAI-DESCR-LIST	eine Liste, die für jeden Kai die Anzahl der Entladestationen angibt,
CHANCE-SHIP-ENTERS	die relative Häufigkeit für das Eintreffen eines Schiffs,
REQUEST-DISTRIBUTION	die Verteilung der Anforderungen (in Simulations-Zeiteinheiten),
MAX-TIME	Beendigungszeit für den Simulationslauf.

Nach der Initialisierung führt SIMULATE die allgemeine Schleife des Simulationsmodells aus. Die Funktion ODDS entscheidet, ob im aktuellen Durchlauf ein neues Schiff eintrifft.

```
(DE SIMULATE (KAI-DESCR-LIST CHANCE-SHIP-ENTERS
                REQUEST-DISTRIBUTION MAX-TIME)
   (LET ((THE-SYNCHRONIZER (MAKE-SYNCHRONIZER))
         (AVAILABLE-KAIS (MAKE-KAI-LIST KAI-DESCR-LIST)))
        (DO ((TIME 0 (ADD1 TIME)))
            (((EQ TIME MAX-TIME) 'DONE))
            (COND ((ODDS CHANCE-SHIP-ENTERS)
                   (SHIP-ENTERS  TIME  REQUEST-DISTRIBUTION)))
            (THE-SYNCHRONIZER '(TICK)))))
```

Mit MAKE-KAI wird ein Kai generiert. Aus der als Argument übergebenen Beschreibung wird entnommen, wie viele Entladestationen der Kai hat. Ein Kai kann folgende Nachrichten interpretieren: SET-MY-NAME (zur Identifikation), HOW-LONG-IS-YOUR-QUEUE, SERVE-ME, und SIGNAL. Will ein Schiff entladen werden, so sendet es dem Kai die Nachricht SERVE-ME, worauf es zunächst in die Warteschlange des Kais eingereiht wird. Ist es das einzige Schiff in der Warteschlange, dann wird es sogleich entladen. Empfängt der Kai eine SIGNAL-Nachricht vom Synchronisator, so teilt er dem ersten Schiff in seiner Warteschlange mit, daß es abgefertigt ist und fährt mit dem Entladen des nächsten Schiffes — falls eines wartet — fort.

```
(DE MAKE-KAI (DESCR)
   (LET ((SHIP-CAPACITY (CAR DESCR))
         (SHIP-PLACES (EXTEND-BY-NIL NIL (CAR DESCR)))
         (MY-QUEUE (MAKE-QUEUE))
         (ME (LIST NIL)))
        (LET ((KAI (CLOSURE
                (LAMBDA (MESSAGE)
                   (SELECTQ (CAR MESSAGE)
                      (SET-MY-NAME  (RPLACA ME (CADR MESSAGE)))
```

```
                    (HOW-LONG-IS-YOUR-QUEUE
                              (COND ((FREE-PLACE) -1)
                                    (T (MY-QUEUE '(LENGTH)))))
                    (SERVE-ME (PROCESS-SERVE-REQUEST
                                          (CADR MESSAGE)))
                    (SIGNAL (PROCESS-SIGNAL  (CADR MESSAGE)))
                    (T (ERROR "KAI: Unknown message "
                              MESSAGE))))
              '(SHIP-CAPACITY SHIP-PLACES MY-QUEUE ME))))
            (KAI (LIST 'SET-MY-NAME KAI))
            KAI))))
```

MAKE-SHIP erzeugt Prozeßobjekte, die die eintreffenden Schiffe repräsentieren. Ein Schiff kann die Nachrichten DONE und HOW-LONG-DO-YOU-NEED? interpretieren. Bearbeitet ein Kai ein Schiff, so sendet es ihm die Nachricht HOW-LONG-DO-YOU-NEED?, erfährt daraufhin die vom Schiff angeforderte Bearbeitungszeit, läßt es diese Zeit warten und schickt ihm dann die Nachricht DONE. Damit ist dem Schiff mitgeteilt, daß es entladen (bearbeitet) ist; die Meldung DONE bewirkt die Ausgabe von Information über seine Abfertigung.

```
(DE MAKE-SHIP (ARRIVAL-TIME TIME-TO-SERVICE)
  (CLOSURE
   (LAMBDA (MESSAGE)
     (SELECTQ (CAR MESSAGE)
       (DONE      (PRINT (LIST 'ENTER ARRIVAL-TIME
                               'LEAVE TIME
                               'SERVICE TIME-TO-SERVICE
                               'WAIT (- TIME
                                        (+ ARRIVAL-TIME
                                           TIME-TO-SERVICE)))))
           (HOW-LONG-DO-YOU-NEED?  TIME-TO-SERVICE)
           (T (ERROR "SHIP: Unknown message " MESSAGE)))))
     '(ARRIVAL-TIME TIME-TO-SERVICE)))
```

Die folgenden Funktionen erledigen Teilaufgaben für die Hauptfunktion SIMULATE:

```
(DE MAKE-KAI-LIST (DESCR-LIST)
  (DO ((L DESCR-LIST (CDR L))
       (R NIL (CONS (MAKE-KAI (CAR L)) R)))
      (((NULL L) R))))

(DE ODDS (PERCENTAGE) (GT PERCENTAGE (RANDOM)))
```

SHIP-ENTERS erzeugt mit Hilfe von MAKE-SHIP ein neues Schiff-Objekt mit einer (Bedienungszeit-)Anforderung, die aus der anfänglich gegebenen Verteilung ausgewählt wird, und schickt die Nachricht SERVE-ME zusammen mit einer Referenz auf das Objekt und den Kai mit der kürzesten Warteschlange.

```
(DE SHIP-ENTERS (CURRENT-TIME REQUEST-DISTRIBUTION)
   ((SHORTEST-QUEUE-KAI AVAILABLE-KAIS)
    (LIST 'SERVE-ME
          (MAKE-SHIP CURRENT-TIME
                     (PICK-RANDOM REQUEST-DISTRIBUTION)))))

(DE SHORTEST-QUEUE-KAI (KAI-LIST)
   (CADR (PAIR-WITH-SMALLEST-CAR
            (MAPCAR
               (LAMBDA (KAI)
                  (LIST (KAI '(HOW-LONG-IS-YOUR-QUEUE))
                        KAI))
               KAI-LIST))))

(DE PAIR-WITH-SMALLEST-CAR (PAIRS)
   (COND ((EQ 1 (LENGTH PAIRS)) (CAR PAIRS))
         (T (LET ((SMALLEST-IN-CDR
                     (PAIR-WITH-SMALLEST-CAR (CDR PAIRS))))
               (COND ((LT (CAAR PAIRS) (CAR SMALLEST-IN-CDR))
                      (CAR PAIRS))
                     (T SMALLEST-IN-CDR))))))
```

Die Bearbeitung eines Schiffs besteht darin, es so lange „schlafen" zu legen, wie es selbst angibt:

```
(DE PROCESS-SERVE-REQUEST (SHIP)
   (LET ((FLP (MEMQ NIL SHIP-PLACES)))
      (COND (FLP (RPLACA FLP SHIP)
                 (THE-SYNCHRONIZER
                    (LIST 'SIGNAL-ME
                          (LIST (CAR ME) SHIP)
                          (SHIP  '(HOW-LONG-DO-YOU-NEED?)))))
            (T (MY-QUEUE (LIST 'INSERT SHIP))))))

(DE PROCESS-SIGNAL (SHIP)
   (LET ((FLP (MEMQ SHIP SHIP-PLACES)))
      (RPLACA FLP NIL)
      (SHIP '(DONE))
      (COND ((MY-QUEUE '(EMPTY?)) NIL)
            (T (SETQ FLP (MY-QUEUE '(FRONT)))
               (MY-QUEUE '(DELETE))
               (PROCESS-SERVE-REQUEST FLP)))))

(DE FREE-PLACE () (MEMQ NIL SHIP-PLACES))
```

Die Funktion PICK-RANDOM benutzt einen einfachen Zufallszahlengenerator, um Elemente zufällig aus einer Liste auszuwählen:

```
(DE PICK-RANDOM (X)
    (PICK (FIX (MUL (RANDOM) (LENGTH X))) X))

(DE PICK (N X)
    (COND ((ZEROP N) (CAR X))
          (T (PICK (SUB1 N) (CDR X)))))

(DE RANDOM (&OPTIONAL
                (SW (COND ((BOUNDP '*RANDOM*) *RANDOM*)
                          (T 17.10300)))
                (PI 3.141593))
    (SETQ *RANDOM* (*$ SW PI))
    (SETQ *RANDOM* (SUB *RANDOM* (FIX *RANDOM*))))
```

Wir wollen nun kurz die Ergebnisse eines charakteristischen Laufs unseres Simulationsmodells betrachten. Wir starten es mit

```
> (SIMULATE '((2) (1) (3)) 85 '(5 5 6 6 6 7 7 8) 20)
```

und erhalten

```
(ENTER  0 LEAVE  6 SERVICE 6 WAIT 0)
(ENTER  2 LEAVE  9 SERVICE 7 WAIT 0)
(ENTER  1 LEAVE  9 SERVICE 8 WAIT 0)
(ENTER  5 LEAVE 11 SERVICE 6 WAIT 0)
(ENTER  3 LEAVE 11 SERVICE 8 WAIT 0)
(ENTER  6 LEAVE 12 SERVICE 6 WAIT 0)
(ENTER  4 LEAVE 12 SERVICE 8 WAIT 0)
(ENTER  8 LEAVE 14 SERVICE 5 WAIT 1)
(ENTER  9 LEAVE 16 SERVICE 5 WAIT 2)
(ENTER  7 LEAVE 16 SERVICE 7 WAIT 2)
(ENTER 12 LEAVE 17 SERVICE 5 WAIT 0)
(ENTER 13 LEAVE 19 SERVICE 6 WAIT 0)
(ENTER 10 LEAVE 19 SERVICE 7 WAIT 2)
DONE
```

9.7 Literaturhinweise

1. Allen (1978) bespricht das Umgebungsproblem ausführlich. Die klassische Arbeit ist Moses (1970). Sandewall (1970) gibt Anwendungsbeispiele und schlägt Implementationsmethoden vor. Berry (1970) behandelt das Umgebungsproblem aus der Sicht von ALGOL60 und LISP. Steele und Sussman (1977) diskutieren die lexikalische Bindung. Lesenswert ist auch die Arbeit von Baker (1978).
2. Bobrow und Wegbreit (1973) formulierten das Spaghetti-Stack-Modell. Eine kritische Würdigung kann in Steele (1977) gefunden werden.

3. Das Actor-Modell wird u. a. in Hewitt (1973), Lieberman (1981) und Thierault (1983) entwickelt.
4. Goldberg, Robson (1983) ist die zentrale Veröffentlichung für Smalltalk. Heft 8 (1982) der Zeitschrift Byte enthält mehrere Artikel über Smalltalk. Stoyan/Görz (1983) ist eine deutschsprachige Arbeit über die Prinzipien der objekt-orientierten Programmierung.

9.8 Übungen

9.2/1: Gegeben sei der folgende Ausdruck:

```
((LAMBDA (Z)
    ((LAMBDA (U)
        ((LAMBDA (Z) (U 'B)) 'C))
     (LAMBDA (X) (CONS X Z))))
 'A)
```

Was resultiert im Falle statischer Bindung? Wie lautet das Ergebnis der Auswertung bei dynamischer Bindung?

9.3/1: Implementieren Sie eine stromorientierte Version der Funktion INTERSECTION! Sie ist dadurch charakterisiert, daß sie bei jedem Aufruf das jeweils nächste Element aus dem Durchschnitt zweier Mengen liefert.

9.4/1: Geben Sie sich für die Simulation eines Eisenbahnnetzes einen kleinen Schienenkreis mit drei Blöcken vor! Entwickeln Sie dazu das Modell eines Bahnhofs und eines Zuges!

9.6/1: Mit der Ausführung von Simulationsmodellen wird oft eine Reihe von statistischen Auswertungen durchgeführt. So ist beispielsweise von Interesse, welche durchschnittlichen Bedienungs- und Wartezeiten Kunden haben, die das System durchlaufen. Implementieren Sie ein „Statistik-Objekt", das die folgenden Nachrichten verarbeiten kann:

```
(REMEMBER-SERVICE-TIME <time> )
(REMEMBER-WAITING-TIME <time> )
(AVERAGE-SERVICE-TIME)
(AVERAGE-WAITING-TIME).
```

Die letzten beiden Meldungen bewirken eine Durchschnittsbildung über die bisher durch die beiden ersten Meldungen mitgeteilten Zeiten. Überlegen Sie, wie und ob die Durchschnittsbildung auch inkrementell erfolgen kann! Überlegen Sie, an welchen Stellen im Simulationssystem Modifikationen erforderlich werden, um das Statistik-Objekt korrekt zu bedienen!

10 Generische Funktionen und datengesteuerte Programmierung

10.1 Gründe für eine weitere Abstraktionsstufe

An einem Anwendungsbeispiel, der Implementierung eines Programmsystems für Arithmetik, wollen wir uns vor Augen führen, inwiefern die Einführung einer weiteren Abstraktionsstufe für Funktionen sinnvoll ist. Die Fragestellung, der wir uns zuwenden wollen, tritt immer dann auf, wenn in einem Programmsystem Objekte verarbeitet werden sollen, die zwar verschiedene Typen haben, jedoch unter einen gemeinsamen Oberbegriff fallen und damit eine Reihe von Ähnlichkeiten aufweisen. So ist die Situation, wenn wir Arithmetik treiben wollen: Wir haben bisher Integer- und Realzahlen kennengelernt und sogar (Kapitel 6) einen neuen Typ, die rationalen Zahlen, hinzugefügt. Damit müssen wir schon vier Arten von arithmetischen Funktionen unterscheiden, und mit jedem neu hinzukommenden Typ von Zahlen — z. B. komplexen Zahlen — wird die Lage unübersichtlicher:

1. Funktionen für Integer-Arithmetik	+	−	*	/
2. Funktionen für Real-Arithmetik	+$	−$	*$	/$
3. Funktionen für gemischte Arithmetik	ADD	SUB	MUL	DIV
4. Funktionen für rationale Arithmetik	+RAT	−RAT	*RAT	/RAT

Die Funktionen der ersten Gruppe bilden ganze Zahlen auf ganze Zahlen ab, in algebraischer Notation (s. Kapitel 3) z. B.:

$$+ : \text{FIXNUM} \times \text{FIXNUM} \longrightarrow \text{FIXNUM}$$

die Funktionen der zweiten Gruppe bilden Real-Zahlen auf Real-Zahlen ab, sie sind Funktionen von FLONUM x FLONUM in FLONUM; die der dritten Gruppe operieren über dem kartesischen Produkt der Vereinigungsmenge von FLONUM und FIXNUM mit sich selbst:

$$(\text{FIXNUM} \cup \text{FLONUM}) \times (\text{FIXNUM} \cup \text{FLONUM}) \longrightarrow (\text{FIXNUM} \cup \text{FLONUM});$$

die Funktionen der vierten Gruppe schließlich bilden rationale Zahlen auf rationale Zahlen ab, also

$$\text{RATNUM} \times \text{RATNUM} \longrightarrow \text{RATNUM}.$$

Wir haben es mit unterschiedlichen Funktionen zu tun, die dennoch eng miteinander verwandt sind:

1. Sie genügen weitgehend den gleichen Bedingungen.
2. Es gibt Sonderfälle, in denen die Funktionen nahezu identische Resultate liefern müssen:
   Addition, Subtraktion und Multiplikation
   - von Integerzahlen,
   - von Realzahlen, die den Exponenten 1 und nur Ziffern vor dem Dezimalpunkt haben, und
   - von rationalen Zahlen, die den Nenner 1 haben.

Schon diese Beziehungen zwischen den Funktionen lassen die Abstraktion zu allgemeinen typunabhängigen arithmetischen Funktionen als naheliegend erscheinen.
Hinzu kommt ein praktisches Argument: Haben wir beispielsweise ein Programmsystem geschrieben, das Integer-Arithmetik benutzt, so kann durch Hinzukommen neuer Anwendungsfälle der Übergang zu Real-Zahlen wünschenswert sein. Zu diesem Zweck müßte das gesamte Programmsystem nach arithmetischen Funktionen durchsucht und diese entsprechend der neuen Aufgabenstellung modifiziert werden; werden nicht alle geändert, sind unschöne Typenfehler zu befürchten. Sind wir dann für spezielle Anwendungen an exakten Resultaten interessiert, so bietet sich die Verwendung rationaler Zahlen an — und wieder wäre ein derartiger, Fehlerquellen in sich bergender Änderungsvorgang erforderlich.
Wenn diese Entwicklung im Laufe der Zeit sich ändernder Anforderungen schon von Beginn an absehbar wäre, könnte man allgemeine Funktionen für die Arithmetik implementieren, z. B.:

```
(DE PLUS (X Y)
   (LET ((TN (TYPEN X)))
        (COND ((EQ TN (TYPEN Y))
               (COND ((EQ TN 'FIXNUM) (+ X Y))
                     ((EQ TN 'FLONUM) (+$ X Y))
                     ((EQ TN 'RATNUM) (+RAT X Y))
                     (T (ERROR "PLUS: Illegal type"))))
              (T (ERROR "PLUS: Args of different types")))))
```

Um diesen Weg in vernünftiger Weise gangbar zu machen, wären zusätzlich noch Anpassungsfunktionen zwischen den verschiedenen Typen FLONUM ⟶ FIXNUM, FIXNUM ⟶ RATNUM, usw. vorzusehen.
Diese Lösungsvariante verdeckt aber gerade den Kern der Sache, nämlich, daß wir es mit **äquivalenten Funktionen für verschiedene Typen** zu tun haben.
Auch hängt die Attraktivität unserer Lösung eng mit diesem speziellen Fall zusammen. Ähnliche Situationen treten aber in unterschiedlichen Anwendungen immer wieder auf und die betreffenden Datentypen sind dann nicht immer so einfach zu verstehen wie Zahlentypen. Die Notwendigkeit einer späteren Erweiterung des Typensystems ist oft von Anfang an erkennbar, ohne daß diese Typen von vorneherein im Detail bekannt wären. Die damit verbundenen Änderungen der Grundfunktionen sind unbequem, fehleranfällig und wenig elegant.

10.2 Generische Funktionen

Mit der Einführung der ersten höheren Programmiersprachen trat auch sehr bald das Problem solcher verwandter Funktionen auf: So gab es in den frühen FORTRAN-Systemen mehrere Varianten für die numerischen Standardfunktionen in Abhängigkeit vom Typ der Argumente, wie z. B. im Fall der trigonometrischen Funktionen und der Quadratwurzelfunktion. Neben der Unbequemlichkeit beim Gebrauch wurden dadurch die Unterprogrammbibliotheken aufgebläht und die Einführung von neuen — oft implementierungsabhängigen — Namen erzwungen. So wurde sehr bald der Vorschlag gemacht, solche Familien von Funktionen zu gruppieren und sie über **einen** Standardnamen anzusprechen. In PL/1 wurde dieses Konzept dahingehend erweitert, daß der Programmierer auch seine Prozeduren (Funktionen) in derartige Familien einbringen kann: Unter einem **generischen Namen** werden die speziellen Funktionen zusammengestellt und durch ihre Argumenttypen charakterisiert. Der generische Name kann dann wie der **einer** Prozedur, einer **generischen Funktion**, verwendet werden. Die Bezugnahme auf die jeweilige konkrete Prozedur erfolgt durch die Verwendung des generischen Namens, wobei nach der Analyse der aktuellen Parameter (Analyse von Typen, Dimensionen von Feldern, der Genauigkeit, der Anzahl der Argumente, etc.) zu der konkreten — typenspezifischen — Prozedur verzweigt wird.

ALGOL68 enthält ein ausgefeiltes System von Typenanpassungen, so daß eine Reihe möglicher Anwendungsfälle generischer Funktionen gar nicht auftritt. Durch das sog. Überladen von Operatoren (ein- oder zweistellige Funktionen, die in Infixnotation aufgerufen werden dürfen), ist es allerdings möglich, generische Funktionen zu definieren: Durch Mehrfachdefinition eines Operators wird erreicht, ein und denselben Operatornamen für die Anwendung auf Parameter verschiedener Typen zu benutzen. Die Typen der aktuellen Parameter und der Typ des Resultats werden dazu verwendet, die spezielle Ausprägung des Operators zu identifizieren.

Im Gefolge dieser Entwicklung wurde auch in FORTRAN77 der Begriff „generische Funktion“ für solche Standardfunktionen eingeführt, die Parameter verschiedener Typen haben dürfen.

Ada kennt sowohl den Begriff des Überladens von Operatoren als auch den der generischen Prozedur (Modul, Package). Generisch werden Prozeduren genannt, in denen der Typ von Parametern offen bleibt, oder ganz allgemein, in denen Typen oder Prozeduren selbst Parameter sind. Diese werden jedoch nur als Muster der eigentlichen Prozeduren verstanden: Vor der Übersetzung sind die Typparameter anzugeben und die Instanzen zu generieren.

LISP besitzt, wie wir wissen, ein dynamisches Typenkonzept: Die Typen der Objekte lassen sich zur Laufzeit ermitteln. Jeder gute LISP-Interpreter prüft bei typ-gebundenen Funktionen die Argumenttypen vor der Ausführung der Funktion.

Die Grundfunktionen sind normalerweise streng typenabhängig; Typanpassungen werden nicht vorgenommen. Davon ausgenommen sind die allgemeinen arithmetischen Funktionen (ADD, SUB, MUL, DIV), in InterLISP auch viele Funktionen über Zeichenketten, die für nicht als Zeichenketten gelieferte Argumente Abbildungen in die externe Repräsentation vornehmen. Wesentlich dabei

ist, daß erst Typkontrollen durchgeführt werden und dann ggf. Typkonvertierungen von den betreffenden Funktionen ausgelöst werden. Der Interpreter prüft selbstverständlich die Typen der von ihm auszuwertenden Objekte, interessiert sich aber nicht für die Relationen zwischen geforderten und aktuellen Typen. Grundsätzlich könnte jeder LISP-Interpreter so modifiziert werden, daß er vor dem Aufruf einer Funktion von ihr Typbeschreibungen der Argumente bekommt und diese mit den aktuellen Argumenten auf Übereinstimmung prüft. Je nach Ausgang dieser Überprüfung könnte er die Argumente zurückweisen oder die jeweilige typenspezifische Ausprägung der Funktion anwählen. Dies ist aber leider gegenwärtig in keinem LISP-System realisiert worden; wir müssen uns daher ein eigenes System generischer Funktionen schaffen. Ein wesentlicher Aspekt ist dabei die *Erweiterbarkeit* auf neue Datentypen.
Die entscheidende Idee der **datengesteuerten Programmierung** (engl. **datadriven programming**) besteht darin, jedem Datentyp-Symbol (FIXNUM, FLONUM, RATNUM usw.) die konkrete Funktion als Attribut zuzuordnen. Es wird also unter dem Namen der Funktionsklasse als Indikator die zu dem betreffenden Datentyp passende Funktion in der P-Liste abgelegt. Damit übernehmen die Datenobjekte die Steuerung des Programmablaufs insofern, als erst zum Zeitpunkt der Ausführung die ihnen zugeordneten Operationen ausgewählt werden.

```
(PUTPROP 'FIXNUM  'PLUS '+)
(PUTPROP 'FLONUM 'PLUS '+$)
(PUTPROP 'RATNUM 'PLUS '+RAT)
```

Die allgemeine Funktion bedient sich dieser Informationen:

```
(DE PLUS (X Y) (BINARY-OPERATOR 'ADD X Y))

(DE BINARY-OPERATOR (OP ARG1 ARG2)
    (LET ((T1 (GETTYPE ARG1)))
         (COND ((EQ T1 (GETTYPE ARG2))
                (LET ((PROC (GETPROP T1 OP)))
                     (COND (PROC (PROC ARG1 ARG2))
                           (T (ERROR
                               "BINARY-OPERATOR: Undefined op."))))
               (T (ERROR "BINARY-OPERATOR: Args of diff. type")))))
```

Obwohl wir bisher kaum etwas zur Compilation von LISP-Programmen gesagt haben, sei an dieser Stelle bemerkt, daß in den meisten LISP-Systemen der Compiler genausowenig wie der Interpreter von vorneherein Typinformationen bekommt. Daraus folgt, daß er nur Aufrufe der Funktionen generieren kann; Typen-Überprüfungen von Argumenten können nur zur Laufzeit stattfinden. Es ist klar, daß dadurch compilierte Programme unnötig langsam werden.
Eine bessere Lösung bestünde darin, den Compiler über Typdeklarationen wenigstens soweit über die Argumenttypen zu informieren, daß er Typprüfungen an ablauftechnisch günstige Stellen verlegen und die Funktionsaufrufe ent-

weder von dieser Arbeit entlasten oder sogar offen (wie Macros) übersetzen könnte.
Die Berücksichtigung generischer Funktionen könnte so wie in anderen Programmiersprachen einen doppelten Vorteil bewirken:

- Aus konzeptioneller Sicht wären sie eine echte Bereicherung, die Verständlichkeit von Programmen würde erhöht;
- Generische Funktionen würden die Effizienz steigern.

Ausgehend von der Datenabstraktion gelangen wir also zu generischen Funktionen als Ergebnis einer neuen Abstraktionsstufe. Konzeptionell ähnliche Funktionen — Funktionen, die denselben Bedingungen genügen — sollen in einer Klasse zusammengefaßt und nach außen als Einheit, als eine Funktion, sichtbar werden. Welche Implementation sich im Einzelfalle dahinter verbirgt, hängt vom Typ der Argumente ab.

10.3 Realisierung generischer Funktionen

Um zu studieren, welche Realisierung für generische Funktionen warum vorzuziehen ist, wollen wir einige Varianten diskutieren. Dazu verwenden wir das Beispiel der Addition mit drei möglichen Argumenttypen. Zunächst betrachten wir die Version, die jedem Programmierer unmittelbar einfällt; es ist die in 9.1 angegebene, um Konvertierung bereicherte Funktion:

```
(DE PLUS (X Y)
    (COND ((FIXP X)          ; erstes Argument ist FIXNUM.
           (COND ((FIXP Y) (+ X Y))
                             ; zweites Argument ist FIXNUM.
                 ((FLOATP Y) (+$ (FLOAT X) Y))
                             ; zweites Argument ist FLONUM — konvertiere.
                 ((EQ (GETTYPE Y) 'RATNUM)
                  (+RAT (MAKE-RAT X 1) Y))
                             ; zweites Argument ist rational — konvertiere.
                  .
                  .          ; Platz für weitere Zahlentypen
                  (T (ERROR "PLUS: Not a number" Y))))
          ((FLOATP X)        ; erstes Argument ist FLONUM.
           (COND ((FIXP Y) (+$ X (FLOAT Y)))
                 ((FLOATP Y) (+$ X Y))
                 ((EQ (GETTYPE Y) 'RATNUM)
                  (+$ X (/$ (FLOAT (NUMER Y)) (FLOAT (DENOM Y)))))
```

```
            (T (ERROR "PLUS: Not a number" Y))))
    ((EQ (GETTYPE X) 'RATNUM)
                         ; erstes Argument ist rational
     (COND ((FIXP Y) (+RAT X (MAKE-RAT Y 1)))
           ((FLOATP Y) (+$ (/$ (FLOAT (NUMER X))
                               (FLOAT (DENOM X))) Y))
           ((EQ (GETTYPE Y) 'RATNUM) (+RAT X Y))


           (T (ERROR "PLUS: Not a number" Y))))
                         ; Platz für andere Zahlentypen als erstes Arg.

    (T (ERROR "PLUS: Not a number" X))))
```

Je nach der Anzahl der zu verarbeitenden Typen werden die Funktionen für die Grundoperationen sehr umfangreich. Sicherlich bleibt die Verarbeitung einigermaßen effizient, aber es treten Probleme bei Änderungen oder Erweiterungen des Typen-Systems auf. Man beachte überdies noch die Asymmetrie, daß GETTYPE nur für neu definierte Zahlentypen verwendet wird.
Die zweite Variante basiert auf der in 9.2 angegebenen Funktion BINARY-OPERATOR:

```
(DE BINARY-OPERATOR (OP ARG1 ARG2)
  (LET ((T1 (GETTYPE ARG1))
                         ; Typ des ersten Arguments
        (T2 (GETTYPE ARG2)))
                         ; Typ des zweiten Arguments
      (COND ((EQ T1 T2); Typen gleich?
             (LET ((PROC (GETPROP T1 OP)))
                         ; der typ-abhängige Operator.
                  (COND (PROC (PROC ARG1 ARG2))
                         ; Anwendung des Operators.
                        (T (ERROR "OPERATE-2: Undef. oper."
                                  OP)))))
                         ; kein entsprechender Operator für diesen Typ.
            (T (LET ((PROC
                     (ASSOC T2 (GETPROP T1 'CONVERSION))))
                         ; verschiedene Typen.
                    (COND (PROC
                         ; gibt es eine Konvertierungsfunktion?
                           (BINARY-OPERATOR
                                     OP
                                     ((CDR PROC) ARG1)
                                     ARG2))
                         ; erstes Argument konvertierbar?
                          ((SETQ PROC
                               (ASSOC T1
```

```
                    (GETPROP T2 'CONVERSION)))
             ; zweites Argument konvertierbar?
                (BINARY-OPERATOR
                           OP
                           ARG1
                           ((CDR PROC) ARG2)))
               (T (ERROR
               "BINARY-OPERATOR: Incompatible types"
                 T1 T2))))))))
             ; kein Argument ist konvertierbar.


(DE PLUS (X Y) (BINARY-OPERATOR 'PLUS X Y))
.
.
(PUTPROP 'FIXNUM 'PLUS '+)
(PUTPROP 'FLONUM 'PLUS '+$)
.
.
(PUTPROP 'FIXNUM
         'CONVERSION
         '((FLONUM FLOAT)
          (RATNUM '(LAMBDA (X) (MAKE-RAT X 1)))))
(PUTPROP 'FLONUM
         'CONVERSION
         '((FIXNUM FIX)))
.
.
```

Durch wahlweise Angabe von typenspezifischen Grundfunktionen und der von einem Typ aus möglichen Konvertierungsfunktionen kann sich die Hauptfunktion auf die reine Ablaufkontrolle beschränken. Das Funktionensystem ist äußerst flexibel; die Grundfunktionen sind sehr übersichtlich, weil alle Probleme, die aus der Übergabe nicht zu ihrem Typ passender Argumente entstehen könnten, ferngehalten werden.

In der dritten Version gehen wir von Zahlenobjekten aus, die Nachrichten empfangen oder senden können. Das mag unsinnig und als Übertreibung des „Message Passing"-Paradigmas erscheinen. Obwohl im konkreten Beispiel diese Kritik berechtigt sein mag, stellt es ein ausgezeichnetes Mittel dar, dieses Paradigma zu demonstrieren: Addition von zwei Zahlen bedeutet jetzt nicht, daß dem Operator (der Prozedur) zwei Argumente geliefert werden, sondern, daß einer Zahl eine Nachricht geschickt wird. Die Zahl entschlüsselt die Nachricht und ermittelt ihre Bedeutung. Zur Konstruktion der Antwort benötigt sie den Wert einer anderen Zahl, die in der Nachricht: „Addiere dich zu ..." enthalten war. Dann sendet sie das Resultat.

```
(DE MAKE-FIX (VAL)
   (LET ((SELF (LIST NIL))) ; lokale Variable für die Closure
```

```
(FIXN
 (CLOSURE
  (LAMBDA (MESSAGE)
    (LET ((OP (CAR MESSAGE))
                        ; Operator
           (ARG (CADR MESSAGE))) ; (zweites) Arg
          (SELECTQ OP
             (PLUS
                        ; „addiere dich!“
                (COND ((EQ (ARG '(TYPE ?)) 'FIXNUM)
                          (MAKE-FIX
                                      (+ VAL (ARG '(VAL ?)))))
                        ; — mit einer FIXNUM sonst:
                         (T (ARG (LIST 'PLUS (CAR SELF))))))
                        ; überlasse dem Argumentobjekt die Addition.
             (CONVERSION
                        ; „konvertiere dich!“
                (COND ((EQ ARG 'FLONUM)
                          (MAKE-FLOAT (FLOAT VAL)))
                        ; in eine FLONUM.
                         ((EQ ARG 'RATIONAL)
                          (MAKE-RAT VAL 1))
                        ; in eine rationale Zahl.

                         . . .
                        ; Platz für weitere Konvertierungen.
                         (T (ERROR
                         "FIXNUM: Cannot convert to"
                                    ARG))))
             (TYPE 'FIXNUM)
                        ; mein Typ ist FIXNUM
             (VAL VAL)
                        ; mein Wert
             (SET-ME (RPLACA SELF ARG))
                        ; ich

             .
             .          ; Platz für weitere Nachrichten
             (T (ERROR "FIXNUM: Unknown message"
                          MESSAGE)))))
 '(VAL SELF)) ))
(FIXN (LIST 'SET-ME FIXN))
                        ; trage die Closure in ihre lokale Variable SELF
                        ; ein.
FIXN))                  ; Wert ist die Closure selbst.
```

```
(DE MAKE-FLOAT(VAL)
  (LET ((SELF (LIST NIL))
       (FLOATN (CLOSURE (LAMBDA (MESSAGE)
```

```
          (LET ((OP (CAR MESSAGE))
                (ARG (CADR MESSAGE)))
               (SELECTQ OP
                  (PLUS
                     (COND ((EQ (ARG '(TYPE ?)) 'FIXNUM)
                            (MAKE-FLOAT
                               (+$ VAL
                                   (ARG '(CONVERSION FIXNUM)))))
                           ((EQ (ARG '(TYPE ?)) 'FLONUM)
                            (MAKE-FLOAT
                                           (+$ VAL (ARG '(VAL ?)))))
                           (T (ARG (LIST 'PLUS (CAR SELF))))))
                  (CONVERSION
                     (COND ((EQ ARG 'FIXNUM) (MAKE-FIX (FIX VAL)))
                           (T (ERROR "FLONUM: Cannot convert to"
                                     ARG))))
                  (TYPE 'FLONUM)
                  (VAL VAL)
                  (SET-ME (RPLACA SELF ARG))
                  .
                  .
                  (T (ERROR "FLONUM: Unknown message"
                            MESSAGE)))))
       '(VAL SELF)) ))
    (FLOATN (LIST 'SET-ME FLOATN))
    FLOATN))
```

Statt

```
(PLUS 1 2)
```

schreiben wir gewissermaßen:

```
(1 '(PLUS 2))
```

Alle Zahlen müssen bei der Eingabe und bei den Operationen in nachrichtenverarbeitende Objekte umgeformt werden. Da wir einen direkten Einfluß dieser Art auf die Eingabe nicht haben, müssen wir Zahlenexemplare erst bilden:

```
(SETQ ONE (MAKE-FIX 1))
(SETQ TWO (MAKE-FIX 2))
```

Nun kann korrekt geschrieben werden:

```
(ONE '(PLUS TWO))
```

Eine andere Alternative für die Konstruktion der Nachricht wäre gegeben mit:

```
(DE PLUS (X Y) (X (LIST 'PLUS Y)))
```

Diese Realisierung der Zahlen als Nachrichten empfangende und sendende Objekte greift sehr tief in die Architektur des LISP-Systems ein.
Eine bescheidenere Version (die vierte) kann realisiert werden, wenn wie in Smalltalk die Nachrichten von der Klasse — in LISP: Vom Typ — verarbeitet werden. Als Schlüssel dazu dient die Funktion SEND-MESSAGE, die auf den Typ des Objekts zugreift:

```
(DE SEND-MESSAGE (OBJECT P1 P2)
   ((GETPROP (GETTYPE OBJECT) P1) OBJECT P2))
```

Die Funktion PLUS verwendet SEND-MESSAGE:

```
(DE PLUS (X Y) (SEND-MESSAGE X 'PLUS Y))
```

Dazu gehören die folgenden dezentralen Funktionen, die dem Typ zugeordnet sind:

```
(PUTPROP 'FIXNUM
         'PLUS
         '(LAMBDA (X Y)
              (COND ((FIXP Y) (+ X Y))
                    (T (SEND-MESSAGE Y 'PLUS X)))))

(PUTPROP 'FLONUM
         'PLUS
         '(LAMBDA (X Y)
              (COND ((FIXP Y)
                      (+$ X
                        (SEND-MESSAGE Y 'CONVERSION 'FLONUM)))
                    ((FLOATP Y) (+$ X Y))
                    (T (SEND-MESSAGE Y 'PLUS X)))))
```

und die Konvertierung:

```
(PUTPROP 'FIXNUM
         'CONVERSION
         '(LAMBDA (X TYP)
              (COND ((EQ TYP 'FLONUM) (FLOAT X))
                    ((EQ TYP 'RATNUM) (MAKE-RAT X 1))
                    (T (ERROR "CONVERSION: Wrong type")))))
```

Um die Funktion SEND-MESSAGE vollends überflüssig zu machen, verwenden wir eine andere Form von Funktionsobjekten: In der fünften Version stellen wir Typen selbst als nachrichtenverarbeitende Objekte dar:

```
(DE FIXNUM (MESSAGE)
    (LET ((OP (CAR MESSAGE))
                                        ; Operation
           (X (CADR MESSAGE))
                                        ; erstes Argument
           (Y (CADDR MESSAGE)))
                                        ; zweites Argument
         (SELECTQ OP
           (PLUS (COND ((FIXP Y) (+ X Y))
                              (T ((GETTYPE Y) (LIST 'PLUS Y X)))))
                                        ; kann nur FIXNUMS addieren, sonst ist das zweite zu-
                                        ; ständig.
           (CONVERSION
               (COND ((EQ Y 'FLONUM) (FLOAT X))
                         ((EQ Y 'RATNUM) (MAKE-RAT X 1))
                         .
                         .              ; hier Platz für weitere Konvertierungen.
                         (T (ERROR "FIXNUM: Cannot convert" Y))))
           .
           .                            ; hier Platz für weitere Nachrichten.
           (T (ERROR "FIXNUM: Unknown message" MESSAGE)))

(DE FLONUM (MESSAGE)
    (LET ((OP (CAR MESSAGE))
           (X (CADR MESSAGE))
           (Y (CADDR MESSAGE)))
         (SELECTQ OP
           (PLUS (COND ((FIXP Y)
                               (+$ X ((GETTYPE Y) (LIST 'CONVERSION
                                                                  Y
                                                                  'FLONUM))))
                              ((FLOATP Y) (+$ X Y))
                              (T ((GETTYPE X) (LIST 'PLUS Y X)))))
           (CONVERSION
               (COND ((EQ X 'FIXNUM) (FIX Y))
                         .
                         .
                         (T (ERROR "FLONUM: Cannot convert" X))))
           .
           .
           (T (ERROR "FLONUM: Unknown message" MESSAGE)))))
```

Die Grundfunktionen sind sehr einfach:

```
(DE PLUS (X Y)
    ((GETTYPE X) (LIST 'PLUS X Y)))
```

usw.

Wir haben an fünf Varianten gesehen, welche Möglichkeiten uns zur Implementierung generischer Funktionen offenstehen. Wir wollen nun noch einmal zusammenfassend auf sie zurückblicken und sie bewertend vergleichen:
Große Grundfunktionen, die selbst alle Fallunterscheidungen vornehmen, sind effizient, aber unhandlich. Die beiden Varianten, in denen den Typ-Symbolen Funktionen zugeordnet sind, sind bezüglich der Flexibilität gleichwertig und haben dadurch einen Vorteil vor den „großen" Grundfunktionen gemäß der ersten Variante. Wenn es bessere Möglichkeiten gäbe, ohne Modifikation von Programmteilen Anpassungen, Erweiterungen und Änderungen durchzuführen, dann würde die Attraktivität dieser Variante steigen. Die Erklärung von Zahlen zu Funktionsobjekten erscheint nicht angemessen — für komplexere Datenstrukturen wäre eine derartige Lösung aber durchaus adäquat. Ein Maximum an Flexibilität wird mit der zweiten und der vierten Variante erreicht. Durch Aufteilung der Grundfunktionen in Operationen und Konvertierungsfunktionen sind inkrementelle Änderungen und Erweiterungen möglich. Das im Sinne des „Message Passing" angelegte Beispiel besticht durch eine kleine zentrale Funktion (SEND-MESSAGE), die sich leicht für Nachrichten variabler Länge modifizieren läßt; auch eine Realisierung als Macro wäre angemessen. Die zweite Variante zeigt einen interessanten Aspekt: Die „datengesteuerte" Zuordnung der Konvertierungsfunktionen als Liste von Zugriffs-Indizes und Funktionen eliminiert den Unterschied zwischen (statischen) Datenstrukturen und (dynamischen) Prozeduren. Durch diese Assoziationsliste wird zugleich für das ganze komplexe Flechtwerk von Konvertierungsmöglichkeiten zwischen verschiedenen Datentypen eine einfache, übersichtliche und flexible Darstellung erreicht. Der exakte dynamische Ablauf, d. h. die Folge von Funktionsaufrufen, ergibt sich dabei aus den Daten. Durch Anbindung der primitiven Funktionen an die Typen wird dies konzeptionell unterstrichen.

10.4 Flavors: Ein neues Konzept für generische Funktionen und Nachrichtenaustausch

Der objekt-orientierte Programmierstil hat drei wesentliche Eigenschaften: Zum einen gestattet er, auf methodisch kontrollierte Weise abstrakte Datentypen zu definieren, zum zweiten stellt er die Objekte als Synchronisationseinheiten zur Verfügung, andererseits aber ist er auch ein ausgezeichnetes Mittel zur Definition generischer Funktionen.
Ein „Objekt" in diesem Sinne kann aus zwei Perspektiven betrachtet werden: Von außen ist es allein durch sein Protokoll — die Menge der Nachrichten, die es verarbeiten kann — definiert. Die Unterscheidung zwischen statischen und dynamischen Strukturen, Datenstrukturen und Prozeduren, wird durch den Begriff der Nachricht relativiert. Vom Inneren des Objekts aus gesehen erscheinen Datenstrukturen als Variable und Prozeduren als „Methoden", die auf diesen Datenstrukturen operieren und damit in enger Korrespondenz zu ihnen stehen.
Das Verbergen von Implementierungsdetails der Grundoperationen bei gleichzeitigem Zwang, die Verknüpfung von Objekten bzw. den Zugriff auf Objekte über eben diese Operationen zu organisieren, machen den Vorteil dieses Stils aus.

Bezüglich der Definition generischer Funktionen empfanden wir als problematisch, daß bei jeder Erweiterung des Typen-Systems Programmteile zu modifizieren sind. Wir erwarten stattdessen, daß nur Erweiterungen hinzuzufügen sind. Der konventionelle Weg, eine generische Grundfunktion zu definieren, bestand ja in der Zusammenstellung umfangreicher Fallunterscheidungen — entsprechend den Typen. Die Technik, „Objekte" im genannten Sinne durch Closures zu realisieren, läßt uns aber keine andere Möglichkeit offen.
Ist es in einer funktionalen Programmiersprache wie LISP möglich, diese Einschränkungen zu umgehen? Immerhin müssen wir bedenken, daß wir mit einem ganz neuen begrifflichen Instrumentarium an eine „alte" Programmiersprache herantreten. In der Tat gab es mehrere Versuche, objekt-orientierte Erweiterungen von LISP vorzunehmen; eine hiervon ist das in LispMachineLISP implementierte **Flavor**-System (Moon, Weinreb (1980)). Flavors besitzen im Prinzip die gleichen Eigenschaften wie Closures oder Klassen in Smalltalk, darüberhinaus aber auch die erwünschte Flexibilität. Wie Christaller, di Primio (1983) und di Primio (1983) gezeigt haben, kann erstaunlicherweise eine einfache Version der Flavors in so gut wie jedem LISP-System implementiert werden; von speziellen Eigenschaften und Sprachkonstrukten wie Closures wird kein Gebrauch gemacht. Aus Platzgründen können wir hier nur auf die Verwendung von Flavors, nicht aber auf ihre Implementierung eingehen, die jedoch in den genannten Arbeiten ausführlich beschrieben ist.

10.4.1 Flavors als Mittel zur Realisierung abstrakter Datentypen

Als Anwendungsbeispiel nehmen wir uns vor, ein Programmsystem zu implementieren, mit dem wir Bewegungen von Schiffen darstellen und analysieren können. Wir wollen Schiffe als Objekte realisieren, die eine Position (x- und y-Koordinaten), eine Masse, eine Geschwindigkeit etc. haben. Obwohl nach außen ganz unerheblich, müssen wir uns bei der Implementierung entscheiden, ob wir die Geschwindigkeit über Geschwindigkeitsvektoren bestimmen, die statisch abgespeichert werden, und Betrag und Richtung daraus ableiten, oder ob wir die beiden letzteren Größen statisch realisieren und die Koordinaten dynamisch berechnen.
Bei Flavors heißt die statische Realisierung **„Instanzvariable"** und die dynamische **„Methode"**. Bei der Definition eines Flavor müssen die Instanzvariablen angegeben werden — bei Bedarf mit Voreinstellungen versehen —, die einzelnen Methoden dagegen werden gesondert definiert. So kann der Vorrat eines Flavor an Methoden zu jedem Zeitpunkt erweitert werden.
Der Flavor SHIP für das vorgeschlagene Beispiel — mit Geschwindigkeitsvektoren als Instanzvariablen — wird auf folgende Weise definiert:

```
(DEFFLAVOR SHIP (X-POSITION Y-POSITION
                 X-VELOCITY Y-VELOCITY MASS)
                ())
```

Danach definieren wir die Methode :SPEED für SHIP, um die Geschwindigkeit zu berechnen:

```
(DEFMETHOD (SHIP :SPEED) ()
   (SQRT (ADD (EXPT X-VELOCITY 2) (EXPT Y-VELOCITY 2))))
```

und die Methode :DIRECTION zur Ermittlung der Fahrtrichtung:

```
(DEFMETHOD (SHIP :DIRECTION) ()
   (ATAN Y-VELOCITY X-VELOCITY))
```

Dabei liefert ATAN den Winkel, dessen Tangens der Quotient des ersten und des zweiten Arguments ist.
In der Definition eines Flavor sind nach dem Namen die Instanzvariablen anzugeben. Auf die Bedeutung der leeren Listen in den Definitionen werden wir sogleich zurückkommen. Resultat dieser Definition ist — in Smalltalk-Terminologie — eine neue Objektklasse. Einzelne Objekte dieser Klasse — des Flavor — werden durch Instantiierung gebildet, z. B.:

```
(SETQ QUEEN-MARY (MAKE-INSTANCE 'SHIP))
```

Bei dieser Instantiierung haben wir keine Werte für die Instanzvariablen angegeben. Auf sie kann jedoch nachträglich durch sog. Optionen zugegriffen werden:

```
(FUNCALL QUEEN-MARY ':SET 'MASS 84)
 bzw.
(QUEEN-MARY ':SET 'MASS 84)
```

und

```
(FUNCALL QUEEN-MARY ':X-POSITION)
 bzw.
(QUEEN-MARY ':X-POSITION).
```

Jede der DEFMETHOD-Termen fügt dem Flavor eine neue Methode hinzu. In der ersten Liste werden Flavor- und Nachrichtenname angegeben; die zweite Liste enthält die Variablen dieser Funktion. Da die erste Variable auf jeden Fall die Nachricht ist, kann sie weggelassen werden. Die dritte Komponente ist der Funktionskörper. In ihm kann man sich auf die Instanzvariablen des Flavor beziehen. Immer wenn eine Methode durch Senden einer Nachricht mit dem zu ihr gehörenden Schlüsselwort an eine Instanz des Flavor aktiviert wurde, greift sie auf die dann aktuellen Werte der Instanzvariablen dieser speziellen Instanz zu.
Der Illustration halber wollen wir auf das Beispiel der generischen Funktionen für die Arithmetik zurückkommen:

```
(DEFFLAVOR FIXNUM (:VAL) ())

(DEFMETHOD (FIXNUM :PLUS) (Y)
   (COND ((EQ (FUNCALL Y   ':TYPE) 'FIXNUM)
             (MAKE-INSTANCE 'FIXNUM
                            ':VAL
                            (ADD (FUNCALL SELF ':VAL)
                                 (FUNCALL Y ':VAL)))))
          (T (FUNCALL Y ':PLUS SELF))))
```

```
(DEFMETHOD (FIXNUM :TYPE) () 'FIXNUM)

(DEFMETHOD (FIXNUM :CONVERT) (TYPE)
   (COND ((EQ TYPE 'FLONUM)
              (MAKE-INSTANCE 'FLONUM ':VAL (FLOAT VAL)))
             ((EQ TYPE 'RATNUM)
              (MAKE-INSTANCE 'RATNUM ':NUM VAL ':DENOM 1))
             .
             .))
```

Wir sehen, daß wir an Flexibilität gewonnen haben: Anstelle der umfangreichen Closure stehen jetzt die kurze Flavordefinition und modulare Methodendefinitionen.

10.4.2 Flavors als Mittel zur Realisierung generischer Funktionen

Hätten wir mit den Mitteln, die Closures bieten, nicht nur Schiffe, sondern verschiedene Klassen sich bewegender Körper darstellen wollen, so wäre der generische Zugriff auf Komponenten der Objekte wie Geschwindigkeit, Position, etc. durch den Mechanismus der Nachrichtenverarbeitung (engl. message passing) unmittelbar gesichert.
Ähnlich den Klassen in Smalltalk kann man mit Flavors eine Hierarchie von Oberklassen-/ Unterklassenbeziehungen aufbauen. Die Wurzel des so entstehenden Flavorgraphen ist a priori unter dem Namen VANILLA gegeben und trägt bereits einige sehr allgemeine — für alle Flavors gültige — Methoden mit sich. Auf diese Weise ist es möglich, gemeinsame Eigenschaften zusammenzufassen und Objekte höherer Allgemeinheit bzw. Abstraktionsstufen aufzubauen. Durch Verweis (in Flavor-Terminologie „Mixen") auf andere Flavors in der Definition eines neuen Flavor werden alle übergeordneten Nachrichten generisch **ererbt**. Auf diese Weise kann ein Flavor Instanzvariable und Methoden von übergeordneten Flavors erben, die verschiedenen (begrifflichen) Hierarchien angehören. In diesem Falle spricht man von **multipler Vererbung** (engl. **multiple inheritance**); damit haben wir mit allgemeinen **Vererbungsgraphen** zu tun. Es muß Vorsorge getroffen werden, um beim Durchsuchen eines Flavorgraphen Zyklen zu vermeiden; Standardtechniken hierfür haben wir bereits vorgestellt. Die standardmäßige Suchstrategie in Flavor-Graphen geht Top-Down, Depth-First vor.
Zur Illustration stellen wir uns folgendes Begriffsgeflecht vor:

1. Bewegliche Objekte mit den Komponenten bzw. Methoden
   X-POS, Y-POS, X-SPEED, Y-SPEED, MASS
2. Konstruierte Objekte mit den Komponenten bzw. Methoden
   CONSTRUCTOR, DATE-OF-CONSTRUCTION, NEXT-REVISION-DATE, etc.
3. Schiffe
   NAME, NATIVE-HARBOR, CAPTAIN, etc.
4. Dampfer
   POWER-OF-ENGINE, FUEL, NO-OF-FUNNELS, etc.

5. Segelschiffe
   KIND, NO-OF-MASTS, etc.
6. Himmelskörper
   PERIHEL, APHEL, BRIGHTNESS, etc.
7. Meteore
   CHEMICAL-STRUCTURE, CYCLE-TIME, etc.

Die Darstellung dieses Systems wird recht einfach, denn Flavors ermöglichen die Angabe von „Komponenten"-Flavors, d. h. Oberklassen, deren Instanzvariablen und Methoden damit zur Verfügung stehen. Ist dabei mehr als eine Methode auf eine Nachricht anwendbar, so muß für die Kombination dieser „Ausgangsmethoden" gesorgt werden. Folgende Definitionen stellen das Beispielsystem dar:

1. Definition beweglicher Objekte:
```
(DEFFLAVOR MOVING-OBJECT (X-POS Y-POS X-SPEED Y-SPEED MASS)
       ())

(DEFMETHOD (MOVING-OBJECT SPEED) ()
   (SQRT (ADD (EXPT X-SPEED 2) (EXPT Y-SPEED 2))))
```
   etc.
2. Definition konstruierter Objekte:
```
(DEFFLAVOR CONSTRUCTED-OBJECT (CONSTRUCTOR
            DATE-OF-CONSTRUCTION PARTS NEXT-DATE-OF-REVISION)
       ())
```
   etc.
3. Definition von Schiffen:
```
(DEFFLAVOR SHIP (NAME NATIVE-HARBOR CAPTAIN)
       (CONSTRUCTED-OBJECT MOVING-OBJECT))
```
   etc.
4. Definition von Dampfern:
```
(DEFFLAVOR STEAMER (POWER-OF-ENGINE FUEL NO-OF-FUNNELS)
       (SHIP))
```
   etc.
5. Definition von Segelschiffen:
```
(DEFFLAVOR SAILING-SHIP (KIND NO-OF-MASTS)
       (SHIP))
```
   etc.
6. Definition von Himmelskörpern:
```
(DEFFLAVOR CELESTIAL-BODY (PERIHEL APHEL BRIGHTNESS)
       (MOVING-OBJECT))
```
   etc.
7. Definition von Meteoren:
```
(DEFFLAVOR METEOR (CHEMICAL-STRUCTURE CYCLE-TIME)
       (CELESTIAL-BODY))
```
   etc.

Die Instanzvariablen eines Flavor sind die Vereinigungsmenge der Instanzvariablen aller Komponenten-Flavors. Gleichgültig, ob Meteor oder Segelschiff: Wir können von Geschwindigkeit und Position sprechen und mit diesen Größen auf ununterscheidbare Weise arbeiten. Damit sind generische Operationen verwirklicht.
Zum Schluß sei gezeigt, wie die im letzten Kapitel gestellte Aufgabe, eine stromorientierte Durchschnittsfunktion zu implementieren, mit Hilfe der Flavors gelöst werden kann:

```
(DEFFLAVOR INTERSECTION ((SET1 NIL) (SET2 NIL)) ())

(DEFMETHOD (INTERSECTION NEXT) ()
   (DO ((SET1 (SELF 'SET1) (CDR SET1))
         (SET2 (SELF 'SET2)))
        (((NULL SET1) NIL)
         ((MEMQ (CAR SET1) SET2)
          (PROG1 (CAR SET1)
                 (SELF 'POP 'SET1))))))
```

Wir erzeugen eine Instanz von INTERSECTION mit dem Namen INT1:

```
(SETQ INT1 (MAKE-INSTANCE 'INTERSECTION
                          'SET1 '(A B C D)
                          'SET2 '(F C H D E K)))
```

Dabei ist POP eine dem Flavor VANILLA zugeordnete Methode, die der Verkürzung eines Listenarguments dient.
Mit der ebenfalls VANILLA zugeordneten Methode DESCRIBE können wir standardisierte Beschreibungen der beiden neuen Objekte erzeugen lassen:

```
> (INTERSECTION 'DESCRIBE)

flavor INTERSECTION
superclasses:          VANILLA
subclasses:            NIL
instances:             (INT1)
class-variables:       NIL
instance variables:    (SET1 SET2)
methods:               NEXT

> (INT1 'DESCRIBE)

INT1 is an instance of flavor INTERSECTION
superclasses:          (VANILLA)
instance variables:
     SET1:             (A B C D)
     SET2:             (F C H D E K)
class-variables:       NIL
```

Durch Senden der Nachricht NEXT erhalten wir das erste Element aus dem Durchschnitt:

```
> (INT1 'NEXT)
C
```

und dann das zweite:

```
> (INT1 'NEXT)
D
```

etc.

10.4.3 Implementation von Flavors

Zum Abschluß der Diskussion des Flavorkonzeptes wollen wir uns der Implementation zuwenden. Aus Platzgründen können wir nicht ein vollständiges Flavor-System implementieren. Wir verweisen den interessierten Leser auf Christaller, diPrimio (1983). Insbesondere werden wir nicht den Teil implementieren, der für die Vererbung verantwortlich ist.
Wenn wir uns an das in Kapitel 9 erworbene Wissen über objekt-orientierte Programmierung erinnern, so kommen wir zwanglos zu der Überlegung, daß die Instanzen eines Flavor durch Closures günstig zu implementieren sind. Der LAMBDA-Ausdruck in der Closure wird in seinem Körper einen SELECTQ-Term haben, der die Nachrichtenverarbeitung übernimmt:

```
(CLOSURE (LAMBDA (selector &REST args)
                 (SELECTQ selector
                          (sel-1 ... (call-method-1))
                          ...
                          (sel-n ... (call-method-n))))
         (Instance-variables))
```

Wir wollen, ganz im Sinne des originalen Flavor-Systems, festlegen, daß als Selektoren immer auftreten dürfen:

1. SELF — Antwort ist die Instanz selbst.
2. TYPE — Antwort ist der Name des Flavor.
3. INSTANCE-VARIABLES — Antwort ist die Liste der Instanzvariablen.
4. eine beliebige Instanzvariable — Antwort ist der zugehörige Wert.

Damit kommen wir — wenn nun auch schon die Reaktion auf ungültige Nachrichten eingeplant wird — auf folgende Form der Closure:

```
(CLOSURE
 (LAMBDA (SELECTOR &REST ARGS)
    (SELECTQ SELECTOR
         (SELF (EVAL SELF))
         (TYPE 'flavor-name)
         (INSTANCE-VARIABLES (GETPROP 'flavor-name
                                      'INSTANCE-VARIABLES))
         (OTHERWISE
           (COND ((NULL ARGS) (CAR (EVAL SELECTOR)))
                 ((MEMQ SELECTOR
                        (GETPROP 'flavor-name
                                 'INSTANCE-VARIABLES))
                  (RPLACA (EVAL SELECTOR) (CAR ARGS))
                  SELF)
                 (T (ERROR "illegal message" 'flavor-name))))))
   instance-variables)
```

Diese Closure wird bei jeder Instanzenbildung zu erzeugen sein.
Die Instanzenbildung wird initiiert durch einen Term

```
(MAKE-INSTANCE 'flavor-name).
```

Um dabei für alle Instanzen eines Flavor denselben LAMBDA-Ausdruck und dieselbe Liste von privaten Variablen in die Closure einzuschließen, wollen wir vereinbaren, daß dem Flavornamen dieser LAMBDA-Ausdruck als Funktionsdefinition zugeordnet und die Liste der privaten Variablen zu dem Indikator INSTANCE-VARIABLES in die P-Liste gestellt wird.
Da die Flavordefinition durch die Funktion DEFFLAVOR vorgenommen wird, müssen wir zunächst hier ansetzen.
Der Term

```
(DEFFLAVOR flavorname (instance-variables))
```

enthält die beiden in der obigen Closure als variabel bezeichneten Teile.
Wir definieren DEFFLAVOR als Macro:

```
(DM DEFFLAVOR (term)
    (LET ((type (CADR term))
          (instance-variables (CADDR term)))
       '(PROGN
              (DE ,type (SELECTOR &REST ARGS)
                  (SELECTQ SELECTOR
                     (SELF (EVAL SELF))
```

```
                    (TYPE ',type)
                    (INSTANCE-VARIABLES
                     (GETPROP ',type 'INSTANCE-VARIABLES))
                      (T (COND ((NULL ARGS)
                                (CAR (EVAL SELECTOR)))
                               ((MEMQ SELECTOR
                                      (GETPROP ',type
                                        'INSTANCE-VARIABLES))
                                (RPLACA (EVAL SELECTOR)
                                        (CAR ARGS))
                                 SELF)
                               (T (ERROR "illegal message"
                                         ',type))))))
          (PUTPROP ',type 'INSTANCE-VARIABLES
                   ',instance-variables)
          (PUSH ',type DEFINED-FLAVORS)
          ',type)))
```

Dieses Macro bewirkt, daß der Flavor-Name **type** als Funktion (per DE) definiert wird, daß die privaten Variablen (Wert von instance-variables) in die P-Liste gestellt werden, daß das neu-definierte Flavor zu der Liste aller Flavors hinzugefügt wird und schließlich, daß der Flavor-Name selbst als Wert zurückgegeben wird.
Auch MAKE-INSTANCE werden wir als Macro definieren. Statt der in Kapitel 9 gebrauchten Technik zur Übermittlung der Closure selbst als Wert des Namens SELF (über eine besondere Nachricht) werden wir die erzeugte Closure einer neu erzeugten Variablen zuweisen.

```
(DM MAKE-INSTANCE (term)
    (LET ((type (CADR term))
          (self-variable (GENSYM)))
      '(LET ((SELF ,self-variable)
             ,@(PREPARE-INSTANCE-VARS
                  (GETPROP type 'INSTANCE-VARIABLES)))
         (SETQ ,self-variable
               (CLOSURE ,type
                        (CONS 'SELF
                              (GETPROP ',type
                                  'INSTANCE-VARIABLES))))
         SELF)))
```

Die Funktion PREPARE-INSTANCE-VARIABLES muß die für das LET geeignete Liste erzeugen:

```
(DE PREPARE-INSTANCE-VARS (X)
   (DO ((L X (CDR L))
        (EL NIL (CONS (LIST (CAR L)(LIST 'QUOTE (LIST NIL))) EL)))
       (((NULL L) EL))))
```

Nun bleibt noch die Methodendefinition. Wir wollen eine Methode definieren mittels eines Terms

```
(DEFMETHOD (flavorname methodname) (lambda-vars) body).
```

Bei Auswertung dieses Terms soll einmal die neue Methode dem Flavor hinzugefügt werden — dazu muß eine neue Klausel in den SELECTQ-Term des Flavors aufgenommen werden. Zweitens muß aber eine entsprechende Funktion, die die eigentliche Methode vollzieht, definiert werden. Wir wollen diese Funktion mit einem neu erzeugten Namen, der Flavor- und Methodennamen enthält, bezeichnen.
Ganz im Sinne der bisherigen Definitionen soll diese Funktion als Macro definiert sein. Die auszuführende Macro-Definition hat folgende Form:

```
(DM flavor-method (TERM)
    (LET ((sel (CADR TERM))
          (as (CADDR TERM)))
        '(APPLY (LAMBDA (SELECTOR ,@lambda-vars) ,@body)
                ',(CONS (EVAL sel) (EVAL as)))))
```

Sie wird aktiviert, wenn im SELECTQ des Flavors die Klausel

```
(selector (flavor-method selector args))
```

ausgewählt wird.
Damit dürfte klar sein, wie DEFMETHOD zu definieren ist:

```
(DM DEFMETHOD (TERM)
    (LET ((type (CAADR TERM))
          (selector (CADR (CADR TERM)))
          (lambda-vars (CADDR TERM))
          (body (CDDDR TERM)))
        (COND ((IS-FLAVOR type)
               (LET ((method-name (INSERT (STRING (PNAME type)
                                                  \-
                                                  (PNAME selector)
                                                  "-method"))))
                   '(PROGN
                      (LET ((SLOT (CDDDR (CDADR (GETFN (EVAL
                                                        ,type)))))
                          ; SELECTQ-Klauseln hinter (type ...)
                            (NEW (LIST(LIST ',selector
                                            '(,method-name
                                              SELECTOR ARGS)))))
                          ; neue Klausel.
                            (RPLACD NEW (CDR SLOT))
                          ; alte Klauseln an neue anfügen
                            (RPLACD SLOT NEW))
                          ; neue Klausel einfügen.
```

```
(DM ,method-name (TERM)
    ; Macro-Definition der Methodenfunktion.
    (LET ((sel (CADR TERM))
          (as (CADDR TERM)))
         (LIST 'APPLY
    ; ein APPLY-Term
               (CONS 'LAMBDA
                     (CONS (CONS 'SELECTOR
                                 ',lambda-vars)
                           ',body))
    ; die Funktion
               (LIST 'QUOTE
                     (CONS (EVAL sel)
                           (EVAL as))))))))
    ; die Argumente.
 (T (ERROR "flavor not defined" ',type)))))
```

An dieser Definition können wir erkennen, daß die Definition des Quasi-Quote aus Kapitel 8 keineswegs befriedigt. Aus Platzgründen mußten wir uns mit dieser Form begnügen, die keine Verschachtelung erlaubt. Es wäre zu wünschen, daß ein gutes Quasi-Quote die Notation der verschachtelten Macro-Definition so gestattet, als ob das äußere Quasi-Quote nicht existierte. Der Leser möge sich selbst ein besseres Quasi-Quote definieren (Übungsaufgabe!).
Für unsere knappe Flavor-Definition fehlt noch die Funktion IS-FLAVOR:

```
(DE IS-FLAVOR (X) (MEMQ X DEFINED-FLAVORS))
```

Damit können wir das Schiffs-Flavor definieren:

```
(DEFFLAVOR SHIP (X-COORDINATE Y-COORDINATE
                 X-VELOCITY Y-VELOCITY MASS))
```

und als Methode etwa:

```
(DEFMETHOD (SHIP SPEED) () (SQRT (ADD (EXPT X-VELOCITY 2)
                                      (EXPT Y-VELOCITY 2))))
```

Mit

```
(SETQ MY-SHIP (MAKE-INSTANCE 'SHIP))
```

erhalten wir eine Instanz, der wir Koordinaten zuweisen können:

```
((EVAL MY-SHIP) X-COORDINATE 1).
```

Wir kommen dicht an die Notation in LISPMachineLISP heran, wenn wir FUNCALL einführen als:

```
(DM FUNCALL (TERM) (CONS (EVAL (CADR TERM)) (CDDR TERM)))
```

Nun aktivieren wir die Instanz mit

```
(FUNCALL MY-SHIP 'X-COORDINATE)
```

10.5 Grundstrukturen und generische Operationen in LISP-Systemen

In diesem Abschnitt wollen wir unsere Überlegungen zu generischen Operationen auf informationsverarbeitende Systeme selbst anwenden. Wir tun dies am Beispiel von LISP, empfehlen jedoch dem Leser, dies auch für andere ihm bekannte Programmiersysteme und -sprachen durchzuführen.
Wir fragen in der Retrospektive:

- Mit welchen Typen von Objekten haben wir es in einem informationsverarbeitenden System wie LISP zu tun?
- Welche Grundoperationen sollen mit diesen Objekten ausgeführt werden?
- Gibt es Operationen, die über gegebene Typen hinweg abstrahiert werden können?

Wir haben bisher stets versucht, zwischen statischen und dynamischen Strukturen zu unterscheiden, ebenso wie zwischen den Objektklassen der Daten, Assoziationen, Programme (Funktionen), und Prozessen. Es hat sich jedoch mehrfach gezeigt, daß diese Unterscheidungen und ihre Trennschärfe entscheidend von der Perspektive abhängen, aus der wir die Objekte betrachten, ja, daß sie in gewisser Weise zu relativieren sind.
Als generische Operationen für alle der genannten Objektklassen können wir **Erzeugen** (durch Verarbeiten der externen Repräsentation, durch Aufbau aus Komponenten, durch Konvertierung eines anderen Objekts), **Zerstören**, **Zugreifen** (auf Komponenten), **Sichtbarmachen**, **Kopieren**, **Modifizieren** und **Typprüfung** benennen. Darüber hinaus gibt es für jede Objektklasse noch spezifische Operationen wie **Verknüpfen** (von zwei und mehreren Objekten gleicher Art) und **Vergleichen** für Datenstrukturen, **Assoziativzugriff** für Assoziationen, **Auswerten** für Funktionen, **Aktivieren**, **Terminieren** und **Suspendieren** für Prozesse. Im einzelnen können wir die Objekte und Operationen in tabellarischer Form etwa folgendermaßen darstellen (vgl. Model (1979)):

Datenstrukturen

Datentypen	Zahlen	Zeichen	Zeichenketten	Symbole	Paare
Operationen					
Erzeugen (Einlesen)	READ	READ	READ	READ	READ
(Konstruieren)	—	—	STRING	INSERT GENSYM	CONS
(Konvertieren)	ASCII	ASCII	—	INSERT	—
Zerstören	Aufh. v. Ref.	—	Aufh. v. Ref.	REMOVE	Aufh. v. Ref.
Zugreifen auf Komponenten	—	—	GETCHAR SUBSTRING	PNAME PLIST Auswerten	CAR CDR
Sichtbarmachen	PRINx	PRINx	PRINx (x = 0, T)	PRINx	PRINx
Kopieren	—	—	STRING	—	COPY SUBST
Modifizieren	—	—	REPLACE	SETQ	RPLACA RPLACD
Typprüfung	NUMBERP	CHARP	STRINGP	SYMBOLP	LISTP
Verknüpfen	arith. Operat.	—	STRING	—	CONS
Vergleichen	EQ	EQ	STRCOMP	EQ	EQUAL

Assoziationen

Arten	Attribute v. Symbolen	Umgebungen	Assoziations-Listen
Operationen			
Erzeugen	PUTPROP	LAMBDA-Bindung LET	—
Zerstören	REMPROP	—	auf NIL setzen
Zugreifen auf Teile	—	—	CDR
Sichtbarmachen	—	—	—
Kopieren	—	—	—
Modifizieren	PUTPROP	SET(Q)	—
Assoz. Zugriff	GETPROP	Auswertung e. Symbols	(S)ASSOC

Programme (Funktionen)

Erzeugen	DE DF DM LAMBDA FLAMBDA MLAMBDA
Zerstören	Aufheben von Referenzen
Zugreifen auf Teile	— (nur nach Umwandlung in eine Liste durch GETFN)
Sichtbarmachen	PP
Konvertieren	GETFN (in eine Liste)
Modifizieren	Editor (nach Umwandlung in eine Liste und anschließende Rückwandlung durch PUTFN)
Auswerten	EVAL APPLY FUNCALL

Prozesse

Quasiparallele Prozesse (Coroutinen) können mit Ausnahme von InterLISP in keinem LISP-System explizit gehandhabt werden. Wie wir jedoch im Rahmen der Diskussion von Funktionsobjekten und der Anwendung von Closures bei der diskreten Simulation gesehen haben, kann man Prozesse durch Closures realisieren. Zur Verwaltung von so dargestellten Prozessen stehen lediglich die für Funktionen definierten Grundoperationen bereit.
Enthält eine Tabelle leere Einträge (—), so bedeutet dies, daß keine spezifische Operation für die betreffende Objektart zur Verfügung steht. Sofern diese Objektart durch einen anderen Datentyp dargestellt ist (z. B. Assoziationslisten durch Paare), so sind die für diesen Datentyp definierten Operationen verfügbar. Die Tabellen zeigen, daß beim Entwurf von informationsverarbeitenden Systemen wie LISP — und dies gilt wohl für die meisten anderen Systeme auch — selten darauf geachtet wird, die Menge der Grundoperationen im Sinne der generischen Funktionen abzuschließen. Zu wünschen wäre auf jeden Fall, daß eine derartig vervollständigte Menge von generischen Grundoperationen vorliegt und daß das Programmiersystem in der Lage ist, für jeden aktuell vorkommenden Objekttyp dann die passende spezielle Operation auszuwählen.

10.6 Aspekte der datengesteuerten Programmierung

„Alle Programme werden durch ihre Daten gesteuert" wird uns ein ärgerlicher Kritiker sagen. Natürlich ist das so. In der konventionellen Programmierung kommt es oft vor, daß man mittels Zahlenparametern Programmflußvarianten auswählt: Eine 0 kann etwa bedeuten, daß die folgende Eingabe eine Gleitkommazahl ist.
Sind nicht alle Programme selbst Daten — für die Mikroprogramme? Gibt es aus dieser Perspektive überhaupt dynamische Komponenten in Programmen? In der von-Neumannschen Maschine selbst ist an sich die Trennungslinie zwischen Programmen und Daten unscharf. Die höheren Programmiersprachen haben dagegen diese Trennung festgeschrieben. Durch die objekt-orientierte Programmierung wurde die Sicht fast ins andere Extrem verschoben: Wir sahen das Objekt

„1", dem Nachrichten gesendet werden, das diese Nachrichten verarbeitet und mit Antworten reagiert. Sind also alle Daten aktive Programmbestandteile?
In LISP wird das Problem normalerweise moderat gesehen: Alle Daten gelten zwar als Objekte, aber diese werden nicht im Sinne von Smalltalk als Kombination statischer und dynamischer Komponenten verstanden, sondern nur als „Individuen", die eine Identität und eine bestimmte Lebenszeit haben. Die Programme sind ebenfalls Objekte in diesem Sinn, sie können jedoch als Operationen aktiviert werden. Komponenten von Programmen sind manipulierbar, so lange sie nicht der Compiler in effiziente Maschinenprogramme übersetzt hat. Es gibt normalerweise also nur eine Klasse von Objekten, die dieser doppelten Sicht — als Daten (z. B. beim Edieren) und als Operatoren (bei der Anwendung) — ausgesetzt ist. Dies wiederum wurde möglich durch die Interpretierbarkeit der Programme.
Unter dem Aspekt der Interpretierbarkeit aber können wir weitere Klassen von Daten in dieser doppelten Perspektive sehen. Was sind etwa folgende Ausdrücke: Daten oder Programme?

```
((X) (+ X Y) (* 2 X))
((X) (+ X 0) X)
((X Y) (+ (X NUMBERP) (Y NUMBERP)) (EVAL (+ X Y)))
((X Y) (+ X (| (Y NUMBERP) X)) (+ (EVAL (+ 1 Y)) X))
```

Man kann sehen, daß sie aus drei Komponenten bestchen: Variablenliste, Schema („Muster") für einen Ausdruck, und Schema für ein Resultat. Die formale Verwandtschaft mit den Ausdrücken in dem in Abschnitt 6.5 vorgestellten Vereinfachungsprogramm fällt unmittelbar auf. Im Unterschied dazu wurden die Vereinfachungsregeln hier eher statisch formuliert. Zu ihrer „Dynamisierung" benötigt man nur einen „höheren" Interpreter, der die als Argument übergebene Form analysiert und einen Prozeß des Mustervergleichs beginnt. Im Erfolgsfalle wird aus den dabei gebundenen Variablen der Ergebnisausdruck abgeleitet. So gesehen, gewinnen die angegebenen Ausdrücke eine Struktur von Bedingung und Konsequenz. In dieser Weise kann man ein vollständiges Vereinfachungssystem implementieren. Seine Besonderheit läge darin, daß die Struktur des Problems und des Lösungswegs in der Form von Mustern eine konzisere Beschreibung findet als im LISP-Programm. Das LISP-Programm wird effizienter sein, aber die Formulierung durch Muster ist flexibler, leichter änderbar und besser verständlich.
Um den Lösungsansatz durch Formulierung von Mustern zu vervollständigen, benötigen wir noch einen „Interpreter": Ein Programm, das den Mustervergleich ausführt und die Resultate konstruiert. Im Prinzip muß es möglich sein, ein Programm zu schreiben, das die Beschreibung durch Muster in ein LISP-Programm überführt, einen Muster-Compiler. Aus Gründen der Effizienz des zu generierenden Programms wird er die Ausdrücke nicht isoliert betrachten, sondern die Muster sortieren und nach ihrer Komplexität anordnen. Wie im Vereinfachungsprogramm muß die „Catch-All-Clause" eingesetzt werden: Wenn kein Muster paßt, kann nicht vereinfacht werden. Diesen Fall kann man auch als Versagen des Vereinfachungsprogramms interpretieren.
Das Zusammenfassen lohnt sich nicht, wenn die Muster der verschiedenen Ausdrücke stark voneinander abweichen oder wenn ähnliche Muster zu semantisch

unterschiedlichen Aktionen erforderlich sind. Der Muster-Compiler könnte beispielsweise eine Serie von Funktionen generieren, die als Bedingung ihrer Anwendbarkeit die Struktur der Daten prüfen. Verläuft diese Prüfung erfolgreich, werden die Variablenbindungen unmittelbar vollzogen und die Funktion ausgeführt. Andernfalls erklärt sich die Funktion als nicht kompetent. Der gesamte Verarbeitungsprozeß wäre jedoch sehr ineffizient, wenn der Interpreter immer nur jeweils eine Funktion auf ein Argument anzuwenden und die Funktion dann ggf. ihr Versagen zu signalisieren hätte. Stattdessen muß man sich vorstellen, daß die Funktionen im Team arbeiten. Der Interpreter der „KI-Programmiersprache" QA4 (Rulifson, Derksen, Waldinger (1972)) — realisiert durch Einbettung in LISP — hatte einen derartigen Aufbau. Die Daten beeinflußten durch ihre Struktur die Menge der anwendbaren Funktionen, die im einzelnen durch einen „Trial-and-Error"-Prozeß, der durch Backtracking implementiert war, ausgesucht wurden. Alle Funktionen hatten nur ein Argument, das als Muster beschrieben war. Wie wir an diesem Beispiel sehen, kann der Programmablauf durch eine Beschreibung der Daten bestimmt werden.

Dieser Gedanke kann ohne weiteres verallgemeinert werden: Eine derartige, den Programmablauf bestimmende Datenbeschreibung braucht sich nicht nur auf Argumente zu beziehen; es ist ebenso möglich, das Resultat strukturell zu beschreiben. Eine auf dieser Idee beruhende Sprache und ihren Interpreter hat C. Hewitt um 1970 mit PLANNER vorgeschlagen; eine Teilmenge davon wurde unter dem Namen MicroPLANNER implementiert und spielte eine zentrale Rolle in Winograds ursprünglichem Block-Welt-Programm (Winograd (1972)). Programmieren in PLANNER besteht im Prinzip darin, das Erreichen eines Endziels durch die Beschreibung von Unterzielen zu planen. Jeder Modul des Programms — ob Funktion oder, wie in PLANNER, „Theorem" genannt — besitzt eine Beschreibung des Zielzustandes, den er herzustellen vermag. PLANNER operiert über einer Datenbasis, die neben allen Theoremen auch eine Menge von Elementaraussagen enthält, die jeweils einen Zustand, eine Situation, beschreiben. Elementare Zielzustände werden unmittelbar dadurch erreicht, daß ihr Bestehen in der Datenbasis festgestellt wird. Andernfalls wird versucht, aus der Form der Aussage, die das zu erreichende (Teil-)Ziel beschreibt, versucht, passende Theoreme zu finden und sie auszuführen.Ähnlich wie bei den Argumentmustern sind selbstverständlich Fälle möglich, in denen ein Unterziel erreicht werden soll, das durch keine bekannte Funktion produziert werden kann, in denen das Programm also versagt. Es gibt jedoch Situationen, in denen eine solche Sackgasse nur deshalb erreicht wurde, weil eine früher aktivierte Funktion zwar das entsprechende Unterziel zu verwirklichen versprach, dazu aber zu viele Mittel verlangte. Oft gibt es in einer gegebenen Situation mehrere anwendbare Funktionen, aus denen dann eine ausgewählt werden muß. Führt die erste ausgewählte Funktion nicht zum Ziel und kann eine solche fehlerhafte Aktivierungsentscheidung rückgängig gemacht werden (wobei auch alle ihre Seiteneffekte aufzuheben sind!), um Alternativen zum Zuge kommen zu lassen, so ist es durchaus möglich, daß das ursprünglich gesetzte Ziel doch erreicht wird.

Diese Art der Einflußnahme von Daten auf den Programmfluß bezeichnet man als **„Mustergesteuerten Aufruf von Prozeduren"** (engl. **pattern directed procedure invocation**).

Programm-Strukturen, die aus zwei Komponenten bestehen, aus Bedingungen und Aktionen, bezeichnet man als „Regeln". Die Ausdruckskraft der Bedingungen und Aktionen kann durch Verwendung von Mustern wesentlich gesteigert werden. Auf Grund der Flexibilität solcher Ausdrucksmittel hat sich ein „regelorientierter Programmierstil" herausgebildet. Die Existenz eines Regelinterpreters ist Voraussetzung für die Ausführung von Programmen, die aus Regeln bestehen. Damit beschäftigen wir uns im folgenden Kapitel.

10.7 Literaturhinweise

1. Formelmanipulationssysteme haben sich mit dem Problem der verwandten (mathematischen) Strukturen auseinanderzusetzen. Siehe dazu die Arbeit von Jenks und Troger (1981).
2. In Moon, Weinreb (1980) ist das Flavorsystem der MIT-LISP-Maschine beschrieben. Di Primio (1983) beschreibt Grundzüge der Implementierung einer vereinfachten Variante für gängige LISP-Systeme.Das System wurde tatsächlich in TLC-LISP implementiert. Eine umfassende Darstellung enthält Christaller und di Primio (1983).
3. Bobrow, Stefik (1981) beschreiben die Implementation eines an Smalltalk angelehnten Systems LOOPS.
4. Neben Model (1979) hat auch Sandewall (1978) einen ähnlichen Überblick über die Grundoperationen in LISP-Systemen gegeben.
5. Vereinfachungs- und Beweisregeln, die den in 10.6 gegebenen Beispielen sehr verwandt sind, wurden in einem Programmverifikationssystem benutzt: Suzuki (1974), Suzuki (1976).

10.8 Übungen

10.2/1: Vervollständigen Sie die Funktionen der fünf angegebenen Varianten von Systemen generischer Funktionen (Subtraktion, Multiplikation, Division, Typprüfung (TYPEN, GETTYPE))!

10.3/1: Implementieren Sie ein System generischer Funktionen für die Arithmetik! Bauen Sie dazu auf dem Resultat der Aufgabe 10.2/1 auf! Prüfen sie die Flexibilität Ihrer Wahl durch Einfügen neuer Datentypen wie z. B. der komplexen Zahlen! (Wählen Sie aus den vorgestellten Ansätzen denjenigen aus, der Ihnen am besten für diese Aufgabe geeignet erscheint und begründen Sie Ihre Wahl!)

10.4/1: Konzipieren sie ein Bibliographiesystem mit Flavors. Überlegen Sie, welche Arten von Literatur zu berücksichtigen (Monographien, Tagungsberichte, Zeitschriften, ...) und welche generischen Operationen für bibliographische Angaben üblicherweise erforderlich sind.

10.4/2: Implementieren sie das in 10.3/1 entworfene generische Arithmetiksystem mit Flavors!

11 Regel-orientierte Programmierung

11.1 Programmierstile und Informationsverarbeitungsmodelle

Im ersten Kapitel hatten wir drei Programmierstile in ihren Grundzügen dargestellt und ausgeführt, daß jeder dieser Stile auf einem charakteristischen Modell der Informationsverarbeitung basiert. Bei diesen Programmierstilen und ihren zugehörigen Verarbeitungsmodellen handelt es sich um:

sequentieller, befehls-orientierter Stil	von-Neumann-Maschine
funktionaler Stil	mathematisches Funktionen-Modell
objekt-orientierter Stil	Gemeinschaft kommunizierender Objekte.

Wir hatten begründet, warum wir den objekt-orientierten Programmierstil bevorzugen, aber auch vereinbart, Sprechweisen der funktionalen Programmierung zu übernehmen. Damit wurde angedeutet, daß man in LISP über weite Strecken funktional programmieren kann. In den Programmen der Kapitel 5 und 6 wurde der funktionale Ansatz so weit wie möglich durchgehalten; so sind etwa das Programm zur arithmetischen Vereinfachung (s. 6.5) und die Funktionen zur Listenverarbeitung (s. 6.6.3) streng funktional geschrieben.
Bei Ein- und Ausgabe hingegen liegt traditionellerweise der sequentielle, befehls-orientierte Programmierstil am nächsten, da Ein-/Ausgabeoperationen schrittweise in strikter Ordnung ausgeführt werden. Erst durch die Einführung des Konzepts der File-Objekte und die strom-orientierte Sicht der Ein-/Ausgabe kommt man dem objekt-orientieren Ansatz näher.
Die endgültige Realisierung des „reinen" objekt-orientierten Programmierstils war erst nach der Einführung der Closures (s. Kap. 9 und 10) möglich. Mit Closures sind gleichzeitig potentiell aktive und passive Konstrukte verfügbar. Stellt eine Programmiersprache die Wahl des Programmierstils weitgehend frei, wie wir dies an LISP kennengelernt haben, so ist die Entscheidung für einen bestimmten Stil sicher auch von der Art der Anwendung beeinflußt. Angesichts der das letzte Kapitel abschließenden Bemerkungen über Programmierung mit Regeln wollen wir nun überlegen, welcher der bisher vorgestellten Programmierstile für welche Zwecke am besten geeignet ist, ob vielleicht einer von ihnen sich als dominant erweist und ob es weitere, für neue Anwendungen günstigere Programmierstile gibt.
Der funktionale Programmierstil wird immer dann bevorzugt, wenn mathematische Objekte realisiert und verarbeitet werden sollen. Aus unseren Beispielen sind hier zu nennen: Vereinfachung arithmetischer Ausdrücke, Verarbeitung von Listen, Mengen und Bäumen, Abbildungen von Mengen (unveränderlicher) Objekte in andere solche Mengen etc.

Der objekt-orientierte Programmierstil bewährt sich besonders bei der Darstellung und Verarbeitung veränderlicher aktiver Objekte, vor allem, wenn diese Objekte unabhängig voneinander existieren können. Durch das Klassenkonzept ist es möglich, Mengen von Objekten zu strukturieren, wobei insbesondere die Vererbung der Eigenschaften von Objekten entlang einer Hierarchie einen hohen Grad an Modularisierung ermöglicht. Das zugrundeliegende Kommunikationsmodell unterstützt die Implementierung paralleler Systeme, bringt jedoch für die Darstellung einfacher Gegenstandsbereiche, wie beispielsweise der Zahlen, erheblichen Aufwand mit sich. Daß die Übernahme von Sprechweisen der funktionalen Programmmierung in den objekt-orientierten Ansatz so unproblematisch zu vollziehen war, liegt auch daran, daß man eben dieses Kommunikationsmodell als eine Erweiterung des funktionalen Modells verstehen kann — an das Konzept der Closure sei hier nochmals erinnert.

Die Stärke dieses Stils besteht in der Möglichkeit, die Objektvielfalt hierarchisch zu ordnen, und in der konzeptionell bereitstehenden Parallelverarbeitung. Doch muß der Programmierer stets wissen, welches Objekt eine gerade anstehende Teilaufgabe bearbeiten kann, und was anschließend zu tun ist.

Es gibt jedoch Anwendungen, bei deren Bearbeitung man über ein derartiges Wissen nicht verfügt sondern nur Bruchstücke von Algorithmen vorliegen hat. Es ist beispielsweise möglich, daß man nur weiß, welche Reaktionen in bestimmten Situationen möglich sind, aber nicht, wie eine gewünschte Situation herbeigeführt werden kann. Solche Programmfragmente werden gerne mit Hilfe von **Regeln** formuliert.

Eine Regel in diesem Sinne ist ein Paar, das aus den beiden Komponenten „Situationsbeschreibung" und „Aktion" besteht. Man spricht vom **regel-orientierten Programmierstil**, wenn man den Aufbau von Programmen aus derartigen Regeln als zentrales Organisationsprinzip der Programmierung einsetzt. Im Hintergrund steht dabei die Vorstellung einer problemlösenden Maschine. Im Gegensatz zur Bearbeitung einer Aufgabe, die in der Ausführung eines explizit gegebenen Lösungsplans, einer vollständig bestimmten Folge von Aktionen, besteht, spricht man vom **Problemlösen** immer dann, wenn aus einer gegebenen **Anfangssituation** heraus durch Kombination von Elementen einer Menge **elementarer Aktionen** ein **Zielzustand** zu erreichen ist (vgl. Lehmann (1973)). Der Problemlöser hat in jedem Schritt zu entscheiden, welche Aktionen anwendbar sind und wie sie miteinander verknüpft werden können.

Wenn wir eine Maschine „problemlösend" nennen, so muß bei dieser anthropomorph klingenden Redeweise immer bedacht werden, daß wir uns in der Informatik im Bereich formaler Beschreibungen bewegen. Der umgangssprachliche Sinn des Wortes „Problem" wird damit sicher nur teilweise — eben bezüglich seiner formalen Charakterisierung — erfaßt. Dasselbe gilt, wenn wir von „wissensgestützten", „schlußfolgernden" Systemen sprechen: Wissen in diesem Sinne ist ein System von formalen Sätzen, und Schlußfolgerungen können nur gezogen werden, sofern sie formal beschreibbar sind. Zur formalen Darstellung des Wissens ist ein **Wissensrepräsentations-Schema** erforderlich. Die Notation in der erwähnten Regelform ist ein solches Schema.

Auf welche Arten von „Wissen" sollte ein problemlösendes System zurückgreifen können? An erster Stelle ist Faktenwissen zu nennen, das in der logischen Form einfacher Aussagen festgehalten werden kann. Weiterhin haben wir bereits Wissen über Verfahren und Zustandsänderungen erwähnt, für das die Notation in der

Form von Regeln geeignet erscheint. Diese Darstellungsform eignet sich gleichermaßen zur Formulierung von präzisen Gesetzen, z. B. der Physik, und von heuristischen Regeln, wobei man im letzten Fall oft ein Plausibilitätsmaß mitführt (s. 11.7). Häufig erweist es sich als sinnvoll, auch auf Meta-Wissen, also explizit dargestelltes Wissen über die Strategie und den Verlauf des Problemlösens, zugreifen zu können.

Die Regeln, die wir als Programmteile verstehen, werden durch einen Interpreter über einer Datenbasis, die den jeweilig aktuellen Stand der Problemlösung wiedergibt, ausgeführt. Die Reihenfolge ihrer Ausführung ist durch die Regeln selbst aber in keiner Weise festgelegt, sie muß vielmehr explizit angegeben werden. In Abschnitt 7.2 wurde am Beispiel des Graphensuchproblems diskutiert, auf welche Weise verschiedene Strategien der Ausführung einzelner Lösungsschritte realisiert werden können. Als allgemeines Mittel zur Realisierung angepaßter Steuerung des Programmablaufs (durch Abbildung in Kontrollstrukturen der v. Neumann-Maschine) haben wir die **Agenda** als Liste konkurrierender Prozesse kennengelernt. Man kann die auf einer Agenda aufgebaute Organisationsstruktur als Verallgemeinerung des Befehlshol- und Ausführungszyklus des klassischen v. Neumannschen Universalrechners verstehen: Der Prozessor wählt Befehl für Befehl aus und bringt ihn zur Ausführung; die Ausführung der Befehle wiederum bewirkt Veränderungen im Speicher. Die Prozesse in einer Agenda entsprechen den Befehlen, sie sind jedoch meistens wesentlich komplizierter als ein Maschinenbefehl und es gibt weit mehr und komplexere Kriterien für die Prozeßauswahl. Insbesondere hat sich die Einführung einer Prioritätsordnung für die Prozesse in der Agenda bewährt (s. Stefik (1981)).

Die üblicherweise in problemlösenden Systemen realisierten Strategien zur Erreichung des Abarbeitungszieles werden unterschieden in **datengesteuerte** und **zielgesteuerte**. Die datengesteuerte Strategie führt zur Ermittlung eines aus einer gegebenen Situation herleitbaren Folgezustandes, aus diesem wird wieder — gemäß der „Datenlage" — ein neuer Zustand hergestellt, und dieser Vorgang wird so oft wiederholt, bis keiner der Transformationsprozesse mehr anwendbar ist. Können aus einer Situation mehrere Folgesituationen hergeleitet werden, so ist eine weitere Entscheidung zu treffen, nämlich, ob nur eine von ihnen und welche — z. B. auf der Basis eines Maßes —, oder mehrere oder eventuell alle parallel weiterverfolgt werden sollen. Die zielgesteuerte Strategie besteht darin, daß man von einem gegebenen Ziel aus gleichsam „rückwärts" den aktuellen (Anfangs-) Zustand zu erreichen versucht.

Anstelle von „datengesteuerter Strategie" (engl. „data driven") spricht man auch von

- Vorwärtsverkettung (engl. „forward chaining"),
- Mustersteuerung (engl. „pattern directed"),
- „Bottom-Up"-Verfahren, oder
- Antezedens-Schließen (engl. „antecedent reasoning").

Die Bedeutung von „zielgesteuerter Strategie" (engl. „goal driven") wird auch umschrieben mit den Bezeichnungen

- Rückwärtsverkettung (engl. „backward chaining")
- „Top-Down"-Verfahren, oder
- Konsequenz-Schließen (engl. „consequent reasoning").

Wir wollen nun Techniken des Mustervergleichs und der Unifikation als Voraussetzungen für den regelorientierten (bzw. gleichungsorientierten) Programmierstil untersuchen und dann ihre Anwendung in Varianten eines einfachen problemlösenden Verarbeitungsmodells, den sog. Produktionensystemen, darstellen.

11.2 Grundbegriffe des Mustervergleichs

Der Logiker E. Post entwickelte Mitte der dreißiger bis Anfang der vierziger Jahre ein Modell für die Darstellung von Algorithmen. Es ist heute allgemein unter der Bezeichnung „Postsche Produktionensysteme" bekannt. Seine Idee war, daß die Ausdrücke jedes logischen Systems nichts anderes als Ketten von Symbolen aus einem endlichen Alphabet sind. Sein Modell baut auf einem (oder mehrereren) Alphabet(en) auf, aus denen man **Wörter**, d.h. Ketten aus Zeichen des Alphabets, bilden kann. Nach Auszeichnung bestimmter Wörter als **Axiome** kann man aus ihnen mit Hilfe von Regeln (Produktionen) andere Wörter, sog. **Theoreme**, ableiten. Eine Produktion ist eine Regel, die genau angibt, wie eine Zeichenkette zu zerlegen und ihre Teile neu anzuordnen sind, eventuell unter Löschen einiger und Hinzufügen neuer Teile.
Produktionen bestehen aus zwei Komponenten, Antezedens und Konsequenz, und haben die Form

$$g_0\$_1g_1\$_2\ldots\$_ng_n \longrightarrow h_0\$'_1h_1\$'_2\ldots\$'_mh_m.$$

Die g_i und h_j sind feste Zeichenketten, g_0 bzw. g_n sind oft leer und einige der h_j mit gewissen g_i identisch. Jedes der $\$_k$ ist eine beliebige oder variable Zeichenkette, die leer sein kann; die $\$'_i$ entsprechen irgendwelchen $\$_j$.
Vor Anwendung einer solchen Regel muß erst ihre Eignung überprüft werden. Eine Regel ist **anwendbar**, wenn die Objektzeichenkette die Form des Antezedens der Regel hat.
Die Überprüfung auf Anwendbarkeit kann ein schwieriger und aufwendiger Vorgang sein. Offensichtlich wird man beide Zeichenketten von links nach rechts miteinander vergleichen. Dadurch kann man Übereinstimmung der Teilketten g_0 feststellen. Durch Vergleich von rechts nach links kann Übereinstimmung der Teilketten g_n geprüft werden. Im Innern der Zeichenketten muß man versuchen, die festen Ketten g_i zu positionieren: Man versucht etwa, die erste Position von links für g_1 zu finden, nimmt dann den (rechten) Rest und versucht es dort mit g_2, und so fort. Wenn alle g_i zugeordnet sind, kann die Überprüfung mit Erfolg beendet werden.
Eine wichtige Eigenschaft des Überprüfungsprozesses besteht darin, daß nicht nur die Positionen für die Teilketten g_i gefunden werden, sondern daß mit den offenen Stücken zwischen den eingepaßten Teilketten auch die Variablen $\$_j$ besetzt werden.

Beispiel:

Die Regel sei

$(\$_1 + 0) \longrightarrow \$_1$ d.h. $g_0 = ($
$g_1 = +0)$

und die Objektkette

$((A+0)+0)$ paßt mit $\$_1 = (A+0)$

Dieser Vorgang zur Überprüfung der Anwendbarkeit einer Transformationsregel für Zeichenketten wird nur unvollkommen durch den Terminus „Vergleich" übersetzt; der aktive Anteil des „Passend-Machens" fehlt.[1] Im englischen „pattern matching" bzw. „string matching" ist die aktive Komponente ausgedrückt.

Post hatte schon 1943 gezeigt, daß die komplizierten Muster, die aus verschiedenen konstanten und variablen Teilen bestehen, nicht erforderlich sind.

Zu jedem Post-Kalkül über einem Alphabet A läßt sich ein erweitertes Alphabet A' (A ⊆ A') und ein „normaler" Post-Kalkül K' über A' angeben, so daß gilt: Ein Wort über A ist in K genau dann ableitbar, wenn es in K' über A' ableitbar ist. Dabei ist ein **normaler** Post-Kalkül ein solcher, in dem alle Regeln die Gestalt

$W_1 Z \longrightarrow Z W_2$

haben.

Schon in einer sehr frühen Phase der Anwendung elektronischer Rechenanlagen erschienen Post-Kalküle als ein besonders gut geeignetes Mittel zur automatischen Verarbeitung von Texten. Insbesondere war großes Interesse an der automatischen Übersetzung natürlicher Sprachen vorhanden, mit der sich Linguisten seit etwa 1947 beschäftigten. Zunächst wurde dabei die Idee der Wort-für-Wort-Übersetzung verfolgt: Ein Text sollte Wort für Wort durch Nachschlagen in einem Wörterbuch in einen Text der Zielsprache übertragen werden. Durch Edieren vor und nach dem Übersetzungsvorgang sollten die unausbleiblichen Fehler beseitigt werden.

Zur Realisierung der dazu erforderlichen Programme benötigte man einige Grundoperationen (Primitiva) für Manipulation von Zeichenketten: Umordnung, Suchen von Schlüsselwörtern, Substitution. Mit der Zeit wurde klar, daß der Kontext für die Auswahl von Wortbedeutungen wichtig ist. Zunächst erachtete man vor allem die unmittelbare Umgebung eines Wortes (je ein bis zwei Wörter links und rechts) für besonders relevant und versuchte durch Auflisten von Wortfolgen, nach Häufigkeiten geordnet, Bedeutungen zu erfassen. Für diese Zwecke mußte man die Zeichenkettenverarbeitung ausdehnen und verfeinern: Suche von Zeichenkettenteilen in langen Zeichenketten, Suche von Konstellationen in Wortfolgen usw. waren erforderlich.

Mitte der fünfziger Jahre entwickelte Chomsky die „algebraische Linguistik". Zunächst ohne Kenntnis der theoretischen Arbeiten Posts begründete er neue

1 Passungen in der Metallverarbeitung werden u.U. nicht bloß durch genaues Arbeiten, sondern auch durch einen kräftigen Schlag hergestellt

Methoden der Sprachanalyse. Basis dafür war der Begriff der formalen Grammatik, die als generative Grammatik die Erzeugung eines beliebigen Satzes der Sprache mit Regeln beschrieb, die denen Posts sehr ähnlich waren. In der Theorie der generativen Transformations-Grammatik unterscheidet Chomsky eine Basiskomponente der Grammatik, mit der syntaktische „Normalformen" von Sätzen generiert werden, die dann ihrerseits durch einen Satz von Transformationsregeln weiteren sog. Oberflächentransformationen unterzogen werden. Erst durch Anwendung der Oberflächentransformationen entstehen die endgültigen Sätze (z. B. Aktiv- und Passivform aus der selben Grundform).
Die neuen formalen Methoden stimulierten die Arbeiten an der maschinellen Sprachübersetzung. Fortan sprach man von „Syntaktischer Übersetzung", weil die Übersetzungsprogramme Wortklassen und Satzbau berücksichtigten. Dementsprechend vielfältiger wurden die Anforderungen an die Zeichenkettenmanipulation. Etwa 1957–1958 wurde am MIT unter H. Yngve COMIT, die erste Programmiersprache zur Zeichenkettenmanipulation entworfen.
COMIT ist eine formale Sprache mit besonderen Ausdrucksmitteln, um die Auswahl von Teilzeichenketten aus einer Zeichenkette und die daran anschließende Transformation des Resultats zu beschreiben. Ein COMIT-Programm besteht aus Regeln, in denen der Auswahl- und der Transformationsprozess durch Muster beschrieben wird. Sprach man zunächst von „structural frames", um allgemeine Satzformen (Muster) in der Sprache zu bezeichnen, so ist seit etwa 1961 „pattern" gebräuchlich. Weitere Regelkomponenten beeinflussen die Ablage von Resultaten und die Auswahl der als nächste auszuführenden Regel. Als primitive Operationen zur Zeichenkettenmanipulation stehen Umordnung, Beseitigung von Teilen, Einfügen neuer Wörter und Auswahl in Abhängigkeit vom Kontext zur Verfügung. Muster bestehen aus linearen Folgen von Elementen, jedes Muster wird von links nach rechts mit der zu bearbeitenden Zeichenkette verglichen, mit der ersten erfolgreichen Passung ist der Vergleichsprozeß beendet.
Als Elemente von Mustern sind zulässig:

1. Konkrete Wörter (d. h. „Konstanten"),
2. Deck-Elemente für Wortgruppen mit angegebener Länge,
3. Deck-Elemente für beliebige Wortgruppen.

Zur Definition der Transformation ist ein weiteres Muster anzugeben, das den ab der Anpaßstelle aufzubauenden Text beschreibt. Dabei kann man sich durch Zahlen auf die Elemente des Vergleichsmusters beziehen. So bedeutet beispielsweise ein Vorkommen der Zahl 3, daß an diese Stelle das dritte Element des Musters nach vollzogener Zuordnung einzusetzen ist.
In der Zwischenzeit hatte A.A. Markov den Postschen Kalkül zu einem vollständigen Algorithmenbegriff weiterentwickelt. Die wesentliche Idee dabei bestand in der Einführung einer Ordnung der Regelanwendung: In Postschen Kalkülen sind ja häufig mehrere Regeln pro Wort und durchaus auch eine Regel mehrfach auf ein Wort anwendbar. Durch Beschränkung der Anwendung auf die „erste" Möglichkeit pro Wort und durch sequentielle Anordnung der Regeln, die in zwei Gruppen — abbrechende und nicht abbrechende Regeln — aufgeteilt sind, ergibt sich ein deterministischer Ableitungsbegriff:
Die Zeichenkette w_2 ist aus der Zeichenkette w_1 ableitbar, wenn w_1 nicht durch eine abbrechende Regel entstanden ist und w_2 durch die „erste" anwendbare Regel entsteht.

Markov-Algorithmen gelten als theoretische Grundlage von SNOBOL, das sich später als *die* Zeichenkettenmanipulationssprache entwickelte. Dabei spielt der Begriff des Mustervergleichs eine Hauptrolle.
LISP ist aber eher durch METEOR, einer Einbettung von COMIT in LISP (Bobrow (1963)) beeinflußt worden. Die Weiterentwicklung wurde von zwei Grundideen getragen: Vervollkommnung der Syntax für Muster und Ausdehnung der Muster auf hierarchische Strukturen, d.h. S-Ausdrücke.
Interessant ist nun, wie bereits einfache lineare Muster in LISP-Programmen verwendet wurden: Die Struktur des Antezedens einer Regel beschreibt eine ganze Klasse von Zeichenketten. Sie enthält Teile, die in ihnen auftreten müssen, und solche, die unterschiedlich sein können. Für derartige Beschreibungen verwendet man neben „Muster“ auch die Bezeichnungen „Schema“ oder „Schablone“.
Eine brillante Verwendung einfacher Mustervergleichstechniken wurde in dem berühmten Programm ELIZA realisiert. An diesem Beispiel kann man gerade „string matching“ sehr gut studieren.
ELIZA simuliert einen natürlich-sprachlichen Dialogpartner. Die Eingabesätze werden als Listen von Symbolen notiert. ELIZA sucht Wortkonstellationen darin und konstruiert Antworten nach vorgegebenen Schemata.
Wird beispielsweise eingegeben:

```
(NO, I CAN'T),
```

so antwortet ELIZA:

```
(YOU ARE BEING NEGATIVE).
```

Diese Antwort wird aber nicht gegeben, weil ELIZA etwa den Satz „verstanden“ hätte, er wurde nicht einmal ganz verarbeitet. Der Anfang (NO, ...) genügt. So würde die selbe Antwort erzeugt bei der Eingabe von:

```
(NO, I'M RATHER POSITIVE)
```

Einige Beispiele für weitere Muster und die dazugehörenden Antworten:

(... I HAVE ...)	Antwort:	(YOU SAY YOU HAVE ...)
(YES ...)		(I UNDERSTAND)
(OF COURSE ...)		(YOU SEEM VERY POSITIVE ABOUT THAT)
(I MIGHT ...)		(WHY AREN'T YOU SURE)
(DO YOU ...)		(WHY DO YOU ASK)
(BECAUSE ...)		(WHAT DOES THAT SUGGEST TO YOU)
(WHY DON'T YOU ...)		(YOU WISH ME TO ...)
(YOU SAID ...)		(IS THAT WHAT YOU HEARD ME SAY)
(... YOU ARE ...)		(WHAT MAKES YOU THINK I ...)

Wir sehen, daß es Übergänge gibt, in denen wir keinen einzigen Teil aus dem Eingabesatz benötigen. In allen diesen Fällen ist demzufolge auch keine Mustervariable erforderlich.

Beispiel:

Wir wollen mit Musterbeschreibungsmitteln den Übergang

(NO, ...) ⟶ (YOU ARE BEING NEGATIVE)

formulieren. Im Muster benötigen wir nur ein Element, das auf eine beliebig lange Teilliste paßt; wir verwenden das Symbol + dafür:

(NO, +) ⟶ (YOU ARE BEING NEGATIVE)

Wir können damit auch die Regel

(+ MOTHER +) ⟶ (TELL ME MORE ABOUT YOUR FAMILY)

notieren, die besagt: Wenn irgendwo im Satz das Wort „Mutter" steht, vollzieht ELIZA einen scheinbaren Themenwechsel zu „Familie".
In manchen Regeln wird ein Teil-Satz unverändert übernommen. Dazu benötigen wir Mustervariablen, denen Teillisten, d.h. Segmente, zugeordnet werden können. Solche Mustervariablen für Segmente kennzeichnen wir dadurch, daß wir dem Variablennamen ein „+" voranstellen. Damit können wir Regeln der Form

(+ I HAVE +REST) ⟶ (YOU SAY YOU HAVE +REST)

ausdrücken.
Mit diesen simplen Mitteln können wir durchaus „interessante" Dialoge gestalten; es genügt zunächst sogar eine einzige Variable — wir wollen sie REST nennen.
Wie muß nun der Mustervergleicher aussehen? Da in jedem Muster REST nur einen Wert bekommt, können wir uns es sehr einfach machen:
Wenn das Muster nicht mit + beginnt, muß im Eingabesatz genau das Wort stehen, das im Muster steht, steht + an dieser Stelle, darf eine Folge beliebiger Wörter stehen:

```
(DE MATCH (SUBJECT PATTERN)
    (COND ((NULL PATTERN) (NULL SUBJECT))
          ((NULL SUBJECT) NIL)
          ((EQ (CAR PATTERN) '+)
           (OR (MATCH SUBJECT (CDR PATTERN))
               (MATCH (CDR SUBJECT) PATTERN)))
```

Wenn das Muster mit +REST beginnt, können wir die gesamte Restliste der Variablen REST zuweisen. Der Vergleich damit ist positiv abgeschlossen:

```
((EQ (CAR PATTERN) '+REST) (SETQ REST SUBJECT))
```

Es bleibt der bereits erwähnte Fall der Konstanten:

```
((EQ (CAR PATTERN) (CAR SUBJECT))
 (MATCH (CDR SUBJECT) (CDR PATTERN)))
(T NIL)))
```

Das ELIZA-Programm kann, je nach der verwendeten Regelmenge, „Dialoge" über verschiedene Gegenstandsbereiche simulieren. Seine am weitesten verbreitete Anwendung bestand darin, ein psychotherapeutisches Gespräch zu führen — oder besser: zu karikieren. Dennoch haben, wie Weizenbaum (1980), der die erste Version von ELIZA etwa 1962 entwickelt hatte, berichtet, erstaunlich viele Menschen diesem ja mit einem ganz einfachen technischen Trick arbeitenden Programm in der Tat „Verständnis" unterstellt und ihm sogar ihre intimsten Geheimnisse anvertraut.
Hier ist eine Anregung für die Gestaltung einer deutschen Version von ELIZA:

```
(DE ELIZA ()
   (LET ((ESC ESCLIST) (REST NIL))
        (PRINT '(MEIN NAME IST ELIZA. WAS BEDRÜCKT DICH?))
        (DO ((E (READ) (READ)))
            (((NULL ESC)
              '(UNSERE ZEIT IST LEIDER UM. AUF WIEDERSEHEN!)))
            (DO ((PL PATLIST (CDR PL)))
                (((MATCH E (CAAR PL)) (ANSWER (CDAR PL)))
                 ((NULL PL) (ANSWER (CAR ESC))
                           (SETQ ESC (CDR ESC)))) )))))

(SETQ ESCLIST
      '((WIE BITTE?)
        (HATTEN WIR SCHON ÜBER DEINE TRÄUME GESPROCHEN?)
        (HATTEST DU MIR SCHON ETWAS ÜBER DEINE FAMILIE
         ERZÄHLT?)
        ...
        (SO – NA UND?) ))

(DE ANSWER (MESS)
   (PRINT (SUBST REST 'REST MESS)))

(SETQ PATLIST
      '(((ICH BIN +REST)
         (MACHT ES DIR ETWAS AUS REST ZU SEIN?))
        ((ICH KANN NICHT +REST)
         (WARUM KANNST DU NICHT REST?))
        ((ICH HABE +REST) (DU SAGST DU HAST REST?))
        ((ICH WÜRDE +)
         (WARUM BIST DU DIR NICHT GANZ SICHER?))
        ((+ DU BIST +)
         (WAS BRINGT DICH AUF DIESEN GEDANKEN?))
        ((+ DU MUSST +REST)
         (DU DENKST, ICH MÜSSE REST))
        ((+ MUTTER +) (ERZÄHLE MIR MEHR ÜBER DEINE FAMILIE))
        ((JA +) (ICH VERSTEHE))
        ((NEIN) (DU BIST ABER KURZ))
        ((WAS +) (WAS WÜRDEST DU VORSCHLAGEN?))
        ...))
```

11.3 Mustervergleich mit strukturierten Daten

Für die Muster des ELIZA-Programms haben wir drei Arten von Elementen benötigt:

- Konstanten,
- Segment-Elemente, und
- Segment-Variablen.

Die auf Segmente bezogenen Muster-Elemente ermöglichen ein hohes Maß an Flexibilität: Sie können für sehr lange oder ganz leere Folgen von Wörtern stehen.[2]
Worin besteht im obigen Beispiel das Resultat des Vergleichsprozesses? Offensichtlich ist es aus zwei Komponenten zusammengesetzt:

1. Dem Booleschen Wert, der Erfolg oder Mißerfolg anzeigt, und
2. — im Erfolgsfall — einer Menge von Variablenbindungen.

Wir wollen die Technik des Mustervergleichs nun auf strukturierte Daten erweitern. Dazu müssen wir uns Klarheit verschaffen über

- die primitiven Muster-Elemente und
- die Konstruktion des Resultats.

An primitiven Muster-Elementen benötigen wir auf jeden Fall

- Konstanten.

Weiterhin ist ein

- Deck-Element

erforderlich, das auf ein beliebiges Datenelement paßt. Darüberhinaus sind Elemente, um

- beliebige Segmente und
- Segmente bestimmter Längen zu decken,

sicher nützlich.
Beim Mustervergleich erweist es sich als notwendig, Typen von Elementen zu überprüfen. Die beste Möglichkeit hierzu besteht im direkten Aufruf von Typprüfungsfunktionen im Muster. Das jeweilige Element paßt nur dann, wenn die Funktion einen von NIL verschiedenen Wert liefert.
Es könnte auch nützlich sein, allgemeine Terme im Muster auszuwerten. Ein Spezialfall wäre die Auswertung einer Mustervariablen und ihr Vergleich mit dem jeweiligen Element. Wir müssen aber entscheiden, wie wir Konstanten von Variablen unterscheiden wollen — entweder heben wir Konstanten hervor oder Terme.
Um Mustervergleich mit strukturierten Daten vornehmen zu können, benötigen wir Elemente zur Darstellung hierarchisch geschachtelter Strukturen. Wenn wir hierfür die schlichte Listennotation verwenden wollen, so müssen wir alle anderen Terme eindeutig kennzeichnen, z. B. durch Schlüsselwörter.

---

2 Im Unterschied dazu ist bei den Segment-Variablen in COMIT stets eine Segmentlänge anzugeben

Es tritt immer wieder die Situation auf, daß man nicht beschreiben kann, wie ein Element paßt, sondern wie es *nicht* paßt.
Weiterhin werden Wiederholungen von Elementen zu beschreiben sein.
Schließlich sind Alternativen für ein Element zu bedenken: Es ist wünschenswert, beschreiben zu können, daß es zu einer beschränkten Menge von Varianten gehört.
Mit den Varianten tritt ein ganz neues Problem auf: Nach bisherigem Verständnis wird der Mustervergleichsprozeß mit negativem Ergebnis beendet, wenn ein einziges Teilelement nicht paßt. Nun kann aber die Situation auftreten, daß eine frühere Variantenauswahl falsch war. Dieser Fehler kann sich eventuell sehr spät auswirken, d.h. erst nach einiger Verarbeitungszeit paßt das Muster nicht mehr. Dann darf der Vergleichsprozeß nicht mit negativem Resultat beendet werden, sondern man muß an die Stelle zurückgehen, an der die Variantenauswahl erfolgte, und die nächste Variante probieren. Selbstverständlich müssen alle Wertzuweisungen zu Mustervariablen, die inzwischen vollzogen wurden, ungeschehen gemacht werden. Dieses Verfahren heißt **Backtracking**. Es ist auch dann erforderlich, wenn wir die Wiederholungen nicht ganz genau spezifizieren wollen — bezüglich ihrer Anzahl —, oder wenn wir optionale Elemente in die Muster einführen.
Wir wollen nun ein Mustervergleichsprogramm (engl. „Pattern Matcher") implementieren, das die meisten der eben genannten Eigenschaften besitzt. Für die speziellen Datenelemente im Muster gilt folgende Notation:

? deckt ein Listenelement
* deckt ein Segment
jedes andere Symbol deckt nur ein identisches Symbol

Weiterhin dürfen im Muster sog. Kontrollelemente vorkommen, die Seiteneffekte bewirken. Sie beziehen sich jeweils auf das unmittelbar vor ihnen im Muster stehende Symbol, das ein Element oder eine Sequenz in der „Subjekt"-Liste decken muß. Kontrollelemente sind dadurch gekennzeichnet, daß sie mit einem der Macro-Zeichen >, !, < oder @ beginnen:

>var weist das letzte Datenelement lokal an **var** zu,
!var weist das letzte Datenelement global an **var** zu,
<var prüft, ob das letzte Datenelement gleich dem Wert von **var** ist, und
@pred wendet **pred** auf das letzte Datenelement an.

Im Programm verwenden wir die Funktion NLISTP; sie ist als Negation des Prädikats LISTP definiert:

```
(DE NLISTP (X) (NULL (LISTP X)))
```

Die Definitionen der vier Macro-Zeichen sind sehr einfach: Sie expandieren jeweils in eine Liste, die als erstes Element das betreffende Zeichen (als Symbol) und danach den auf das Macro-Zeichen folgenden S-Ausdruck enthält:

```
(DMC \! () (LIST (INSERT "!") (READ)))

(DMC \@ () (LIST (INSERT "@") (READ)))
```

```
(DMC \> () (LIST (INSERT ">") (READ)))

(DMC \< () (LIST (INSERT "<") (READ)))
```

Die Funktion MATCH hat zwei Argumente, das Muster und die „Subjekt“-Liste, die mit dem Muster auf Passung verglichen wird. Das optionale Argument LAST-MATCHED bezieht sich im Laufe der Berechnung stets auf das letzte passende Element und wird daher mit NIL initialisiert.

```
(DE MATCH (PATTERN SUBJECT &OPTIONAL (LAST-MATCHED NIL))

    (COND ((EQUAL PATTERN SUBJECT) T)
                          ; Pattern und Subject sind gleich, konstant. Passung
                          ; = T
          ((NLISTP PATTERN) NIL)
                          ; Pattern zu Ende, Subject nicht, ist also länger:
                          ; Passung kann nicht erreicht werden.
          ((LISTP (CAR PATTERN))
                          ; Ist das erste Element von Pattern eine Liste, so kann
                          ; es sich entweder um ein Kontrollelement handeln — in
                          ; diesem Fall beginnt diese Liste mit !, >, < oder @ —
                          ; oder um ein strukturiertes Datenelement
           (COND ((EQ (CAAR PATTERN) '!)
                          ; globale Variablenzuweisung
                  (SET (CADAR PATTERN) LAST-MATCHED)
                          ; dem hinter ! stehenden Symbol wird das
                          ; letzte passende Element zugewiesen
                  (MATCH (CDR PATTERN) SUBJECT
                                        LAST-MATCHED))
                          ; Rekursion: Passung des Restes
                 ((EQ (CAAR PATTERN) '>)
                          ; lokale Variablenzuweisung,
                  (EVAL (LIST 'LET
                              (LIST
                                (LIST (CADAR PATTERN)
                                      (LIST 'QUOTE
                                            LAST-MATCHED)))
                              '(MATCH (CDR PATTERN)
                                      SUBJECT LAST-MATCHED))))
                          ; durch LET wird das Symbol lokale Variable
                 ((EQ (CAAR PATTERN) '<)
                          ; Wertvergleich: Ist der Wert des hinter < stehenden
                          ; Symbols gleich dem letzten passenden Element?
                  (COND ((EQUAL (EVAL (CADAR PATTERN))
                                LAST-MATCHED)
                          ; falls ja, kann „matching“ weitergehen
                         (MATCH (CDR PATTERN)
                                SUBJECT LAST-MATCHED))
                        (T NIL)))
                 ((EQ (CAAR PATTERN) '@)
                          ; Anwendung eines Prädikats
                  (COND ((APPLY (EVAL (CADAR PATTERN))
                          ; funktionaler Wert des Symbols
```

```
                       (LIST LAST-MATCHED))
                  ; Argument für das Prädikat ist das vorhergehende
                  ; Musterelement
                     (MATCH (CDR PATTERN)
                            SUBJECT LAST-MATCHED))
                  (T NIL)))
                  ; Prädikat negativ.
              ((NLISTP SUBJECT) NIL)
                  ; Subject kürzer als Pattern: keine Passung.
              ((MATCH (CAR PATTERN) (CAR SUBJECT) NIL)
                  ; Fortsetzung des Mustervergleichs in einer Unter-
                  ; liste
               (MATCH (CDR PATTERN)
                      (CDR SUBJECT) (CAR SUBJECT)))
                  ; falls die Anfänge passen, passen auch die Reste?
              (T NIL)))
                  ; Anfänge passen nicht.
         ((OR (EQ (CAR PATTERN) '?)
                  ; ? deckt jedes Listenelement,
             (EQ (CAR PATTERN) (CAR SUBJECT)))
                  ; gleiche Konstanten decken sich
          (MATCH (CDR PATTERN) (CDR SUBJECT) (CAR SUBJECT)))
         ((EQ (CAR PATTERN) '*)
                  ; * deckt Segment beliebiger Länge
          (DO ((RESTSEG SUBJECT (CDR RESTSEG))
                  ; Iteration über laufende Reste von Subject
               (CUTSEG NIL (APPEND CUTSEG (LIST (CAR RESTSEG)))))
                  ; Akkumulation von Segmentanfängen
               (MATVAL (MATCH (CDR PATTERN) SUBJECT NIL)
                       (MATCH (CDR PATTERN)
                              RESTSEG CUTSEG)))
                  ; paßt Rest des Pattern auf Subject oder dessen sukzes-
                  ; sive Reste?
             ((MATVAL MATVAL)
                  ; Passung erreicht
             ((NULL RESTSEG)
              (MATCH (CDR PATTERN) NIL CUTSEG)))))
         (T NIL)))        ; Pattern ist keine Liste oder Sonderfall: wegen Ungleich-
                          ; heit keine Passung.
```

Hier sind einige Beispiele für erfolgreiche Aufrufe von MATCH:

```
(MATCH '(? >VAR1 (B ? <VAR1) D) '(A (B A) D))

(MATCH '(* >VAR2 C (* <VAR2) * <VAR2) '(A B C (A B) A B))

(MATCH '(? @NUMBERP) '(4))
```

Wir wollen nun den Mustervergleicher noch auf ein größeres Problem, die algebraische Vereinfachung, anwenden. Zunächst müssen wir überprüfen, ob die

eingeführten Ausdrucksmittel für Muster für unsere Aufgabenstellung ausreichen.
Ausdrücke der Form (+ 0 X), X beliebig, beschreiben wir durch

```
(+ 0 ?),
```

Ausdrücke der Form (+ <number> X), X beliebig, durch

```
(+ ? @NUMBERP ?),
```

liegt die Form (+ <number> (+ <number> x)) vor, so kann man dies durch

```
(+ ? @NUMBERP (+ ? @NUMBERP ?))
```

formulieren.
Um Ausdrücke der Form (+ X X), die zwei gleiche Operanden haben, zu beschreiben, benutzen wir

```
(+ ? >X ? <X),
```

usw. Es scheint so, als wäre unsere „Mustersprache" hinreichend ausdrucksstark.
Nun wenden wir uns den Regeln des Vereinfachers zu.

Eine einfache Regel ist: (* 0 X) ⟶ 0.
Für die Regel (+ 0 X) ⟶ X
benötigen wir den Wert von X *nach* dem Mustervergleich, wir müssen also im Erfolgsfall den Wert global binden.
Diese und weitere Regeln geben wir direkt als Alternativen in einem bedingten Ausdruck an:

```
(DE SIMPPLUS (OP1 OP2)
    (LET ((FORM (LIST '+ OP1 OP2)))
        (COND ((MATCH '(+ 0 ? !R) FORM) R)
              ((MATCH '(+ ? !R 0) FORM) R)
              ((MATCH '(+ ? @NUMBERP !R1 ? @NUMBERP !R2)
                FORM)
                (ADD R1 R2))
              ((MATCH '(+ ? @NUMBERP ? @SYMBOLP) FORM)
                FORM)
              ((NUMBERP OP2) (SIMPPLUS OP2 OP1))
              ((MATCH '(+ ? @SYMBOLP ? @SYMBOLP) FORM)
                FORM)
              ((MATCH '(+ ? @NUMBERP !R1
                              (+ ? @NUMBERP !R2 ? !R3))
                        FORM)
                (LIST '+ (ADD R1 R2) R3))
              ((MATCH '(+ ? @SYMBOLP !R1
                              (* ? @NUMBERP !R2 ? <R1)) FORM)
                (LIST '* (ADD R2 1) R1))
              (T FORM))))
```

11.4 Unifikation

Beim Mustervergleich spielen die beiden Partner, Muster und „Subjekt“, unterschiedliche Rollen. Das Muster allein ist der aktive Teil — z.B. dadurch, daß eventuellen Mustervariablen Werte zugewiesen werden, Deckmuster für Segmente sich flexibel den Gegebenheiten anpassen etc. —, während die Struktur, mit der das Muster verglichen werden soll, ein passives Datum ist. Wir wollen uns nun mit dem Fall befassen, daß zwei Muster aneinander angepaßt werden sollen, wobei beide als dynamische Elemente auftreten.
Einen derartigen Vorgang kann man etwa folgendermaßen beschreiben: Wenn in beiden Mustern Konstante auftreten, müssen diese identisch sein. Steht in einem Muster eine variable Komponente, im anderen aber nicht, dann erfolgt die Zuweisung in das Muster mit der variablen Komponente hinein. Stoßen zwei dynamische Komponenten aufeinander, dann könnte man nach einer vorher zu definierenden Rangfolge des Anpassungsaufwandes vorgehen oder diese Teile einfach vernachlässigen.
Beispiel:

Bei Anpassung von:

(+ 0 ? >X) und (? >OP 0 1)

entsteht (+ 0 1)

Dabei hat X den Wert 1 bekommen und
OP den Wert +.

Ein ähnliches Problem tritt im Zusammenhang mit Beweisen von Sätzen der Prädikatenlogik (Quantorenlogik) auf. Die Prädikatenlogik geht von primitiven formalen Aussagen aus, den Elementaraussagen (atomare Formeln). Interpretiert man Elementaraussagen, so bedeuten sie das Zusprechen einfacher Eigenschaften zu Konstanten, die Objekte darstellen, und Variablen, die für Klassen von Objekten stehen, oder von Relationen zwischen solchen Elementen. Diese atomaren Formeln — auch Literale genannt — können dann, negiert oder nicht negiert, durch logische Junktoren verknüpft werden. Formeln mit freien Variablen ergeben bei Interpretation noch keine Aussagen, sondern nur Aussageformen; erst durch Quantifikation der freien Variablen entstehen Aussagen. So mag beispielsweise die Verwendung einer Variablen in einer Formel daher stammen, daß diese einer Aussage über ein bestimmtes, aber unbekanntes Objekt, entsprechen soll. Mit einem Existenzquantor über diese Variable wird die Aussageform zu einer Aussage präzisiert. Andererseits mag die Verwendung einer Variablen die unterschiedslose Geltung für alle Objekte einer gewissen Klasse ausdrücken: Dann verwendet man den Allquantor.
Der erste Schritt in formalen Beweisverfahren besteht zumeist darin, daß man die Quantoren eliminiert. Der jeweils äußerste Allquantor kann weggelassen werden. Es gilt die Konvention, daß ungebundene Variablen in einer Formel als allquantifiziert gelten. Um Existenzquantoren zu beseitigen, nimmt man an, daß die

betrachteten Objekte sich als Werte irgend einer Funktion der schon freien (d. h. vorher all-quantifizierten) Variablen ergeben. Gibt es keine solchen freien Variablen, verwendet man einfach Konstantensymbole (deren Wert als nicht bekannt gilt). Dieses Verfahren wird nach dem norwegischen Logiker T. Skolem als **Skolemisierung** bezeichnet.
So entsteht aus

$$\forall x \, \exists y \; P(x, y) \rightarrow Q(x, y) \; : \; P(x, f(x)) \rightarrow Q(x, f(x))$$

Aus den quantorenfreien Formeln kann man logisch äquivalente bilden, die eine bestimmte Normalform einhalten: Normalerweise hat man Konjunktionen von Disjunktionen von (positiven oder negierten) Literalen.
Konjunktionen dieser Form werden auch als **Klauseln** bezeichnet. Da zum Beweis eines Satzes zu dem (negierten) Satz selbst auch alle Axiome der Theorie hinzugefügt werden müssen, gelangt man sehr schnell zu großen Mengen von Klauseln. Es kann nun vorkommen, daß in einer Klausel Literale auftreten, die sehr ähnlich sind, beispielsweise in:

$$P(x, f(x)) \vee P(y, f(y)) \vee P(z, w)$$

Offensichtlich erbringen die Varianten des Prädikats in der Disjunktion keinen inhaltlich neuen Beitrag; so kann man daran denken, nur eine von ihnen zu verwenden. Diese eine Variante nennt man einen **Faktor**, und den Prozeß, um sie herauszufinden, **Faktorisierung**.
Das Prinzip des Beweisverfahrens, das wir vorstellen wollen, besteht in der **Widerlegung** des **negierten** Satzes (engl. **refutation procedure**). Daraus folgt, daß im Fortgang des Beweises immer kürzere Klauseln hergestellt werden. Gelingt es, eine leere Klausel — sie entspricht **Falsum**, also der Widerlegung des negierten Satzes — zu erzeugen, so ist man fertig. Diese Verkürzung von Klauseln beruht darauf, in einer Klausel ein Literal ohne Negation, in einer anderen dasselbe Literal mit Negation zu finden. Aus beiden Klauseln wird nun eine neue Klausel als Resultat gebildet, indem die ausgewählten Literale gestrichen ($P(x)$ und $\neg P(x)$ heben einander auf) und die übrigen zusammengelegt werden. Dieser Schritt heißt **Resolution**, die entstehende Klausel **Resolvente**.
Die Schlußform der Resolution beruht auf der einfachen aussagenlogischen (variablenfreien) Beziehung

$$(a \vee b) \;\&\; (\neg a \vee c) \rightarrow (b \vee c).$$

Daß die leere Klausel mit dem Widerspruch gleichbedeutend ist, sehen wir aus

$$a \;\&\; \neg a \leftrightarrow \text{Falsum}.$$

Wir haben also eine Klausel, die nur ein (positives) Literal und eine, die nur dasselbe (aber negierte) Literal enthält. Daraus kann man die leere Klausel bilden; diese zeigt also den Widerspruch an.

Der Widerspruch wird aus der Negation des Satzes und der Konjunktion aller Axiome erzeugt (wo er im logischen Sinne natürlich längst vorliegt). Erreicht man nicht in akzeptabler Zeit die leere Klausel, kann man den gleichen Vorgang noch einmal mit dem (nun nicht negierten) Satz selbst (einschließlich der Axiome) versuchen, um zu prüfen, ob eine Widerlegung der Verneinung des betreffenden Satzes gelingt.
Nun liegen die Dinge nicht so einfach, weil Literale zwar einander ähnlich sein können, aber nie identisch sind. Auf Grund der Skolemisierung können unterschiedliche Argumente auftreten, etwa [3]

Klausel_1: $\{P(x), Q(x)\}$,
Klausel_2: $\{\neg P(f(x)), R(x)\}$.

Wenn wir nun für x in Klausel_1 f(a) substituieren und in Klausel_2 a für x erhalten wir:

$\{P(f(a)), Q(f(a))\}$
$\{\neg P(f(a)), R(a)\}$.

Damit haben wir aber eine ganz spezielle Konstante ausgesucht. Allgemeiner wäre die Substitution von f(x) für x in Klausel_1, denn es entstünde:

$\{P(f(x)), Q(f(x))\}$
$\{\neg P(f(x)), R(x)\}$.

Dies ist vorteilhaft, weil die neue Klausel'_2 noch eine Variable enthält — und damit auch die Resolvente.
Wir wollen ganze Mengen solcher Ersetzungen zu einer **Substitution** zusammenfassen:
Eine endliche Menge der Form

$$\{t_1/v_1, t_2/v_2, \ldots t_n/v_n\},$$

wobei jedes v_i eine Variable, und jedes t_i ein von v_i verschiedener Term (d.h. Variable, Konstante, bzw. Funktionsausdruck) ist und $v_i \neq v_j$ für alle $i \neq j$, $1 \leqq i, j \leqq n$ gilt, heiße Substitution. $\varepsilon = \{\ \}$ heißt auch **leere** Substitution.

Beispiel: $\{f(a)/x, a/y\}$ ist eine Substitution.

Sei L ein Literal und $\theta = \{t_1/v_1, \ldots, t_n/v_n\}$ eine Substitution. $L\theta$, das man durch gleichzeitige Ersetzung jeder Variablen v_i in L durch das zugehörige t_i erhält, heiße **Instanz** von L.
Eine Substitution $\theta = \{t_1/v_1, \ldots, t_n/v_n\}$ heißt **Unifikator** für eine Menge von Literalen $\{L_1, \ldots, L_m\}$ genau dann, wenn $L_1\theta = \ldots = L_m\theta$.
Bei der Resolution haben wir es mit zwei Substitutionen zu tun, die θ und σ heißen mögen. Wie verknüpfen wir diese? Wenn es keine Kollisionen gibt, bilden

3 Die Disjunktionen sind hier als Mengen von Literalen notiert

wir einfach die mengentheoretische Vereinigung von θ und σ. Anderfalls wird zunächst θ, dann σ vollzogen:

Sei $\theta = \{t_1/v_1, \ldots, t_n/v_n\}$ und $\sigma = \{u_1/y_1, \ldots, u_r/y_n\}$.

Dann wird gebildet

$$\theta \circ \sigma = \{t_1\sigma/v_1, \ldots, t_n\sigma/v_n, u_{i_1}/y_{i_1}, \ldots, u_{i_s}/y_{i_s}\},$$

so daß

$$y_{i_k} \notin \{v_1, \ldots, v_n\} \text{ für alle } 1 \leqq k \leqq s, s \leqq r$$

gilt und alle Elemente $t_j\sigma/v_j$ mit $t_j\sigma = v_j$, $1 \leqq j \leqq n$, eliminiert werden.
Beispiel: Aus $\theta = \{f(y)/x, z/y\}$ und $\sigma = \{a/x, b/y, y/z\}$ wird

$$\theta \circ \sigma = \{f(b)/x, y/z\}.$$

Außerdem möchten wir den allgemeinsten Unifikator haben: Der Unifikator θ für eine Menge $\{L_1, \ldots, L_n\}$ heißt **allgemeinster Unifikator**, wenn für jeden anderen Unifikator σ eine Substitution ρ mit $\sigma = \theta \circ \rho$ existiert.
Damit können wir nun einen Unifikationsalgorithmus formulieren: Wir nehmen zwei Literale (mit gleichem Prädikatensymbol) und bilden eine Liste der Argumente. Dann vergleichen wir schrittweise die Argumente:
Sind zwei Argumente identisch, gehen wir eine Position weiter. Steht an einer Position eine Variable in der einen Liste und ein beliebiger Term, der die Variable nicht enthält, in der anderen Liste, dann wird das Paar Term/Variable in den Unifikator aufgenommen. Handelt es sich um zwei einfache Konstanten, die verschieden sind, so kann nicht unifiziert werden. Handelt es sich um zwei Funktionsausdrücke, so kann nicht unifiziert werden, wenn die Funktionssymbole verschieden sind. Sind sie gleich, so werden die Argumente in der gleichen Weise verglichen wie vorher die Argumente in der Liste.

```
(DE UNIFY (L1 L2 SUBS)
   (COND ((NULL L1) SUBS)
         ((VARIABLEP (CAR L1))
          (COND ((EQ (CAR L1) (CAR L2))
                  (UNIFY (CDR L1) (CDR L2) SUBS))
                 ((OCCUR (CAR L1) (CAR L2)) 'FAIL)
                 (T (UNIFY (SUBST (CAR L2) (CAR L1) (CDR L1))
                           (SUBST (CAR L2) (CAR L1) (CDR L2))
                           (CONS (CONS (CAR L1) (CAR L2))
                                 SUBS)))))
         ((VARIABLEP (CAR L2)) (UNIFY L2 L1 SUBS))
         ((CONSTANTP (CAR L1))
          (COND ((EQ (CAR L1) (CAR L2))
                 (UNIFY (CDR L1) (CDR L2) SUBS))
                 (T 'FAIL)))
         ((CONSTANTP (CAR L2)) 'FAIL)
         ((EQ (CAAR L1) (CAAR L2))
          (UNIFY (APPEND (CDAR L1) (CDR L1))
                 (APPEND (CDAR L2) (CDR L2))
                 SUBS))
         (T 'FAIL)))
```

Man kann zeigen, daß dieser Algorithmus den allgemeinsten Unifikator liefert. Wir geben noch einen weiteren Unifikationsalgorithmus an, der im Stil des „Pattern Matching“ implementiert ist:

```
(DE UNIFY (L1 L2 SUBS)
   (COND ((NULL L1) SUBS)
         ((EQUAL (CAR L1) (CAR L2))
          (UNIFY (CDR L1) (CDR L2) SUBS))
         ((VARIABLEP (CAR L1))
          (COND ((BOUNDP (CAR L1))
                 (COND ((EQUAL (EVAL (CAR L1)) (CAR L2))
                        (UNIFY (CDR L1) (CDR L2) SUBS))
                       (T 'FAIL)))
                ((OCCUR (CAR L1) (CAR L2)) 'FAIL)
                (T (SET (CAR L1) (CAR L2))
                   (UNIFY (CDR L1)
                          (CDR L2)
                          (CONS (CAR L1) SUBS)))))
         ((VARIABLEP (CAR L2)) (UNIFY L2 L1 SUBS))
         ((CONSTANTP (CAR L1)) 'FAIL)
         ((CONSTANTP (CAR L2)) 'FAIL)
         ((EQ (CAAR L1) (CAAR L2))
          (LET ((S (UNIFY (CDAR L1) (CDAR L2) SUBS)))
               (COND ((EQ S 'FAIL) S)
                     (T (UNIFY (CDR L1) (CDR L2) S)))))
         (T 'FAIL)))
```

Anstelle der expliziten Substitutionen im ersten Programm merkt sich dieses Programm die auszuführenden Substitutionen in den Variablen. Die Variablen müssen vorher ungebunden (d.h. ohne Wert) sein; wir benötigen die Funktion BOUNDP, um dies zu überprüfen.
Der Algorithmus ist aber noch nicht korrekt, weil folgende Situation eintreten kann: Wenn eine Variable während der Unifikation einen Wert bekommen hat, in dem wiederum Variablen vorkommen, so werden diese nicht mehr beachtet, sondern es erfolgt ein Vergleich.
Beispiel:

```
(UNIFY '(X (F Y) (F X))
       '((H Y) (F (G Z)) (F (H (G Z))))
        NIL).
```

Zunächst entsteht:

```
        X ... (H Y),
dann    Y ... (G Z).
```

Schließlich würde (F (H Y)) mit (F (H (G Z))) verglichen, was zu einem negativen Resultat führt!

Wir haben zu ändern:

```
((BOUNDP (CAR L1))
  (SETQ SUBS (UNIFY (LIST (EVAL (CAR L1))) (LIST (CAR L2)) SUBS))))
  (COND ((NOT (EQ 'FAIL SUBS)) (UNIFY (CDR L1) (CDR L2) SUBS))
          (T 'FAIL)))

(DE OCCUR (V EX)
   (COND ((NULL EX) NIL)
            ((EQ V EX) T)
            ((VARIABLEP EX)
              (COND ((EQUAL V EX) T)
                       ((BOUNDP EX) (OCCUR V (EVAL EX)))
                       (T NIL)))
            ((CONSTANTP EX) NIL)
            ((OCCUR V (CAR EX)) T)
            (T (OCCUR V (CDR EX)))))
```

Wie wir sehen können, ist die Unifikation selbst nicht sehr aufwendig zu implementieren. Das ändert sich jedoch schnell, wenn besondere Eigenschaften der Funktionen f, g, h usw. zu betrachten sind. Dies ist der Fall, wenn gilt:

Eine der Funktionen ist die Gleichheit, oder
Funktionen sind
- assoziativ,
- kommutativ,
- distributiv,
- idempotent,
- homomorph.

In solchen Fällen müssen beispielsweise Ausdrücke wie

(F (F X Y) Z) und (F X (F Y Z))

als gleich behandelt werden.

11.5 Einfache Produktionensysteme

Postsche Kalküle, wie wir sie oben einführten, bestehen aus Axiomen (Wörtern über einem Alphabet) und Regeln, die aus Bedingung und Konstruktionsvorschrift für das Resultat zusammengesetzt sind. Der durch einen solchen Kalkül realisierte Ableitungs- oder Berechnungsprozeß ist normalerweise nicht vorhersagbar, da z. B. eine Bedingung zugleich an verschiedenen Stellen in einem Wort erfüllt sein kann, ohne daß — bei sequentiellem Vorgehen — festgelegt ist, an welcher Stelle die passende Regel nun zuerst anzuwenden sei.

In der Rekonstruktion dieser Kalküle zu Markovschen Normalalgorithmen wird der Indeterminismus dadurch beseitigt, daß in die Menge der Regeln eine Ordnung eingeführt und die Anwendungsbedingungen kodifiziert werden.
Einfache Produktionensysteme, wie sie 1972 durch Newell eingeführt wurden, sind eine Variante der Markov-Algorithmen, mit allgemeineren Datenstrukturen und endlichem Speicher. Ihre Entwicklung war wesentlich durch die kognitive Psychologie beeinflußt. Newell wollte eine Theorie der „Kontrollstrukturen der menschlichen Informationsverarbeitung" entwickeln. Aus dem Performanzvergleich des Modells mit psychologischen Feldversuchen hoffte er Belege für seine Theorie zu finden. Er schreibt (Newell (1973)): „Unser Plan (für die Arbeit, Verf.) ist, ein spezielles Produktionensystem darzustellen, seine *psychologischen Eigenschaften* (Hervorhebung von Verf.) zu registrieren; wir werden aber keinen Versuch machen, dieses Modell gegenüber anderen Erklärungsvarianten zu verteidigen..."
Produktionensysteme wurden also als Modell für menschliches Problemlösen in einfachen Situationen gedacht. Aus psychologischen Untersuchungen wurde abgeleitet, daß das Gedächtnis aus zwei Komponenten bestehe: Aus Kurzzeit- und Langzeitgedächtnis. Feldversuche gaben Anlaß zur Vermutung, daß ein derartiges Kurzzeitgedächtnis etwa sieben Datenelemente enthalten dürfe.
Ein Produktionensystem hat demnach zwei Komponenten. Im Unterschied zum Langzeitgedächtnis enthält das Kurzzeitgedächtnis (engl. short-time-memory, **STM**) nur Datenelemente. Das Langzeitgedächtnis (eng. long-time-memory, **LTM**) umfaßt dagegen *Regeln* (Produktionen). Diese sind aus Bedingungs- und Aktionsteil aufgebaut. Beide, Bedingungen und Aktionen, beziehen sich auf das STM; der Bedingungsteil versucht, Situationen anhand ihrer Beschreibung im STM zu identifizieren, und wenn dies gelingt, modifiziert der Aktionsteil den Inhalt des STM. Die Gedächtniseigenschaft drückt sich darin aus, daß allein das „Rekapitulieren" beim Überprüfen von Bedingungen ausreicht, das STM neu zu ordnen — allerdings nur im positiven Fall.
Die Ablaufkontrolle ist grundsätzlich so organisiert, daß die Regeln nach einer vorgegebenen Ordnung — zumeist in der gegebenen Reihenfolge — ausgewählt und ihre Bedingungsteile mit dem STM verglichen werden. Ein charakteristischer Fall für einen derartigen Vergleich ist die Suche nach bestimmten Daten im STM. Regel für Regel werden nun die jeweiligen Bedingungsteile mit dem STM verglichen. Sobald die erste entsprechende Bedingung erfüllt ist, werden die Daten im STM umgeordnet: Die in der Bedingung genannten Datenelemente werden in der Reihenfolge des Vorkommens in ihr an die ersten Positionen im STM gestellt. Dann wird die in der Regel zugeornete Folge von Aktionen ausgeführt. Anschließend wird der Verarbeitungszyklus erneut aktiviert, d. h. es wird wieder mit der Auswahl der ersten Regel und dem Vergleich ihrer Bedingung mit dem veränderten Inhalt des STM begonnen.
Wenn die Bedingung der jeweils ausgewählten Regel beim Vergleich mit dem STM nicht erfüllt ist, so wird einfach die nächste Regel betrachtet. Kann keine Regel mit passender Bedingung gefunden werden, wird der Verarbeitungszyklus beendet. Es ist nicht möglich, daß eine Regel direkt eine andere Regel aufruft oder Daten an eine andere Regel weiterreicht.[4]

4 Ähnliche Effekte können jedoch durch Ablegen ausgezeichneter Datenelemente im STM erzielt werden

Damit unterscheidet sich das Verarbeitungsmodell der Produktionensysteme in einem wesentlichen Punkt von dem, das COMIT zugrundeliegt: Dort kann in jeder Regel die als nächste zu aktivierende Regel angegeben werden. Nur ausnahmsweise wird die erste Regel erneut betrachtet.
Die Bedingungsteile der Regeln sind üblicherweise Konjunktionen von primitiven Prädikaten, die durch Suche entsprechender Datenelemente im STM zu erfüllen versucht werden. Newell schlug 1973 die folgenden Notationskonventionen vor:

- Symbole, die ausdrücken, daß im STM ein identisches Element angetroffen wird.
- Listen von Daten drücken aus, daß im STM Elemente enthalten sind, die ebenfalls Listen sind und mit der Prädikatenliste (die als Anfangsstück betrachtet wird) übereinstimmen. (A) ist erfüllt, wenn irgendwo im STM ein Element mit dem Anfang (A ...) vorkommt.
- Daten, hinter denen das Symbol ABS steht, sollen die Forderung nach Abwesenheit der Daten im STM ausdrücken: (A ABS) ist erfüllt, wenn **keines** der Elemente im STM mit (A ...) beginnt (ABS steht für „absent").
- Folgen von einer Variablen, Gleichheitssymbol == und Datum drücken aus, daß das Element des STM, welches zur Erfüllung der mit dem Datum verbundenen Forderung herangezogen wird, der Variablen als Wert zugewiesen wird.
- Deckelemente mit Zuweisung an Variable:
  (A X1) ist für alle Elemente erfüllt, die mit (A ...) beginnen und ein zweites Teilelement haben. Dies wird X1 zugewiesen. Bei einem erneuten Auftreten der Variablen in der Bedingung muß das Datenelement auftreten, das als Wert der Variablen aufgehoben wurde.
- Typabhängige Deckelemente (mit Zuweisung) dienen zur Typüberrprüfung: Wurde ein Datentyp

  ```
  <DIGIT> : (CLASS 0 1 ... 9)
  ```

  deklariert, dann ist

  ```
  (A <DIGIT> )
  ```

  für alle Elemente erfüllt, die mindestens zwei Teil-Elemente haben, deren erstes gleich A und deren zweites eine Ziffer ist. Im Bereich der aktuellen Regelbedingung wird mit erfolgreicher Suche nach einem solchen Element <DIGIT> ein Wert zugewiesen, und kann dann stellvertretend für diesen benutzt werden.

Eine zu berücksichtigende Nebenbedingung beim Vergleich mit Elementen des STM besteht darin, daß ein innerhalb einer Regelbedingung erfolgreich benutztes Element kein zweites Mal verwendet werden darf.
Für die folgenden Beispiele sei daran erinnert, daß das STM im Erfolgsfall umgeordnet wird.

Beispiele:

1. Bedingung (A)
   STM (SET 1 2 3) (B) (A 1) (A 2)
   >>> Vergleich erfolgreich
   STM' (A 1) (SET 1 2 3) (B) (A 2)
2. Bedingung READY AND (PROBE)
   STM (SET 1 2 3) (B) (PROBE 3) (A) READY
   >>> Vergleich erfolgreich
   STM: READY (PROBE 3) (SET 1 2 3) (B) (A)
3. Bedingung (A 1) AND (A) AND X1 == (B)
   STM (SET 1 2) (A 1 3 7) (B B)
   >>> Vergleich scheitert, weil nur ein Element (A ...) im STM steht.
4. Bedingung (A <DIGIT>) AND READY ABS AND (C <DIGIT>)
   STM (SET 1 2) (A 1 3 7) (C 20)
   >>> Vergleich scheitert, weil das zweite Auftreten von <DIGIT> nicht mit 1 konfrontiert ist (und 20 größer ist als 9).

Die meisten Aktionen bestehen in Einfügungen neuer Datenelemente an den Anfang des STM. Sie sind wie die entsprechenden Bedingungen zu notieren. Tritt in einer Aktion das Symbol ** auf, so wird dieses durch das erste Element des STM substituiert und das gesamte Datum (d.h. die Aktion) ersetzt dieses erste STM-Element. Über Aktionssymbole können diesen zugeordnete Folgen von Aktionen wie Unterprogramme in konventionellen Programmiersprachen aktiviert werden. Auch Programme des einbettenden Systems (etwa LISP) können so aufgerufen werden.
Zwei spezielle Aktionentypen sind SAY bzw. NTC. Die entsprechenden Aktionen werden als Terme notiert (d.h. mit Argumenten). SAY sorgt für die Ausgabe seines Argumentes, NTC sucht nach seinem Argument, als ob es eine Bedingung einer Regel wäre (einschließlich Umsortierung des STM!).
Man beachte bei der Wirkung dieser Aktionen, daß das STM nur eine sehr kleine Anzahl von Elementen (etwa sieben) enthalten kann. Die überzähligen Elemente werden gestrichen (vergessen).
Ein Beispielprogramm (Klahr (1973)):

```
(P4 ((GOAL JOIN) AND (NAIL FLUSH)) ((** DONE)))
(P1 ((UP HAMMER) AND (GOAL JOIN) AND (NAIL UP))
                                   ((OLD **) (DOWN HAMMER)))
(P2 ((DOWN HAMMER) AND (GOAL JOIN))
                                   ((OLD **) (UP HAMMER) LOOK))
(P3 ((GOAL JOIN)) ((DOWN HAMMER)))
```

Das Aktionssymbol LOOK sei mit einer Routine verknüpft, die prüft, ob der Nagel eingeschlagen ist — sie liefert als Antwort entweder (NAIL UP) oder (NAIL FLUSH).
Die Abarbeitung bei anfänglichem STM = ((GOAL JOIN)) verläuft etwa folgendermaßen:

1. Regel P3 „feuert":
   STM = ((DOWN HAMMER) (GOAL JOIN))

2. Regel P2 feuert:

   wir nehmen an, LOOK liefere (NAIL UP).
   STM = ((NAIL UP) (UP HAMMER) (OLD (DOWN HAMMER)) (GOAL JOIN))

3. Regel P1 feuert:

   STM = ((DOWN HAMMER) (OLD (UP HAMMER)) (GOAL JOIN) (NAIL UP)
   (OLD (DOWN HAMMER)))

4. Regel P2 feuert:

   wir nehmen an, LOOK liefere (NAIL FLUSH).
   STM = ((NAIL FLUSH) (UP HAMMER) (OLD (DOWN HAMMER))
   (GOAL JOIN) (OLD (UP HAMMER)) (NAIL UP)
   (OLD (DOWN HAMMER)))

5. Regel P4 feuert:

   STM = (((GOAL JOIN) DONE) (NAIL FLUSH) (UP HAMMER)
   (OLD (DOWN HAMMER)) (OLD (UP HAMMER)) (NAIL UP)
   (OLD (DOWN HAMMER)))

Wir können feststellen: Mit nur diesen Mitteln ausgestattet, sind Produktionensysteme zunächst als Programmiersprache nicht besonders interessant. Wesentliche Eigenschaften leistungsfähiger Produktionensysteme sind jedoch in diesem einfachen Modell schon enthalten. Deshalb lohnt es sich, die Implementierung eines Interpreters für dieses Produktionensystem in Angriff zu nehmen.
Die Interpreterfunktion heiße PSG. Ihre Standardstrategie besteht darin, die Regeln über dem STM so lange auszuwerten, so lange die Bedingung irgend einer Regel im STM erfüllt ist.

```
(DE PSG (LTM STM)
   (DO ((RLS LTM (COND ((SELECT-RULE (CAR RLS))
                        (EXECUTE-RULE (CAR RLS))
                        LTM)
                       (T (CDR RLS))))
                       ; Wenn die Bedingungen einer Regel zutreffen, wird
                       ; der Aktionenteil dieser Regel ausgeführt. Danach
                       ; wird die Durchmusterung mit der ersten Regel be-
                       ; gonnen. Treffen die Bedingungen nicht zu, dann
                       ; wird die nächste Regel betrachtet.
        (BINDINGS NIL NIL)
                       ; Die Werte aller Variablen (pro Regel) werden als
                       ; Assoziationsliste verwaltet.
        (T-BINDINGS NIL NIL))
                       ; Werte für Typvariablen.
        (((NULL RLS) STM)) ))
                       ; Ist keine Regel anwendbar, stoppt das System.

(DE SELECT-RULE (RULE)
   (LET ((RES-STM NIL))  ; Wir bewahren die Datenelemente aus dem STM,
                         ; die erfolgreich in Bedingungen verwendet wurden, in
                         ; RES-STM auf.
```

```
          (COND ((CHECK-RULE (CADR RULE) STM)
                 (REORG-STM RES-STM)
                 (WRITE "STM: "T STM T)
                 T)           ; Wenn alle Bedingungen erfüllt sind, werden die Daten-
                              ; elemente aus RES-STM an den Anfang des STM ge-
                              ; bracht (aus dem sie entfernt wurden.)
                (T NIL))))

(DE CHECK-RULE (CONDS MEM)
    (COND ((NULL CONDS)T)
                              ; Sind alle Bedingungen erfolgreich verarbeitet, kann die
                              ; Regel „feuern“.
          ((NULL (CDR CONDS))
           (CHECK1 (CAR CONDS) MEM T))
                              ; Das letzte Bedingungselement kann nur eine positive
                              ; Bedingung sein.
          ((EQ (CADR CONDS) 'ABS)
                              ; Eine negative Bedingung.
           (COND ((NULL (CDDR CONDS))
                  (CHECK1 (CAR CONDS) MEM NIL))
                              ; Sie ist die letzte der Bedingungen.
                 ((CHECK1 (CAR CONDS) MEM NIL)
                  (CHECK-RULE (CDDDR CONDS) MEM))
                              ; Eine negative Bedingung in der Mitte löst, wenn sie
                              ; erfüllt ist, die Prüfung der anderen Bedingungen aus.
                              ; Wir müssen ABS und AND passieren.
                 (T NIL)));   Negative Bedingung nicht erfüllt.
          ((EQ (CADR CONDS) '==)
                              ; Zuweisung (negative Bedingung nicht sinnvoll).
           (COND ((NULL (CDDDR CONDS))
                              ; letzte Bedingung.
                  (COND ((CHECK1 (CADDR CONDS) MEM T)
                         (SETQ BINDINGS
                               (CONS (CONS (CAR CONDS)
                                           (CAR (LAST RES-STM)))
                                     BINDINGS)))
                              ; Bindung wird aufbewahrt.
                        (T NIL)))
                              ; Bedingung nicht erfüllt.
                 ((CHECK1 (CADDR CONDS) MEM T)
                  (SETQ BINDINGS (CONS (CONS (CAR CONDS)
                                             (CAR (LAST RES-STM)))
                                       BINDINGS))
                              ; Bindung wird aufbewahrt.
                  (CHECK-RULE (CDDDR (CDR CONDS)) MEM))
                              ; Weiterprüfen.
                 (T NIL)));   Bedingung nicht erfüllt.
          ((CHECK1 (CAR CONDS) MEM T)
           (CHECK-RULE (CDDR CONDS) MEM))
                              ; Positive Bedingung erfüllt. Prüfe weiter. Überprüfe da-
                              ; zu auch das folgende AND.
          (T NIL)))           ; Bedingung nicht erfüllt.
```

```
(DE CHECK1 (PAT SUBJL YN)
  (COND ((NULL SUBJL)  ; Bedingung kann nicht erfüllt werden.
         (COND (YN NIL)
                         ; Positive Bedingung unerfüllt.
               (T T)))   ; Negative Bedingung erfüllt.
        ((CHECK PAT (CAR SUBJL) YN)
                         ; Bedingung erfüllt.
         (COND (YN (SETQ MEM (REMQ MEM (CAR SUBJL)))
                         ; Positive Bedingung: Datenelement darf
                         ; nicht noch einmal benutzt werden.
                   (SETQ RES-STM (APPEND RES-STM
                                         (LIST (CAR SUBJL)))))
                         ; Rette Datenelement
               (T NIL)))
                         ; Negative Bedingung unerfüllt.
        (T (CHECK1 PAT (CDR SUBJL) YN))))
                         ; Suche richtiges Datenelement.


(DE CHECK (PAT SUBJ YN)
  (LET ((RES (COMPARE PAT SUBJ BINDINGS T-BINDINGS)))
                         ; Resultat des Datenvergleichs.
    (COND ((NULL RES) NIL)
                         ; ungleiche Daten
          ((NULL YN) T)
                         ; negative Bedingung
          (T (SETQ BINDINGS (CAR RES))
             (SETQ T-BINDINGS (CDR RES))
             T))))       ; positive Bed.: Übernehmen der lokalen Bindungen.


(DE COMPARE (PAT SUBJ BNDS T-BNDS)
  (COND ((VARIABLEP PAT)
         (COMP-VAR (ASSOC PAT BNDS)))
                         ; Muster ist normale Variable
        ((T-VARIABLEP PAT)
         (COMP-TVAR (ASSOC PAT T-BNDS))))
                         ; Muster ist Typ-Variable
        ((CONSTANTP PAT)
         (COND ((EQ PAT SUBJ) (CONS BNDS T-BNDS))
                         ; Muster ist Konstante, Subjekt ist eq. zu Muster
               (T NIL)))
                         ; Subjekt verschieden.
        ((CONSTANTP SUBJ) NIL)
                         ; Subjekt Konstante, Muster Liste.
        (T (LET ((RES (COMPARE (CAR PAT) (CAR SUBJ)
                               BNDS T-BNDS)))
             (COND ((NULL RES) NIL)
                         ; Anfänge passen nicht.
                   ((NULL (CDR PAT)) RES)
                         ; Musterende mit Erfolg.
                   ((NULL (CDR SUBJ)) NIL)
                         ; Subjektende ist Mißerfolg.
```

```
                    (T (COMPARE (CDR PAT) (CDR SUBJ)
                                 (CAR RES) (CDR RES))))))))
                    ; Prüfe Reste

(DE COMP-VAR (BND)
  (COND (BND
        (COND ((EQUAL (CDR BND) SUBJ) (CONS BNDS T-BNDS))
                    ; Variable mit Wert: Subjekt ist gleich
              (T NIL))); Variable mit Wert: Subjekt ist verschieden
        (T (CONS (CONS (CONS PAT SUBJ) BNDS) T-BNDS))))
                    ; Variable ohne Wert: Nimm Bindung in Liste BNDS
                    ; auf. Erfolgreicher Vergleich.

(DE COM-TVAR (BND)
  (COND (BND
        (COND ((EQUAL (CDR BND) SUBJ) (CONS BNDS T-BNDS))
                    ; Variable mit Wert: Subjekt ist gleich
              (T NIL))); Variable mit Wert: Subjekt verschieden
        ((APPLY (GETPROP PAT 'T-VARIABLE) (LIST SUBJ))
         (CONS BNDS (CONS (CONS PAT SUBJ) T-BNDS)))
                    ; Variable ohne Wert: Wenn Typtest erfolgreich ist,
                    ; wird die Bindung in die Liste T-BNDS aufgenommen.
        (T NIL)))   ; Negativer Typtest.

(DE VARIABLEP (X) (AND (SYMBOLP X) (GETPROP X 'VARIABLE)))

(DE T-VARIABLEP (X) (AND (SYMBOLP X) (GETPROP X 'T-VARIABLE)))

(DE CONSTANTP (X) (ATOM X))
                    ; Reorganisation des STM durch Beseitigen der benutz-
                    ; ten Datenelemente und Wiederanfügen vorn.

(DE REORG-STM (NEW-STM)
  (SETQ STM (APPEND NEW-STM (REMOVE-L NEW-STM STM))))
                    ; REMOVE-L beseitigt alle Elemente einer Liste L1 aus
                    ; einer anderen Liste L2

(DE REMOVE-L(L1 L2)
  (COND ((NULL L2) NIL)
        ((MEMBER (CAR L2) L1) (REMOVE-L L1 (CDR L2)))
        (T (CONS (CAR L2) (REMOVE-L L1 (CDR L2))))))
                    ; DELETE enfernt ein Element E aus einer Liste.
                    ; Es ist bekannt, daß es dort vorkommt.

(DE REMQ (L E)
  (COND ((NULL L) NIL)
        ((EQ E (CAR L)) (CDR L))
        (T (CONS (CAR L) (REMQ (CDR L) E)))))
                    ; Reorganisation des STM durch Beseitigen der benutz-
                    ; ten Datenelemente und Wiederanfügen vorn. Die Ak-
                    ; tionen erfolgen unter der Voraussetzung gemachter
                    ; Bindungen:
```

```
(DE EXECUTE-RULE (RULE)
   (LET ((ENV (APPEND BINDINGS T-BINDINGS)))
        (EXECUTE ENV (CADDR RULE))
        (WRITE "STM: "T STM T)))

(DE EXECUTE(ENV ACTIONS)
   (COND (ACTIONS (WRITE "ACTION-"T (CAR ACTIONS) T)))
   (COND ((NULL ACTIONS) NIL)
         ((GETPROP (CAR ACTIONS) 'ACTION)
                                  ; Aktionssymbol
           (EXECUTE ENV (GETPROP (CAR ACTIONS) 'ACTION))
           (EXECUTE ENV (CDR ACTIONS)))
         ((ATOM (CAR ACTIONS))
           (LET ((VAL (ASSOC (CAR ACTIONS) ENV)))
                (COND ((NULL VAL)
                         (SETQ STM (CONS (CAR ACTIONS) STM)))
                          ; Einfügen eines atomaren Datums am Anfang des STM.
                       (T (SETQ STM (CONS (CDR VAL) STM)))))
                          ; Einfügen eines Variablenwertes am Anfang des STM.
           (EXECUTE ENV (CDR ACTIONS)))
         (T (LET ((ACTS (GETPROP (CAAR ACTIONS) 'ACTION)))
                 (COND (ACTS (EVAL (SUBLIS ENV (CAR ACTIONS))))
                          ; Auswerten eines Aktionterms.
                        ((OCCURS '** (CAR ACTIONS))
                         (SETQ STM (CONS (SUBLIS (CONS
                                                   (CONS '**
                                                     (CAR STM))
                                                   ENV)
                                                 (CAR  ACTIONS))
                                         (CDR STM))))
                          ; Ersetzen des ersten STM-Elements, falls ** im Datum
                          ; vorkommt.
                        (T (SETQ STM (CONS (SUBLIS ENV
                                                 (CAR ACTIONS))
                                         STM)))))
                          ; Anfügen des neuen STM-Elements am Anfang des
                          ; STM.
             (EXECUTE ENV (CDR ACTIONS)))))
                          ; Die Aktionen werden als FEXPR's (Kap. 7!) eingeführt:

(PUTPROP 'SAY 'ACTION 'ACTION)

(DF SAY (X) (PRINT X))

(PUTPROP 'NTC 'ACTION 'ACTION)

(DF NTC(X)
   (EVAL '(SELECT-RULE '(NTC ,X)))
   (SETQ ENV (APPEND BINDINGS T-BINDINGS)))
                          ; Das Symbol NTC wird als Regelbezeichnung verwen-
                          ; det. Eventuelle neue Bindungen gelten lokal für die
                          ; darauffolgenden Aktionen.
```

Die Programmierung der Veränderung des STM ist doch sehr umständlich. Die auf das erste Element beschränkte Substitution genügt nicht, um die Programme plausibel zu machen. Aus diesen Erfahrungen sind die Erweiterungen und Änderungen zu begrüßen, die Waterman etwa 1974 machte. Der Regelinterpreter PAS-2 diente immer noch psychologischer Theoriebildung: Einfache Formen des Lernens wurden mit ihm untersucht.
Waterman gibt 1975 folgende Änderungen zu PSG an:

1. Bedingungsteil:
   a) Die Konjunktion der Bedingungen wird implizit vorausgesetzt. Daher werden die AND weggelassen.
   b) Die Negation einer Bedingung wird durch vorangestelltes „–“ notiert.
   c) Die bedingte Zuweisung von Variablen entfällt. Bezugnahme auf Elemente des STM ist in gewissen Aktionen mittels Indizes möglich.
   d) Typprüfungen werden nicht benutzt.

2. Aktionsteil:
   a) Alle Aktionen werden als Terme betrachtet.
   b) Die NTC-Aktion entfällt.
   c) 16 neue Aktionsfunktionen werden eingeführt. Wir beschränken uns hier auf die sieben Basisaktionen:

(DEP a)	stelle a an den Anfang des STM,
(REM a)	entferne das erste Vorkommen von a aus dem STM,
(REP a b n)	ersetze a durch b im n-ten Element des STM,
(SAY a)	drucke a aus,
(CLEAR a)	entferne alle Elemente aus STM außer a,
(ATTEND)	lies ein Element und füge es an den Anfang des STM ein,
(STOP)	Ende des Anwendungszyklus.

   Eine der Modifikations-Aktionen ist besonders interessant. Sie erlaubt die Erweiterung der Regelmenge:

(PROD a)	Bildet eine neue Regel, indem alle Elemente des STM, die mit (COND ...) beginnen, zu Bedingungen, und alle Elemente, die mit (ACTION ...) beginnen, zu Aktionen werden. Wird kein Argument a angegeben, so wird die neue Regel die erste. Ist a = END, so wird die neue Regel die letzte; andernfalls wird sie vor die erste Regel eingefügt, die die Bedingung a enthält.

Der Interpreter für PAS-2 kann leicht aus PSG abgeleitet werden. Man kann alle Bezugnahmen auf Typvariable streichen. Wir haben SELECT-RULE zu ändern, weil die bedingten Zuweisungen fehlen, die AND nicht mehr vorkommen und Negationen als „–“ vor den Bedingungselementen stehen:

```
(DE CHECK-RULE (CONDS MEM)
    (COND ((NULL CONDS) T)  ; alle Bedingungen erfolgreich.
```

```
((EQ (CAR CONDS) '-)
  (COND ((CHECK1 (CADR CONDS) MEM NIL)
         (CHECK-RULE (CDDR CONDS) MEM))
                     ; Testen einer negativen Bedingung
        (T NIL))); Mißerfolg
((CHECK1 (CAR CONDS) MEM T)
  (CHECK-RULE (CDR CONDS) MEM))
                     ; Testen einer positiven Bedingung
(T NIL)))            ; Mißerfolg
```

Auch im Aktionenteil wird die Verarbeitung einfacher, weil wir nur noch Aktionenterme behandeln müssen:

```
(DE EXECUTE (ENV ACTIONS)
   (COND ((NULL ACTIONS) NIL)
         (T (EVAL (SUBLIS ENV (CAR ACTIONS)))
            (EXECUTE ENV (CDR ACTIONS)))))
```

Keine der Aktionsfunktionen muß mehr besonders behandelt werden. Für alle genügt die Funktionsdefinition:

```
(DE ATTEND () (SETQ STM (APPEND (READ) STM)))

(DF DEP (X) (SETQ STM (CONS (CAR X) STM)))

(DF REM(X)
   (DO ((STM1 STM (CDR STM1))
        (STM2 NIL (APPEND STM2 (LIST (CAR STM1)))))
      (((NULL STM1) NIL)
       ((EQUAL (CAR STM1) (CAR X))
          (SETQ STM (NCONC STM2 (CDR STM1))))) ))

(DF REP (X)
   (LET ((VAR (CAR X))
         (EX (CADR X))
         (DAT (COND ((CDDR X) (NTH* STM (CADDR X)))
                    (T STM))))
      (RPLACA DAT (SUBSR VAR EX (CAR DAT)))))
```

Die Funktion SUBSR wirkt bei atomarem erstem Argument wie SUBST. Für Argumente, die Listen sind, ist die Substitution als „Splicing“ durchzuführen:

```
(REP (1 2) (1) (ORDER 1 2 3 4 5))
=>
(ORDER 2 3 4 5)
```

Die Funktion NTH* liefert den mit dem n. Element (n wird als zweites Argument übergegeben) beginnenden Listenrest.

PAS-2 eignet sich für interessante Anwendungen. In unserer Implementation haben wir nicht die Beschränkung des STM auf sieben Elemente durchgesetzt.

Dazu müßten alle Zuweisungen, die STM verändern, extra behandelt werden. PAS-2 hat zwei wesentliche Schwächen:

1. Die Bedingungen in den Regeln sind offensichtlich Muster. Die angegebene Musterbeschreibungssprache erscheint zu „arm".
2. Wenn Regeln das STM nicht nachhaltig genug ändern, besteht die Gefahr unendlicher Zyklen.

Die erste Schwäche können wir durch eine erweiterte Musterbeschreibungssprache beseitigen. Dabei ist zu fordern, daß mehrfache Bedingungen pro Datenelement ausdrückbar sein müssen. Bedingte Variablenzuweisungen sind ein unverzichtbares Ausdrucksmittel.
Die zweite Schwäche können wir durch eine Veränderung in der Auswahl der feuernden Regel beheben.
Das System OPS-4 (Forgy (1979)) hat keine der beiden Schwächen. Es enthält eine erweiterte Musterbeschreibungssprache und wählt die Regeln so aus, daß es unwahrscheinlich ist, daß Regeln mehrfach aktiv werden können.
Die Regelauswahl ist in OPS-4 durch einen ganz anderen Lösungsansatz verbessert worden: Statt nur je eine Regel zum Test zu benutzen und den ersten Erfolg zur Auswahl dieser Regel einzusetzen, werden in OPS-4 grundsätzlich *alle* Regeln geprüft. Die erfolgreichen Fälle — dies können auch pro Regel mehrere sein — werden dann verglichen und ein möglichst aktueller und spezieller Fall wird ausgewählt. Als aktuell gilt ein Fall dann, wenn die Datenelemente des STM, die zur Erfüllung der Bedingungen verwendet wurden, möglichst kurze Zeit erst im STM enthalten waren. Als speziell gilt ein Fall dann, wenn die Zahl der Bedingungen recht groß war.
Wir wollen hier nicht weiter auf OPS-4 eingehen, sondern einen anderen Weg gehen: Wir wollen die Mustervergleichssprache von 11.3 benutzen und dadurch die erste Schwäche vermeiden. Außerdem wollen wir die Regelauswahlstrategie variabel machen, was durch ein optionales Argument berücksichtigt wird.
Die Interpreterfunktion heiße PR-MONITOR. Ihre Standardstrategie besteht darin, die Regeln über dem STM so lange auszuwerten, so lange die Bedingung irgend einer Regel im STM erfüllt ist.

```
(DE PR-MONITOR (RULES STM
                      &OPTIONAL (STRATEGY 'SIMPLE) (TRACER NIL))
   (IF TRACER (WRITE "STM before: " (PRETTYS STM) T))
                                ; ** verweist auf das erste Element des STM
   (SETQ ** (CAR STM))          ; *AGENDA* ist die Liste der Regeln in der anzuwen-
                                ; denden Reihenfolge
   (SETQ *AGENDA* (SCHEDULE *RULES* STRATEGY))
   (DO NIL                      ; Regelmenge ausgeschöpft?
      (((NULL *AGENDA*)
        (IF TRACER (WRITE "STM after: " (PRETTYS STM) T T))
        T))                     ; Anwendung der Regeln in der gegebenen Reihenfolge
      (DO NIL                   ; Keine Regeln mehr übrig?
         (((NULL *AGENDA*) NIL))
                                ; Paßt die Regel auf das STM?
         (COND ((MATCH-RULE (EVAL (CAR *AGENDA*)))
                (SETQ *LAST-SUCCESS* (CAR *AGENDA*))
                                ; Neuzuweisung der Regelmenge
```

```
                    (SETQ *AGENDA* (SCHEDULE *RULES* STRATEGY)))
                         ; Versuche die restlichen Regeln
                  (T (SETQ *AGENDA* (CDR *AGENDA*)))) )))


(DM SCHEDULE (-X-)          ; Die Scheduler-Funktion ist auf der P-Liste von
                            ; *RULES* unter dem Namen der Strategie abgelegt.
                            ; Im einfachen Fall liefert SCHEDULE stets die Liste
                            ; aller Regeln.
   (GETPROP (CADR -X-) (EVAL (CADDR -X-))))


(DE MATCH-RULE (RULE
                &AUX (C-PART NIL)
                            ; Bedingung
                     (A-PART (CADDR RULE))
                            ; Aktion
                     (FAIL NIL)
                     (NEW-STM NIL)
                     (CLAUSE NIL)
                            ; MATCH-RULE wendet eine Regel auf das STM an
                            ; Der Bedingungsteil ist entweder ein einfacher Ausdruck
                            ; oder eine Liste mit dem ersten Element AND
   (SETQ C-PART
        (COND ((EQ (CAAR RULE) 'AND) (CDAR RULE))
              (T (LIST (CAR RULE)))))
   (DO ((C C-PART (CDR C)))
       ((FAIL NIL)          ; Falls STM Bedingungen erfüllt, werden STM reorgani-
                            ; siert und die Aktionen ausgeführt
        ((NULL C) (REORG-STM NEW-STM) (EXECUTE A-PART)))
                            ; Bed. verlangt, daß ein bestimmtes Element nicht vor-
                            ; handen ist (ABS)
        (COND ((MEMQ 'ABS (CAR C))
               (COND ((MATCH-CL (REMOVE* 'ABS (CAR C)) STM)
                      (SETQ FAIL T))))
              (T (SETQ CLAUSE (MATCH-CL (CAR C) STM))
                            ; Andernfalls: Paßt Bedingung auf STM?
               (COND ((NOT CLAUSE) (SETQ FAIL T))
                     (T (SETQ NEW-STM
                              (APPEND NEW-STM CLAUSE)) ))))))


(DE MATCH-CL (CLAUSE MEM)
   (DO ((L MEM (CDR L)))
       (((NULL L) NIL)      ; Passung wird durch die Match-Funktion aus 11.2
                            ; festgestellt
        ((MATCH CLAUSE (CAR L)) (CAR L)) )))


(DE REORG-STM (NEW-STM)
   (SETQ STM (APPEND NEW-STM (REMOVE-L NEW-STM STM)))
   (SETQ ** (CAR STM)))
```

```
(DE REMOVE* (E L)          ; Entferne alle Vorkommen von E aus L (nicht-destruk-
                           ; tiv)
   (COND ((NULL L) NIL)
         ((EQUAL E (CAR L)) (REMOVE* E (CDR L)))
         (T (CONS (CAR L) (REMOVE* E (CDR L))))))
```

Für das folgende Beispiel benötigen wir die Aktionen CLEAR, DEP und REM (STM wird als zu diesen Funktionen relativ globale Variable ist vorausgesetzt):

```
(DE CLEAR (&REST -A-)
   (SETQ STM -A-))

(DE DEP (&REST -A-)
   (SETQ STM (APPEND -A- STM)))

(DE REM (&REST -A-)
   (DO ((AV -A- (CDR AV)))
       (((NULL AV) STM))
       (SETQ STM (REMQ (CAR AV) STM))))
```

Wir wählen nun ein Anwendungsbeispiel aus dem Problemkreis der Erkennung kontinuierlich gesprochener Sprache. Die erste wichtige Teilaufgabe besteht hierbei in der Entscheidung, von wann bis wann im Sprachsignal welcher Laut gesprochen wurde. Hat man Zeichenketten von Lauten bestimmt — in der Praxis wird man für jedes Zeitintervall mehrere Alternativen finden —, so wird man versuchen, aus ihnen Wörter zu hypothetisieren, so daß man daraus wiederum eine sinnvolle Äußerung kombinieren kann. Wir wollen uns mit der Anwendung eines Produktionensystems zur Lösung der ersten Teilaufgabe befassen. Die Ausgangsdaten sind durch ein Sprachsignal gegeben; die Abbildung zeigt als typisches Beispiel einen Ausschnitt aus der Äußerung „Wo muß ich umsteigen?"
Um zu entscheiden, von wann bis wann welcher Laut gesprochen wurde, kann man so vorgehen, daß man jeweils ein Fenster von ca. 5 bis 35 Millisekunden aus dem Sprachsignal betrachtet. Für dieses Fenster stellt man den in ihm dargestellten Laut fest. Nebeneinander liegende Fenster mit derselben Markierung werden dann zu einem Laut zusammengefaßt. Bei der Klassifikation der Fenster in Laute betrachtet man i. a. das Frequenzspektrum des Fensters, d. h. die Amplituden der in diesem Zeitabschnitt vorhandenen Frequenzen (s. Abb. 26).
In Abhängigkeit von gewissen Parametern des Frequenzspektrums wird dann entschieden, welcher Laut gesprochen wurde. Solche Parameter sind z. B. die Lage der ersten beiden relativen Maxima F1 und F2 (auch erster und zweiter Formant genannt), die Energie E des Sprachsignals (das Integral über die Frequenzen), das Verhältnis V1 zwischen der Energie im Bereich 100 ... 900 Hz und der Gesamtenergie, sowie das Verhältnis V2 zwischen der Energie im Bereich 640 ... 2800 Hz und der Gesamtenergie.
Das Produktionensystem, das wir schreiben wollen, soll die Fenster anhand der genannten Parameter klassifizieren. Wir gehen dabei von Regeln aus, die uns ein Fachmann für akustisch-phonetische Analyse mitgeteilt hat (P. Regel, unveröffentlicht); Vollständigkeit wird nicht beansprucht.

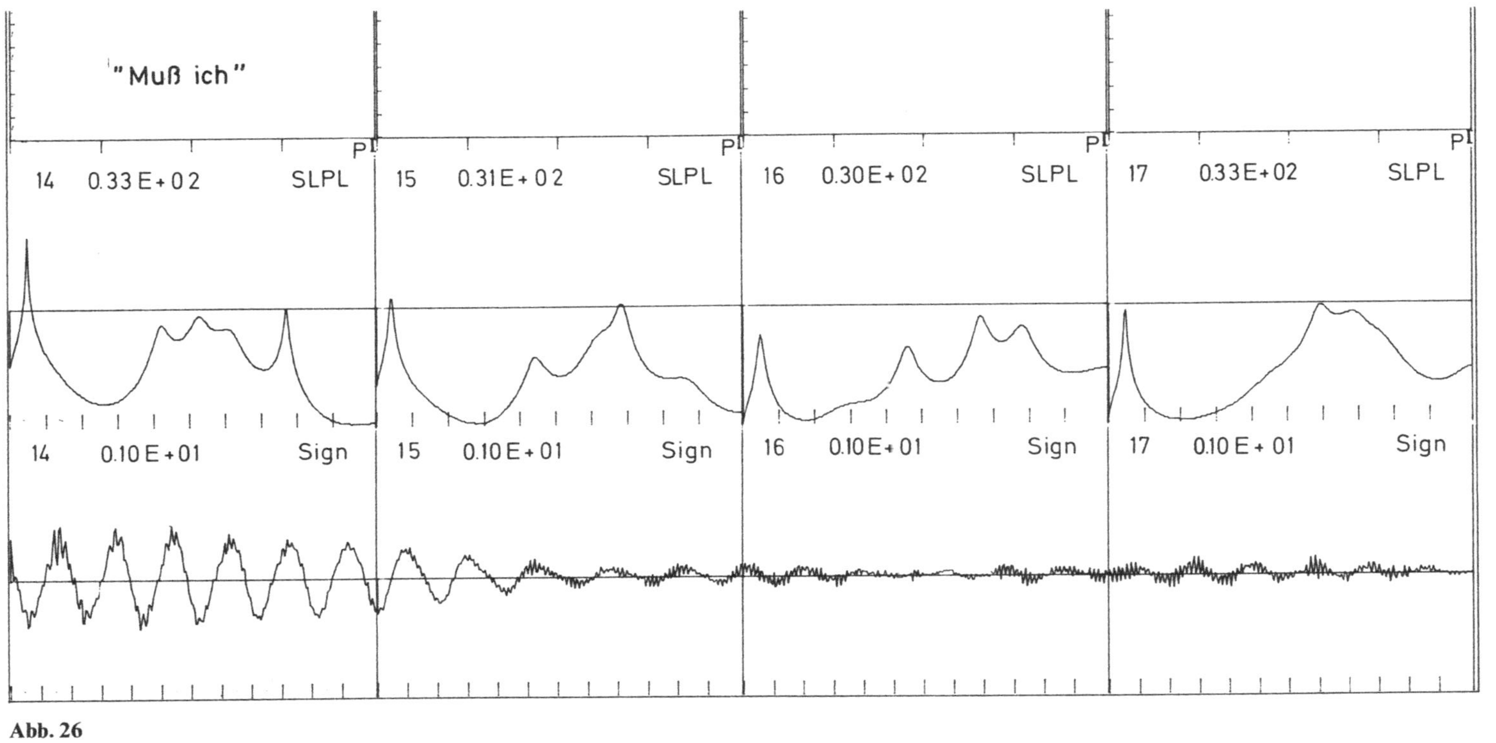
"Muß ich"
P
14 0.33 E+02 SLPL
15 0.31E+02 SLPL
16 0.30E+02 SLPL
17 0.33E+02 SLPL
14 0.10 E+01 Sign
15 0.10 E+01 Sign
16 0.10E+01 Sign
17 0.10 E+01 Sign

Abb. 26

Eine grobe Einteilung erhalten wir durch:

1. E < SW1 und V1 ≥ SW2 und keine Pause ⇒ Pause
2. E < SW3 und V1 < SW2 und kein Frikativ
   ⇒ Frikativ (F, S, SCH, ...)
3. Keine Pause und kein Frikativ und kein Nasal
   und F1 < SW5 und V2 < SW6 ⇒ Nasal (N, M, NG, ...)
4. Kein Vokal und E ≥ SW3 und F1 ≥ SW5
   und V2 ≥ SW6 ⇒ Vokal

In den Regeln unseres Beispiels muß stets das Ergebnis negiert im Bedingungsteil stehen, um zu verhindern, daß ein und dieselbe Regel unendlich oft angewendet wird. Da die Regeln auf dieselbe Menge von Merkmalen zugreifen, kann kein Merkmal als bereits bearbeitet entfernt bzw. markiert werden.
Die SWi sind Schwellwerte; in unserem Fall haben sie die empirischen Werte SW1 = −0.82, SW2 = −0.22, SW3 = 0.25, SW4 = −0.08, SW5 = −0.6, SW6 = −0.7, SW7 = 0 und SW8 = 0.1.
Für jede dieser grob eingeteilten Klassen gibt es weitere Regeln, z. B. für die Vokale:

5. Vokal und F1 < SW7 ⇒ vorderer Vokal (I, E, U, Y)
6. Vokal und F2 < SW8 ⇒ unterer Vokal (A, O, U)
7. Vokal und nicht vord. Vokal ⇒ hinterer Vokal (A, O)
8. Vokal und nicht unt. Vokal ⇒ oberer Vokal (I, E)
9. Vorderer Vokal und unterer Vokal ⇒ U

Bevor wir an die Kodierung der Regeln gehen, müssen wir noch ein Macro angeben, das für die Parametervergleiche in den Mustern einstellige Prädikate konstruiert:

```
(DM MK-PRED (X)
    '(LAMBDA (X)
        (, (CADR X) X ,(EVAL (CADDR X)))))
```

Damit können wir die erste Regel codieren:

```
(SETQ R1
        '((AND (E ? !HV1 @(MK-PRED LT SW1))
                (V1 ? !HV2 @(MK-PRED GE SW2))
                (PAUSE ? ABS))
        ⇒
        ((DEP '(PAUSE)))))
```

Die beim Vergleich zu bindenden Hilfsvariablen HV1 und HV2 sind für die Klassifikation in der beschriebenen Form zunächst nicht erforderlich. Üblicherweise bestimmt man jedoch Qualitätsmaße für die Erkennung; dann muß auf die Werte von Energie etc. zugegriffen werden. Die restlichen Regeln werden in derselben Weise als Listenstrukturen dargestellt; zur Illustration sei noch R4 angegeben:

```
(SETQ R4
      '((AND (E ? !HV1 @(MK-PRED GE SW3))
             (NASAL ? ABS)
             (VOKAL ? ABS))
      =>
      ((DEP '(VOKAL)))))
```

Da die Anwendung der fünften und folgenden Regeln vom Erfolg einer der ersten abhängen, somit also eine Gruppenbildung innerhalb der Regelmenge erforderlich ist, was mit der einfachen Strategie nicht realisiert werden kann, beschränken wir uns zunächst auf die ersten vier Regeln. Wir führen als „Startsymbol" R0 ein und legen die Reihenfolge der Ausführung für die Regeln fest. „Feuert" eine Regel, so beginnt der Zyklus wieder mit der ersten:

```
(SETQ *RULES* '(R1 R2 R3 R4))
```

Nun ist noch die einfache Strategie zu implementieren:

```
(DE SIMPLE-STRATEGY (START) *RULES*)

(PUTPROP '*RULES* 'SIMPLE '(SIMPLE-STRATEGY 'R0))
```

Wir wollen nun das Regelsystem auf drei Fenster (F28, F32 und F39) aus dem Sprachsignal „Wo muß ich umsteigen?" anwenden; sie entstammen dem Ausschnitt „ich u":

```
(SETQ F28 '((E 0.90) (V1 -0.01) (F1 -0.63) (F2 2.05) (V2 -1.33)))

(SETQ F32 '((E -0.47) (V1 -0.58) (F1 -0.63) (F2 -0.36) (V2 -0.07)))

(SETQ F39 '((E 0.40) (V1 0.38) (F1 -0.05) (F2 -0.84) (V2 -0.42)))
```

Die Klassifikation jedes dieser Fenster ist ein selbständiger Zyklus der Regelanwendung. Unsere Regeln sind so konzipiert, daß sie eine disjunkte Klasseneinteilung vornehmen; daher wird der Zyklus oft schon nach dem ersten Durchlauf abgebrochen. Durch folgenden Aufruf von PR-MONITOR wird das erste Fenster klassifiziert:

```
(PR-MONITOR *RULES* F28)
```

Stellen wir weitergehende Forderungen, etwa nach einer sachgemäßen Strukturierung des Regelsystems oder nach einer anderen Reihenfolge der Verarbeitung, so erzwingt die relativ bescheidene Kontrollstruktur der einfachen Produktionensysteme eine hohe Komplexität der Regeln. Im nächsten Abschnitt werden wir uns systematisch mit Verallgemeinerungen des einfachen Verarbeitungsschemas befassen. Zur Motivation wollen wir versuchen, die in unserem Beispiel vorgenommene grobe Klassifikation durch weitere Regeln zu verfeinern. Diese Regeln können aber in Gruppen eingeteilt werden: Nur wenn beispielsweise ein Vokal identifiziert wurde, ist es sinnvoll, die weiteren Regeln zur Vollklassifikation überhaupt anzuwenden. Nachdem wir alle genannten Regeln codiert haben, legen wir diese Abhängigkeiten fest:

```
(SETQ *RULES* '(R1 R2 R3 R4 R5 R6 R7 R8 R9))

(PUTPROP 'R0 'NEXT '(R1 R2 R3 R4))

(PUTPROP 'R4 'NEXT '(R5 R6 R7 R8))

(PUTPROP 'R5 'NEXT '(R9))

(PUTPROP 'R6 'NEXT '(R9))

(SETQ *LAST-SUCCESS* 'R0)
```

Die Strategie der Regelanwendung ist so zu modifizieren, daß sie diesen Abhängigkeiten Rechnung trägt, also Regelmengen dann zur Anwendung bringt, wenn bestimmte andere Regeln erfolgreich waren. Im Falle dieses von der einfachen Strategie abweichenden Verarbeitungsschemas spricht man auch von **programmierten Produktionensystemen**.

```
(DE PROGRAMMED-PS (START)
    (LET ((VAL (GETPROP *LAST-SUCCESS* 'NEXT)))
                                    ; Anfangssituation: Es gibt noch keine erfolgreiche
                                    ; Regel
         (COND ((EQ *LAST-SUCCESS* START)
                (SETQ *LAST-SUCCESS* NIL)
                VAL)                ; Andernfalls: Wenn alle Regeln einer Gruppe abgearbei-
                                    ; tet sind, wird die Nachfolgergruppe der letzten erfolg-
                                    ; reichen Regel ausgewählt.
               (T (COND ((NULL *AGENDA*) VAL)
                                    ; ansonsten werden die restlichen Regeln der aktiven
                                    ; Gruppe abgearbeitet
                        (T (CDR *AGENDA*)))) )))

(PUTPROP '*RULES* 'PROGRAMMED-STRATEGY
                  '(PROGRAMMED-PS 'R0))
```

Durch

```
(PR-MONITOR *RULES* F28 'PROGRAMMED-STRATEGY T)
```

und analoge Aufrufe für die anderen Fenster erhalten wir die folgende Klassifikation:

```
F28     STM before:              STM after:
         ((E 9.0E-1)              ((OBERER VOKAL)
          (V1 -1.0E-2)             (VORDERER VOKAL)
          (F1 -6.3E-1)             (VOKAL)
          (F2 2.05)                (E 9.0E-1)
          (V2 -1.33))              (V1 -1.0E-2)
                                   ...)
        gesprochen wurde „i“

F32     STM before:              STM after:
         ((E -4.7E-1)             ((FRIKATIV)
          ...)                     (E -4.7E-1)
                                   ...)
        gesprochen wurde „ch“

F39     STM before:              STM after:
         ((E 4.0E-1)              ((U))
          ...)
        gesprochen wurde „u“
```

Fassen wir zum Ende dieses Abschnitts die wichtigsten Punkte zusammen, die uns bereits bei den einfachen Produktionensystemen als wichtig erscheinen:

- Produktionensysteme realisieren ein Maschinenmodell, das mit dem der v.Neumann-Maschine oder dem objekt-orientierten Modell vergleichbar ist. Wir können von „regel-orientierter“ Programmierung sprechen, wenn Programmierer diesem Modell entsprechend vorgehen.
- Produktionensysteme sind in hohem Maße modular, da es wenig Interaktionen zwischen einzelnen Produktionen gibt, und können daher leicht ergänzt werden.
- Produktionensysteme ermöglichen den Verzicht auf explizite lückenlose Angabe des Programmablaufs. Verglichen mit der dem traditionellen (v.Neumannschen) Verarbeitungsmodell gemäßen Programmierung hat der Programmierer es einfacher, weil er eben diesen Ablauf nicht vorgeben muß. Damit können Folgen von Aktionen bewirkt werden, die in traditionellen Kontrollstrukturen nicht ausdrückbar sind, da dort alle Wechselwirkungen zwischen Funktionen im Programm festgelegt werden müssen. Die Anwendungsbedingungen für Produktionen werden durch die aktuellen Daten bestimmt. Dadurch werden allerdings Berechnungsprozesse in Produktionensystemen oft schwer nachvollziehbar, was durchaus auch als Nachteil gesehen werden kann. *Der Programmierer hat also umzulernen:* ***Der schrittweise Ablauf der Verarbeitung sollte nicht mehr im Mittelpunkt seiner Aufmerksamkeit stehen; er muß einen neuen Denkstil einüben.***
- Produktionensysteme sind nach Auffassung mancher Autoren als Modell für einfache Arten menschlichen Problemlösens geeignet.

11.6 Verallgemeinerte Produktionensysteme

Im letzten Abschnitt sahen wir, daß die einfachen (auch: „reinen“) Produktionensysteme sich dadurch auszeichnen, daß

1. die Regeln immer mit der ersten beginnend durchsucht werden;
2. eine Regel genau dann angewendet werden kann, wenn ihr Bedingungsteil (bzgl. des STM) erfüllt ist;
3. die Aktionen sich auf Hinzufügen von neuen Datenelementen zum STM beschränken;
4. das STM beschränkte Kapazität hat.

Wir wollen nun über regel-orientierte Programmierung in einem allgemeineren Sinne nachdenken, so daß wir mit ihr weitere Anwendungsbereiche erschließen können. Zu diesem Zweck fragen wir, welche der eben genannten Einschränkungen wir aufgeben können und müssen.

Wenn man die erste Bedingung erweitern will, ergibt sich ein sehr allgemeines Problem: Wie sollen Regeln zur Überprüfung mit dem STM ausgewählt werden? Sobald die Regeln nicht mehr als Block, in der Form einer linearen Datenstruktur, vorliegen, ist die Reihenfolge ihrer Überprüfung nicht mehr von vorneherein gegeben. Wir hatten in 11.5 bereits die Auswahl von Strategien vorgesehen. Ein anderer möglicher Lösungsweg besteht in der Auszeichnung eines Elementes des STM, dem dann eine Folge „interessanter“ Regeln zugeordnet wird. Diese wiederum werden entweder der Reihe nach oder alle gleichzeitig auf Anwendbarkeit geprüft. Wenn das System zuläßt, daß gleichzeitig mehrere Regeln als anwendbar gekennzeichnet sein können, dann muß auch eine Strategie zur Auflösung von Konflikten gegeben sein.

In 11.5 haben wir bereits mit der Idee experimentiert, die Ausführung einer Regel mit einer Vorauswahl für anschließend nützliche Regeln zu koppeln.

Denkt man an Erweiterungsmöglichkeiten für die zweite Bedingung, so bietet sich an, auch den Aktionsteil der Regeln bei der Prüfung auf Anwendbarkeit zuzulassen. Wenn der gesamte Ableitungsprozeß ein Ziel verfolgt, kann man dies beispielsweise dadurch erreichen, daß man aus dem Aktionsteil einer Regel bestimmt, inwiefern sie nützlich ist, um das Ziel zu erreichen. Die Regel ist damit nicht als anwendbar charakterisiert, wohl aber als brauchbar. Anwendbar wäre sie erst, wenn auch der Bedingungsteil der Überprüfung standhält.

Mit Sicherheit ist nicht jede in diesem Sinn brauchbare Regel anwendbar. Stellen wir uns vor, daß nur eine brauchbare Regel vorliegt, dann bedeutet das Nichtzutreffen der Bedingungen nicht unbedingt, daß man das Ziel überhaupt nicht erreichen kann. Vielmehr werden wohl die Bedingungen dieser Regel Aussagen über Zwischenergebnisse machen. Falls wir diese Zwischenergebnisse erzeugen können, würde die Regel doch noch anwendbar.

Damit aber haben wir neue Ziele für das Produktionensystem gewonnen, nämlich die Herstellung noch unerfüllter Regelbedingungen.

Auf diese Weise führt die Verwendung des Aktionsteils zur Prüfung auf Brauchbarkeit dazu, daß die Aktivierungsreihenfolge der Regeln umgekehrt wird: Wir suchen nun wiederum Regeln, die brauchbar sind, um die neuen Ziele zu erreichen. Schritt für Schritt gehen wir über den Aktionsteil in den Bedingungsteil und leiten Ziele niedrigerer Ordnung ab.

So zeigt sich, daß man die Verarbeitung eines Produktionensystems auch anders verstehen kann, als dies im Postschen Modell angelegt schien. Man kann sich einen Mechanismus zur Verfolgung von Zielen vorstellen und die Programmierung der Regeln entsprechend einrichten. Vergleichen wir diese Sicht mit den Verarbeitungsmodellen, wie wir sie für die befehls-orientierte, funktionale (funktions-orientierte) und objekt-orientierte Programmierung beschrieben haben, so ist die Parallele deutlich. Wir nennen diese Variante der regelorientierten Programmierung daher auch **zielorientiert**.

Der zielorientierte Programmierstil ist mit dem logik-orientierten verwandt. Mit logik-orientierter Programmierung bezeichnet man Programmierung mit logischen Formeln; das unterstellte Verarbeitungsmodell ist ein Beweismechanismus. Der Grund für diese Verwandtschaft liegt darin, daß man Produktionen durchaus mit inhaltlichen Wenn-Dann-Aussagen, also materialen Implikationen, vergleichen kann. Allerdings sollte man bei solchen Vergleichen auch die Unterschiede deutlich sehen: Im Gegensatz zu Implikationen geht es bei Produktionen um Folgen von Aktionen. Regelbedingungen als Ziele zu verfolgen entspricht in der Logik dem Vorgehen, bei bekannter Subjunktion die Konklusion durch Beweis der Prämisse abzuleiten (Modus Ponens):

Gegeben sei: A $\longrightarrow$ B, wir wollen beweisen: B;

also versuchen wir zu beweisen: A.

Wenn wir das erreichen, gilt B auf Grund der Regel:

$$A, A \longrightarrow B \Vdash B$$

Erweiterung der dritten Beschränkung kann bedeuten, daß es möglich sein soll, Datenelemente im STM zu **verändern**. Damit ist aber nicht viel Neues gewonnen, weil — wegen der Endlichkeit des STM — allein durch Bildung neuer Elemente auch in einfachen Produktionensystemen derselbe Effekt erreicht wird. Weitaus interessanter erscheint die Möglichkeit, die Regelmenge dynamisch zu verändern. Bei Produktionensystemen, in denen die erste Beschränkung gilt, bedeutet dies, daß die Anordnung der Regeln äußerst sorgfältig vorgenommen werden muß. Wie man sich leicht klarmachen kann, müssen Regeln mit vielen Details in den Bedingungen vor solchen mit wenigen Details stehen. Es kann daher das schwierige Problem entstehen, die richtige Stelle für die Einordnung der neuen Regeln zu finden.

Einfacher ist es, wenn die erste Beschränkung aufgehoben ist und dynamisch Mengen von anwendbaren Regeln gebildet werden, aus denen dann — im Konfliktfall — die aktuelle Regel ausgewählt wird. In diesem Falle sind die Regeln tendenziell unabhängig voneinander und die Erweiterung der Regelmenge ist unproblematisch.

Die Aufhebung der vierten Beschränkung bedeutet einfach die Einrichtung einer großen Datenbasis, bezüglich der das Zutreffen von Bedingungen überprüft wird und auf der die Aktionen operieren.

Die folgende Systemarchitektur hat sich als nützlich und vielversprechend erwiesen:

- Es gibt — ohne die vierte Beschränkung — eine Datenbasis von Elementaraussagen (wir sprechen im folgenden der Einfacheit halber von Aussagen) der Form:

  (<Object> <Prop-Name> <Prop-Value>),

  z. B.: (AUTO-1 FARBE GRÜN).

  Diese Aussagen symbolisieren, daß das mit dem Symbol <Object> bezeichnete Objekt der Lebenswelt die durch <Prop-Name> dargestellte Eigenschaft in der Ausprägung <Prop-Value> zugesprochen bekommt.
- Die Regeln haben die Form:

  (<Condition$_1$> <Condition$_2$> ...)
⇒
(<Object> <Prop-Name> <Prop-Value>)

  Damit drücken wir aus, daß bei Erfüllung der Bedingungen — die einzelnen Bedingungen <Condition$_i$> beziehen sich auf das Vorhandensein bestimmter Aussagen in der Datenbasis — auch die nach dem Pfeil stehende Aussage gelten soll.
  Beispiel:

```
( (BATTERIE SPANNUNG 6)
  (ZÜNDKERZE FUNKE UNREGELMÄSSIG)
  (STROMLEITUNG FUNKTION OK))
⇒
  (ZÜNDUNG FUNKTION DEFEKT)
```

  Eine solche Regel entspricht also der Subjunktion

```
    Spannung(Batterie) = 6 AND
    Funke(Zündkerze) = unregelmäßig AND
    Funktion(Stromleitung) = ok
IMPLIES
    Funktion(Zündung) = defekt
```

  Freilich darf man nicht die Wahrheit von Aussagen, also das Bestehen von Tatsachen, mit dem Vorhandensein der ihnen entsprechenden Datenelemente in der Datenbasis identifizieren. Leider wird dies — naiverweise — des öfteren unterstellt. Wie problematisch das ist, wird besonders dann klar, wenn die Regeln nicht mehr Beziehungen zwischen Aussagen beschreiben, sondern beispielsweise Aktionen, die ein Roboter ausführt. In diesem Zusammenhang wurde vor allem das sog. **Frame-Problem** diskutiert; hierbei geht es um die Schwierigkeit, Situationen zu modellieren, in denen Aktionen mit Seiteneffekten ausgeführt werden, die als entsprechende Modifikationen in der Datenbasis zu berücksichtigen sind. Aus Platzgründen können wir darauf leider nicht näher eingehen, siehe Hayes (1973).

- Als Aktionen in der Datenbasis ist nur die Einführung neuer Aussagen zugelassen, d.h. die dritte Beschränkung gilt.
- Die Regeln werden nicht sequentiell, sondern im Zusammenhang mit dem jeweiligen Ziel durchsucht, d.h. die erste Beschränkung gilt nicht. Dabei nehmen wir an, daß wir zu jeder Eigenschaft (SPANNUNG, FUNKTION, FUNKE etc.) eine Menge von Regeln kennen, die dazu benutzt werden kann, Ausprägungen dieser Eigenschaft zu erschließen. Die Regeln sind demnach in diesen Listen nicht in Bezug auf ihre Anwendungsbedingungen geordnet, sondern bezüglich ihrer Aktionen; damit ist die zweite Beschränkung aufgehoben. Es mag jedoch auch Eigenschaften geben, deren Herleitung nicht sinnvoll ist, weil ihnen zugeordnete Aussagen durch Beobachtung eines Sachverhaltes in der Realität festgestellt werden müssen.

Regelsysteme mit diesen Charakteristika wurden für viele sog. **Expertensysteme**, z.B. für das medizinische Diagnoseprogramm MYCIN, erstellt.
Wir wollen uns zunächst über die Realisierung eines sehr einfachen derartigen Systems Gedanken machen. Die Abarbeitung beginnt mit der Aufstellung eines Ziels, etwa der Frage

WARUM IST AUTO1 DEFEKT?

Das bedeutet nichts anderes als eine Aussage der Form

```
(AUTO1 FUNKTION DEFEKT)
```

zu begründen. Die Begründung besteht in der Auflistung von Aussagen aus der Datenbank, die Bedingungen von Regeln sind, welche durch Verknüpfung die Zielaussage zur Datenbasis hinzufügen würden. Um das Regelsystem aktivieren zu können, benötigen wir Start-Regeln der Form

```
( <Teil> FUNKTION DEFEKT)
=>
(AUTO1 FUNKTION DEFEKT),
```

wobei <Teil> gleich ZÜNDUNG, VERGASER oder ein anderes Symbol für ein Autoteil sein kann. Diese Alternativen werden nicht etwa in den Bedingungen ausgedrückt, sondern durch Aufstellen mehrerer Regeln:

```
(ZÜNDUNG FUNKTION DEFEKT)
=>
(AUTO1 FUNKTION DEFEKT)

(VERGASER FUNKTION DEFEKT)
=>
(AUTO1 FUNKTION DEFEKT)

usw.
```

Wenn einmal der Rückverfolgungs-Mechanismus läuft, dann gibt es stets ein aktuelles Ziel. Dieses Ziel besteht immer darin, die jeweilige Eigenschaft eines Objektes, d.h. den <Prop-Value> zu einem <Prop-Name>, zu finden.

Zunächst kann versucht werden, sie durch einen einfachen Suchprozeß — nach der Zielaussage selbst — in der Datenbasis zu erreichen. Ist diese Suche nicht erfolgreich, so werden alle Regeln aktiviert, die mit der gesuchten Eigenschaft, d. h. dem <Prop-Value>, assoziiert sind. Diese Regeln werden sämtlich nacheinander aktiviert, um eine möglichst umfassende Menge von Aussagen abzuleiten. Diese Vorgehensweise ist jedoch für beobachtbare Sachverhalte nicht sinnvoll. Sind sie nicht in der Datenbasis enthalten, sollte besser gefragt werden.
Die beschriebene Abarbeitung der Regeln kann durch ein Programm wie das folgende veranlaßt werden. Die Regeln

```
( <Condition_1> ... <Condition_n> )
=>
( <Object> <Prop-Name> <Prop-Value> )
```

seien in irgendeiner zweckmäßig gewählten Datenstruktur repräsentiert, aus der wir die Liste der Bedingungen mit der Zugriffsfunktion GET-PREMISE und die Aktion mit der Zugriffsfunktion GET-ACTION erhalten. Dieses Programm stellt dann den Interpreter für eine regel-basierte ziel-orientierte Programmiersprache dar.
Das hier entwickelte Programm ist sicherlich nicht sehr effizient. Man wird sich auch eine Programmierumgebung wünschen, mit deren Unterstützung man Regelgruppen organisieren, edieren und aufbereiten kann, usw. Insofern stellt unser Programm eher eine Skizze für einen Regel-Interpreter dar. Der Leser sei ermutigt, es weiterzuentwickeln.
Die Hauptfunktion heiße ESTABLISH-GOAL:

```
(DE ESTABLISH-GOAL (CUR-OBJ CUR-PROP)
    (COND ((FIND-PROP-IN-DB CUR-OBJ CUR-PROP))
          ((NON-DEDUCIBLE CUR-PROP)
           (ASK CUR-OBJ CUR-PROP))
          ((PROVE-RULES (SELECT-RULES (GET-RULES CUR-PROP)
                                      CUR-OBJ
                                      CUR-PROP)))
          (T NIL)))
```

Sie liefert die Ausprägung einer Eigenschaft für ein bestimmtes Objekt.
FIND-PROP-IN-DB sucht nach einer Aussage in der Datenbasis durch schnelles Suchen über das Objekt und genaueres Suchen mittels der Eigenschaft.

```
(DE FIND-PROP-IN-DB (OBJ PROP)
    (DO ((FACTS (ASSOC OBJ *DB*) (ASSOC OBJ (CDR FACTS)) ))
        (((NULL FACTS) NIL)
         ((EQ (CADR FACTS) PROP) (CADDR FACTS))) ))
```

PROVE-RULES sucht nach einer Regel, die herleitbare Prämissen hat. Die Regeln sind so gruppiert, daß jeweils nur die relevanten Regeln betrachtet werden. Wenn eine Regel gefunden ist, deren Bedingungen erfüllt sind, dann wird die im Aktionsteil angegebene Aussage in die Datenbasis aufgenommen.

```
(DE PROVE-RULES (RULES)
   (COND ((NULL RULES) NIL)
         ((CHECK (GET-PREMISE (CAR RULES)))
          (ESTABLISH-CONC (GET-ACTION (CAR RULES))))
         (T (PROVE-RULES (CDR RULES)))))
```

CHECK prüft, ob die Datenbasis eine bestimmte Aussage enthält. Ist dies nicht der Fall, wird ein Unterziel erzeugt. Die Verfolgung dieses Ziels führt im Erfolgsfalle eventuell zu einer Erweiterung der Datenbasis. Falls darunter die gesuchte Aussage ist, verläuft die Überprüfung erfolgreich. Eine nicht ableitbare Aussage löst wegen der impliziten UND-Verknüpfung den Abbruch der Überprüfung aus.

```
(DE CHECK (CONDITIONS)
   (COND ((NULL CONDITIONS) T)
         ((MEMBER (CAR CONDITIONS) *DB*)
          (CHECK (CDR CONDITIONS)))
         ((ESTABLISH-GOAL (CAAR CONDITIONS)
                          (CADAR CONDITIONS))
          (COND ((MEMBER (CAR CONDITIONS) *DB*)
                 (CHECK (CDR CONDITIONS)))
                (T NIL)))
         (T NIL)))
```

ESTABLISH-CONC fügt eine neue Aussage in die Datenbasis ein oder ändert eine Aussage, die eine bestimmte Eigenschaft eines bestimmten Objekts beschreibt.

```
(DE ESTABLISH-CONC (ACTION)
   (LET ((OLDVAL (FIND-PROP-IN-DB (CAR ACTION) (CADR ACTION))))
      (COND ((NULL OLDVAL) (SETQ *DB* (CONS ACTION *DB*)))
            (T (RPLACA OLDVAL ACTION)))))
```

Es fehlen noch einige weniger wichtige Funktionen, z. B.

```
(DE NON-DEDUCIBLE (PROP) (GETPROP PROP 'ASK))
```

Alle Eigenschaften, die besser nicht deduziert werden sollten, werden so behandelt, daß das entsprechende Symbol in der P-Liste unter dem Attributnamen ASK den Wert T bekommt. Werden derartige Eigenschaften gesucht, befragt das System den Anwender:

```
(DE ASK (OBJ PROP)
   (WRITE "Was ist " PROP " von " OBJ "?")
   (LET ((ANS (READ)))
        (SETQ *DB* (CONS (LIST OBJ PROP ANS)))
        ANS))
```

ASK nimmt keinerlei Prüfung auf Korrektheit oder Plausibilität vor. Sollen in jeder Hinsicht sichere Dialoge geführt werden, ist an dieser Stelle Vorsorge zu treffen!
Gehen wir von der erwähnten Listenrepräsentation für die Regeln aus, so haben wir als Grundfunktionen GET-PREMISE, GET-ACTION und GET-RULES vorzusehen:

```
(DE GET-PREMISE (RULE) (CAR RULE))
(DE GET-ACTION (RULE) (CADR RULE))
(DE GET-RULES (PROP) (GETPROP PROP 'RULES))
```

SELECT-RULES dient zur Auswahl der passenden Regeln.

```
(DE SELECT-RULES (RULES OBJ PROP)
    (COND ((NULL RULES) NIL)
          ((EQ OBJ (CAR (GET-ACTION (CAR RULES))))
           (CONS (CAR RULES)
                 (SELECT-RULES (CDR RULES) OBJ PROP))
          (T (SELECT-RULES (CDR RULES) OBJ PROP))))
```

Diese Auswahl ist erforderlich, weil verschiedene Objekte gleiche Eigenschaften (in unserem Beispiel: FUNKTION) haben können. Bei der Eigenschaft sind aber alle Regeln verzeichnet, die mit ihr zu tun haben.
Mit der Datenbasis

```
(SETQ *DB* '( (STROMLEITUNG FUNKTION OK) )),
```

den Regeln

```
(PUTPROP 'FUNKTION
         'RULES
         '( (((ZÜNDUNG FUNKTION DEFEKT))
             (AUTO FUNKTION DEFEKT))
            (((VERGASER FUNKTION DEFEKT))
             (AUTO FUNKTION DEFEKT))
            (((BATTERIE SPANNUNG 12)
              (ZÜNDKERZE FUNKE UNREGELMÄSSIG)
              (STROMLEITUNG FUNKTION OK))
             (ZÜNDUNG FUNKTION DEFEKT)) )),
```

sowie den Eigenschaften

```
(PUTPROP 'SPANNUNG 'ASK T)
```

und

```
(PUTPROP 'FUNKE 'ASK T)
```

wird uns dieses System ein Problem wie

Wie ist die FUNKTION von AUTO?

erfolgreich lösen.

Bei der Interpretation werden die Regeln der Reihe nach durchgegangen. Zunächst wird ihre Anwendbarkeit durch einfache Suche in der Datenbasis geprüft. Falls die jeweilige Aussage nicht vorhanden ist, wird ein Unterziel gebildet und rekursiv die Funktion ESTABLISH-GOAL aktiviert. Wenn der damit begonnene Deduktionsprozeß zu Ende ist, wird erneut geprüft, ob die gesuchte Aussage in der Datenbasis vorhanden ist — es kann ja eine Negation abgeleitet worden sein! Wird sie nicht gefunden, so ist die Bedingung nicht erfüllt und damit die Regel nicht anwendbar.

Unser Regelinterpreter ist — wie bereits bemerkt — ineffizient und auch begrenzt in seiner Anwendbarkeit auf interessante Arten von Regeln. Eine Verbesserung könnte man schon durch Dezentralisierung der Datenbasis erreichen, indem man die zu einem Objekt bekannten Sachverhalte in der P-Liste des dieses Objekt darstellenden Symbols abspeichert.

Eine wichtige Variante entsteht durch die Einführung von bewerteten Aussagen, d. h. jeder Aussage ist ein Evidenzmaß oder Sicherheitswert zugeordnet (in MYCIN: „Certainty Factor"). Es gibt verschiedene theoretische Ansätze für Kalküle mit gewichteten Aussagen (z. B. die sog. „Fuzzy logic"). Das schwierigste Problem besteht in der Definition der Bedeutung dieser Gewichte: Sind es Wahrscheinlichkeiten, oder, falls nicht, was heißt „Evidenzmaß"? Welche Eigenschaften haben derartige Maße? Erst nach Klärung dieser Fragen kann man festlegen, wie z. B. das Gewicht einer Konklusion aus den Gewichten der Prämissen zu berechnen ist. Für die Sicherheitswerte in MYCIN wurde ein solcher Kalkül angegeben, allerdings ohne ausreichende Begründung. Um Wahrscheinlichkeiten handelt es sich bei den Sicherheitswerten offenbar nicht, aber es wird auch nicht hinreichend deutlich, wofür sie sonst stehen. Jedenfalls gilt: Es gibt einen Wertebereich, der durch Werte für absolute Sicherheit und absolute Unsicherheit begrenzt wird. Innerhalb dieses Bereichs müssen für die Berechnung von Konklusionen und ihren Sicherheitswerten die Gesetze der Assoziativität und Kommutativität gelten.

In Systemen mit gewichteten Aussagen ist es möglich, daß Eigenschaften von Objekten mehrfache Werte haben, obwohl nach Definition der Eigenschaft nur ein solcher Wert richtig sein kann.

MYCIN versucht, anhand von Angaben aus der Anamnese und Ergebnissen von Labortests die Identität von Mikroorganismen, die eine bestimmte Infektion verursacht haben können, zu bestimmen. So kann z. B. nach einigen Ableitungsschritten folgende Situation bestehen:

```
(VAL ORGANISM-1 IDENT E-COLI 0.3)
(VAL ORGANISM-1 IDENT PSEUDOMONAS 0.2)
(VAL ORGANISM-1 IDENT ENTEROCOCCUS 0.2)
(VAL ORGANISM-1 IDENT PROTEUS 0.2)
(VAL ORGANISM-1 IDENT KLEBSIELLA 0.1)
```

Eine Konjunktion von Aussagen wird durchgeführt, wenn die Sicherheitswerte mindestens 0.2 betragen.

Wie bereits bemerkt, tragen auch die Konklusionen Sicherheitswerte. Dabei kann es vorkommen, daß eine Aussage bereits mit einer Sicherheit X bekannt ist und mit einer Sicherheit Y bestätigt wird. Der neue Sicherheitswert wird dann zu

$$X + Y * (1 - X)$$

berechnet.
Wie wir an der Regel

```
(AND (VAL ORGANISM-1 STAIN GRAMPOS)
     (VAL ORGANISM-1 MORPH COCCUS)
     (VAL ORGANISM-1 GROWTH-CONFORMATION CLUMPS))
(CONCLUDE ORGANISM-1 IDENT STAPHYLOCOCCUS TALLY 0.7)
```

sehen, steht in der Konklusion ein Sicherheitswert, wie er bei 100% sicheren Voraussetzungen vorläge.
Voraussetzungen sind aber selten sicher: Stattdessen wird in der Variablen TALLY das Minimum der Sicherheitswerte der (durch UND verknüpften) Voraussetzungen gemerkt und vor der Speicherung der Aussagen mit dem Sicherheitswert der Konklusion multipliziert.
Die Sicherheitswerte machen auch die explizite Verwendung eines Negationsoperators überflüssig. An seiner Stelle werden negative Sicherheitswerte verwendet, wenn etwas gegen eine Aussage (Hypothese) spricht.
Bisher hatten, ähnlich wie bei den einfachen Produktionensystemen, die Bedingungen in den Regeln dieselbe Form wie die Aussagen in der Datenbasis. Erst die Einführung der Sicherheitswerte führte zu einer Unterschiedlichkeit.
Diese Art, Regeln zu formulieren, sollte aber nicht beibehalten werden, weil ihr gemäß in den Regeln Individuen an allen Positionen vorkommen können. Damit wären Regeln für einen bestimmten Organismus verschieden von denen für andere bzw. man müßte immerzu Regelinstanzen ableiten.
Die Verwendung von Typvariablen, wie wir sie von den einfachen Produktionensystemen kennen, etwa als <ORGANISM>, hilft auch nicht, weil der Wert dieser Variablen keineswegs durch Zuweisung beim Suchen in der Datenbasis entsteht, sondern von Anfang an festliegt.
Es gibt zudem noch viele Regeln, in denen verschiedene solcher Typenvariablen auftreten — und die stehen in bestimmten Beziehungen zueinander: Ein ORGANISM stammt aus einer ganz bestimmten CULTURE, und die gehört zu einem spezifischen INFECT.
Um damit zu Rande zu kommen, hat man in MYCIN die Symbole für Eigenschaften, die dort „Parameter" genannt werden, so gewählt, daß jedes nur zu einer Art von Objekten gehört.
Überdies gibt es von jeder Art von Objekten nur jeweils eines, das im Brennpunkt der Aufmerksamkeit steht. Die — relativ kleine — Menge dieser aktuellen Objekte bildet einen sogenannten CONTEXT. Auf Grund der Objektbeziehungen ergibt sich ein ganzer Baum, von dem jedoch nur immer alle die Objekte im CONTEXT liegen, die der Pfad von einem aktuellen Knoten zur Wurzel durchquert (s. Abb. 27).
Ein weiterer Schritt weg von einfachen Produktionensystemen besteht darin, daß als Bedingungen nicht mehr Aussagen auftreten — wir hatten ohnehin schon Sicherheitswerte hinzugefügt —, sondern Prädikatenfunktionen. Damit wird die gesamte Bedingung ein auswertbarer LISP-Ausdruck. Die zunächst als Daten formulierten Regeln werden so zu Programmeinheiten.

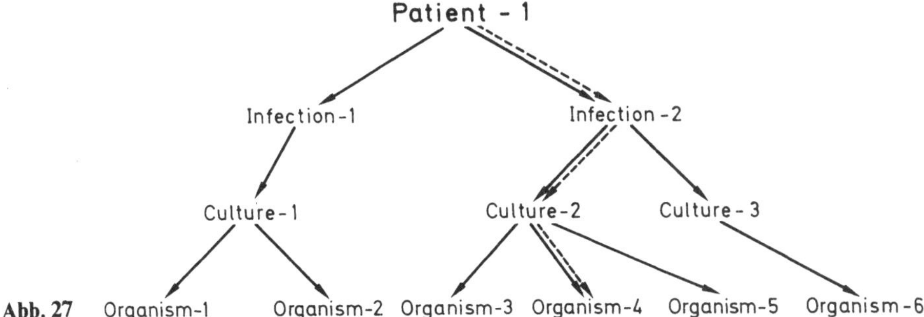

Abb. 27

So wird etwa das schlichte Zutreffen eines Sachverhalts (mit Sicherheitswert > 0.2) mit Hilfe der Funktion SAME abgefragt. Weil die AND-Funktion mit der Minimum-Bildung der Sicherheitswerte fertig werden muß, wird die spezielle Funktion $AND verwendet.

Wir kommen zu folgender Form von Bedingungen:

```
($AND (SAME CONTEXT STAIN GRAMPOS)
      (SAME CONTEXT MORPH COCCUS)
      (SAME CONTEXT GROWTH-CONFORMATION CLUMPS))
(CONCLUDE CONTEXT IDENT STAPHYLOCOCCUS TALLY 0.7)
```

Dabei wird in etwa folgende Form von $AND verwendet:

```
(DE $AND (CONDITIONS)
   (LET ((TALLY 1000))
      (DO ((CLAUSES CONDITIONS (CDR CLAUSES))
           (VAL 1000 (EVAL (CAR CLAUSES))))
          (((NULL CONDITIONS)
               (COND   ((NULL VAL)NIL)
                       ((LT TALLY VAL)TALLY)
                       (T VAL)))
           ((NULL VAL) NIL))
          (COND ((LT VAL TALLY)
                  (SETQ TALLY VAL))) )))
```

Auch CONCLUDE wird eine schlichte Funktion:

```
(DE CONCLUDE (OBJECT PARM VAL TALLY CF)
   (LET ((FACTS (FIND-FACT OBJ PARM)))
```

Wir wollen annehmen, daß FIND-FACT eine Folge von Paaren der Form

```
((Eigenschaftsausprägung . cf) ... )
```

liefert. Unter diesen kann — aber muß nicht — der neue Wert VAL sein. Das entsprechende Paar muß also zunächst gesucht werden:

```
(LET ((OLD-FACT (ASSOC VAL FACTS) ))
```

Nun können wir den neuen Sicherheitswert CF berechnen:

```
(LET ((NEWCF (COND ((NULL OLD-FACT) (/ (* TALLY CF) 1000))
                   (T (+ (CDR OLD-FACT)
                         (/ (* (/ (* TALLY CF) 1000)
                               (- 1000 (CDR OLD-FACT)))
                            1000))))))
```

Wenn die Aussage bereits vorhanden war, müssen wir nur ihren neuen CF-Wert eintragen. Ansonsten fügen wir eine neue Aussage in die Datenbasis ein:

```
(COND ((NULL OLD-FACT)
          (ADDPROP OBJECT PARM (CONS VAL NEWCF)))
         (T (RPLACD OLD-FACT NEWCF))) ))))
```

Natürlich können wir MYCIN auf wenigen Seiten nicht umfassend behandeln; es war nur möglich, einen ganz groben Einblick in einige wenige, doch wichtige, Teile zu geben.
Zur Gänze offen blieben

- die Art der CONTEXT-Konstruktion,
- die Regel-Klassifikation,
- die meisten Feinheiten der Objekt-Klassifikation,
- die meisten Feinheiten der Parameter-Klassifikation,
- die meisten Feinheiten der Klassifikation der Prädikatenfunktionen,

usw.

Detaillierte Auskünfte gibt Shortliffe (1976).
Es sei noch einmal betont, daß die angegebenen Interpreter für einfache Produktionensysteme bzw. „vor-MYCIN"-Regelsysteme durchaus ihre Arbeit leisten: **Die dynamischen Komponenten der Produktionen werden durch die Interpretation in Programmaktionen umgesetzt.**
Wir haben angedeutet, wie aus Regeln direkt LISP-Programme gemacht werden können. Damit zeigt sich, daß der Regelinterpreter einen guten Teil von LISP-Termen interpretieren konnte. Es dürfte nun interessant sein, sich der Frage zuzuwenden, ob man nicht auf ähnliche Weise einen Interpreter für LISP in ... LISP selbst schreiben kann?

11.7 Literaturhinweise

Vergleichbare Einführungen in die Themen dieses Kapitels bieten die beiden Bände Winston (1979) und Winston/Horn (1980).
Die Originalarbeit von Emil Post findet man unter dem Titel „Formal Reductions of the General Combinatorial Decision Problem" im Am. Journal of Math., 65 (1943) 197–268. Eine moderne Darstellung der mathematischen Theorie Postscher Kalküle gibt Minsky (1967).

Aus der zahlreichen Literatur zum „Pattern Matching“ seien Emanuelsson (1980) und Raulefs et al. (1978) hervorgehoben. Der Editor des InterLISP-Programmiersystems verfügt über ein leistungsfähiges Mustervergleichs-Programm, das in Teitelman et al. (1978) dokumentiert ist. Die wichtigsten Arbeiten aus dem Gebiet des automatischen Beweisens sind in den beiden von Siekmann und Wrightson herausgegebenen Sammelbänden „Automation of Reasoning“ zu finden. Als einführendes Lehrbuch kann Chang und Lee (1973) und Bibel (1982) empfohlen werden.
Als Einführung in Produktionensysteme sei besonders die Arbeit von Davis und King (1977) hervorgehoben.
Eine gute Übersicht über Produktionensysteme und ihre Anwendungen gibt der Sammelband „Pattern-Directed Inference Systems“ (Hg. Waterman und Hayes-Roth (1983)). Raulefs (1982) gibt eine Übersicht über Expertensysteme. Ein interessante Anwendung von OPS-4 ist das Expertensystem R1/XCON, mit dessen Hilfe Konfigurationen für VAX-Rechner und deren Peripherie, wie sie von Käufern dieser Rechner in Bestellungen spezifiziert werden, kontrolliert und korrigiert werden (McDermott (1980)). MYCIN ist in (Shortliffe (1976)) beschrieben.

11.8 Übungen

11.1 Vervollständigen Sie das ELIZA-Programm aus 11.2!

11.2 Erweitern Sie das mustergesteuerte Vereinfachungsprogramm aus 11.3!

11.3 Ein Muster-Compiler ist ein Programm, das aus einem Muster ein LISP-Programm erzeugt, das durch Prädikate die Mustervergleichschritte vollzieht. Entwickeln Sie einen Muster-Compiler für die angegebene Musterbeschreibungssprache!

11.4 Schreiben Sie nach dem Vorbild der angegebenen Regeln für die Spracherkennung auch die anderen offengebliebenen Regeln!

11.5 Erweitern Sie den zielorientierten Interpreter aus 11.6!
Folgende Maßnahmen sind empfehlenswert:

a) Hinzufügung von Plausibilitätsprüfungen für Parameter, die eingegeben werden. (Hinweis: Ordnen Sie jedem Parameter Eigenschaften zu, die plausible Werte beschreiben!)
b) Dezentralisierung der Datenbasis, sodaß die Aussagenelemente den Dingen zugeordnet sind, über die sie etwas aussagen.
c) Möglichkeit der Formulierung von Allaussagen, z. B.: Alle Kontakte des Bauteils X sind OK.

11.6 Verändern Sie die Interpreter für PSG und PAS-2, sodaß die STM immer auf sieben Elemente beschränkt bleiben!

12 Verarbeitung von LISP in LISP

12.1 Interpretation von LISP

Wir setzen voraus, daß bekannt ist, wodurch sich ein Interpreter von einem Compiler unterscheidet und fassen die Unterschiede noch einmal kurz zusammen:

Ein Interpreter überführt die in einer Programmiersprache geschriebenen Quellen-Texte von Programmen in eine geeignete interne Datenrepräsentation — dies kann u. U. sogar direkt die Folge der gegebenen Zeichen selbst sein — und führt dann Aktionen aus, die durch die Programme beschrieben werden. Dies erfordert, daß der Programmtext jedesmal neu analysiert werden muß.
Ein Compiler überführt Programme, die in einer (Quell-)Programmiersprache geschrieben sind, in Programme einer (Objekt-)Programmiersprache. Der Zielcode besteht im Normalfalle aus einem Anteil in Maschinensprache, der direkt ausgeführt werden kann, und anderen (Daten-)Anteilen, zu deren Verarbeitung mehr oder weniger große Laufzeit-Systeme erforderlich sind.
Damit ist bereits ein wichtiger Aspekt deutlich geworden, den wir aber nicht weiter verfolgen wollen, obwohl er unser Interesse für die Interpretation motiviert: Zwischen compilierten Programmen und der internen Programmrepräsentation, die von einem Interpreter verarbeitet wird, bestehen nur graduelle Unterschiede.
Für die Implementierung eines Interpreters sind demnach vor allem zwei Dinge wichtig:

- Wir benötigen eine interne Repräsentation für die Programme,

und

- diese Repräsentation muß die Aktionen der Programme hinreichend beschreiben.

Wir hatten im zweiten Kapitel darauf hingewiesen, daß alle LISP-Programme intern als Listenstrukturen repräsentiert sind. Als Elemente dieser Listenstrukturen kommen prinzipiell Objekte aller primitiven Datentypen von LISP in Frage. Programmaktionen in LISP sind vor allem Auswertungsoperationen. Der LISP-Interpreter muß deshalb aus den das Programm darstellenden Listenstrukturen die Reihenfolge der Auswertungen ableiten.
Wir wollen die im vierten Kapitel zusammengestellten Auswertungsregeln noch einmal kurz wiederholen:

1. Allgemeine Regel zur Auswertung eines Terms:
   a) Auswerten des ersten Elements.
   b) Wenn es für das dabei entstehende Funktionsobjekt eine Sonderregel gibt, dann wird diese befolgt. Ansonsten
   c) Weitere Auswertung der übrigen Elemente von links nach rechts.

d) Anwenden der Funktion auf die Argumente (für SUBR-, FSUBR- oder LSUBR-Funktionsobjekte direkt, für EXPR-Funktionsobjekte gemäß Regel 12).
2. Der Wert eines Objekts der Klassen Zahlen, Zeichen bzw. Zeichenketten ist das Objekt selbst.
3. Der Wert eines Symbols ist das in der aktuellen Umgebung assoziierte Objekt (auch wenn dies ein Funktionsobjekt ist).
4. SETQ-Regel:
   a) Das zweite Argument wird ausgewertet.
   b) In der aktuellen Umgebung wird mit dem ersten Argument das zweite Argument assoziiert.
   c) Der Wert des SETQ-Terms ist das dritte Element.
5. QUOTE-Regel:
   Der Wert des QUOTE-Terms ist das unausgewertete Argument.
6. COND-Regel:
   a) Die Prädikate werden der Reihe nach ausgewertet, bis eines einen Wert $\neq$ NIL annimmt.
   b) Hat das i. Prädikat einen Wert $\neq$ NIL, so werden die ihm folgenden Terme, sofern vorhanden, der Reihe nach ausgewertet.
   c) Der Wert des COND-Terms ist der des zuletzt ausgewerteten Ausdrucks.
7. AND-Regel:
   a) Die Argumente werden der Reihe nach ausgewertet, bis eines einen Wert $=$ NIL annimmt.
   b) Der Wert des AND-Terms ist der des zuletzt ausgewerteten Arguments.
8. OR-Regel
   a) Die Argumente werden der Reihe nach ausgewertet, bis eines einen Wert $\neq$ NIL annimmt.
   b) Der Wert des OR-Terms ist der des zuletzt ausgewerteten Arguments.
9. SELECTQ-Regel
   a) Das erste Argument wird ausgewertet.
   b) Die weiteren Argumente, die Klauseln, werden nun nacheinander untersucht:
      b1) Wenn die Klausel als erstes Element keine Liste enthält, wird dieses mit dem Wert des ersten Arguments verglichen.
      b2) Wenn die Klausel als erstes Element eine Liste enthält, wird der Wert des ersten Arguments in dieser Liste gesucht.
      b3) Die Suche ist beendet, wenn eine Klausel gefunden ist, für die die Schritte b1) bzw. b2) erfolgreich waren.
   c) Die Terme in der gefundenen Klausel werden nacheinander ausgewertet. Der Wert des SELECTQ-Terms ist der des dabei zuletzt ausgewerteten Terms der Klausel.
   d) Kann keine Klausel nach Schritt b) gefunden werden, so wird die mit „T" bzw. mit „OTHERWISE" beginnende Klausel benutzt und nach Schritt c) verfahren.
   e) Existiert keine mit „T" beginnende Klausel, so ist der Wert des SELECTQ-Terms NIL.
10. Regel für FEXPR-Funktionsobjekte
    Ohne vorhergehende Auswertung der Argumente wird das Funktionsobjekt gemäß Regel 12. aktiviert.

11. Regel für MACRO-Funktionsobjekte
   a) Der ursprüngliche Term wird als Argument verwendet und das Funktionsobjekt gemäß Regel 12. aktiviert.
   b) Nach Ausführung der Schritte gemäß Regel 12. wird auf das Resultat erneut Regel 1. angewandt.
12. Anwendung von LAMBDA-, FLAMBDA-, MLAMBDA- und CLOSURE-Funktionsobjekten:
   a) Aufbau der neuen Umgebung.
   b) Aktualisierung der neuen Umgebung.
   c) Auswertung des Funktions-Körpers.
   d) Aktualisierung der alten Umgebung.

In Regel 1. wird die Auswertung von Paaren behandelt, in Regel 2. diejenige von Zahlen, Zeichen bzw. Zeichenketten und in Regel 3. die von Symbolen. Es besteht noch eine Lücke für Funktionsobjekte; diesen Fall müssen wir noch ein wenig aufschieben. Wir können jedoch bereits schon jetzt sagen, wie CLOSUREs ausgewertet werden:

13. Der Wert einer Closure ist die Closure selbst.

Damit können wir mit der Implementierung des Interpreters beginnen:

```
(DE EVALUATE (X)
   (COND ((OR (NUMBERP X) (CHARP X) (STRINGP X)) X)
                                ; Auszuwertendes Objekt ist
                                ; Zahl, Zeichen oder Zeichenkette.
         ((SYMBOLP X)  ; Auszuwertendes Objekt ist ein Symbol.
          (COND ((NULL X) NIL)
                                ; Sonderfall NIL
                ((EQ X T) T)
                                ; Sonderfall T.
                (T (GETVALU X))))
                                ; der Wert in der Umgebung.
         ((PROCP X)     ; Auszuwertendes Objekt ist ein Funktionsobjekt
          (COND ((EQ (PROCP X) 'CLOSURE) X)
                                ; eine Closure. SUBR-, usw.
         ...
         ((LISTP X)     ; Auszuwertendes Objekt ist ein Paar — d.h. ein Term.
          (COND ((SPECIALFORMP X)
                                ; Spezialform?
                 (EVALUATE-SPECIAL-FORM X))
                                ; ja;
                (T (APPLY-FN (EVALUATE (CAR X))
                             (EVLIS (CDR X))))))
                                ; sonst: werte alle Elemente aus und
                                ; aktiviere die Funktion.
         (T (ERROR "EVALUATE: Invalid Form" X))))

(DE APPLY-FN (FN ARGLIST)
   (COND ((EQ (PROCP FN) 'SUBR) (ACTIVATE FN ARGLIST))
                                ; aktiviere SUBR
```

```
        ((EQ (PROCP FN) 'LSUBR) (ACTIVATE-L FN ARGLIST))
                            ; aktiviere LSUBR
        ((EQ (PROCP FN) 'EXPR)
                            ; EXPR?
         (CHANGE-ENV); baue neue Umgebung und aktualisiere sie
         (PROG1 (EVALUATE (CADR (GETFN FN)))
                            ; werte Körper aus; alte Umgebung zurück
               (RESTORE-ENV)))
        ((EQ (PROCP FN) 'CLOSURE)
                            ; CLOSURE?
         (CHANGE-ENV-C)
                            ; konstruiere Umgebung
         (PROG1 (EVALUATE (GET-BODY-C FN))
                            ; werte Körper aus
                (RESTORE-ENV)))
                            ; alte Umgebung zurück
        (T (ERROR "APPLY-FN: Invalid Function Object" FN))))


(DE EVALUATE-SPECIAL-FORM (X)
                            ; X — der Term
  (LET ((FN (EVALUATE (CAR X)))
                            ; FN — Funktionsobjekt
       (ARGS (CDR X)))      ; ARGS — unausgewertete Argumente
      (COND ((EQ FN QUOTE) (CAR ARGS))
                            ; FN = QUOTE
            ((EQ FN SETQ)
                            ; FN = SETQ
             (SETV (CAR ARGS)
                            ; weise Wert zu
                  (EVALUATE (CADR ARGS)))))
            ((EQ FN 'COND) (EVCOND ARGS))
                            ; FN = COND
            . . .           ; weitere FSUBRs
            ((EQ (PROCP FN) 'FEXPR)
                            ; FEXPR?
             (CHANGE-ENV)
                            ; baue neue Umgebung
             (PROG1 (EVALUATE (CADR (GETFN FN))
                            ; werte Körper aus
                    (RESTORE-ENV)))
                            ; alte Umgebung zurück geben
            ((EQ (PROCP FN) 'MACRO)
                            ; MACRO?
             (CHANGE-ENV)
                            ; baue neue Umgebung
             (EVALUATE
                (PROG1 (EVALUATE (CADR (GETFN FN))
                            ; werte Körper aus
                       (RESTORE-ENV)))
                            ; alte Umgebung zurück ; werte Resultat aus
            (T (ERROR
                "EVALUATE-SPECIAL-FORM:Not a Special Form"
                X))) ))
```

Bei diesem ersten „groben“ Ansatz mußten allerdings einige Punkte offen bleiben:

a) Wie wird der Wert eines Symbols gebildet, d. h., wie holt man ihn aus der aktuellen Umgebung? (Funktion GETVAL)

Damit hängt eng zusammen:

b) Mit welcher Datenstruktur werden Umgebungen überhaupt dargestellt?

Wenn wir das wissen, können wir folgende Probleme lösen:

c) Wie wird eine neue Umgebung aufgebaut? (Funktion CHANGE-ENV)
d) Wie wird eine neue Umgebung aktualisiert?
e) Wie wird die alte Umgebung aktualisiert? (Funktion RESTORE-ENV)

Unabhängig davon sind jedoch folgende Fragen:

f) Wie werden Funktionsobjekte ausgewertet, die keine Closures sind?
g) In welcher Form sollen den Funktionen ihre Argumente übergeben werden?
h) Wie werden im System implementierte (bzw. compilierte) Funktionen aufgerufen? (Funktion ACTIVATE)
i) Sollten im System implementierte Funktionen wie QUOTE bzw. COND explizit abgefragt werden, während dies für andere, wie z. B. CAR oder NUMBERP, nicht geschieht?
j) Wie ermitteln wir, ob in einer Closure ein FEXPR oder MACRO steht?

Alle Fragen, die Werte und Umgebungen betreffen, werden wir im nächsten Abschnitt behandeln; zuvor wenden wir uns den einfacheren Problemen zu:

g) Alle bekannten LISP-Interpreter transportieren die Argumente von EVLIS zu APPLY-FN über den Keller. Einen derartigen Datentyp gibt es jedoch in LISP selbst nicht; wir müssen daher die beiden folgenden Teilprobleme lösen:
   1. Retten der bereits ausgewerteten Argumente, wenn noch weitere Argumente auszuwerten sind.
   2. Eigentlicher Transport der Argumente.

   Wenn wir keinen Keller zur Verfügung haben, so können wir das erste Problem nur durch eine Liste lösen, in der die Werte der Argumente aufgehoben werden. Der Transport könnte über feste globale Argumentstellen erfolgen, in die EVLIS die Argumente aufteilt. Üblicherweise geht man immer so vor, daß der Wert von EVLIS die Liste der Werte der Argumente in der Reihenfolge ihres Auftretens ist, d. h.:

```
(DE EVLIS (ARGLIST)
    (COND ((NULL ARGLIST) NIL)
          (T (CONS (EVAL (CAR ARGLIST)) (EVLIS (CDR ARGLIST))))))
```

h) In dem von McCarthy (1960) angegebenen prototypischen Interpreter war die Menge der Grundfunktionen auf die für die Listenverarbeitung erforderlichen beschränkt (ATOM, CAR, CDR, CONS). Für diese wenigen Funktionen waren in einer Funktion APPLY die Klauseln

```
((EQ FN 'CAR) (CAAR ARGLIST))
((EQ FN 'CDR) (CDAR ARGLIST))
((EQ FN 'ATOM) (ATOM (CAR ARGLIST)))
((EQ FN 'CONS) (CONS (CAR ARGLIST) (CADR ARGLIST)))
```

vorgesehen. Dieses scheinbar zirkelhafte Vorgehen ist berechtigt, denn wir benutzen ohnehin im Interpreter LISP-Funktionen, die wir gleichzeitig zu implementieren vorgeben. Auch das Argument, daß es „so doch nicht wirklich implementiert" sei, trifft an dieser Stelle nicht, denn wir wollen ja nicht einen realen (in Assembler geschriebenen) Interpreter in LISP darstellen.
Da wir aber aus Gründen des Umfangs nicht für jede Grundfunktion eine derartige Klausel vorsehen können, wurden die Funktionen ACTIVATE für SUBRs und ACTIVATE-L für LSUBRs eingesetzt. Beide Funktionen kann man sich so vorstellen, als bestünden sie aus einer großen Menge solcher Klauseln.

i) Genauso könnten wir für die bekannten Funktionen der FSUBR-Klasse ver fahren. Dies liegt auch schon deshalb nahe, da wir wenige dieser Art betrachten wollen.
j) Im obigen Ansatz haben wir ausgedrückt, daß Closures nur mit EXPR-Funktionsobjekten gebildet werden; dies kann selbstverständlich nicht aufrecht erhalten werden. Ganz allgemein benötigen wir für Closures primitive Selektionsfunktionen zu:

— Funktionsobjekt,
— Typ des Funktionsobjekts,
— Umgebungs-Komponente.

Wir postulieren die Existenz folgender Funktionen (bedauerlicherweise sind sie in TLC-LISP nicht vorhanden):

```
GET-FN-C
GET-ENV-C
GET-VARS-C
GET-BODY-C
```

f) Wir wollen Funktionsobjekte, die keine Closures sind, grundsätzlich in Closures umformen.[1] Damit verwirklichen wir die „statische" Semantik (s. Kapitel 9). Dies vervollständigt die Auswertungsregeln.

12.2 Realisierung von Umgebungen — Bindungsstrategien

Wir hatten uns bereits im neunten Kapitel mit Umgebungen befaßt und dabei eine Notation für sie eingeführt. Zu ihrer Realisierung müssen wir uns nun der Datenstrukturen von LISP bedienen.
In erster grober Näherung haben wir zwei Möglichkeiten, Assoziationen zwischen Symbolen und Werten zu verwirklichen:

1 Dies ist *nicht* das übliche Verfahren in den meisten LISP-Systemen, auch nicht in TLC-LISP.

– Die Umgebung wird durch *eine* zentrale Wertetabelle dargestellt, in der paarweise Symbol und zugeordneter Wert gespeichert sind.
– Die aktuelle Umgebung existiert nur in inkrementellen Teilen, die jedem Symbol zugeordnet sind. Nicht-aktuelle Teile früherer Umgebungen sind so verfügbar, daß beim Umgebungswechsel frühere Assoziationen wiederhergestellt werden können. Das bedeutet praktisch, daß die Bindungskomponenten nichtaktueller Umgebungen wie Wertetabellen repräsentiert werden.

Wählt man die erste Alternative, so bedeutet dies, daß jede Bindung in der Wertetabelle gesucht werden muß. Im Falle freier Variabler kann dieser Suchprozeß tief in die Wertetabelle hineingehen und daher sehr aufwendig sein. Man spricht deshalb von **deep access**. Beim Erweitern der aktuellen Umgebung durch eine Gruppe von Bindungen kann man so vorgehen, daß entweder jede einzelne neue Bindungsassoziation für sich oder daß die ganze Gruppe als Block von Bindungen hinzugenommen wird.
Da jeweils zur Umgebung neu hinzukommende Teile unterschiedliche Größe haben können, liegt in diesem Fall eine Implementierung von Umgebungen durch Listenstrukturen nahe. Dabei können wir uns einen besonderen Effekt zunutze machen: Da in einer als Assoziationsliste dargestellten Umgebung linear gesucht wird, müssen wir alte Bindungen nicht beseitigen. Es genügt, neue Bindungen jeweils an den Anfang der Liste anzufügen. Die Reaktivierung alter Umgebungen ist noch einfacher, denn dazu muß nur der Anfang der Umgebungsliste gelöscht werden. Dies ist ein Charakteristikum für deep-access-Bindungsmechanismen: Bei potentiell aufwendigem Wertzugriff ist das Wechseln der Umgebung sehr einfach.
Bei der zweiten Alternative wird direkt über das Symbol auf den Wert zugegriffen. Dieser befindet sich üblicherweise unmittelbar in der Symbolstruktur (Wertzelle) oder unter einem geeigneten Attributnamen in der P-Liste des Symbols. Der Zugriff erfolgt durchweg gleich schnell, ob es sich um freie oder lokale Variable handelt, denn der Zeitpunkt der Bindung spielt keinerlei Rolle. In diesem Fall spricht man auch von **shallow access**. Beim Erweitern der aktuellen Umgebung durch eine Gruppe von Bindungen muß jede Bindung einzeln behandelt werden. Die jeweils erforderlichen Aktionen sind Retten der alten Bindung durch Transport in die Tabelle der alten Werte und Eintragen der neuen Bindung. Auch die Reaktivierung alter Umgebungen ist aufwendig, denn es müssen zumindest die alten Werte aus der genannten Tabelle entnommen und neu gebunden werden. Muß die vorher aktuelle Umgebung jedoch aufgehoben werden, dann ist außerdem erforderlich, die aktuellen Bindungen erneut zu retten. Daraus ergibt sich als Charakteristikum für shallow-access-Bindungsmechanismen: Bei durchweg einfachem und effizientem Wertzugriff ist das Wechseln der Umgebungen sehr aufwendig.
Wir wollen diese beiden Alternativen noch etwas genauer betrachten.

12.2.1 Realisierung inkrementeller deep-access-Umgebungen durch Assoziationslisten.

Die einfachste Lösung besteht darin, daß wir die Umgebung durch eine Assoziationsliste von Bindungen darstellen; sie sei der Wert der Variablen ENV:

((X . Val_x) (Y . Val_y) (Z . Val_z) (X. Val_x^1) . . .)

Die Funktion GETVAL realisiert den Wertzugriff:

```
(DE GETVAL (SYM ENV)
    (LET ((VAL (ASSOC SYM ENV)))
                              ; Suche in A-Liste
        (COND ((NULL VAL) (ERROR "Unbound Symbol" SYM))
                              ; nicht gefunden — Fehler
              (T (CDR VAL)))))
                              ; gefunden — liefere Wert.
```

Funktionen zum Aufbau einer neuen Umgebung:

```
(DM CHANGE-ENV (L) (EXTEND-ENV VARS ARGLIST ENV))

(DE EXTEND-ENV (VARS ARGS ENV)
    (COND ((AND (NULL VARS) (NULL ARGS)) ENV)
                              ; keine Argumente
          ((OR (NULL VARS) (NULL ARGS))
                              ; Listen der Argumente und der Variablen sind unter-
                              ; schiedlich lang.
           (ERROR "Invalid no. of args" FN))
          (T (EXTEND-ENV (CDR VARS)
                         (CDR ARGS)
                         (CONS (CONS (CAR VARS) (CAR ARGS))
                               ENV)))))
                              ; bilde Paar aus Variable und Argument
```

Aktualisieren und Reaktualisieren einer Umgebung wird am einfachsten dadurch realisiert, daß alle wesentlichen Interpreterfunktionen einen weiteren Parameter bekommen: ENV. Damit ist die Aktualisierung der Umgebung durch den Aufruf von EVALUATE nebenbei mit erledigt, die Reaktualisierung der alten Umgebung durch das Verlassen eines Bindungsbereichs erfolgt automatisch. In den Closures wird einfach der aktuelle Wert von ENV aufgehoben; damit erreichen wir eine saubere Lösung des Umgebungsproblems.

12.2.2 Realisierung blockförmiger deep-access-Umgebungen durch Listenstrukturen

Bei der Aktivierung eines Funktionsobjekts vom Typ EXPR wird die Assoziationsliste, die die Umgebung darstellt, um einen Block von Bindungen erweitert:

(((X . Val_x) (Y . Val_y) (Z . Val_z)) ((X. Val_x^1) ...)

In dieser Darstellungsform geht der durch eine Funktion erzeugte Anteil der Umgebung deutlich hervor:
Auch hier sei diese Liste Wert der Variablen ENV.

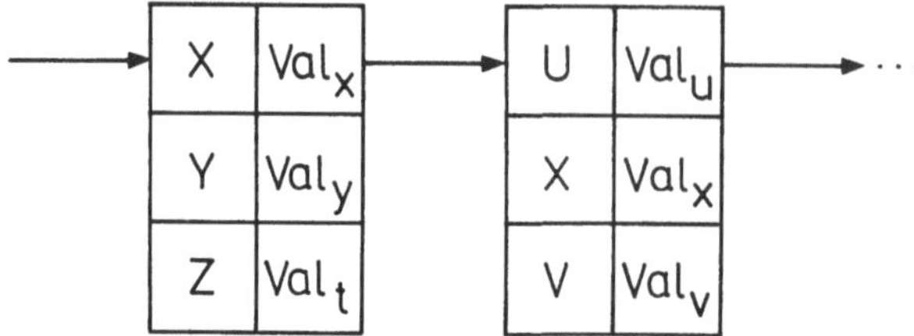

Abb. 28

Die Funktion für den Wertzugriff:

```
(DE GETVAL (SYM ENV)
   (LET ((VAL (ASSOC SYM (CAR ENV))))
                                ; suche im Block
        (COND ((NULL VAL)
                                ; nicht gefunden —
               (COND ((CDR ENV)
                                ; suche weiter
                      (GETVAL SYM (CDR ENV)))
                                ; keine weiteren Blöcke
                     (T (ERROR "Unbound Symbol" SYM))))
              (T (CDR VAL)))))
                                ; liefere Wert
```

Funktion zum Aufbau einer neuen Umgebung:

```
(DE EXTEND-ENV (VARS ARGS ENV)
   (CONS (EXTEND-ENV1 VARS ARGS NIL) ENV))
                                ; Baue Block

(DE EXTEND-ENV1 (VARS ARGS ENV)
   (COND ((AND (NULL VARS) (NULL ARGS)) ENV)
         ((OR (NULL VARS) (NULL ARGS))
          (ERROR "Invalid no. of args" FN))
         (T (EXTEND-ENV1 (CDR VARS)
                         (CDR ARGS)
                         (CONS (CONS (CAR VARS) (CAR ARGS))
                               ENV)))))
```

Für Aktualisieren und Reaktualisieren der Umgebung benutzen wir dieselbe Lösung wie in Variante 12.2.1.

12.2.3 Realisierung der shallow-access-Bindung

Wir legen den Wert jedes Symbols in seiner P-Liste unter dem Attributnamen VALUE ab. Für frühere noch aufzubewahrende Bindungen verwenden wir eine Assoziationsliste, die Wert der Variablen ENV sei.

Die Funktion für den Wertzugriff:

```
(DE GETVAL (SYM)
   (LET ((VAL (GETPROP SYM 'VALUE)))
                         ; hole Wert aus P-Liste: keiner vorhanden — Fehler
      (COND ((NULL VAL) (ERROR "Unbound Symbol" SYM))
            (T (CAR VAL)))))
                         ; um nicht gebundene Variable von der mit dem Wert
                         ; NIL unterscheiden zu können, muß Wert Komponente
                         ; eines Paares sein.
```

Funktion zum Aufbau einer neuen Umgebung:

```
(DE EXTEND-ENV (VARS ARGS ENV)
   (COND ((AND (NULL VARS) (NULL ARGS)) ENV)
         ((OR (NULL VARS) (NULL ARGS))
          (ERROR "Invalid no. of args" FN))
         (T (EXTEND-ENV (CDR VARS)
                        (CDR ARGS)
                        ; Hier kommt der wesentliche Unterschied zur A-
                        ; Liste
                          (PROG1
                             (CONS (CONS (CAR VARS)
                                         (GETVAL (CAR VARS)))
                                   ENV)
                        ; das Paar enthält die alten Werte
                             (SETV (CAR VARS) (CAR ARGS)))))))
                        ; Weise den aktuellen Wert zu
```

In die Assoziationsliste wird also der alte Wert aufgenommen!
Die eigentlichen Probleme kommen aber erst noch auf uns zu: Wenn die Auswertung irgendeines EXPR-Funktionsobjekts beendet ist, kann die Umgebung in einer Closure zitiert worden sein. Die Umgebung ist aber aus einzelnen verstreuten Bindungen und der Assoziationsliste mit den alten Bindungen zusammengesetzt. Vergleichen wir die letztere in zwei aufeinanderfolgenden Zuständen des Programmablaufs, so können wir sehen, welche Symbole neu gebunden wurden, denn es befinden sich ja frühere Bindungen dieser Symbole in ihr.
Keinesfalls dürfen wir so verfahren wie in den deep-access-Varianten und das Anfangsstück dieser Assoziationsliste nach der Reaktualisierung der alten Umgebung einfach fallen lassen: Die aktuellen Werte wären unwiederbringlich verloren. Wenn wir einen Bindungsbereich verlassen, dann müssen alle alten Werte aus einem Abschnitt der Assoziationsliste in die Wertzellen zurückgebracht werden. Das bedeutet, daß sie zunächst zweimal vorhanden wären: In den Wertzellen und in dem nicht mehr aktuellen Bereich der Assoziationsliste. Warum sollten wir diese Möglichkeit nicht ausnutzen und dort die verstreuten, gerade noch aktuellen Bindungen retten? Wir gelangen so zu einer Struktur, die in beliebigen Closures referenzierbar ist und die zuerst einen besonderen Teil enthält, nämlich die Bindungen, die zur Einrichtung der gewünschten Umgebung erforderlich sind. Auf diesen Teil folgen — an der Stelle, auf die ENV zeigt — die alten Bindungen.

Für die Umgebungsreaktivierung für Shallow Access ergibt sich damit:

```
(DE RESTORE-ENV (VARS ENV) (RESTORE-ENV1 (REVERSE VAR) ENV))
                              ; in der Umgebungsliste stehen die Variablen in umge-
                              ; kehrter Reihenfolge.

(DE RESTORE-ENV1 (VARS ENV)
   (COND ((NULL VARS) ENV)
         (T (SETV (CAAR ENV)
                              ; weise Wert zu
                  (PROG1 (CDAR ENV)
                         (RPLACD (CAR ENV)
                              ; rette vorherigen Wert
                                 (GETVAL (CAAR ENV)))))
                              ; durch Austauschen
            (RESTORE-ENV1 (CDR VARS) (CDR ENV)) )))
```

Man beachte, daß die Variablen in umgekehrter Reihenfolge in die Assoziationsliste aufgenommen werden. Dennoch wäre das Umkehren der Variablenliste nicht erforderlich, weil nur die Zahl der zu ändernden Bindungen von Interesse ist.

Wir sind aber immer noch nicht fertig: Es fehlt die erneute Aktivierung der Umgebungen, die in Closures festgehalten sind. Hierbei sind drei Fälle zu unterscheiden:

1. Die Umgebung in der Closure ist gleich der aktuellen Umgebung;
2. Die Umgebung in der Closure entspricht einem früheren Zustand (d.h. die Assoziationsliste der Closure-Umgebung ist vollständig in der aktuellen Assoziationsliste enthalten);
3. Sonst.

Der erste Fall ist trivial, wir brauchen nichts zu tun! Im zweiten Fall ist die Differenz zwischen den beiden Umgebungen völlig in dem betreffenden Teil der Assoziationsliste enthalten und wir können die Funktion RESTORE-ENV verwenden. Wir stehen damit folgender Situation gegenüber:

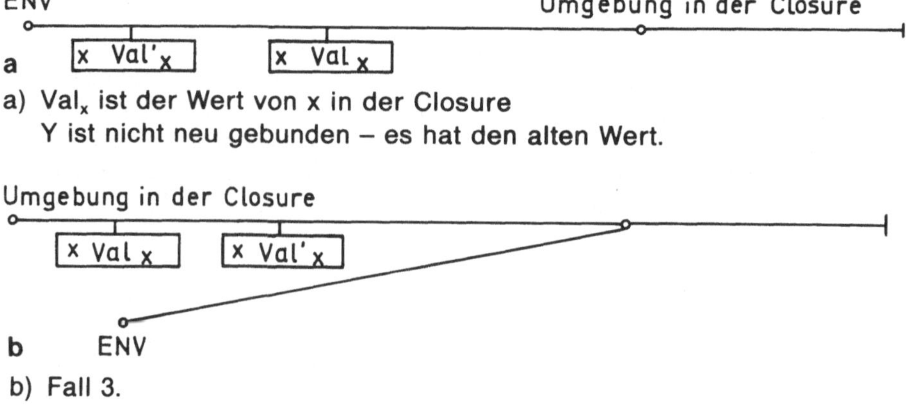

a) Val_x ist der Wert von x in der Closure
Y ist nicht neu gebunden – es hat den alten Wert.

b) Fall 3.

Abb. 29

Im dritten Fall müssen wir von ENV zunächst bis zum Verzweigungspunkt zurückgehen, wobei die Reaktivierung der Umgebung in normaler Weise erfolgen muß. Dann müssen wir auf dem Zweig zur Closure laufen und dort den Zustand so wiederherstellen, wie er zur Zeit der letzten Aktivität der Closure-Umgebung war. Wir verwenden zu diesem Zweck eine Variable ROOT am Verzweigungspunkt, der dadurch gekennzeichnet ist, daß alle Elemente rechts von ihm echte „gerettete" Bindungen sind.

```
(DE CHANGE-ENV-C (C-ENV)
   (COND ((EQ ENV C-ENV) NIL)
         ((TAILP C-ENV ENV)
          (RESTORE-ENV1 (COPY-PART C-ENV ENV) ENV))
         ((EQ ROOT ENV)
          (RESTORE-ENV1 (COPY-PART ROOT C-ENV)
                        (COPY-PART ROOT C-ENV)))
         (T

          (RESTORE-ENV1 (COPY-PART ROOT ENV) ENV)
                        (RESTORE-ENV1 (COPY-PART ROOT C-ENV)
                        (COPY-&-REVERSE-PART
                            ROOT C-ENV)))
          (SETQ ENV C-ENV)))
```

12.3 LISP-Interpreter für verschiedene Zugriffsstrategien

In diesem Abschnitt stellen wir Interpreter für die verschiedenen Zugriffsstrategien vor. Um die Programme möglichst einfach zu halten, verzichten wir auf die Behandlung von Zahlen, Zeichenobjekten und Zeichenketten und erwähnen auch die Grundfunktionen nicht mehr gesondert. Dies alles kann aus dem im Abschnitt 12.1 angegebenen Programm erschlossen werden. Auch die Auswertung von Spezialformen und Argumentlisten wird nur in dem ersten der folgenden Programme demonstriert:

12.3.1 Interpreter für einfache deep-access-Strategie

```
(DE EVALUATE (X ENV)
   (COND ((SYMBOLP X)
          (COND ((NULL X) NIL)
                ((EQ X T) T)
                (T (GETVAL X ENV))))
         ((PROCP X) (LIST 'CLOSURE X ENV))
         ((LISTP X)
          (COND ((EQ (CAR X) 'CLOSURE) X)
                ((MEMQ (CAR X) '(LAMBDA FLAMBDA MLAMBDA))
```

```
                   (LIST 'CLOSURE (EVAL (CAR X)) ENV))
                           ; Der unschöne Term mit EVAL dient zur Umwandlung
                           ; von LAMBDA-Ausdrücken in Funktionen in TLC-
                           ; LISP
                 (T (LET ((FN (EVALUATE (CAR FORM) ENV)))
                          (COND ((SPECIALFORMP FN)
                                 (EVALUATE-SPECIAL-FORM
                                       (CONS FN (CDR FORM)) ENV))
                                (T
                                 (APPLY-FN
                                          FN
                                          (EVLIS (CDR FORM) ENV)
                                          ENV)))))))
          (T X)))

(DE APPLY-FN (FN ARGLIST ENV)
    (SELECTQ (PROCP FN)
        (EXPR (EVALUATE (GET-BODY FN)
                             (EXTEND-ENV (GET-VARS FN) ARGLIST ENV)))
        (CLOSURE (EVALUATE (GET-BODY-C FN)
                                (APPEND (GET-ENV-C FN)
                                        (EXTEND-ENV (GET-VARS-C FN)
                                                    ARGLIST
                                                    ENV))))
        (T (COND ((AND (LISTP FN)
                       (EQ (CAR FN) 'CLOSURE))
                  (APPLY-FN (CADR FN) ARGLIST (CADDR FN)))
                 (T (ERROR "Invalid Function Object" FN))))))

(DE EVALUATE-SPECIAL-FORM (FORM ENV)
    (LET ((FN (CAR FORM))
          (ARGS (CDR FORM)))
         (COND ((EQ FN QUOTE) (CAR ARGS))
               ((EQ FN SETQ)
                (SETV (CAR ARGS)
                      (EVALUATE (CADR ARGS) ENV)
                      ENV))
               ((EQ FN COND) (EVCOND ARGS ENV))
               ((EQ (PROCP FN) 'FEXPR)
                (EVALUATE (GET-BODY FN)
                          (EXTEND-ENV (GET-VARS FN)
                                      (LIST ARGS)
                                      ENV)))
               ((EQ (PROCP FN) 'MACRO)
                (EVALUATE (EVALUATE (GET-BODY FN)
                                    (EXTEND-ENV (GET-VARS FN)
                                                (LIST FORM)
                                                ENV)
                                    ENV))
```

```
          ((EQ (PROCP FN) 'CLOSURE)
           (EVALUATE-SPECIAL-FORM
                           (CONS (GET-FN-C FN) ARGS)
                           (APPEND (GET-ENV-C FN) ENV)))
          ((AND (LISTP FN)
                (EQ (CAR FN) 'CLOSURE))
           (EVALUATE-SPECIAL-FORM
                      (CONS (CADR FN) ARGS) (CADDR FN)))
          (T (ERROR "Not a Special Form" FORM))) ))

(DE SPECIALFORMP (FN)
   (OR (EQ (PROCP FN) 'FSUBR)
       (EQ (PROCP FN) 'FEXPR)
       (EQ (PROCP FN) 'MACRO)
       (AND (EQ (PROCP FN) 'CLOSURE)
            (OR (EQ (PROCP (GET-FN-C FN)) 'FSUBR)
                (EQ (PROCP (GET-FN-C FN)) 'FEXPR)
                (EQ (PROCP (GET-FN-C FN)) 'MACRO)))
       (AND (LISTP FN)
            (EQ (CAR FN) 'CLOSURE)
            (SPECIALFORMP (CADR FN)))))

(DE EVLIS (ARGS ENV)
   (COND ((NULL ARGS) NIL)
         (T (CONS (EVALUATE (CAR ARGS) ENV)
                  (EVLIS (CDR ARGS) ENV)))))

(DE EVCOND (PAIRS ENV)
   (COND ((NULL PAIRS) NIL)
         ((EVALUATE (CAAR PAIRS) ENV)
          (EVPROGN (CDAR PAIRS) ENV))
         (T (EVCOND (CDR PAIRS) ENV))))

(DE EVPROGN (FORMS ENV)
   (COND ((NULL FORMS) NIL)
         ((NULL (CDR FORMS)) (EVALUATE (CAR FORMS) ENV))
         (T (EVALUATE (CAR FORMS) ENV)
            (EVPROGN (CDR FORMS) ENV) )))

(DE SETV (VAR VAL ENV)
   (LET ((BND (ASSOC VAR ENV)))
        (COND ((NULL BND) (NCONC ENV (LIST (CONS VAR VAL)))
              (T (RPLACD BND VAL) VAL))))
```

Zusätzlich verwenden wir GETVAL und EXTEND-ENV aus 12.2 a).
Bemerkung: GET-FN-C, GET-BODY-C, GET-VARS-C und GET-ENV-C sind in TLC-LISP nicht formulierbar (s. 12.8).

```
(DE GET-BODY (FN) (CADR (GETFN FN)))

(DE GET-VARS (FN) (CAR (GETFN FN)))
```

12.3.2 Interpreter für blockförmige deep-access-Strategie

Wir tauschen GETVAL und EXTEND-ENV gegen die in 12.2.2 angegebenen Funktionen aus.

12.3.3 Interpreter für shallow-access-Strategie

EVALUATE, EVLIST, EVCOND und EVPROGN werden aus dem Interpreter mit deep-access-Strategie übernommen, GETVAL und EXTEND-ENV aus 12.2.3. Entscheidende Änderungen sind in APPLY-FN erforderlich:

```
(DE APPLY-FN (FN ARGLIST ENV)
    (SELECTQ (PROCP FN)
       (EXPR (SETQ ENV (EXTEND-ENV (GET-VARS FN) ARGLIST ENV))
             (PROG1 (EVALUATE (GET-BODY FN) ENV)
                    (RESTORE-ENV1 VARS ENV)))
       (CLOSURE (SETQ FNV (EXTEND-ENV1 (GET-ENV-C FN)
                                     (EXTEND-ENV (GET-VARS-C FN)
                                                 ARGLIST ENV)))
                (PROG1 (EVALUATE (GET-BODY-C FN) ENV)
                       (RESTORE-ENV1
                                (APPEND (GET-ENV-C FN)
                                        (GET-VARS-C FN))
                                ENV)))
       (T (COND ((AND (LISTP FN)
                      (EQ (CAR FN) 'CLOSURE))
                 (PROG1 (APPLY-FN (CADR FN) ARGLIST
                                  (CHANGE-ENV (CADDR FN) ENV))
                        (CHANGE-ENV ENV (CADDR FN))))
                (T (ERROR "Invalid Function Object" PN))))))
```

Dabei ist CHANGE-ENV folgendermaßen definiert:

```
(DE CHANGE-ENV (TO-ENV FORM-ENV)
    (COND ((EQ TO-ENV FROM-ENV) TO-ENV)
          ((TAILP TO-ENV FROM-ENV)
           (RESTORE-ENV1 (COPY-PART TO-ENV FROM-ENV)
                         FROM-ENV) TO-ENV)
          ((TAILP FROM-ENV TO-ENV)
           (RESTORE-ENV1 (COPY-PART FROM-ENV TO-ENV) TO-ENV)
                         TO-ENV)
          (T (LET ((ROOT (FIND-ROOT TO-ENV FROM-ENV)))
                  (RESTORE-ENV1 (COPY-PART ROOT FROM-ENV)
                                FROM-ENV)
                  (RESTORE-ENV1 (COPY-PART ROOT TO-ENV)
                          (COPY-&-REVERSE-PART ROOT TO-ENV))
                  TO-ENV))))
```

Entsprechende Änderungen sind auch in EVALUATE-SPECIAL-FORM vorzunehmen.

```
(DE TAILP (SH LON)
   (COND ((EQ SH LON) T)
         ((NULL LON) NIL)
         (T (TAILP SH (CDR LON)))))

(DE COPY-PART (SH LON)
   (COND ((EQ SH LON) NIL)
         (T (CONS (CAR LON)
                  (COPY-PART SH (CDR LON))))))

(DE COPY-&-REVERSE-PART (SH LO)
   (COPY-&-REVERSE-PART1 SH LO NIL))

(DE COPY-&-REVERSE-PART1 (SH LO RES)
   (COND ((EQ SH LO) RES)
         (T (COPY-&-REVERSE-PART1 SH (CDR LO)
                                     (CONS (CAR LO) RES)))))
```

Damit diese Interpreter nichttriviale Programme verarbeiten können, muß man noch eine „Top Level"-Umgebung einrichten. Für den deep-access-Interpreter geschieht dies durch:

```
(SETQ TOP-LEVEL-ENV
      (LIST (CONS 'CAR CAR)
            (CONS 'CDR CDR)
            ...))
```

Die Einrichtung einer solchen Umgebung für den shallow-access-Interpreter erfolgt durch:

```
(SETV 'CAR CAR)
```

usw., wobei gilt

```
(DE SETV (SYM VAL) (PUTPROP SYM 'VALUE VAL)).
```

Bei shallow-access wird GETVAL von einigen Systemfunktionen benutzt. Diese Zugriffe (in EXTEND-ENV und RESTORE-ENV1) können sich aber auch der folgenden Funktion bedienen, weil klar ist, daß das Symbol einen Wert hat:

```
(DE GETV (SYM) (CAR (GETPROP 'SYM 'VALUE)))
```

12.4 Prinzipien der Compilation von LISP

Wir gehen davon aus, daß wir LISP-Programme in Programme einer Maschinen- bzw. Assemblersprache übersetzen wollen. Was ist der auffälligste Unterschied zwischen LISP-Programmen und Programmen in einer Assemblersprache?
LISP-Programme bestehen aus verschachtelten Termen (Funktionsaufrufen), während Assemblerprogramme aus einer Folge von Befehlen bestehen. Betrachten wir die allgemeine Struktur der LISP-Terme, so müssen wir feststellen, daß jeder Term, der als Argument auftritt, potentiell jede Operation des LISP-Systems aktivieren kann, einschließlich der Aktivierung der gerade aufgerufenen Funktion selbst. Alle *temporären Werte*, d.h. die bereits berechneten Argumente von Termen, deren gesamte Argumentliste noch nicht vorliegt, sowie die vom Programmierer explizit angegebenen lokalen Variablen, müssen daher in einem Keller gerettet werden.
Innerhalb einer Funktion kann jederzeit eine Referenz auf eine Variable erfolgen. Wenn wir einen Keller haben, der nur über das oberste Element zugreifbar ist, entstehen unlösbare Konflikte mit der Rettung der temporären Größen. Wir benötigen deshalb Speicherressourcen, um auf die *Variablenwerte* wahlfrei *zugreifen* zu können.
Jede Funktion in LISP liefert einen Wert, wir benötigen also einen Mechanismus zur Wertübergabe, d.h. insbesondere auch wieder eine Speicherressource.
Ein LISP-Compiler übersetzt jede Funktion separat. Das bringt eine Reihe von Vorteilen mit sich, insbesondere den, daß bei Änderungen in einzelnen Funktionen eines größeren Programms nur diese neu zu compilieren sind. Funktionen spielen eine zentrale Rolle: Ein LISP-Programm besteht aus einer Folge von Termen; daher sind Ressourcen zur Übergabe von Argumenten erforderlich.
Aus den genannten Gründen basieren alle Modelle für abstrakte LISP-Maschinen auf der Verwendung eines Kellers. Dabei gibt es zwei wesentliche Varianten:

1. Das „strenge" Kellermodell: Nur das oberste Keller-Element („top-of-stack") ist zugreifbar.
2. Das „Rahmen-Kellermodell": Als Kellerelemente werden nicht Objekte, sondern „Rahmen" verwendet, d.h. Gruppen von Objekten. Auf alle Komponenten eines derartigen Keller-Rahmens kann zugegriffen werden.

Wählt man das strenge Modell, hat man folgende Konsequenzen zu tragen: Der Zugriff auf Variablenwerte kann nicht über den Keller erfolgen; daher muß ein direkter Zugriff zu den Variablen-Symbolen (als LISP-Strukturen) möglich sein. Die naheliegendste Ressource, um Argumente und Werte zu übergeben, ist der Keller; Register für Argumente oder Werte bringen kaum Vorteile.
Wählt man das Rahmenmodell, hat man weitgehende Freiheiten für die Optimierung: Lokale Variable können auch ohne Verwendung der LISP-Symbole realisiert werden. Weil alle Teilergebnisse jederzeit verfügbar sind, muß man gleiche Ausdrücke nicht mehrfach berechnen. Gesonderte Ressourcen für Argumente und Werte können weitere entscheidende Effizienzverbesserungen bringen.
Weil damit eine weitere Qualitätsstufe erreicht werden kann, wollen wir von einem dritten Modell sprechen:

3. APH-Modell: Die Übergabe von Argumenten und Werten wird in speziellen Speicherbereichen, den Platzhaltern für Argumente (APH), vollzogen.

Wir nehmen an, daß im Rahmenkellermodell die Argumente immer mittels eines neuen Kellerrahmens übergeben werden müssen.
Betrachten wir nun das strenge Kellermodell im Detail, so wird deutlich, daß wir Transportoperationen vom „Top-of-Stack" zu den Variablen und von den Variablen in den Keller benötigen. Weiterhin ist eine Bindungsoperation erforderlich, um Variablenwerte von den Argumenten her zu setzen und die alten Bindungen zu retten. Beim Aufruf einer Funktion enthalten genau die obersten **n** Keller-Elemente die **n** Argumente. Nach Verlassen einer Funktion steht der Wert im „Top-of-Stack". Jede Funktion sorgt für den „richtigen" Zustand des Kellers, denn es gibt keine weiteren impliziten Veränderungen.
Das bedeutet: Wenn wir zwei Funktionen F1 und F2 nacheinander aufrufen, dann stehen die Werte nebeneinander im Keller. Wurden alle Argumente eines Terms auf diese Art nebeneinander im Keller abgelegt, so ist genau die Aktivierungssituation für diese Funktion hergestellt. Das heißt, ein Ausdruck

```
(F (F1 ...) (F2 ...) ... (Fn ...))
```

ist dadurch erfolgreich compiliert, daß

- zuerst der Code für den Ausdruck (F1 ...) erzeugt wird,
- dann der Code für den Ausdruck (F2 ...),
- schließlich der Code für den Ausdruck (Fn ...),
- gefolgt von dem Code für den Aufruf von F.

Wenn wir, um die Rekursion in dieser Aussage zu umgehen, für einen Augenblick annehmen, daß die Assemblerinstruktion, die auf eine Variable zugreift, schlicht diese Variable selbst ist, so hätten wir als Code zu erzeugen:
Für

```
(CAR X) :                X
                         CAR,
```

für

```
(CONS X Y) :             X
                         Y
                         CONS,
```

für

```
(CONS (CAR X) (CDR Y)) : X
                         CAR
                         Y
                         CDR
                         CONS
```

Würden wir LISP-Terme in Postfix-Form notieren, dann bestünde die Compilation von solchen Termen lediglich in der Beseitigung der Klammern! Daran ändert sich wenig, wenn wir für den Zugriff zu Variablen die Operation LOAD und für den Funktionsaufruf die Operation CALL benutzen; es ergibt sich nur eine optische Veränderung.
Der Code für den Ausdruck

```
(EXTEND-ENV1 (CDR VARS)
             (CDR ARGS)
             (CONS (CONS (CAR VARS)
                         (CAR ARGS))
                   ENV))
```

ergibt sich zu:

```
(LOAD VARS)
(CALL CDR)
(LOAD ARGS)
(CALL CDR)
(LOAD VARS)
(CALL CAR)
(LOAD ARGS)
(CALL CAR)
(CALL CONS)
(LOAD ENV)
(CALL CONS)
(CALL EXTEND-ENV1)
```

Wie wir unmittelbar sehen können, ist dieser Code optimal!
Man kann ihn auf sehr einfache Weise erzeugen, wenn man die Terme transformiert durch:

Symbol ⇒ (LOAD Symbol)

Funktionssymbol ⇒ (CALL Funktionssymbol)

(Funktionssymbol Argument ... Argument)
⇒ (Argument_1* ... Argument_n* Funktionssymbol*)

Die Sterne (*) drücken aus, daß auch die Termelemente der gleichen Transformation unterworfen werden müssen. Das Resultat dieser Transformation kann man als „syntaktisch gezuckerte" Variante von LISP ansehen.
Der oben angegebene Term hätte damit folgende Form:

```
(((LOAD VARS) (CALL CDR))
 ((LOAD ARGS) (CALL CDR))
 ((((LOAD VARS) (CALL CAR))
   ((LOAD ARGS) (CALL CAR))
   (CALL CONS))
  (LOAD ENV)
  (CALL CONS))
 (CALL EXTENT-ENV1))
```

Damit können über 70% des üblichen LISP-Code übersetzt werden. Es wäre allerdings sehr ungünstig, auch Spezialformen auf diese Art zu übersetzen — was durch Quotierung der Argumente prinzipiell möglich wäre. Ein typischer Fall in dieser Hinsicht ist der bedingte Ausdruck. Eine Spezialform wie

```
(COND ((NULL X) NIL)
      ((EQ (CAR X) Y) X)
      (T (MEMBER (CDR X) Y)))
```

ist semantisch sehr übersichtlich und sollte in Code der Form

```
   (LOAD X)
   (CALL NULL)
   (Falls Ergebnis = NIL → springe nach L1)
   (LOAD NIL)
   (fertig)
L1 (LOAD X)
   (CALL CAR)
   (LOAD Y)
   (CALL EQ)
   (Falls Ergebnis = NIL → springe nach L2)
   (LOAD X)
   (fertig)
L2 (LOAD X)
   usw.
```

übergehen.

Es ist ein überraschendes Resultat, daß auch diese Fälle durch einfache Transformationen des ursprünglichen LISP-Code in eine etwas aufwendigere Form in Postfix-Notation mit darauffolgender Klammernbeseitigung compiliert werden können. Die im Unterschied zu einfachen Termen für Spezialformen erforderliche Aktion ist die Durchnummerierung der Ausdrücke.

Um die Assemblersprache einer bekannten LISP-Maschine mit strengem Kellermodell (ByteLISP, s. Masinter und Deutsch (1981)) zu produzieren, ändern wir auch die Transformationen für die primitiven Elemente. Die Transformation in Postfix-LISP sei wie folgt:

```
Konstante      ⇒     (CONST Konstante)

Symbol         ⇒     (VAR Symbol)

(Funktionssymbol Arg1 ... Argn)
               ⇒      Arg1* ...
                      Argn*
                      (FN Funktionsymbol n)
```

```
(COND (p1 f11 ... f1n1)
      ...
      (pn fn1 ... fnnn))
          =>     ((p1* (*COND1* nr1)
                       f11* ... f1n1*
                       (*COND2* nr)
                       (*L* nr1))
                 (p2* (*COND1* nr2)
                       f21* ...f2n2*
                       (*COND2* nr)
                       (*L* nr2))
                 ...
                 (pn* (*COND1* nrn)
                       fn1* ... fnnn*
                       (*COND2* nr)
                       (*L* nrn))
                       (*L* nr))
```

Dabei ist nr die zum gesamten COND gehörige Ausdrucksnummer, die nr_i sind die zur jeweiligen Klausel gehörenden Nummern.
Ähnliche Regeln müssen auch für andere Spezialformen wie AND und OR angegeben werden.

```
(QUOTE Datum) =>          (CONST Datum)

((LAMBDA (Variable) Körper) arg1 ... argn)
              =>          (arg1* ... argn*
                            ((BIND (Variable) ())
                             Körper* (UNBIND))
```

Kommen andere Funktionsobjekte in funktionaler Stellung vor, dann gehen wir zunächst zu einem „Ersatzausdruck" über:

```
(Fn-objekt Arg) = (FUNCALL Fn-objekt Arg),
```

zum Beispiel wenn Fn-objekt eine lokale Variable oder eine Closure ist.
Für das einzelne Funktionsobjekt können wir aus der letzten Transformationsregel ableiten:

```
(LAMBDA (Variable) Körper)
                 => ((BIND (Variable) () Körper* (UNBIND))
```

Wir sehen, daß der Transformationsprozeß rein syntaktischer Art ist. Das die Funktion MEMQ darstellende Funktionsobjekt

```
(LAMBDA (EL SET1)
   (COND ((NULL SET1) NIL)
         ((EQ EL (CAR SET1)) SET1)
         (T (MEMQ EL (CDR SET1)))))
```

wird transformiert in:

```
((BIND (EL SET1) ()
 ((((VAR SET1) (FN NULL 1))
   (*COND1* 3) (CONST NIL) (*COND2* 2) (*L* 3))
  (((VAR EL)
    ((VAR SET1) (FN CAR 1))
   (FN EQ 2))
  (*COND1* 4) (VAR SET1) (*COND2* 2) (*L* 4))
 ((CONST T) (*COND1* 5)
  ((VAR EL)
   ((VAR SET1) (FN CDR 1))
  (FN MEMQ 2))
 (*COND2* 2) (*L* 5))
(*L* 2))
(UNBIND))
```

Man kann sehr leicht einen der angegebenen Interpreter so umschreiben, daß er die Postfix-Variante von LISP verarbeitet: Die neuen syntaktischen Elemente werden größtenteils ignoriert, das den Term charakterisierende Element steht gewöhnlich hinten, mit der Ausnahme von Konstanten und Variablen. Man könnte sich die Interpretation eventuell dadurch erleichtern, daß man weiteren syntaktischen Zucker als Beschreibung der Term-Typen einstreut.
Die Klammernbeseitigung findet nun wie folgt statt:
Listen mit dem ersten Element

BIND, CONST, FN, VAR und UNBIND

werden überhaupt nicht verändert.
Listen mit dem ersten Element

COND1, *COND2* und *L*

werden in eine leicht geänderte Notation überführt:

```
(*COND1* nr) => (FJUMP Lnr)
(*COND2* nr) => (JUMP Lnr)
(*L* nr)     => Lnr
```

Dabei steht „Lnr" für irgendeinen Namen vom GENSYM-Typ, der nicht notwendig mit L beginnt, aber die Zahl nr in Ziffernform enthält.
Wie sieht das Resultat für die Funktion MEMQ aus?

```
(BIND (EL SET1) ())
(VAR SET1)
(FN NULL 1)
(FJUMP L3)
(CONST NIL)
(JUMP L2)
```

```
L3
(VAR EL)
(VAR SET1)
(FN CAR 1)
(FN EQ 2)
(FJUMP L4)
(VAR SET1)
(JUMP L2)
L4
(CONST T)
(FJUMP L5)
(VAR EL)
(VAR SET1)
(FN CDR 1)
(FN MEMQ 2)
(JUMP L2)
L5
L2
(UNBIND))
```

Wir haben ein Programm in „Byte-LAP“ erzeugt (LAP steht für „Lisp Assembly Program“). Der so generierte Code hat noch einige ineffiziente Teile, die durch einen nachfolgenden Optimierungslauf, die sog. Peephole-Optimierung, beseitigt werden können.
Wir haben noch den Nummerierungsprozeß nachzutragen. Die Nummern wurden folgendermaßen vergeben:

```
 1   (LAMBDA (EL SET1) ...)
 2   (COND ...)
 3   ((NULL SET1) NIL)
 4   ((EQ ...) SET1)
 5   (T (MEMQ ...))
...
10   (EQ EL (CAR SET1))
...
15   SET1
...
20   EL
```

12.5 Elemente der Assemblersprache in LISP und ihre Verwendung bei der Compilation

Wir hatten zuletzt ein Assemblerprogramm für MEMBER angegeben, ohne schon die Bedeutung der Befehle genau zu kennen. Dies wollen wir nachtragen. Die Instruktionen der abstrakten ByteLISP-Maschine sind (Masinter und Deutsch (1980)):

(SETQ symbol)	Transportiere „Top-of-Stack“ in Variable.
(CONST object)	Transportiere das Objekt in den Keller.
(VAR symbol)	Transportiere den Wert der Variablen in den Keller.
(FN symbol n)	Rufe Funktion mit n Argumenten (die alle schon gekellert sind).
(JUMP tag)	Springe unbedingt zur Marke.
(TJUMP tag)	Springe zur Marke, wenn „Top-of-Stack“ verschieden von NIL ist.
(FJUMP tag)	Springe zur Marke, wenn „Top-of-Stack“ gleich NIL ist.
(RETURN)	Liefere „Top-of-Stack“ als Funktionswert, verlasse die aktuelle Funktion.

(BIND (var_1, ..., var_k) (var_{k+1}, ..., var_n))
Binde die Variablen var_i ($i = 1,\ldots,k$) mit Werten im Keller und die Variablen var_j ($j = k+1,\ldots,n$) mit NIL.

(UNBIND)	Mache letzte Bindung rückgängig.

Es gibt nun in den üblichen LISP-Dialekten drei Spezialformen, die es uns ermöglichen, eine Teilsprache von LISP als mit dieser Assemblersprache äquivalent auszuzeichnen.
Die Spezialformen sind PROG, GO und RETURN. Weil sie auf Assemblerniveau liegen, sollten sie grundsätzlich nicht in LISP-Programmen verwendet werden. In TLC-LISP sind sie nicht implementiert.
Die PROG-Spezialform entspricht einer Kombination von BIND und UNBIND:

```
(PROG ( {( <Var> <Term>) }
        { <Var> } )
        { <Stat> } )
```

ist äquivalent zu

```
(BIND ( { <Var> } )
      ( { <Var> } ))
{ <Stat> }
(UNBIND),
```

wenn die Werte der Terme <Term> in der Reihenfolge, in der sie im PROG vorkommen, im Keller abgelegt sind. Dabei sind die <Stat> entweder Symbole oder Terme.

Innerhalb einer PROG-Spezialform dürfen die beiden anderen Spezialformen verwendet werden. Dabei entspricht GO völlig der JUMP-Instruktion von Byte-LISP. Bei der Auswertung der PROG-Spezialform werden die als <Stat> auftretenden Symbole nicht ausgewertet, sondern nur als Marken für die GO-Terme verwendet. Die Funktion RETURN korrespondiert mit der (RETURN)-Instruktion von ByteLISP, mit der Ausnahme, daß der resultierende Wert als Argument anzugeben ist (es kann ein beliebiger Term sein — wir benötigen hier nur Variablen und Konstanten), und daß durch den Aufruf von RETURN nur das unmittelbar umfassende PROG verlassen wird. Beschränken wir uns auf genau ein PROG pro Funktion, dann haben wir auch hier Übereinstimmung erreicht.

Um zu demonstrieren, daß die aus den Spezialformen PROG, GO, RETURN, AND und OR (die beiden letzteren in Verbindung mit GO für bedingte Sprünge) sowie SETQ und Termen, deren Argumente nur Symbole oder Konstanten (Zahlen, Zeichen, Zeichenketten) sind, bestehende Teilsprache von LISP zur Assemblersprache von ByteLISP äquivalent ist, formulieren wir MEMQ ausschließlich auf diesem niederen Niveau:

```
(DE MEMQ (EL SET1)
             (PROG ($RESULT $S1 $S2)
                      (SETQ $S1 SET1)
                      (SETQ $S1 (NULL $S1))
                      (OR $S1 (GO L3))
                      (SETQ $RESULT NIL)
                      (GO L2)
              L3
                      (SETQ $S1 EL)
                      (SETQ $S2 SET1)
                      (SETQ $S2 (CAR $S2))
                      (SETQ $S1 (EQ $S1 $S2))
                      (OR $S1 (GO L4))
                      (SETQ $RESULT SET1)
                      (GO L2)
              L4
                      (SETQ $S1 T)
                      (OR $S1 (GO L5))
                      (SETQ $S1 EL)
                      (SETQ $S2 SET1)
                      (SETQ $S2 (CDR $S2))
                      (SETQ $RESULT (MEMQ $S1 $S2))
                      (GO L2)
              L5
              L2
                      (RETURN $RESULT)))
```

Wir sehen an diesem Programm und dem in Abschnitt 12.4 angegebenen Resultat der Compilation eine Korrespondenz Zeile für Zeile. Die Variablen $Si symbolisieren dabei den Keller.

Wenn wir, ähnlich wie oben die Assemblersprache von ByteLISP, die Teilsprache von LISP durch ihre „Instruktionen" beschreiben, ergibt sich:

(SETQ symbol $Si) Transportiere „Top-of-Stack" „in" die Variable, d. h. weise der Variablen den Wert zu, der im „Top-of-Stack" abgelegt ist.

(SETQ $Si objekt) Transportiere das Objekt in den Keller.

(SETQ $Si symbol) Transportiere den Wert der Variablen in den Keller.

(SETQ $Si (fn $Si ... $Si+n–1))
Rufe Funktion fn mit n Argumenten, die bereits gekellert sind. Wert wird gekellert.

(fn \$Si ... \$Si + n–1) Rufe Funktion mit n Argumenten, die bereits gekellert sind. Kein Wert wird gekellert.

(GO tag) Unbedingter Sprung zur Marke.

(AND \$Si (GO tag)) Bedingter Sprung zur Marke, falls „Top-of-Stack" verschieden von NIL.

(OR \$Si (GO tag)) Bedingter Sprung zur Marke, falls „Top-of-Stack" gleich NIL.

(RETURN \$RESULT) Verlasse Funktion mit dem Wert, der im „Top-of-Stack" steht.

(PROG ((var_1 \$Si) ... (var_k \$Sk) var_{k+1} ... var_n)
...) Bei Eintritt: Binde die Variablen var_i (i = 1,...,k) mit den im Keller stehenden Werten und die Variablen var_j (j = k+1,...,n) mit NIL.
Bei Austritt: Mache die Bindungen rückgängig.

(LAMBDA (var_1 ... var_k)
...) Bei Eintritt: Binde die Variablen var_i (i = 1,...,k) mit den im Keller stehenden Werten und aktiviere die Funktion.
Bei Austritt: Mache die Bindungen rückgängig und verlasse die Funktion.

Die Assemblersprache von ByteLISP ist in Wirklichkeit eine Macro-Sprache, d.h. jede Instruktion wird bei Wahl einer konkreten Maschine in eine oder mehrere Maschineninstruktion expandiert. Auf Grund der Äquivalenz der beiden Sprachen können wir ableiten, daß dasselbe auch für die Teilsprache von LISP gilt.
Auf dieser Grundlage nun läßt sich ein Compiler, der das volle LISP in die assemblerähnliche Teilsprache überträgt, durch eine Menge von Regeln beschreiben, d.h. unter Verwendung eines „regel-orientierten" Programms. Wir werden hier nur SETQ-,COND- und PROGN-Spezialformen erwähnen, für die übrigen (AND, OR, PROG1 usw.) existieren änliche Regeln.
Um die Regeln möglichst einfach schreiben zu können, werden wir für das PROGN-Funktionsobjekt weitere Namen: \$STAT, \$COND und \$FCOND verwenden.

1. Schritt: Forme den Funktionsterm

(LAMBDA (var_1 ... var_n) $term_1$ ... $term_m$)

um in:

```
(LAMBDA (var_1 ... var_n)
        (PROG ($RESULT) ($STAT 1 term_1) ...
                        ($STAT 1 term_m-1)
                        (SETQ $RESULT term_m)
                        (RETURN $RESULT)))
```

2. Schritt: Suche in dem Funktionsterm von außen nach innen Anwendungsfälle für die folgenden Teilregeln und führe sie aus:

(2.1.1) Transformiere
```
(SETQ $RESULT (fn a_1 ... a_r))
```
in
```
(PROGN (SETQ $S1 a_1) ...
       (SETQ $S1 a_r)
       (SETQ $RESULT (fn $S1 ... $Sr)))
```

(2.1.2) Transformiere
```
(SETQ $Si (fn a_1 ... a_r))
```
in
```
(PROGN (SETQ $Si a_1) ...
       (SETQ $Si+r-1 a_r)
       (SETQ $Si (fn $Si ... $Si+r-1)))
```

(2.1.3) Transformiere
```
($STAT $Si (fn a_1 ... a_r))
```
in
```
(PROGN (SETQ $Si a_1) ...
       (SETQ $Si+r-1 a_r)
       (fn a_1 ... a_r))
```

(2.2.1) Transformiere
```
(SETQ $RESULT (SETQ var term))
```
in
```
(PROGN (SETQ $RESULT term)
       (SETQ var $RESULT))
```

(2.2.2) Transformiere
```
(SETQ $Si (SETQ var term))
```
in
```
(PROGN (SETQ $Si term)
       (SETQ var $Si))
```

(2.2.3) Transformiere
```
($STAT i (SETQ var term))
```
in
```
(PROGN (SETQ $Si term)
       (SETQ var $Si))
```

(2.3.1) Transformiere
```
(SETQ $RESULT (COND (p_1 e_11 ... e_1n_1)
                    ...
                    (p_r e_r1 ... e_rn_r)))
```
in
```
(COND (($FCOND 1 1 (SETQ $S1 p_1)) ($STAT 1 e_11) ...
                 ($STAT 1 e_1n_1-1) (SETQ $RESULT e_1n_1))
      ...
      (($FCOND r 1 (SETQ $S1 p_r)) ($STAT 1 e_r1) ...
                 ($STAT 1 e_rn_r-1) (SETQ $RESULT e_rn_r)
      (T (SETQ $RESULT NIL)))
```

(2.3.2) Transformiere (SETQ \$Si (COND (p_1 e_{11} ... e_{1n_r})
...
(p_r e_{r1} ... e_{rn_r})))

in

(COND ((\$FCOND 1 i (SETQ \$Si p_1)) (\$STAT i e_{11}) ...
(\$STAT i e_{1n_1-1}) (SETQ \$Si e_{1n_1}))
...
((\$FCOND r i (SETQ \$Si p_r)) (\$STAT i e_{r1}) ...
(\$STAT i e_{rn_r-1}) (SETQ \$Si e_{rn_r}))
(T (SETQ \$Si NIL)))

(2.3.3) Transformiere (\$STAT i (COND (p_1 e_{11} ... e_{1n})
...
(p_r e_{r1} ... e_{rn})))

in

(COND ((\$FCOND 1 i (SETQ \$Si p_1)) (\$STAT i e_{11}) ... (\$STAT i e_{1n_1}))
...
((\$FCOND r i (SETQ \$Si p_r)) (\$STAT i e_{r1}) ... (\$STAT i e_{rn_r})))

(2.4.1) Transformiere (SETQ \$RESULT (PROGN a_1 ... a_r))
in

(PROGN (\$STAT 1 a_1) ...
(\$STAT 1 a_{r-1})
(SETQ \$RESULT a_r))

(2.4.2) Transformiere (SETQ \$Si (PROGN a_1 ... a_r))
in

(PROGN (\$STAT i a_1) ...
(\$STAT i a_{r-1})
(SETQ \$Si a_r))

(2.4.3) Transformiere (\$STAT i (PROGN a_1 ... a_r))
in

(PROGN (\$STAT i a_1) ...
(\$STAT i a_r))

3. Schritt: Beseitige alle PROGN-Terme, d.h. ersetze

(PROGN a_1 ... a_r)

durch

a_1 ... a_r

4. Schritt: Transformiere jeden COND-Term (COND ...)
in

(\$COND k (COND ...))

5. Schritt: Transformiere die Ausdrücke ($COND i (COND ...))
Der COND-Term ist von der folgenden Form:

(COND (($FCOND 1 j $term_{11}$ ... $term_{1k_1}$) e_{11} ... e_{1n_1})
...
(($FCOND r j $term_{r1}$ ... $term_{rk_r}$) e_{r1} ... e_{rn_r})
(T e_1 ... e_s))

Transformiere ihn in:

$term_{11}$ ... $term_{1k_1}$ (OR $Sj (GO $CiL1)) e_{11} ... e_{1n_1} (GO $Ci) $CiL1
...
$term_{r1}$ ... $term_{rk_r}$ (OR $Sj (GO $CiLr)) e_{r1} ... e_{rn_r} (GO $Ci) $CiLr

e_1 ... e_s $Ci

Wenn dabei die letzte Klausel (T ...) fehlt, generiere die letzte Zeile nicht.

Am Beispiel der Funktion MEMQ demonstrieren wir nun zum Abschluß die Eignung der Regeln zur Compilation:
Wir gehen aus von dem Term

```
(LAMBDA (EL SET1)
   (COND ((NULL SET1) NIL)
         ((EQ EL (CAR SET1)) SET1)
         (T (MEMQ EL (CDR SET1)))))
```

Nach dem ersten Schritt erhalten wir:

```
(LAMBDA (EL SET1)
   (PROG ($RESULT)
         (SETQ $RESULT (COND ((NULL SET1) NIL)
                             ((EQ EL (CAR SET1)) SET1)
                             (T (MEMQ EL (CDR SET1)))))
         (RETURN $RESULT)))
```

nach Anwendung aller Regeln (2.x.1) erhalten wir:

```
(LAMBDA (EL SET1)
   (PROG ($RESULT $S1 $S2)
         (COND (($FCOND 1 1 (SETQ $S1 (NULL SET1)))
                 (SETQ $RESULT NIL))
               (($FCOND 2 1 (SETQ $S1 (EQ EL (CAR SET1))))
                 (SETQ $RESULT SET1))
               (($FCOND 3 1 (SETQ $S1 T))
                 (PROGN (SETQ $S1 EL)
```

```
                    (SETQ $S2 (CDR SET1))
                    (SETQ $RESULT (MEMQ $S1 $S2))))
                  (T (SETQ $RESULT NIL)))
             (RETURN $RESULT)))
```

Dabei wird jede künstliche Variable ($...) als lokale Variable eingeführt. Nach Anwendung aller Regeln des zweiten Schrittes erhalten wir:

```
(LAMBDA (EL SET1)
  (PROG ($RESULT)
       (COND (($FCOND 1 1 (PROGN (SETQ $S1 SET1)
                                 (SETQ $S1 (NULL $S1))))
              (SETQ $RESULT NIL))
             (($FCOND 2 1 (PROGN (SETQ $S1 EL)
                                 (PROGN (SETQ $S2 SET1)
                                        (SETQ $S2 (CAR $S2)))
                                 (SETQ $S1 (EQ $S1 $S2))))
              (SETQ $RESULT SET1))
             (($FCOND 3 1 (SETQ $S1 T))
              (PROGN (SETQ $S1 EL)
                     (PROGN (SETQ $S2 SET1)
                            (SETQ $S2 (CDR $S2)))
                     (SETQ $RESULT (MEMQ $S1 $S2))))
             (T (SETQ $RESULT NIL)))
       (RETURN $RESULT)))
```

Nach den Schritten 3 und 4 erhalten wir:

```
(LAMBDA (EL SET1)
  (PROG ($RESULT $S1 $S2)
       ($COND 1 (COND (($FCOND 1 1 (SETQ $S1 SET1)
                                   (SETQ $S1 (NULL $S1)))
                        (SETQ $RESULT NIL))
                       (($FCOND 2 1 (SETQ $S1 EL)
                                    (SETQ $S2 SET1)
                                    (SETQ $S2 (CAR $S2))
                                    (SETQ $S1 (EQ $S1 $S2)))
                        (SETQ $RESULT SET1))
                       (($FCOND 3 1 (SETQ $S1 T))
                        (SETQ $S1 EL)
                        (SETQ $S2 SET1)
                        (SETQ $S2 (CDR $S2))
                        (SETQ $RESULT (MEMQ $S1 $S2)))
                       (T (SETQ $RESULT NIL)))
       (RETURN $RESULT)))
```

Nach dem fünften Schritt erhalten wir das Assemblerprogramm:

```
(LAMBDA (EL SET1)
        (PROG ($RESULT $S1 $S2)
              (SETQ $S1 EL)
              (SETQ $S1 (NULL $S1))
              (OR $S1 (GO $C1L1))
              (SETQ $RESULT NIL)
              (GO $C1)
            $C1L1
              (SETQ $S1 EL)
              (SETQ $S2 SET1)
              (SETQ $S2 (CAR $S2))
              (SETQ $S1 (EQ $S1 $S2))
              (OR $S1 (GO $C1L2))
              (SETQ $RESULT SET1)
              (GO $C1)
            $C1L2
              (SETQ $S1 T)
              (OR $S1 (GO $C1L3))
              (SETQ $S1 EL)
              (SETQ $S2 SET1)
              (SETQ $S2 (CDR $S2))
              (SETQ $RESULT (MEMQ $S1 $S2))
              (GO $C1)
            $C1L3
              (SETQ $RESULT NIL)
            $C1
              (RETURN $RESULT)))
```

Beim Vergleich dieser Code-Folge mit der oben angegebenen stellt man weitgehende Identität fest.
Auf Grund dieser Regeln lassen sich Compiler programmieren, die eine „grobe" LISP-Compilation verwirklichen. Durch Peephole-Optimierung läßt sich schon ein ansprechendes Resultat erreichen. Die Verwendung der Hilfsvariablen $RESULT ermöglicht die Erkennung von Fällen rekursiver Funktionsaufrufe, die sich durch Überführen in Zyklen effizienter compilieren lassen.
Man beachte, daß das „Assemblerprogramm" für MEMQ die Ausführung aller Tests (Typprädikate, Vergleiche) und der Selektionsfunktionen durch Funktionsaufrufe zu veranlassen scheint. Das muß jedoch nicht so sein: Bei der „Assemblierung", d.h. der Umformung in ein wirkliches Maschinenprogramm, können solche elementaren Operationen als Macros aufgefaßt werden, wie das ohnehin schon für SETQ, AND, OR und GO geschieht.
Die Erweiterung dieser Makroexpansion führt zu dem Problem, daß gewöhnlich zwischen Datentypen der Maschine und den LISP-Datentypen ein Unterschied besteht. Wenn Zahlen etwa in schnelle Register untergebracht werden, hat man Schwierigkeiten, Bindungs-Assoziationen zwischen Symbolen und diesen Zahlen zu verwalten.

Ein weiteres Problem besteht darin, daß man, um sichere LISP-Programme zu erhalten, Typen zur Laufzeit überprüfen muß. Dabei besteht jedoch ein Unterschied zwischen Interface-Funktionen — die die Verbindung zwischen einem System von Funktionen und es aktivierenden Funktionen herstellen — und inneren System-Funktionen. Bei letzteren werden nicht ständig Typüberprüfungen erforderlich sein, wenn das System von Funktionen korrekt ist. Wenn man die Typen der Parameter zur Zeit der Compilierung ermitteln könnte, wäre es möglich, in vielen Funktionen ohne Typüberprüfungen auszukommen. Dazu werden häufig zusätzliche Deklarationen durch den Programmierer benötigt, weil nicht alle Typen deduzierbar sind. Der MacLISP-Compiler ermittelt die Typen von Variablenwerten und erreicht mit angepaßter Code-Erzeugung eine hohe Effizienz von numerischen Programmen.

12.6 Literaturhinweise

1. Ein Standardwerk über die Implementation von LISP ist Allen (1978). Weiterhin ist die Arbeit von Sussman und Steele (1975) empfehlenswert. Beide Texte geben weiterführende Literaturhinweise.
2. Wichtige Arbeiten über die Compilation von LISP sind Griss und Hearn (1981) sowie Steele und Sussman (1978) und Steele (1978).
3. Steele (1977) beschreibt die Vorkehrungen in MacLISP, die dem Compiler die Erzeugung effizienter numerischer Programme ermöglichen.
4. LISP-Compilation durch Regeln beschreibt Stoyan (1983).

12.7 Übungen

12.3/1 Vervollständigen Sie den „shallow-access“ Interpreter!

12.3/2 Wie müssen die angegebenen Interpreter geändert werden, damit sie die „dynamische“ Semantik realisieren?

12.5/1 Schreiben Sie ein LISP-Programm, das die Compilations-Regeln 1–5 realisiert!

12.5/2 Entwickeln Sie Transformationsregeln für weitere Spezialformen!

12.5/3 Wie können die offensichtlich ineffizienten Codestücke verbessert werden?

12.5/4 Allen hat für TLC-LISP eine Assemblersprache definiert, die mit ByteLISP vergleichbar ist. Die folgenden Operationen sind verfügbar:

(NIL)	Kellere NIL.
(GETVAL symbol)	Kellere Wert der Variablen
(PUTVAL symbol)	Weise der Variablen den Wert aus dem Keller zu. Dabei wird entkellert.
(MAKFRAME name n ip)	Erzeuge einen Kellerrahmen für die Funktion name, der n Objekte aufnehmen kann. Zusätzlich ist eine Rücksprungadresse (Marke) anzugeben.
(LSPCALL)	Aktiviere die Funktion, für die zuletzt ein Kellerrahmen erzeugt wurde.
(SCALL0 name)	Aktiviere eine Systemfunktion ohne Argumente.
(SCALL1 name)	Aktiviere eine Systemfunktion mit einem Argument das gekellert ist.
(SCALL2 name)	Aktiviere eine Systemfunktion mit zwei Argumenten, die gekellert sind.
(SCALL3 name)	Aktiviere eine Systemfunktion mit drei Argumenten, die gekellert sind.

Für alle SCALLi-Instruktionen: Die Systemfunktion besorgt die Kellerung des Wertes (an der Stelle, wo das erste Argument stand).

(LCALL name n)	Aktiviere eine LSUBR-Systemfunktion mit n Argumenten, die gekellert sind.
(RET)	Verlasse aktuelle Funktion. Wert ist „Top-of-Stack“.
(IFTRUE ip)	Bedingter Sprung zur Marke, falls „Top-of-Stack“ nicht NIL. Nach Ausführung der Instruktion wird auf jeden Fall entkellert.
(IFFALSE ip)	Bedingter Sprung zur Marke, falls „Top-of-Stack“ gleich NIL. Nach Ausführung der Instruktion wird auf jeden Fall gekellert.
(IFN ip)	Bedingter Sprung zur Marke, falls „Top-of-Stack“ gleich NIL. Nur beim Verzweigen wird entkellert.
(JUMP ip)	Unbedingter Sprung zur Marke.
(CONST object)	Kellere eine Konstante.
(FLUSH n)	Entkellere n + 1 mal und kellere dann erneut das aktuelle „Top-of-Stack“-Element.
(POP)	Entkellere.
(DUP)	Kellere „Top-of-Stack“ erneut.
(EXCH)	Vertausche „Top-of-Stack“ mit dem davor gekellerten Element.
(TOS n)	Kellere das n. Element im Keller erneut.
(SOT n)	Ersetze das n. Element im Keller durch „Top-of-Stack“, entkellere.
(MARK)	Kellere aktuelle Umgebung.
(BIND name)	Erweitere aktuelle Umgebung durch Bindung zwischen dem Symbol name und seinem Wert.[2]
(UNBIND)	Reaktualisiere alte Umgebung. Es wird erwartet, daß das Element vor „Top-of-Stack“ diese Umgebung darstellt. „Top-of-Stack“ bleibt erhalten.
(CARCDR)	Ersetze „Top-of-Stack“ durch den Cdr des dort stehenden Paares. Kellere den Car dieses Paares anschließend.
(CDR)	Ersetze „Top-of-Stack“ durch den Cdr des dort stehenden Paars.
(CAR)	Ersetze „Top-of-Stack“ durch den Car des dort stehenden Paars.
(CONS)	Ersetze „Top-of-Stack“ durch ein Paar, dessen Cdr „Top-of-Stack“ ist und dessen Car das davor gekellerte Element.
(EQ)	Ersetze „Top-of-Stack“ durch das Resultat eines EQ-Vergleichs von „Top-of-Stack“ und dem davor gekellerten Element.
(ATOM)	Ersetze „Top-of-Stack“ durch das Resultat der Typprüfung mit der Funktion ATOM.

Entwickeln Sie für diese Assemblersprache Expansionsregeln für die Macros der in LISP eingebetteten Assemblersprache!

12.5/5 Formulieren Sie Regeln für die Peephole-Optimierung!
Literatur: Griss, Hearn (1981).

2 Beachten Sie, daß demnach alte Bindungen gerettet werden.

Anhänge

13 Einige Bemerkungen über Programmiersysteme für LISP

13.1 Was ist ein Programmiersystem?

Die Interaktion mit dem LISP-System besteht im Normalfall aus einem Dialog mit der sog. „Top-Level"-Schleife, die einen Term einliest, seine Auswertung veranlaßt, deren Ergebnis ausgibt, und danach den Zyklus Einlesen-Auswerten-Ausgeben wieder von vorne beginnt. Dadurch kann der Programmierer in jedem Schritt neue LISP-Objekte erzeugen oder vorhandene modifizieren und so die Systemumgebung immer weiter bereichern. Durch Umlenken der Ein- und Ausgabeströme kann er globale Zustände dieser Umgebung oder bestimmte Ausschnitte davon auf Dateien sichern und sie durch Einlesen von Dateien um weitere Komponenten anreichern. Alle derartigen Leistungen stehen in jedem LISP-System durch unmittelbaren Aufruf von vorgegebenen Funktionen und Pseudofunktionen zur Verfügung.
LISP-Systeme zeichnen sich aber dadurch aus, daß sie neben diesen in direkter Interaktion erreichbaren Operationen noch eine Vielzahl komfortabler Programm-Module zur Entwicklung und Ablaufüberwachung von Programmen bieten. Derartige **Programmiersysteme** bzw. **Programmierumgebungen** wurden für keine andere Programmiersprache so weit ausgebaut wie im Falle von LISP. Unter einem Programmiersystem wollen wir eine modulare und schnittstellenkompatible Menge von Programmierwerkzeugen verstehen, also Programmen, die auf anderen Programmen als Objekten arbeiten. Da, wie wir wissen, gerade in LISP der Unterschied von Daten und Programmen nicht von grundsätzlicher Art, sondern eher als Interpretationsproblem zu verstehen ist, sind die Module dieser Programmiersysteme in der Regel in LISP selbst implementiert und verarbeiten die von ihnen und durch sie überwachten Programme als Daten. In manchen Fällen, wie z. B. bei InterLISP, enthält das Programmiersystem so vielseitige und leistungsfähige Werkzeuge, daß man auch die Entwurfsphase von Programmen direkt im Dialog mit ihm ausführen kann, so daß der Gebrauch von Papier und Bleistift weitgehend überflüssig wird. Durch Automatisierung einiger Arbeitsmittel kann der Programmentwurf einfacher, schneller und weniger fehleranfällig werden; darüberhinaus können sich durch die neuen Arbeitsmittel auch neue Arbeitsformen entwickeln, z. B. „exploratives Programmieren" (Sheil (1983)).[1]
Eine Programmierumgebung soll den Programmierer auf dem Weg von der Programmidee bis zur korrekten Implementierung und der effizienten Programmausführung unterstützen. In vielen Fällen werden neue Programme jedoch unter Verwendung bereits vorhandener — vom Programmierer vorher erstellter oder aus einer Programmbibliothek entnommener — Module erstellt, so daß sich seine Tätigkeit vor allem auf die Integration, Modifikation und Vervollständi-

1 Sandewall (1978) gibt eine Übersicht über Programmierumgebungen; unsere Darstellung ist an Laubsch (1983) orientiert

gung solcher Module konzentrieren wird (vgl. Winograd (1979)). Damit rückt neben den Forderungen nach Klarheit und Ausdruckskraft an die Programmiersprache vor allem die Flexibilität, leichte Handhabbarkeit und Leistungsfähigkeit von **Programmierwerkzeugen** in den Mittelpunkt des Interesses.
In einer batch-orientierten Arbeitsumgebung müssen bei der Programmentwicklung die oft zeitraubenden Schritte des Edierens, Übersetzens, Bindens, Ladens und Testens häufig wiederholt werden. Dabei nehmen zumeist Fragestellungen und Arbeitstechniken die Konzentration des Programmierers in Anspruch, die mit der unmittelbaren Entwicklung seines Programms nichts oder nur wenig zu tun haben, sondern primär durch die ihm zur Verfügung stehenden Arbeitsmittel bedingt sind. Laubsch (1983) bewertet eine derartige Arbeitsweise als inadäquat, und dies aus drei Gründen:

- der genannte Zyklus dauert zu lange für kleine Änderungen,
- er zwingt den Programmierer, sich vor allem auf „Buchhaltung" und ähnliche Aufgaben zu konzentrieren, die nicht in direkter Beziehung zu seiner konzeptionellen Arbeit stehen, und
- er behindert eine explorative, experimentelle Arbeitsweise, in der probeweise Erweiterungen und Modifikationen nach dem Prinzip von Versuch und Irrtum ausprobiert werden können.

Eine adäquate Programmierumgebung, die einen inkrementellen Programmentwicklungsstil ohne zeitraubende Übersetzungs- und Ladephasen ermöglicht, wurde z. B. in InterLISP realisiert (vgl. Sheil (1983)). Sobald eine Funktionsdefinition eingegeben ist, kann die Funktion ausgeführt werden. Im Falle eines Fehlers versucht das System zunächst (mit einer Komponente **DWIM**, „Do What I Mean"), ihn selbst zu beheben, etwa im Falle von Tippfehlern oder syntaktischen Fehlern, wobei der Programmierer hier verschiedene Möglichkeiten des Eingriffs hat. Andernfalls wird eine Unterbrechungsroutine (engl. **break**) aktiviert, die ihrerseits eine Vielzahl von Kommandos interpretieren kann, z. B. zur Inspektion der aktuellen Umgebung, der Aufrufhierarchie, etc., um die Entstehungsgeschichte des Fehlers rekonstruieren zu können, und zur Modifikation der aktuellen Umgebung. Von da aus kann der Programmierer auch direkt die fragliche Funktion edieren und die Berechnung fortsetzen. Erweist sich diese Korrektur als unzureichend, kann sie zurückgenommen (engl. **undo**) und durch eine andere ersetzt werden. Alle diese Schritte erfolgen direkt „quellprogrammbezogen", d. h. der Programmierer bleibt stets auf der Sprachebene seines Programms und kann damit in kurzer Zeit die Entwicklung seines Programms vorantreiben.
Da die Hilfsmittel einer solchen Programmierumgebung sehr leistungsfähig sein müssen, ist ihr Gebrauch nicht einfach; häufig ist ein viel höherer Zeitaufwand als der zum Erlernen der Programmiersprache erforderlich, um sie effizient zu beherrschen. Um auch für Anfänger den Zugang zu ihnen zu erleichtern, wurde beachtlicher Aufwand in ihre Transparenz und Selbsterklärungsfähigkeit investiert — z. B. in InterLISP und LispMachineLISP. So kann der Programmierer dort zu jedem Zeitpunkt detailliert Hilfestellungen erfahren, etwa darüber, wo er sich gerade befindet, welche Schritte er in aktuellen Zustand unternehmen kann, und auch Einsicht in die „on-line" verfügbare Dokumentation nehmen.
Ein wichtiger Entwurfsaspekt für eine Programmierumgebung ist ihre Uniformität und Integrität. Alle ihre Module sollten nicht nur kompatible Schnittstellen haben, sondern auch in der gleichen Weise bedienbar sein.

Durch diese Forderung wird aus einer Sammlung von einander unabhängiger Programmierwerkzeuge ein integriertes Programmiersystem. Seine Komponenten sind eng miteinander verwoben, so daß beim Übergang von einem Programmierwerkzeug zum anderen kein Umschalten des Kontexts erforderlich ist und damit die oben beschriebene Arbeitsweise möglich wird. Ein Aufruf des Editors aus dem Debugger heraus erfolgt im selben Kontext, wodurch man sich automatisch nach Beenden des Edierens wieder der alten Umgebung, freilich unter Berücksichtigung der Korrektur, wiederfindet. Die Komponenten können auch selbst voneinander wechselseitig Gebrauch machen, denn sie koexistieren im selben Adreßraum.
Ein weiteres wichtiges Kriterium beim Entwurf eines integrierten Programmiersystems ist seine Erweiterbarkeit. Sie soll mehrere verschiedene Programmierstile unterstützen und dem Benutzer die Anpassung ihrer Leistungen an seine Anwendung gestatten. Eine solche Anpassungsmöglichkeit kann darin bestehen, daß er neue Kommandos für eine Komponente des Programmiersystems durch Definition von Macros einführt.

13.2 Die hauptsächlichen Module eines Programmiersystems

Welche Module bilden nun das Grundgerüst für eine Programmierumgebung? Wir benötigen Werkzeuge zur Spezifikation, Erfassung, Darstellung, Analyse, Korrektur von Programmen und vielseitige Testhilfen. Sofern wir mit compilierten Funktionen arbeiten, muß auch der Compiler in die Programmierumgebung integriert sein. Im einzelnen handelt es sich um:

- Werkzeuge zum Entwurf und zur Modifikation: **Editor**,
- Werkzeuge zur strukturierten Darstellung **(Prettyprinter)**, die durch Aufbereitung von in eine Listenstruktur konvertierten Funktionsobjekten (Layout) ihre logische Struktur sichtbar werden lassen, u. U. aus verschiedenen Perspektiven,
- Werkzeuge zur Archivierung verschiedener Versionen: Modulverwaltung über das **File-System**,
- Werkzeuge zur Dokumentation und Spezifikation,
- Werkzeuge zur Programmanalyse: „**Info**“. Derartige Leistungen sind z. B. in InterLISP durch **Masterscope** realisiert: Masterscope erzeugt automatisch eine Datenbasis, in der verschiedene Aspekte eines Programmsystems dokumentiert sind. Aus ihr kann sich der Programmierer eine visuelle Darstellung der Aufrufhierarchie sowie Entwicklungsbeschreibungen von Programmen (z. B. ihrer globalen und lokalen Variablen) im Dialog erzeugen lassen.
- Werkzeuge zur Überwachung der Programmausführung (engl. **Debugger**). Mit Hilfe von **Trace** können Funktionsaufrufe und die übergebenen Argumente selektiv ausgegeben werden. Durch **Break** kann die Ausführung von Funktionen unter gegebenen Bedingungen unterbrochen werden, sodaß der Programmierer in einem solchen Fall die aktuelle Umgebung inspizieren und modifizieren kann.
  Advise erlaubt, Funktionen in einen vom Programmierer zu definierenden dynamischen Kontext einzubetten.

Ein **Stepper** kombiniert diese Möglichkeiten, indem Funktionen schrittweise, d. h. Term für Term, evaluiert werden, wobei nach jedem Schritt ein Unterbrechungspunkt gesetzt wird. **Meter** ist ein Werkzeug zur Optimierung der Laufzeit von Funktionen durch Messen benötigter Ressourcen (z. B. Rechenzeit und Speicher), wodurch die Diagnose kritischer Programmsegmente, besonders die Entdeckung „innerer Schleifen" möglich wird.

- Werkzeuge zur erleichterten Handhabung der Eingabe auf dem „Top-Level" des LISP-Systems, z. B. durch spezielle Kommandos zum Abruf und zur Modifikation früherer Eingaben (z. B. im Editor-Modus) oder zu ihrer Wiederholung bzw. Zurücknahme einschließlich von Seiteneffekten (PA, „Programmer's Assistant") und zur automatischen Protokollierung des Dialogs bzw. eines Dialogausschnitts auf einer Datei (engl. **dribble**). Hierzu gehören auch Erweiterungen der Fehlerbehandlung des Interpreters, die eine teilweise automatische Fehlerkorrektur vornehmen können (DWIM).

Der systematische Zusammenhang zwischen den wichtigsten Werkzeugen läßt sich durch das folgende Dreieck veranschaulichen:

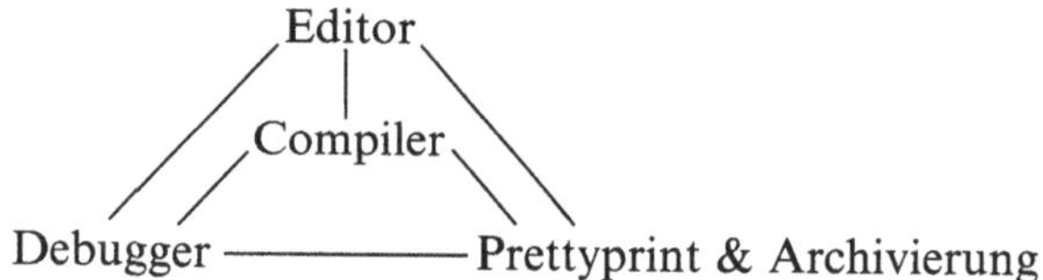

Der Sitz des Compilers in der Mitte des Dreiecks soll seine Integration in das Programmiersystem verdeutlichen: Wollen wir eine compilierte Funktion strukturiert ausgeben, so meinen wir selbstverständlich ihre Quellfassung. Dasselbe gilt für den Editor: Wenn wir eine compilierte Funktion edieren wollen, so muß ihre nicht-übersetzte Quelle für den Editor verfügbar sein. War sie compiliert, so sollte nach dem Edieren (automatisch) eine Recompilation eingeleitet werden, dies ist in InterLISP und LispMachineLISP realisiert.
Einige dieser Werkzeuge haben wir — in einfachster Form — bereits kennengelernt, etwa Prettyprint und Hilfsmittel zur Archivierung im achten Kapitel. Die Implementation eines strukturorientierten, d. h. syntax-orientierten Editors wird in Charniak et al. (1980), Kap. 7, entwickelt. Daher wollen wir uns an dieser Stelle auf einige wenige allgemeine Hinweise beschränken. Die einfachste Form des Edierens kann durch Anwenden der in 6.6.3 eingeführten Funktion SUBST erreicht werden. In der in eine Listenstruktur konvertierten Repräsentation eines Funktionsobjektes Z wird für den Term X der Term Y als Korrektur eingesetzt und das resultierende Listenobjekt wieder in ein Funktionsobjekt konvertiert. Ein solches globales Edieren ist in manchen Fällen sinnvoll, doch meistens sind Korrekturen nicht von so einfacher Art, so daß man sie sinnvollerweise als interaktiven Vorgang realisiert. Zu diesem Zweck eröffnet die Editor-Funktion einen eigenen Einlese-Auswertungs-Ausgabe-Zyklus, wobei nun an die Stelle der im LISP-„Top-Level" einzugebenden Terme besondere Kommandos treten, die dann nach besonderen Regeln ausgeführt werden. Die meisten Struktureditoren für LISP beherrschen die folgenden Gruppen von Kommandos, die über dem zu edierenden Term, der sogenannten „Edit-Form", ausgeführt werden:

- Kommandos zur Veränderung des zu bearbeitenden Bereichs, der Editform, insbesondere Suchkommandos, so daß man in der Editform „herumwandern" kann,
- Modifikationskommandos, durch die in der Editform Ersetzungen, Einfügungen, Löschungen und auch Veränderungen ihrer Struktur vorgenommen werden können,
- Ausgabekommandos, die zur Erhöhung der Übersichtlichkeit die Editform in einer verkürzten Darstellung ausgeben, z. B. in der Weise, daß in sie eingeschachtelte Terme ab einer gewissen Einschachtelungstiefe durch ein einziges Symbol wie '&' wiedergegeben werden,
- Ein Auswertungskommando, das einen mitgegebenen Term direkt dem Interpreter übergibt,
- Kommandos zur bedingten oder wiederholten Ausführung anderer Kommandos,
- Kommandos zur Definition von Ediermacros, die miterander kombinierte Editorkommandos als ein neues Kommando ausführen,
- Ein Kommando Undo, um — evtl. mehrere — frühere Modifikationen rückgängig machen zu können.

Neben der Realisierung eines Editors für LISP als Struktureditor, wie z. B. in InterLISP, gibt es jedoch mindestens noch einen anderen systematisch unterschiedlichen Ansatz. In den Lisp-Dialekten der MacLISP-Familie, z. B. LispMachineLISP, benutzt man einen separaten bildschirmorientierten Editor, der jedoch die Syntax von LISP kennt. Die Kommunikation zwischen dem LISP-System und dem Editor erfolgt über gemeinsame Pufferbereiche; edierte LISP-Objekte können vom Editor aus aktiviert werden. In beiden Fällen sind die Editoren jedoch so in das LISP-System integriert, daß sie auch aus LISP-Programmen heraus aufrufbar sind, sodaß ein Programm ihre sämtlichen Fähigkeiten, z. B. zum Mustervergleich, auch direkt über entsprechende LISP-Funktionen ausnutzen kann. Auch der InterLISP-Editor wurde in jüngster Zeit durch Ausnutzung der Fenstertechnik (virtuelles Editor-Terminal) so erweitert, daß er durch Kommandos, die auf einer zweidimensionalen Darstellung des zu edierenden Objekts arbeiten, bedient werden kann. Die Archivierung der edierten Objekte wird dabei durch separate Funktionen der Programmierumgebung unterstützt.
Unter der Bezeichnung „**File Package**" verfügt InterLISP über ein leistungsfähiges Archivierungssystem. Bei der interaktiven Programmierentwicklung werden alternative Versionen von Programmteilen implementiert und getestet, von denen jeweils mehrere auf Dateien verfügbar sein sollten. Da es dem Programmierer möglich sein soll, alle Entwicklungsschritte vollständig innerhalb des LISP-Systems vollziehen zu können, ist es sinnvoll, Hilfsmittel einzuführen, die über die einfache Ausgabe von LISP-Objekten auf eine Datei oder ihr Einlesen von einer Datei hinausgehen. Ein erster Schritt in diese Richtung besteht darin, zur Ausgabe von LISP-Objekten auf eine Datei den Prettyprinter so zu benutzen, so daß sie unmittelbar wieder eingelesen werden können und man zugleich leicht lesbare Programmlisten drucken kann. Weiterhin ist es sinnvoll, auf dieser Datei ein Verzeichnis der in ihr dargestellten Objekte in Form einer Liste von Symbolen abzulegen, die an ein ausgezeichnetes Symbol, z. B. „DateinameFNS" durch

einen SETQ-Term gebunden wird. Diese Leistung erreicht die in Kap. 8 erwähnte Funktion SAVE.
Eine erste Erweiterung besteht darin, eine automatische Versionszählung einzuführen und die „Buchhaltung“ über erfolgte Änderungen zwischen verschiedenen Versionen zu automatisieren. Neben der Versionsnummer sollten die Dateien auch Angaben über den Zeitpunkt ihrer Generierung und den Autor enthalten. Das „File Package“ von InterLISP führt weiterhin darüber Buch, welche LISP-Objekte während einer Sitzung verändert wurden und ob sie bereits auf Dateien gerettet wurden und bietet Hilfsmittel zur automatischen Abspeicherung modifizierter Objekte. Bei der Generierung einer neuen Version einer Datei werden die nicht modifizierten Objekte direkt aus der Quelldatei auf die Zieldatei kopiert und nur die modifizierten Objekte vom Prettyprinter auf die Zieldatei ausgegeben — dies gilt gleichermaßen für Quelldateien und Dateien, die compilierte Funktionen enthalten. Durch Einrichtung einer sogenannten „Filemap“, die für jedes Objekt die Anfangsposition und die Länge seiner Repräsentation enthält, ist selektives Laden von Objekten aus Dateien möglich.
Das einfachste Hilfsmittel zur Überwachung der Programmausführung ist **Trace**. Wir wollen im folgenden überlegen, wie wir einen einfachen Tracer implementieren können. Sehen wir zunächst einmal davon ab, daß Trace auch unter gegebenen Bedingungen aktiviert werden soll, anders gesagt, daß eine Funktion bei *jedem* Aufruf zuerst ihre Argumente und nach ihrer Ausführung den Wert der Berechnung protokollieren soll, so stehen wir vor folgender Aufgabe: Da in LISP kein grundsätzlicher Unterschied zwischen Programm und Daten besteht, transformieren wir die Darstellung des Funktionsobjekts als Listenstruktur dergestalt, daß wir ihren Körper in einem Term einbetten, der vor Auswertung des Körpers ihren Namen und ihre Argumente ausgibt und nach Auswertung des Körpers ihren Namen und ihren Wert. Um bei rekursiven Funktionen die Aufrufebene zu veranschaulichen, verschieben wir den linken Rand dieser Ausgaben entsprechend.
Da wir in anderen Zusammenhängen, z. B. zum Edieren, die unmodifizierte, also ursprüngliche Version der Funktion benötigten, speichern wir diese auf der P-Liste des betreffenden Symbols unter einem geeigneten Attributnamen, z. B. dem Namen ihres Typs ab. Der Editor ist dann so zu modifizieren, daß er zunächst die unmodifizierte Version aus der P-Liste in die Wertzelle zurückspeichert und nach dem Abschluß des Edierens den geänderten Funktionskörper in den Trace-Kontext einbringt.
Wir definieren zunächst die Hauptfunktion unseres minimalen Trace-Systems:

```
(DF TRACE (LFN)
   (PROG1 LFN              ; TRACE wendet TRACE1 auf eine Liste von Symbolen
                           ; an, die Funktionsnamen sein müssen. Der (triviale)
                           ; Wert ist die Liste der Symbole
          (MAP (LAMBDA (-LL-)
                  (TRACE1 (CAR -LL-)
                          (IF (BOUNDP (CAR -LL-))
                              (PROCP (EVAL (CAR -LL-)))
                              NIL)))
               LFN)))
```

```
(DE TRACE1 (FN TYPE)
   (IF (NULL TYPE)         ; Falls FN keine Funktion ist, erfolgt eine Meldung
      (PROG2 (PRINL FN " not a function")
             (TERPRI))     ; Andernfalls wird der Name der zum Typ der Funktion
                           ; passenden Trace-Funktion konstruiert und diese auf
                           ; FN angewandt. Für EXPR-Funktionsobjekte heißt die
                           ; passende Trace-Funktion z. B. TR-EXPR.
      ((EVAL (INSERT (STRING "TR-" (PNAME TYPE))))
       FN)))


(DE TR-EXPR (FN)           ; Zunächst wird die ursprüngliche Funktionsdefinition
                           ; auf der P-Liste des Symbols unter dem Attributnamen
                           ; TRACED abgelegt.
   (PUTPROP FN 'TRACED (EVAL FN))
                           ; Anschließend wird eine Spezialform (FEXPR) mit dem
                           ; selben Namen definiert, deren Funktionskörper den
                           ; ursprünglichen in einen Aufruf der Funktion
                           ; TRACE-EXPR eingeschachtelt enthält. Dadurch wird
                           ; die Auswertung der Argumente beim Aufruf der Funk-
                           ; tion verhindert und kann von TRACE-EXPR selbst
                           ; vorgenommen werden.
   (EVAL
    (LIST 'DF FN '(-L-)
          (LIST 'TRACE-EXPR
                (LIST 'QUOTE FN)
                '-L-))))


(DE TRACE-EXPR (-NAME- -ARGS-
                &AUX -EARGS-
                           ; lokale Variable zur Bindung
                           ; der ausgewerteten Argumente
                (LEFT-MARGIN (ADD1 LEFT-MARGIN)))
                           ; Anfangsposition für das der Rekursionstiefe
                           ; entsprechende Einrücken. Beim Aufruf der Funktion
                           ; wird zuerst ihr Name ausgegeben
   (PRINL ">>> " -NAME- ": ")
                           ; Die Argumente werden ausgewertet und ausgegeben
   (SETQ -EARGS-
    (MAPLIST (LAMBDA (-LL-)
                (PRIN0 (EVAL (CAR -LL-))))
             -ARGS-))
   (TERPRI)                ; Die auf der P-Liste unter TRACED abgelegte Funk-
                           ; tionsdefinition wird auf die ausgewerteten Argumente
   (SETQ -EARGS- (APPLY (GETPROP -NAME- 'TRACED) -EARGS-))
                           ; angewandt und das Resultat ausgegeben
   (PRINL "<<< " -NAME- ": " -EARGS-)
   (TERPRI)
   -EARGS-)                ; Analog wären für die anderen Typen von Funktionen
                           ; geeignete Tracer zu implementieren, also
                           ; TRACE-SUBR, TRACE-FEXPR, etc.
                           ; (Übung!)
```

```
(DE PRINL (&REST L
          &AUX (TEM (TYPEPRINT CURRENT-SINK)))
                              ; PRINL gibt die Elemente einer Liste L der Reihe nach
                              ; aus
   (TYPEPRINT CURRENT-SINK 3)
   (MAP (LAMBDA (-LL-)
          (PRIN0 (CAR -LL-)))
        L)
   (TYPEPRINT CURRENT-SINK TEM))

(DF UNTRACE (LFN)
   (PROG1 LFN                 ; UNTRACE macht die Trace-Bedingung für die in der
                              ; Liste LFN enthaltenen Funktionsnamen rückgängig
          (MAP (LAMBDA (-LL-)
                 (UNTRACE1 (CAR -LL-)))
               LFN)))

(DE UNTRACE1 (FN &AUX (TEM (GETPROP FN 'TRACED)))
   (IF (NOT TEM)              ; Falls die Funktion keine Trace-Bedingung gesetzt hatte,
      NIL                     ; geschieht nichts
                              ; Andernfalls wird die ursprüngliche Definition von FN
                              ; zurückgespeichert
      (SET FN TEM)
      (REMPROP FN 'TRACED)))
                              ; und die Trace-Bedingung gelöscht.
```

Durch die Veranschaulichung von Funktionsaufrufen, Argumenten und Werten ist Trace (als Teil des Debuggers) ein wertvolles Hilfsmittel zur Programmentwicklung, besonders zur Fehlersuche.

Tritt während eines Auswertungsvorgangs ein Fehler auf, so bricht der Interpreter die Auswertung ab und aktiviert eine Funktion, die dem Benutzer Hinweise auf die Art des Fehlers mitteilt. Im einfachsten Fall handelt es sich hierbei um die Funktion ERROR, die diese Aufgabe ausführt und dann die Kontrolle an den „Top Level" des Systems zurückgibt. Üblicherweise — so auch in TLC-LISP — werden die dann noch nicht ausgewerteten Funktionsaufrufe einschließlich ihrer Argumente nicht vom Stack gelöscht, sondern bleiben erhalten. Der Anwender kann sich dann mit Hilfe spezieller Funktionen über den aktuellen Inhalt des Stack informieren und die Entstehungsgeschichte des Fehlers untersuchen sowie die Auswertung der noch „hängenden" Funktionsaufrufe (engl. pending function calls) durch einen anzugebenden Wert abschließen, wodurch der Stack bereinigt wird.

Die Funktion TRACEFRAME zeigt — durch Parameter steuerbar — einen Ausschnitt bzw. den ganzen aktuellen Stackinhalt, FCNFRAME und ARGSFRAME liefern über einen Index anwählbare Funktionsobjekte und Argumente aus dem Stack, und RETFRAME gestattet, die Auswertung mit einem zu übergebenden Wert abzuschließen. Die Werte freier und gebundener Variablen sind durch Angabe der betreffenden Variablennamen erhältlich.

In den meisten großen LISP-Systemen sind im Fehlerfall noch wesentlich weiterreichende Möglichkeiten zur Inspektion und Manipulation des Systemzustands gegeben. Anstelle der einfachen Fehlerfunktion wird direkt der Debugger aktiviert, so etwa in LISPMachineLISP und NIL; analog wird in InterLISP durch

eine Funktion FAULT-EVAL das Break-Paket aufgerufen. In beiden Fällen steht dann eine reichhaltige Menge von Kommandos zur Verfügung, die auf dem aktuellen Systemzustand operieren. Wurde z. B. der Fehler dadurch bewirkt, daß die ihn verursachende Funktion noch nicht im vollen Leistungsumfang spezifiziert war — eine Situation, die bei „inkrementeller" Programmentwicklung durchaus auftreten kann —, so kann der Programmierer den „korrekten" Wert direkt eingeben und damit die unterbrochene Auswertung „normal" weiterführen lassen. Gerade diese Situation ist ganz typisch für eine mit LISP oft verwendete Technik der Programmentwicklung. Meist kennt der Programmierer von Anfang an die noch problematischen Teile bzw. Funktionen in seinem Programm und braucht daher gar nicht erst das Auftreten eines Fehlers abzuwarten. Nicht alle Fehler müssen zu einem Abbruch des Programmlaufs führen — oft sind es ja nur falsche Werte, die durch einen „logischen Fehler" in einer Funktion resultieren, die dann an andere Funktionen weitergegeben werden und die Auswertung durchaus „normal" zu Ende kommen lassen, allerdings mit falschem Wert und eventuell unerwünschten Seiteneffekten. In allen diesen Fällen ist es sinnvoll, vor Beginn der Auswertung auf diese Funktionen einen Unterbrechungspunkt zu setzen. Wird eine solche Funktion aufgerufen, so wird die Auswertung unterbrochen und der Debugger aktiviert, so daß der Programmierer dann eine Vielzahl von informativen und manipulierenden Eingriffsmöglichkeiten wahrnehmen und danach die Auswertung weiterführen kann.
Die Debugger-Kommandos kann man in folgende Gruppen einteilen:

- Kommandos zur Inspektion des Stack: Ansteuern des obersten oder untersten oder eines anderen — über einen Index ausgewählten — Stackelements;
- Kommandos zur Darstellung der aktuellen Argumente und der Bindungen der lokalen und globalen Variablen;
- Kommandos zur Modifikation der aktuellen Umgebung und zur Weiterführung bzw. zum Abschluß der aktuellen Auswertung mit einem explizit übergebenen Wert;
- Kommandos zur kontrollierten Weiterführung der Auswertung, entweder schrittweise, d. h. mit unmittelbar folgender erneuter Unterbrechung, oder so lange, bis das aktuelle Niveau der Rekursion bzw. Aufrufverschachtelung wieder erreicht wird oder gar der „Top Level";
- Kommandos zur Auswertung beliebiger Terme in der aktuellen Umgebung, ohne die unterbrochene Berechnung zu beeinflussen;
- Kommandos zur Aktivierung anderer Komponenten des Programmiersystems, z. B. des Editors, um die aktuell aufgerufene Funktion zu modifizieren und die Auswertung mit der modifizierten Funktion fortzusetzen.

Durch Modifikation der zentralen Fehlerbehandlung wurde in InterLISP die Einführung von DWIM möglich. DWIM ist eine adaptive Benutzerschnittstelle, die vor allem Tippfehler des Programmierers — je nach der Einstellung globaler Parameter — automatisch oder halbautomatisch, d. h. mit Rückfragen, zu korrigieren versucht. Zur Korrektur werden verschiedene Kriterien herangezogen: Z. B. wird im Falle eines ungebundenen Symbols in der Symboltabelle gesucht, ob bereits ein — nach einem bestimmten Abstandsmaß — ähnliches Symbol vorhanden ist. Weiterhin benutzt DWIM auch Wissen über die Anordnung der Tasten auf der Tastatur. Liegt etwa das Zeichen „(" über der „9" und „)" über der „0", so hat bei einem Symbol, das mit einer „9" beginnt und einer „0" endet, sofern

keine andere sinnvolle Interpretation möglich ist, der Benutzer vermutlich vergessen, die Shift-Taste zu drücken, und er bekommt dann einen entsprechenden Korrekturvorschlag präsentiert. Im Programmiersystem von InterLISP gilt nicht nur für DWIM das Entwurfskriterium, daß im Falle von Auslassungen jeweils plausible Voreinstellungen eingesetzt werden, etwa nach dem Prinzip „nimm dasjenige passende Objekt, das im aktuellen Kontext zuletzt erwähnt wurde". DWIM ist damit eine Realisierung der Idee, daß der Benutzer mit einem kooperativen Dialogpartner kommuniziert, der seine aktuelle Eingabe unter Verwendung von Kontextinformation zu interpretieren versucht und ihm dadurch erspart, leicht erkennbare Fehler korrigieren zu müssen oder ihm im Falle der Mehrdeutigkeit mit relevanter Information versorgt, um die Korrektur zu erleichtern.
Der **Programmer's Assistant (PA)** in InterLISP wirkt wie eine „aktive" Schicht zwischen dem Benutzer und dem LISP-System. Voraussetzung hierzu ist, daß er eine sogenannte „**History List**" führt, in der, durch eine Schrittnummer eindeutig identifiziert, jede Eingabe des Benutzers, ihre Seiteneffekte und ihr Ergebnis aufgezeichnet werden. Neben den wie üblich auszuwertenden Termen, die der PA direkt an den LISP-Interpreter weitergibt, kann er eine Reihe von besonderen Kommandos interpretieren, wozu gehören:

- REDO, um eine bestimmte Operation oder Folge von Operationen wiederholt auszuführen,
- FIX, um eine bestimmte Eingabe zu edieren und sie anschließend auswerten zu lassen,
- USE, um in einer spezifizierten Eingabe vor ihrer Auswertung Substitutionen auszuführen (z. B. von aktuellen Argumenten), und
- UNDO, um eine Operation einschließlich aller Seiteneffekte rückgängig zu machen.

Ähnliche Leistungen, wenn auch in anderem Umfang, bieten die Programmierumgebungen der meisten modernen LISP-Systeme. Gerade die Einführung von LISP-Maschinen, die jeweils einen einzigen Arbeitsplatz mit hoher Prozessorleistung und sehr großen Adreßräumen versorgen, hat eine wesentliche Steigerung der Leistungsfähigkeit von Programmierumgebungen ermöglicht. Eine wichtige Rolle spielt dabei der Einsatz großer graphischer Bildschirme mit hoher Auflösung und die Verwendung einer Zeige-Einrichtung, der sogenannten Maus. Hochauflösende Graphikbildschirme gestatten, große Informationsmengen — Texte und Bilder — darzustellen und durch die sogenannte Fenstertechnik gleichzeitig mehrere virtuelle Terminals durch u. U. einander überlappende „Windows" darzustellen. Damit kann jeder Komponente des Programmiersystems, z. B. dem Editor und dem Debugger, ein eigenes Fenster zugewiesen werden. Es liegt nahe, diese Fenster als nachrichtensendende und -empfangende Objekte zu sehen; in der Tat wurde das gesamte Window-System der LISP-Maschine mit Flavors implementiert. Eine Maus ist ein kleines Kästchen, das auf dem Arbeitstisch bewegt wird und jede Bewegung, z. B. durch eine eingebaute Rollkugel, in Bewegungen eines speziellen Zeigers (engl. cursor) auf dem Bildschirm überträgt. Dadurch können vielfältige Funktionen realisiert werden, z. B. die Auswahl einer Operation aus einem auf dem Bildschirm präsentierten Menü, die dann durch Drücken einer Funktionstaste auf der Maus zu bestätigen ist. Durch diese Technik kann die Intensität der Kommunikation mit einem Programmier- oder Anwendungssystem entscheidend gesteigert werden.

14 Funktionenverzeichnis

In diesem Verzeichnis sind alle im Text definierten bzw. benutzten Funktionen aufgeführt. Damit der Leser die angegebenen Programme auch in anderen LISP-Dialekten verwenden kann, werden die Grundfunktionen durch Fettdruck besonders herausgehoben. Dabei werden folgende LISP-Dialekte berücksichtigt (in Klammern steht jeweils die verwendete Kurzbezeichnung):

1. CommonLISP (C),
2. InterLISP (I),
3. LISP-Machine-LISP (L) - auch ZetaLISP,
4. MACLISP (M),
5. TLC-LISP (T) und
6. UCI-LISP (U).

Die Anmerkungen begleiten jeden Funktionsnamen, der in einem der vorstehenden Dialekte definiert ist. Sie beziehen sich auf die in diesem Buch verwendete Funktionsdefinition. Damit die betreffende Definition schnell gefunden werden kann, ist der zugehörige Seitenverweis **fett** gedruckt.
Im allgemeinen verwenden wir alle Grundfunktionen so, wie sie in TLC-LISP definiert sind. Hinzu kommen einige Grundfunktionen, deren Definition wir aus anderen LISP-Dialekten übernommen haben, da sie in TLC-LISP überhaupt nicht definiert sind. Ausnahmen bilden lediglich die beiden Funktionen ADDPROP und ASSOC, deren Definition in TLC-LISP so stark vom Üblichen abweicht, daß wir uns für die gebräuchliche Form entschieden haben.
Zunächst werden diese Funktionen durch die Anmerkung „Grundf." (für „Grundfunktion") aus der Menge der neu definierten Funktionen herausgehoben. Nach dieser Anmerkung kann ein einzelner Buchstabe oder eine Liste von Buchstaben folgen, die jeweils einen LISP-Dialekt bezeichnen, in der die Funktion ohne Unterschiede verfügbar ist. Diese Bezugnahme auf LISP-Dialekte bezeichnen wir für das Folgende mit <LISP-Dialekte>.

Die Unterschiede sind wie folgt klassifiziert:

1. Die Funktion hat einen anderen Namen.
   Wir notieren:
   Name: <LISP-Dialekte> | <Dialekt-spezifischer Name>
2. Die Funktion ist unwesentlich anders definiert durch Erweiterung, d. h. sie ist ohne Probleme benutzbar.
   Wir notieren:
   Erw: <LISP-Dialekte>
3. Die Funktion ist unwesentlich anders definiert durch Einschränkung, d. h. sie ist ohne Probleme benutzbar.
   Wir notieren:
   Einschr: <LISP-Dialekte>
4. Die Funktionen hat eine etwas andere Definition. Es kann Probleme bei der Anwendung geben.
   Wir notieren:
   Def: <LISP-Dialekte>
5. Die Funktion ist völlig anders definiert, z. B. weil das Grundkonzept in dem betreffenden Dialekt gar nicht existiert. Es kann auch sein, daß die Funktion prinzipiell nicht definierbar ist.
   Wir notieren:
   Konz: <LISP-Dialekt>
6. Die Funktion ist nicht als Grundfunktion definiert, erscheint aber als definierbar.
   Wir notieren:
   Defbar: <LISP-Dialekt>

Kombinationen der Anmerkungen sind möglich.
Beispiel:
Die Anmerkung
Grundf:T,U;
Name:(L,M)|MACRO;
Name + Def:(C,L,M)|DEFMACRO,
(L,M)|DEFUN;
Konz:I.

steht bei der Funktion DM und bedeutet, daß die Funktion DM in TLC-LISP und UCI-LISP gleich verwendet wird.
In MacLISP oder LISP-Machine-LISP kann MACRO für DM geschrieben werden. DEFUN ist auch verfügbar — dann ist jedoch etwas mehr zu ändern. In CommonLISP, LISP-Machine-LISP und MacLISP ist die verwandte Funktion DEFMACRO verfügbar.

15 Übersicht über die Abweichungen der Funktionsdefinition in anderen LISP-Dialekten

Dieser Anhang bezieht sich auf den Anhang B. Dort waren Anmerkungen bei Grundfunktionen gemacht worden, wenn sich die verwendete Definition von der in den Dialekten CommonLISP, InterLISP, LISP-Machine-LISP, MacLISP und UCI-LISP unterschied.
Mit Ausnahme der Fälle, in denen die Unterschiede bloße Namensvariationen darstellen, werden im Folgenden für jeden Dialekt die betreffenden Funktionen zusammen gestellt. Allerdings kann dieser Anhang kein Programmierhandbuch (Reference Manual) ersetzen. Aus diesem Grunde ist die Beschreibung äußerst knapp gehalten. Wenn es Verständnisschwierigkeiten gibt, sollte das Manual zu Rate gezogen werden.
Der Eintritt in eine Funktionsbeschreibung erfolgt über den im Buch, d.h. normalerweise in den TLC-LISP verwendeten Namen. Wenn außer den Definitionsunterschieden auch der Name anders ist, so folgt dieser unmittelbar. Danach wird die Definitionsabweichung im Telegrammstil beschrieben.

Übersicht über die Besonderheiten von CommonLISP

AND	ist als Macro definiert.
APPEND	hat beliebig viele Argumente.
ASCII	ist aufgeteilt in CHAR-CODE: CHAR → FIXNUM; und CODE-CHAR: FIXNUM → CHAR.
ASSOC	arbeitet mit EQL. Prädikat als Argument angebbar.
CASE	ist als Macro definiert.
CAR	von NIL ist NIL.
CATCH:	(symbol,term...)
CDR	von NIL ist NIL.
CHARCT:	FILEPOSITION zählt Zeichen in der Datei.
CHARPOS:	POSITION:OBJ x SEQ x OPTIONS → FIXNUM für Sequenzen.
CLOSURE:	FUNCTION liefert immer vollständige CLOSUREs.
DE:	DEFUN bietet mehr Möglichkeiten (erweiterte Lambda-Liste).
DELETE:	OBJ x SEQ x OPTIONS → SEQ. Prädikat angebbar.
DF:	Keine FEXPRs. DEFUN mit Lambda-Liste ("e &rest term).
DM:	Verwende DEFMACRO!
DMC:	SET-MACRO-CHARACTER: CHAR x FN[x BOOL x RDTBL] {T}.
DO	ist als Macro definiert. Nur eine Endebedingung.
EQ:	Für Zahlen sollte = verwendet werden, für Zeichen EQL.
ERROR:	FORMAT-STRING x OBJ →; Löst THROW aus. Fehlersystem.
ERRSET:	Fehlersystem anders.
EVAL:	Wert eines Symbols: SYMBOL-VALUE. Funktionsdefinition: SYMBOL-FUNCTION.
FCNFRAME:	Im Debugger ähnliche Möglichkeiten.
FIX:	FLOOR, TRUNCATE, ROUND, CEILING (äquivalente Funktionen).
FLAMBDA:	keine Funktion; Es gibt keine Funktionsobjekte. Siehe LAMBDA.
FUNCTION	liefert CLOSURE. Für Symbole gleich SYMBOL-FUNCTION.
GENSYM:	wenn Arg. aus FIXNUM: Neustellen des Zählers auf Arg.; wenn Arg. aus STRING: Neustellen des Symbolanfangs.
GE:	> = hat beliebig viele Argumente.
GETCHAR:	ELT: SEQ x FIXNUM → OBJ; CHAR: STRING x FIXNUM → CHAR.
GETFN:	CommonLISP kennt keine Funktionsobjekte.
GCD	hat beliebig viele Argumente.

GRECNO/GRECPOS:	Byte-weise Dateiadressierung mit FILE-POSITION.
GT:	> hat beliebig viele Argumente.
I-MAPLIST:	siehe MAP oder MAPLIST.
INSERT:	INTERN hat zusätzliches PACKAGE-Argument.
LAMBDA:	keine Funktion. Es gibt keine Funktionsobjekte. LAMBDA ist ein undefiniertes Symbol. Erweiterte LAMBDA-Liste!
LE:	< = hat beliebig viele Argumente.
LENGTH:	für beliebige Sequenzen verwendbar.
LISTP	liefert für NIL: T.
LT:	< hat beliebig viele Argumente.
MAP:	MAPL: FN x LIST n → LIST (2.A). MAP ist allgemeiner: MAP: TYPE-DESCR x FN x SEQ → SEQ (des Typs TYPE-DESCR).
MAPC:	FN x LIST n → LIST (2.Argument).
MAPCAN:	FN x LIST n → LIST (mit NCONC).
MAPCAR:	FN x LIST n → LIST.
MAPCON:	FN x LIST n → LIST (mit NCONC).
MAPLIST:	FN x LIST n → LIST.
MEMBER:	OBJ x SEQ x OPTIONS → SEQ (oder NIL). Prädikat angebbar.
MKATOM:	MAKE-SYMBOL: STRING → SYMBOL; Resultat nicht intern.
MLAMBDA:	keine Funktion. Es gibt keine Funktionsobjekte.
NCONC	hat beliebig viele Argumente
NTH*:	NTHCDR arbeitet mit 0-Index: 1.Element hat Index 0.
OPEN:	STRING ∪ PATHNAME ∪ STREAM x OPTIONS → STREAM.
OR	ist ein MACRO.
PAIRLIS:	LIST x LIST[x ALIST] → ALIST.
PEEK:	PEEK-CHAR OPTION x STREAM x OPTIONS → CHAR.
PLUS:	Es gibt zwei Integertypen,4 Gleitkommatypen, Rationalzahlen und komplexe Zahlen.
PRINC:	OBJ[x STREAM] → OBJ.
PRINT:	OBJ[x STREAM] → OBJ.
PRIN0:	Druckgrundfunktionen sind PRINC, PRINT und PRIN1.
PRIN1:	OBJ[x STREAM] → OBJ.
PROCP:	FUNCTIONP: OBJ → BOOL. Es gibt keine Funktionsobjekte.
PROG	ist ein Macro.
PRECNO/PRECPOS:	Byteweise Adressierung mit FILE-POSITION.
PUTFN:	CommonLISP kennt keine Funktionsobjekte.
PUTPROP:	Benutze SETF. 1.Argument: (GET symb indik).
RANDOM:	[number] → number. Auch Gleitkommazahl!
READ:	[STREAM x OPTIONS] → OBJ. Einlesefunktionen sind READ, READCH und PEEK-CHAR.
READCH:	[STREAM x OPTIONS] → CHAR.
READLINE:	READ-LINE: [STREAM x OPTIONS] → STRING.
REM:	Es gibt noch MOD. (REM -13 4)=-1; (MOD -13 4)=3.
REMOVE:	UNINTERN: SYMBOL[x PACKAGE] → BOOL.
REMOVE-L:	REMOVE: OBJ x SEQ x OPTIONS → SEQ; Prädikat angebbar.
REPEAT:	LOOP-Macro.
REPLACE:	SEQ x SEQ x OPTIONS → SEQ.
RETFRAME:	Mit RETURN-FROM globale Exits aus Blöcken, DOs und PROGs.
SOME:	FN x SEQ n → OBJ. Prädikat bestimmt Resultat.
STRCOMP:	STRING-EQUAL: STRING x STRING[x OPTIONS] → BOOL.
STRING:	CONCATENATE: STRING n → STRING.
STRSIZE:	benutze LENGTH!
SUBLIST:	ALIST x PAAR x OPTION → PAAR.
SUBST:	OBJ x OBJ x PAAR x OPTIONS → PAAR.
SUBSTRING:	SUBSEQ: SEQ x FIXNUM[X FIXNUM] → SEQ kopiert immer.
TERPRI:	[STREAM] → {NIL}.
THROW:	SYMBOL x OBJ → OBJ.
TRACEFRAME:	Im Debugger Backtrace möglich.
TYPE:	TYPE-OF: OBJ → TYPE-SPEC. Allgemeinere Typespezifikation.

TYPECH:	Lücke im CommonLISP. Nur: SET-SYNTAX-FROM-CHAR.
TYPEPRINT:	Es gibt drei Grundfunktionen fürs Drucken — s. PRIN0.
TYPEREAD:	Es gibt drei Grundfunktionen fürs Lesen — s. READ.
+	mit beliebig vielen Argumenten für alle Zahlentypen.
+$:	benutze +.
–	mit beliebig vielen Argumenten für alle Zahlentypen.
–$:	benutze –.
*	mit beliebig vielen Argumenten für alle Zahlentypen.
*$:	benutze *.
/	mit beliebig vielen Argumenten für alle Zahlentypen.
/$:	benutze /.

Übersicht über die Besonderheiten von InterLISP. In InterLISP ist jedes Argument optional: Wenn hintere Argumente fehlen, werden sie durch NIL ersetzt.

ADDPROP:	SYMBOL x SYMBOL X OBJ → OBJ. (2.Argument: Indikator)
APPEND	hat beliebig viele Argumente.
ARGSFRAME:	STKARGNAME ermittelt die Argumente einzeln.
ASCII:	Aufgeteilt in CHCON1: SYMBOL → FIXN; und CHARACTER: FIXN → SYMBOL. Keine Zeichen!
ASSOC	arbeitet mit EQ. (SASSOC mit EQUAL; sonst identisch)
ATAN:	ARCTAN bietet zusätzliche Möglichkeiten.
CAR	von NIL ist NIL.
CATCH:	Verwendung von Stackfunktionen und RETFROM und RETTO.
CDR	von NIL ist NIL.
CHARCT:	POSITION: FILE[x FIXNUM] → FIXNUM
CHARP:	keine Zeichenobjekte.
CHARPOS:	STRPOS: STRING x STRING x OPTIONS → FIXNUM.
CLOSURE:	FUNCTION mit zweitem Argument.
DE:	DEFINEQ führt viele Definitionen gleichzeitig aus.
DELETE:	REMOVE: OBJ x LIST → LIST mit EQUAL (kopiert). vgl.: DREMOVE.
DF:	DEFINEQ mit NLAMBDA: (DEFINEQ (symbol (NLAMBDA ...))).
DIV:	QUOTIENT: NUMBER x NUMBER → NUMBER.
DM:	Macros in INTERLISP sind CLISP-Macros oder Compiler-Macros.
DMC:	SETSYNTAX: SYMBOL x FIXNUM x FN x RDTBL → SYMBOL.
DO:	RPT und RPTQ wiederholen Auswertung. CLISP-Macros.
EQ:	Für Zahlen EQN.
ERROR:	OBJ x OBJ x BOOL →. Auch ERRORX und ERROR! verfügbar.
ERRSET:	ERRORSET, ERSETQ und NLSETQ verfügbar.
EVAL:	Wert eines Symbols: GETATOMVAL. Funktionsdefinition: GETD.
EVERY:	LIST x FN x FN → BOOL.
EXPLODE:	UNPACK: OBJ x BOOL x RDTBL → LIST.
FCNFRAME:	Arbeit mit Stackpointern: STKNAME.
FIX	entspricht CommonLISPs TRUNCATE: (FIX -1.1)=-1.
FLAMBDA:	keine Funktion; keine Funktionsobjekte. Entspricht NLAMBDA.
FUNCTION:	mit einem Argument wie Quote, mit zweien wie CLOSURE.
GENSYM:	[SYMBOL] → SYMBOL. Symbol wird für Namensanfang benutzt.
GETCHAR:	NTHCHAR: OBJ x FIXNUM[x BOOL x RDTBL] → SYMBOL.
GETFN:	Es gibt keine Funktionsobjekte.
GRECNO/GRECPOS:	GETFILEPTR: FILE → FIXNUM. Byteweise Adressierung.
INSERT:	Konzept des „Internmachens" unbekannt. Siehe MKATOM.
LAMBDA:	keine Funktion; keine Funktionsobjekte.
MAKEFILE:	FILE x OPTIONS x LIST x FILE → FILE.
MAP:	LIST x FN x FN → NIL.

MAPC:	LIST x FN x FN → NIL.
MAPCAN:	MAPCONC: LIST x FN x FN → LIST. (NCONC)
MAPCAR:	LIST x FN x FN → LIST.
MAPCON:	LIST x FN x FN → LIST. (NCONC)
MAPLIST:	LIST x FN x FN → LIST.
MKATOM:	OBJ → SYMBOL. (Konvertierung in eine Zeichenkette)
MKSTRING:	OBJ → STRING. (Ausgabezeichenfolge beliebiger Objekte)
MLAMBDA:	keine Funktion; keine Funktionsobjekte.
NCONC	hat beliebig viele Argumente.
NTH*:	NTH: LIST x FIXNUM → LIST. (1.Element — Index 1)
OPEN:	OPENF: FILE x FIXN → SYMBOL.
PEEK:	PEEKC: FILE x RDTBL → SYMBOL.
PLUS	nur für Integers und Gleitkommazahlen.
PRINC:	PRIN2: OBJ x FILE → OBJ.
PRINT:	OBJ x FILE → OBJ.
PRIN0:	Ausgabegrundfunktiuonen sind: PRINT, PRIN1 – PRIN4.
PRIN1:	OBJ x FILE x RDTBL → OBJ.
PROCP:	Keine Funktionsobjekte. FNTYP liefert Typsymbol.
PRECNO/PRECPOS:	SETFILEPTR: FILE x FIXNUM → FIXNUM Byte-weise.
PUSH:	LIST x OBJ x ... x OBJ → LIST
PUTFN:	Keine Funktionsobjekte.
PUTPROP:	SYMBOL x SYMBOL x OBJ → OBJ. 2.Argument: Indikator.
RANDOM:	RAND: NUMBER x NUMBER → NUMBER.
READ:	FILE x RDTBL x OPTION → OBJ
READCH:	READC: FILE → SYMBOL
READLINE:	RDTBL → LIST
REMOVE:	Symbole nicht beseitigbar. (Vgl. INSERT)
REMOVE-L:	REMOVE: OBJ x LIST → LIST (kopiert; EQUAL) DREMOVE: OBJ x LIST → LIST (ändert; EQ)
REMPROP:	SYMBOL x SYMBOL → SYMBOL (Wert: NIL oder Indikator).
REPEAT:	Benutze RPT oder RPTQ.
REPLACE:	RPPLSTRING: STRING x FIXNUM x STRING → STRING.
RETFRAME:	Nichtlokale Ausgänge mit RETFROM, RETTO.
SASSOC:	EQ-Version von ASSOC.
SELECTQ:	Letzte Klausel ist Sonst-Fall.
SOME:	LIST x FN x FN → LIST.
SUB:	DIFFERENCE: NUMBER x NUMBER → NUMBER
SUBLIS:	ALIST x PAAR x OPTION → PAAR
SUBSTRING:	STRING x FIX x FIX x OPTION → STRING
TAB:	FIXNUM x FIXNUM x FILE → FIXNUM
THROW:	Nichlokale Ausgänge mit RETTO oder RETFROM.
TRACEFRAME:	BAKTRACE erzeugt Backtrace. (auch im BREAK-Modus)
TYPE:	TYPENAME: OBJ → SYMBOL. InterLISP Typenamen.
TYPECH:	SETSYNTAX: SYMBOL x SYMBOL x RDTBL → SYMBOL setzt neu, GETSYNTAX: SYMBOL x RDTBLE → SYMBOL ermittelt Zustand.
TYPEPRINT:	Ausgabegrundfunktionen sind PRINC, PRINT, PRIN1.
TYPEREAD:	Eingabegrundfunktionen sind READ, READC, PEEKC.

Übersicht über die Besonderheiten von LISP-Machine-LISP (ZetaLISP)

APPEND	hat beliebig viele Argumente.
ARGSFRAME:	ähnliche Aktionen im Debugger.
ASCII:	Keine Zeichen. Zerlegt in: ASCII: FIXNUM → SYMBOL; und: CHARACTER: OBJ → FIXNUM.

ASSOC	mit EQUAL (ASSQ mit EQ).
CAR	von NIL ist NIL.
CATCH:	(form,symbol)
CDR	von NIL ist NIL.
CHARCT:	CURSORPOS. Nachrichten :read-cursorpos,:set-cursorpos.
CHARP:	Keine Zeichen; es werden Fixnums 0–256 (ASCII-Wert) verwendet.
CHARPOS:	STRING-SEARCH-CHAR:
	FIXNUM x STRING x OPTIONS → FIXNUM
CLOSE:	STREAM → {(NIL, NIL, NIL)}
CLOSURE:	LIST x FN → CLOSURE
DE:	Benutze DEFUN. Erweiterte LAMBDA-Liste.
DELETE	ändert; EQUAL. (DELQ arbeitet mit EQ). (Vgl. REMOVE-L)
DF:	Benutze DEFUN: (DEFUN symbol FEXPR (parm)...) oder
	(DEFUN symbol ("e &rest parm)...)
DM:	wie MACRO.
	DEFMACRO oder (DEFUN symbol MACRO (term)...).
DMC:	SET-SYNTAX-MACRO-CHAR:
	FIXNUM x FN[x RDTBL] → FIXNUM.
DO	hat nur einen Endetest.
EQ:	Für Zahlen benutze =.
ERROR:	STRING x OBJ[x INTERRUPT] →
ERRSET:	Empfohlen wird das Macro ERROR-RESTART.
EVERY:	LIST x FN x FN → BOOL.
FCNFRAME:	Ähnliche Aktionen im Debugger.
FLAMBDA:	keine Funktion; keine Funktionsobjekte. (vgl. DF)
FUNCTION	wie QUOTE für LAMBDA-Ausdrücke. SYMEVAL für Symbole.
GE:	> = hat beliebig viele Argumente.
GENSYM:	Wenn FIXNUM-Argument: Neustellen des Zählers,
	wenn SYMBOL-Argument: Neustellen des Namens.
GRECNO/GRECPOS:	Byteweise Adressierung: :file-position Nachricht.
GT:	> hat beliebig viele Argumente.
I-MAPLIST:	s. MAPLIST.
LAMBDA:	keine Funktion; keine Funktionsobjekte. (Vgl. DE)
LE:	< = hat beliebig viele Argumente.
LT:	< hat beliebig viele Argumente.
MAP:	FN x LIST n → LIST (2. Argument)
MAPC:	FN x LIST n → LIST (2. Argument)
MAPCAN:	FN x LIST n → LIST (NCONC)
MAPCAR:	FN x LIST n → LIST
MAPCON:	FN x LIST n → LIST (NCONC)
MAPLIST:	FN x LIST n → LIST
MKATOM:	MAKE-SYMBOL: STRING x BOOL → SYMBOL
MLAMBDA:	keine Funktion; keine Funktionsobjekte. (Vgl. DM)
NCONC	hat beliebig viele Argumente.
NTH*:	NTHCDR: FIXNUM x LIST → LIST (1.Element: Index 0)
OPEN:	PATHNAME x OPTIONS → STREAM
PEEK:	TYIPEEK: OPTION x STREAM x OPTION → FIXNUM.
	Auch :listen Nachricht an stream.
PLUS:	Integers (Fixnums und Bignums) und Gleitkommazahlen.
PRINC:	OBJ[X STREAM] → OBJ
PRINT:	OBJ[x STREAM] → OBJ
PRIN0:	Die Ausgabegrundfunktionen sind PRINC, PRINT und PRIN1.
PRIN1:	OBJ[x STREAM] → OBJ.
PROCP:	FUNCTIONP: OBJ → BOOL. Keine Funktionsobjekte.
PRECNO/PRECPOS:	Byteweise Adressierung. :file-position Nachricht.
PUTFN:	Keine Funktionsobjekte.
RANDOM:	[FIXNUM x ARRAY] → FIXNUM
READ:	[STREAM x OPTION] → OBJ
READC:	[STREAM x OPTION] → FIXNUM
READLINE:	[STREAM x OPTIONS] → STRING

REMOVE:	REMOB: SYMBOL[x PACKAGE] → BOOL
REMOVE-L:	REMOVE: OBJ x LIST → LIST (kopiert, EQUAL); REMQ (EQ)
REMPROP:	SYMBOL x SYMBOL → LIST (NIL oder P-Listenteil).
REPEAT:	benutze LOOP-Macro.
REPLACE:	Keine Änderung in Zeichenketten. STRING-NCONC hängt Ketten zusammen.
RETFRAME:	Nichtlokale Ausgänge mit RETURN-FROM (aus Blöcken, DOs und PROGs)
SASSOC:	OBJ x ALIST x FN → PAAR oder FN-Resultat; EQUAL. SASSQ (EQ)
SELECTQ:	Sonst-Klausel mit T oder OTHERWISE.
SETSYNTAX:	DESCR → FIXNUM
SOME:	LIST x FN x FN → LIST.
STRING:	STRING-APPEND: STRING n → STRING. Erzeugung mit MAKE-STRING
SUBSTRING	erzeugt eine Kopie.
TERPRI:	[STREAM] → {T}
THROW:	OBJ x SYMBOL →
TRACEFRAME:	Backtrace im Debugger.
TYPE:	TYPEP: OBJ[x SYMBOL] → SYMBOL oder BOOL
TYPECH:	SET-SYNTAX-FROM-DESCRIPTION: FIXN x SYMBOL[x RDTBL] →?
TYPEPRINT:	Ausgabegrundfunktionen sind PRINC, PRINT und PRIN1.
TYPEREAD:	Eingabegrundfunktionen sind READ, READC und TYIPEEK.
+	ist identisch mit PLUS (s. ADD).
+$	ist identisch mit PLUS (s. ADD).
–	ist identisch mit DIFFERENCE (s. SUB)
–$	ist identisch mit DIFFERENCE (s. SUB)
*	ist identisch mit TIMES (s. MUL)
*$	ist identisch mit TIMES (s. MUL)
/	ist identisch mit QUOTIENT (s. DIV)
/$	ist identisch mit QUOTIENT (s. DIV)

Übersicht über die Besonderheiten von MACLISP

APPEND	hat beliebig viele Argumente.
ARGSFRAME:	Aktion im Debugger. EVALFRAME liefert ganzen Term.
ASCII:	Aufgeteilt in: ASCII: FIXNUM → SYMBOL und: GETCHARN: SYMBOL x FIXNUM → FIXNUM.
ASSOC	arbeitet mit EQUAL (ASSQ mit EQ).
CAR	von NIL ist NIL.
CASE:	CASEQ wie SELECTQ; alle Vergleichsobjekte müssen den selben Typ haben.
CATCH:	(term,symbol). Zusätzlich: CATCH* (symbol,term...)
CDR	von NIL ist NIL.
CHARCT:	CHARPOS: [FILE x FIXNUM] → FIXNUM; CURSORPOS
CHARP:	Keine Zeichen; benutze Integers (0–256: ASCII-Wert). Einige Funktionen arbeiten mit Symbolen.
CHARPOS:	Keine Zeichenketten.
CLOSE:	FILE → BOOL
CLOSURE:	FUNCTION* → FUNARG liefert schwache Lösung.
DE:	Benutze DEFUN.
DELETE:	OBJ x LIST → LIST (ändert, EQUAL); DELQ (EQ).
DF:	Benutze DEFUN: (DEFUN symbol FEXPR (parm)...).
DM:	MACRO. DEFMACRO verfügbar. Auch (DEFUN symbol MACRO ...)
DMC:	SET-SYNTAX. (Beschreibungslücke)
DO	hat nur eine Endebedingung.

EMPTY:	Keine Zeichenketten.
EQ:	Für Zahlen gleichen Typs benutze =, sonst EQUAL.
ERROR:	OBJ x OBJ x SYMBOL →
EVAL:	Wert eines Symbols: SYMEVAL; Funktionsdefinition: FSYMEVAL.
FCNFRAME:	Aktion im Debugger. EVALFRAME liefert ganzen Term.
FLAMBDA:	keine Funktion; keine Funktionsobjekte. (s. DF)
FNGET:	keine Funktionsobjekte.
FUNCTION:	wie QUOTE. FUNCTION* — s. CLOSURE.
GENSYM:	mit FIXNUM-Argument: setzt Zähler; mit SYMBOL-Argument: setzt Symbolanfang.
GETCHAR:	Es gibt keine Zeichenketten — Ersatz: Symbole: SYMBOLx FIXNUM → SYMBOL bzw. GETCHARN: SYMBOL x FIXNUM → FIXNUM
GETD:	Funktionsdefinition in P-Liste.
GETFN:	Keine Funktionsobjekte.
GRECNO/GRECPOS:	Byteweise Adressierung: FILEPOS: FILE → FIXNUM
GT:	> für zwei Zahlen gleichen Typs; GREATERP: NUMBER n → BOOL
I-MAPLIST:	s. MAPLIST.
IMPLODE	macht intern. MAKNAM macht nicht intern.
INSERT:	Keine Zeichenketten. INTERN macht Rest. Ersatz: IMPLODE, MAKNAM, COPYSYMBOL, SYMBOLCONC.
LAMBDA:	keine Funktion, keine Funktionsobjekte. (s. DE)
MAP:	FN x LIST n → LIST (2.Argument)
MAPC:	FN x LIST n → LIST (2.Argument)
MAPCAN:	FN x LIST n → LIST (NCONC)
MAPCAR:	FN x LIST n → LIST
MAPCON:	FN x LIST n → LIST (NCONC)
MAPLIST:	FN x LIST n → LIST
MKATOM:	Keine Zeichenketten. MAKNAM: LIST → SYMBOL
MKSTRING:	Keine Zeichenketten. Symbole sind Ersatz.
MLAMBDA:	keine Funktion, keine Funktionsobjekte. (s. DM)
NCONC	hat beliebig viele Argumente.
NTH*:	NTHCDR: FIXNUM x LIST → LIST (1.Element: Index 0)
OPEN:	FILESPEC x OPTIONS → FILE
PEEK:	TYIPEEK [FIXNUM x FILE x OBJ] → FIXNUM
PLUS:	Zwei Integerarten (FIXNUM, BIGNUM) und Gleitkommazahlen.
PRINC:	OBJ[x FILE] → {T}
PRINT:	OBJ[x FILE] → {T}
PRIN0:	Die Ausgabegrundfunktionen sind PRINC, PRINT und PRIN1.
PRIN1:	OBJ[x FILE] → {T}
PROCP:	keine Funktionsobjekte
PROG:	Ohne Anfangswerte.
PRECNO/PRECPOS:	Byteweise Adressierung. FILEPOS:FILE x FIXNUM → FIXNUM.
RANDOM:	[FIXNUM] → FIXNUM
READ:	[FILE x OPTION] → OBJ
READCH:	[FILE x OPTION] → SYMBOL
READLINE:	[FILE x OPTION] → SYMBOL
REMOVE:	REMOB: SYMBOL →? (Beschreibungslücke)
REMPROP:	SYMBOL x SYMBOL → NIL oder? (Beschreibungslücke)
REPEAT:	Benutze LOOP-Macro.
REPLACE:	Keine Zeichenketten. Mit Symbolen nur Kopien.
RETFRAME:	Nichtlokale Ausgänge mit FRETURN.
SASSOC:	OBJ x ALIST x FN → PAAR oder FN-Resultat. (EQUAL). SASSQ (EQ)
SELECTQ:	Sonst-Klause mit T oder OTHERWISE. vgl CASEQ.
STRCOMP:	Keine Zeichenketten. SAMEPNAMEP: SYMBOL x SYMBOL → BOOL

STRING:	Keine Zeichenketten. SYMBOLCONC: SYMBOL x SYMBOL → SYMBOL
STRSIZE:	Keine Zeichenketten. FLATC: OBJ → FIXNUM
SUBSTRING:	Keine Zeichenketten.
TAB:	Ersatz ist CURSORPOS oder CHARPOS.
THROW:	OBJ x SYMBOL → OBJ. Auch THROW*: SYMBOL x OBJ → OBJ
TRACEFRAME:	Backtrace mit BAKTRACE. Debugger.
TYPE:	TYPEP: OBJ → SYMBOL; andere Typklassen
TYPECH:	SET-SYNTAX (Beschreibungslücke)
TYPEPRINT:	Ausgabegrundfunktionen: PRINC, PRINT und PRIN1.
TYPEREAD:	Ausgabegrundfunktionen: READ, READCH und TYIPEEK.

Übersicht über die Besonderheiten von TLC-LISP

ADDPROP	bildet neue Indikator-Eigenschaftspaare.
ASSOC	liefert Rest der A-Liste oder NIL. (EQ)
CAR:	Nur für Paare.
CATCH:	(symbol,term...)
CDR:	Nur für Paare.
CLOSE:	FILE →?
DO:	mehrere Endebedingungen.
EQ:	Für alle Zahlen.
ERROR:	OBJ n →
FIX:	Rundet stets: (FIX 7.4)=7, (FIX -1.2)= -1.
GETD:	Funktionsdefinition ist normaler Wert. Zugriff durch EQUAL.
I-MAPLIST:	s. MAPLIST
MKATOM:	INSERT erzeugt und macht intern.
MKSTRING:	STRING erzeugt und hängt zusammen.
OPEN:	FILESPEC x SYMBOL → FILE
PUSH:	LIST x OBJ → LIST
SCAN	liefert Zeichenketten, Symbole, Zahlen oder Zeichen.
SELECTQ:	Sonst-Klausel: T oder OTHERWISE.
THROW:	(symbol,term)

Überblick über die Besonderheiten von UCI-LISP

APPEND	hat beliebig viele Argumente.
ARGSFRAME:	Es existieren Stackfunktionen. SPDLRT liefert Term.
ASCII:	Funktion aufgespalten in: ASCII: FIXNUM → SYMBOL und: CHRVAL: SYMBOL → FIXNUM.
ASSOC:	mit EQ.
CAR	von NIL ist NIL. Auf Symbole, Zahlen usw. anwendbar — dann ist das Resultat aber nutzlos.
CATCH:	(term,symbol)
CDR	von NIL ist NIL. Auf Symbole, Zahlen usw. anwendbar. Resultat nur für Symbole von Nutzen (P-Liste).
CHARP:	Es gibt keine Zeichen. Dafür werden Symbole benutzt.
CHARPOS:	mit EXPLODE definierbar. Direkt nicht durchführbar.
CLOSE:	Ersatz: INC und OUTC.
CLOSURE:	Benutze *FUNCTION.
DELETE:	DREMOVE: OBJ x LIST → LIST (ändert,EQ); REMOVE(kopiert,EQUAL)
DO:	Macros DO-WHILE, DO-UNTIL, DO-FOR verfügbar.

EQ:	Benutze EQUAL für Zahlen.
ERROR:	OBJECT →
ERRSET	arbeitet mit ERR.
EVAL:	Wert eines Symbols: (GET symbol 'VALUE); Funktionsdefinition: (GET symbol 'indikator).
FCNFRAME:	(s. ARGSFRAME)
FIX:	(FIX 1.1)=1, (FIX -1.1)=-2.
FLAMBDA:	keine Funktion; keine Funktionsobjekte.
FUNCTION:	Wie QUOTE. (s. CLOSURE)
GETD:	Zugriff zur Funktionsdefinition via GET.
GETFN:	Keine Funktionsobjekte.
GRECNO/GRECPOS:	Byteweise Adressierung: UGETI, UGETO.
I-MAPLIST:	s. MAPLIST.
INSERT:	AT: OBJ → SYMBOL; macht intern. INTERN (nur intern).
LAMBDA:	keine Funktion; keine Funktionsobjekte.
MAP:	FN x LIST n → {NIL}
MAPC:	FN x LIST n → {NIL}
MAPCAN:	FN x LIST n → LIST (NCONC)
MAPCAR:	FN x LIST n → LIST
MAPCON:	FN x LIST n → LIST (NCONC)
MAPLIST:	FN x LIST n → LIST
MKATOM:	AT: OBJ → SYMBOL; macht intern.
MLAMBDA:	keine Funktion; keine Funktionsobjekte.
NCONC	hat beliebig viele Argumente.
NTH-CELL:	NTH: LIST x FIX → LIST (1.Element: Index 1)
OPEN:	Benutze INPUT, OUTPUT.
PLIST:	Verwende CDR.
PNAME:	Mit (GET symbol 'PNAME); Resultat keine Zeichenkette.
PRECNO/PRECPOS:	Byteweise Adressierung. USETI in Eingabefiles.
PRINC:	OBJ → OBJ
PRINT:	OBJ → OBJ
PRIN0:	Die Ausgabegrundfunktionen sind PRINC, PRINT und PRIN1.
PRIN1:	OBJ → OBJ
PROCP:	keine Funktionsobjekte.
PROG:	ohne Startwerte.
PUTFN:	keine Funktionsobjekte.
READ:	{} → OBJ
READCH:	{} → SYMBOL
READLINE:	READL: BOOL → LIST.
REM:	REMAINDER = X - (X/Y)*Y
REMOVE:	REMOB: SYMBOL n → {NIL}
REMOVE-L:	REMOVE: OBJ x LIST → LIST (kopiert, EQUAL); DREMOVE:OBJ x LIST → LIST (ändert, EQ).
REMPROP:	SYMBOL x SYMBOL → BOOL
REPEAT:	(fixnum,term,...)
REPLACE:	nur kopierende Arbeit mit Zeichenketten.
RETFRAME:	Nichtlokale Ausgänge mit OUTVAL oder RETFROM.
SASSOC:	OBJ x ALIST x FN → PAAR oder Resultat von FN. (mit EQ)
SELECTQ:	Letze Klausel ist Sonst-Klausel.
SOME:	FN x LIST n → LIST (1. Teilliste, in der FN nicht NIL)
SUBSTRING:	kopiert.
TAB:	FIXNUM → FIXNUM
TERPRI	hat ein nicht-relevantes Argument.
THROW:	OBJ x SYMBOL → OBJ
TRACEFRAME:	Backtrace im BREAK möglich.
TYPE:	Es gibt keine gemeinsame Typfunktion.
TYPECH:	MODCHR: FIXNUM ∪ SYMBOL ∪ STRING x FIXNUM → FIXNUM oder SETCHR: FIXNUM ∪ SYMBOL ∪ STRING x FIXNUM → FIXNUM.

TYPEPRINT:	Ausgabegrundfunktionen sind PRINC, PRINT und PRIN1.
TYPEREAD:	Eingabegrundfunktionen sind READ, READCH und PEEKC.
UNION	hat beliebig viele Argumente.
+:	es gibt keine typ-spezifischen Grundfunktionen (+,*PLUS,PLUS)
+$:	s. +
–:	es gibt keine typ-spezifischen Grundfunktionen (–,*DIF,DIFFERENCE)
–$:	s. –
*:	es gibt keine typ-spezifischen Grundfunktionen (*,*TIMES,TIMES)
*$:	s. *
/:	es gibt keine Typ-spezifischen Grundfunktionen (//,*QUO,QUOTIENT)
/$:	s. /

16 Literaturverzeichnis

Die am Ende jedes Zitats in Klammern angebenen Zahlen bezeichnen das Kapitel, in dem das betreffende Werk zitiert wird.

Abkürzungen:

CMU-CS-...	Carnegie Mellon University, Department of Computer Science, Technical Report
Comm. ACM	Communications of the Association for Computing Machinery
IJCAI	International Joint Conference on Artificial Intelligence
ISSCO	Institute for Semantic and Cognitive Studies, Genf
Jl. ACM	Journal of the Association for Computing Machinery
MIT-AI-TR-...	Massachusetts Institute of Technology, Artificial Intelligence Laboratory, Technical Report
MIT-AIM-...	Massachusetts Institute of Technology, Artificial Intelligence Laboratory, Memo
STAN-CS-...	Stanford University, Department of Computer Science, Report
SU-AIM-...	Stanford University, Artificial Intelligence Laboratory, Memo

Abelson H, Sussman G, The Structure and Interpretation of Computer Programs, Versionen 1978, 1980, 1981, MIT-AI-TR-735, Cambridge, Mass., 1983, (0, 7, 9)

Abrahams PW et al. (Ed.), The LISP 2 Programming Language and System, in: Proc. Fall Joint Computer Conference, Vol. 29, Washington, D.C., Spartan Books, 1966, 661–676, (8)

Aho AV, Hopcroft JE, Ullman JD, The Design and Analysis of Computer Algorithms, Reading, Mass., Addison-Wesley, 1974, (6)

Allen J, Anatomy of LISP, New York, McGraw-Hill, 1978, (0, 9)

Allen J, The TLC-LISP Documentation, Los Gatos, The LISP Company, 1980, (0, 8, 12)

Backus J, Can Programming be Liberated from the Von Neumann Style? A Functional Style and Its Algebra of Programs, Comm. ACM, Vol. 21, No. 8, 1978, 613–641

Baker H, Shallow Binding in LISP 1.5, Comm. ACM, Vol. 27, No. 7, 1978, 565–569, (9)

Barr A, Feigenbaum E, The Handbook of Artificial Intelligence, Vol. 1–3, Los Altos, W. Kaufmann, 1981

Bauer FL, Goos G, Informatik: Eine einfuehrende Uebersicht, Berlin, Springer, 3. Aufl., 1982, (1)

Bauer FL, Woessner H, Algorithmische Sprache und Programmentwicklung, Berlin, Springer, 2. Aufl., 1984, (5, 6)

Berkeley EC, Bobrow DG, The Programming Language LISP: Its Operation and Applications, Cambridge, Mass., MIT Press, 1966

Bibel W, Automated Theorem Proving, Braunschweig, Wiesbaden, Vieweg, 1982

Bobrow DG, Natural Language Input for a Computer Problem-Solving System, in: Minsky (1968), 135–215, (11)

Bobrow DG, Raphael B, New Programming Languages for Artificial Intelligence Research, ACM Computing Surveys, Vol. 6, No. 3, 1974, 153–174

Bobrow DG, Stefik M, The LOOPS Manual, Xerox PARC, 1983, (10)

Bobrow DG, Wegbreit B, A Model and Stack Implementation of Multiple Environments, Comm. ACM, Vol. 16, No. 10, 1973, 591–603, (9)

Boden MH, Artificial Intelligence and Natural Man, New York, Basic Books, 1977

Boehm C, Jacopini G, Flow Diagrams, Turing Machines and Languages with only Two Formation Rules, Comm. ACM, Vol. 9, No. 5, 1966, 366–371

Berry DM, LISP for ALGOL Afficionados and ALGOL for LISP Afficionados, Brown University, Computer Science Rept., Providence, R.I., 1970, (9)

Brady M, The Theory of Computer Science, London, 1977, (6)

Buchberger B, Collins GE, Loos R (Hg.), Computer Algebra — Symbolic and Algebraic Computation, Wien, Springer, 1983, (6)

Bundy A, Artificial Intelligence: An Introductory Course, Edinburgh, Edinburgh Univ. Press, 1978

Burge WH, Recursive Programming Techniques, Reading, Mass., Addison-Wesley, 1975

Calmet J (Ed.), Computer Algebra, Berlin, Springer LNCS 144, 1982, (7)

Chang CL, Lee RCT, Symbolic Logic and Mechanical Theorem Proving, New York, Academic Press, 1973, (11)

Charniak E, Riesbeck C, McDermott D, Artificial Intelligence Programming, Hillsdale, L. Erlbaum Assoc., 1980, (0, 7, 8, 9, 13)

Chase WG, Visual Information Processing, New York, Academic Press, 1973, (11)

Christaller T, Di Primio F, A Poor Man's Flavor System, Report ISSCO, Genf, 1983, (10)

Church A, The Calculi of Lambda-Conversion, Annals of Mathematics Studies, Vol. 6, Princeton, N.J., Princeton Univ. Press, 1941, (5)

Darlington J et al. (Ed.), Functional Programming and its Applications — An Advanced Course, Cambridge, Cambridge Univ Press, 1982, (1)

Davis R, King J, An Overview of Production Systems, in: Michie (1977), 300-332, (11)

Di Primio F, Realisierung objektorientierter Konzepte in LISP, in: Stoyan/Wedekind (1983), 319–338, (10)

Dijkstra EW, Goto statement considered harmful, Comm. ACM Vol. 18, 1975, 147f., 538, 541 (7)

Elcock E, Michie D, Machine Intelligence Vol. 8, Chichester, Ellis Horwood Ltd., 1977, (11)

Elithorn A, Jones D (Ed.), Artificial and Human Thinking, Amsterdam, Elsevier, 1973, (11)

Elson M, Concepts of Programming Languages, Chicago, SRA, 1973, (7)

Emanuelsson P, Performance enhancement in a well-structured pattern matcher through partial evaluation, Diss. Univ. Linkoeping, Linkoeping, 1980, (11)

Floyd RW, Syntactic Analysis and Operator Precedence, Jl. ACM, Vol. 10, 1963, 316–333, (8)

Floyd RW, The Paradigms of Programming, Comm. ACM, Vol. 22, 1979, 455–460, (7)

Foderaro JK, The FRANZ LISP Manual, University of California, Berkeley, Calif., 1979

Forgy C, OPS4 User's Manual, CMU-CS-79-132, Pittsburgh, 1979, (11)

Forgy C, OPS5 User's Manual, CMU-CS-81-735, Pittsburgh, 1981

Friedman D, The Little LISPer, Palo Alto, SRA, 1974

Friedman P, Wise DS, CONS should not evaluate its arguments, in: Michaelson/Milner, Automata, Languages and Programming. Third International Colloquium, Edinburgh, Edinburgh Univ Press, 1976, 257–284, (9)

Ghezzi C, Jazayeri M, Programming Language Concepts, New York, Wiley, 1982, (7)

Goldberg A, Robson D, Smalltalk 80: The Language and Its Implementation, Reading, Mass., Addison-Wesley, 1983, (1, 9)

Goldstein IP, PrettyPrinting — Converting List to Linear Structure, MIT AIM-495, Cambridge, Mass., 1973, (8)

Gordon MJC, The Denotational Description of Programming Languages, Berlin, Springer, 1977, (1)

Griss M, Hearn A, A Portable LISP Compiler, Software — Practice and Experience Vol. 11, 1981, 541–605, (12)

Guttag JV, Abstract Data Types and the Development of Data Structures, Comm. ACM, Vol. 20, No. 6, 1977, 396–404, (5)

Haraldsson A, LISP details — InterLISP 360–370, Uppsala Univ., Dept. of Comp. Science, Uppsala, 1978, (6)

Hayes P, The Frame Problem and Related Problems in Artificial Intelligence, in: Elithorn/Jones (1973), 45–59, (11)

Hearn AC, Standard LISP, ACM SIGPLAN Notices, Vol. 4, No. 9, auch: Stanford Univ. SU-AIM-90 (1969), 1969

Hearn AC, Norman AC, A One-Pass Prettyprinter, ACM SIGPLAN Notices, Vol. 14, No. 12, 1979

Henderson P, Functional Programming — Application and Implementation, Englewood Cliffs, Prentice-Hall, 1980, (1, 6, 9)

Henderson P, Morris JH, A Lazy Evaluator, ACM SIGPLAN Third Symp. on Principles of Programm. Languages, 1976, (9)

Hermes H, Aufzaehlbarkeit, Entscheidbarkeit, Berechenbarkeit, Berlin, Springer, 1971, (6)

Hewitt C, Viewing Control Structures as Patterns of Passing Messages, Artificial Intelligence Jl., Vol. 8, 3, 1977, 324–364
Hewitt C, Bishop P, Steiger R, A Universal Modular Actor Formalism for Artificial Intelligence, in: Advance Papers of the Third IJCAI -73, Los Altos, Kaufmann, 1973, 235–245, (9, 10)
Hofstadter DR, Gödel — Escher — Bach: An Eternal Golden Braid, Hassocks, Sussex, Harvester, 1979
Hulzen JA v. (Ed.), Computer Algebra, Berlin, Springer (LNCS 162), 1983, (12)
Jenks RD, MODLISP: An Introduction, in: Ng (1981), 466–480, (10)
Jenks RD, Trager BM, A Language for Computational Algebra, in: Proc. 1981 ACM Symp. on Symbolic and Algebraic Computation, New York, ACM, 1981, (10)
Kambartel F et al., Wissenschaftstheorie als Wissenschaftskritik, Frankfurt, Aspekte Verlag, 1974, (5)
Klahr D, A Production System for Computing, Subitizing, and Adding, in: Chase (1973), 527–546, (11)
Knuth DE, The Art of Computer Programming. Vol. 1: Fundamental Algorithms, Reading, Mass., Addison-Wesley, 1968, (6)
Knuth DE, Structured Programming with goto statements, ACM Computing Surveys, Vol. 6, No. 4, 1974, 262–301, (7)
Kornfeld WA, Pattern-Directed Invocation Languages, Byte, No. 8, 1979, 34–48
Kurokawa T, Input/Output Facilities in LISP 1.9, Software — Practice and Experience, Vol. 8, 1978, 277–284, (8)
LISP Conference, Conference Record of the 1980 LISP Conference, Stanford/Redwood Est, The LISP Conference, 1980, (7)
LISP Conference, Conference Record of the 1982 ACM Symposium on LISP and Functional Programming, New York, ACM, 1982
Landin P, The mechanical evaluation of expressions, The Computer Journal, Vol. 6, No. 4, 1964, 308–320, (9)
Laubsch JH et al., MACLISP Manual, Inst. f. Informatik, Univ. Stuttgart, CUU-Memo-3, Stuttgart, 1976, (7)
Laubsch JH, Programmiermethoden in der Künstlichen Intelligenzforschung, Habilitationsschrift, Stuttgart, 1983
Laubsch JH, Advanced LISP Programming, in: O'Shea (1984)
Ledgard HF, Marcotty M, A Genealogy of Control Structures, Comm. ACM, Vol. 18, No. 11, 1975, 629–639, (7)
Lehmann E, Ein LISP-Programm zur experimentellen Untersuchung automatischer Problemlöseprozesse, TU Dresden, 1973, 100–125, (11)
Lieberman H, A Preview of Act1, MIT-AIM-625, 1981, (9)
Liskov B, Zilles S, Programming with Abstract Data Types, in: Proc. ACM SIGPLAN Conf. on Very High Level Languages, SIGPLAN Notices Vol. 9, No. 4, 1974, 50–59, (6)
Lorenzen P, Schwemmer O, Konstruktive Logik, Ethik und Wissenschaftstheorie, Mannheim, Bibliographisches Institut (BI 700), 1975, (5)
Manna Z, Mathematical Theory of Computation, New York, McGraw-Hill, 1974, (1)
Marti JAC et al., Standard LISP Report, ACM SIGPLAN Notices, Vol. 14, No. 10, 1979, 48–68
Masinter LM, Deutsch P, Local Optimization in a Compiler for Stack-based Lisp Machine, in: LISP Conference (1980), 223–230, (12)
Masinter LM, Deutsch LP, Local Optimization in a Compiler for Stack-based LISP Machines. LISP Conference (1980), 223–230
McCarthy J, Recursive Functions of Symbolic Expressions and their Computation by Machine, Part I, Comm. ACM Vol. 3, No. 4, 1960, 185–195, (1, 6)
McCarthy J, A Micro-Manual for LISP — Not the Whole Truth, ACM SIGPLAN Notices, Vol. 13, No. 8, 1978, 215–216
McCarthy J et al., LISP I Programmer's Manual, MIT Computer Center and Res. Lab. Electronics, Cambridge, Mass., 1960, (6)
McCarthy J et al., LISP 1.5 Programmer's Manual, Cambridge, Mass., MIT Press, 1962, (1, 6)
McCarthy J, Talcott C, LISP — Programming and Proving, Stanford Univ., Dept. of Comp. Science, Stanford, 1980
McCorduck P, Machines Who Think, San Francisco, Freeman, 1979
McDermott J, A Rule-Based Configurer of Computer Systems, Artificial Intelligence Jl., Vol. 19, 1982, 39–88, (11)
Meehan J, The New UCI LISP Manual, Hillsdale, N.J., L. Erlbaum Assoc., 1979

Michie D (Ed.), Expert Systems in the Microelectronic Age. Edinburgh, 1979
Minsky M, Computation: Finite and Infinite Machines, Englewood Cliffs, Prentice-Hall, 1967, (5)
Minsky M (Ed.), Semantic Information Processing, Cambridge, Mass., MIT Press, 1968, (11)
Model M, Monitoring System Behavior in a Complex Computational Environment, Xerox PARC CSL-79-1, Palo Alto, 1979, (10)
Moon D, Stallman R, Weinreb D, LISP Machine Manual, MIT AI Lab., Cambridge, Mass., Fifth Edition, 1983
Moon D, Weinreb D, Flavors: Message Passing in the Lisp Machine, MIT-AIM-602, Cambridge, Mass., 1980, (10)
Moore JS, The InterLISP Virtual Machine Specification, Xerox PARC CSL-76-6, Palo Alto, Xerox, 1976, (9)
Moses J, The Function of FUNCTION in LISP or Why the FUNARG Problem Should be Called the Environment Problem, ACM SIGSAM Bulletin, Vol. 16, 1970, 13–27, (9)
Moses J, Algebraic Simplification: A Guide for the Perplexed, Comm. ACM, Vol. 14, 1971, 527–537, (6)
Newell A, Production Systems: Models of Control Structures, in: Chase (1973), 463–526, (11)
Nicholls JE, The Structure and Design of Programming Languages, Reading, Mass., Addison-Wesley, 1975, (7)
Ng EW (Ed.), Symbolic and Algebraic Computation — EUROSAM'79, An International Symposium on Symbolic and Algebraic Computation, Berlin, Springer (LNCS 72), 1979, (10)
Nilsson N, Principles of Artificial Intelligence, Berlin, Springer, 1980
O'Shea T, Eisenstadt M, Artifical Intelligence Skills, London, Harper & Row, 1984
Padget JA, Escaping from intermediate expression swell: a continuing saga, in: Calmet (1982), 256–262, (7)
Peter R, Rekursion in der Komputer-Theorie, Budapest, 1976, (6)
Pitman K, Special Forms in LISP, in: LISP Conference (1980), 179–187, (7)
Post E, Formal reductions of the general combinatorial decision problem, Am. Journal of Mathematics, Vol. 65, 1943, 197–268, (11)
Pratt V, Top Down Operator Precedence, in: Proc. ACM Conference on Principles of Programming Languages, New York, ACM, 1973, 41–53, (8)
Pratt VR, LISP, MIT, unpublished manuscript, Cambridge, Mass., 1977
Raphael B, The Thinking Computer — Mind Inside Matter, San Francisco, Freeman, 1976
Raulefs P, Expert Systems: State of the Art and Future Prospects, in: Siekmann (1981), 98–111, (11)
Raulefs P et al., A Short Survey on the State of Art in Matching and Unification Problems, SIGSAM Bulletin, Vol. 13, 1978, (11)
Ribbens D, Programmation non numerique LISP 1.5, Paris, Dunod, 1969
Rulifson JF, Derksen JA, Waldinger RJ, QA4 Reference Manval SR1 International, Technical Report, Meulo Park, 1971
Sandewall E, A Proposed Solution to the FUNARG problem, Uppsala Univ., Dept. Computer Science, Report No. 29, 1970, (9)
Sandewall E, Ideas about Management of LISP Data Bases, in: Advance Papers of the Fourth IJCAI -75, Los Altos, Kaufmann, 1975, 585–592
Sandewall E, Some Observations on Conceptual Programming, in: Elcock/Michie (1977), 223–265
Sandewall E, Programming in the Interactive Environment: The LISP Experience, ACM Computing Surveys, Vol. 10, No. 1, 1978, 35–72, (10, 13)
Shapiro SC, Techniques of Artificial Intelligence, New York, D. van Nostrand, 1979
Shortliffe EH, Computer Based Medical Consultations: MYCIN, New York, American Elsevier, 1976, (11)
Sheil B, Power Tools for Programmers, Datamation, Feb. 1983, 131–144
Siekmann JH (Hg.), GWAI-81. German Workshop on Artificial Intelligence, Berlin, Springer (IFB 47), 1981, (11)
Siekmann J, Wrightson G (Ed.), Automation of Reasoning, Vol. 1–2, Berlin, Springer, 1983
Siklossy L, Let's Talk LISP, Englewood Cliffs, Prentice-Hall, 1976
Slagle JR, Artificial Intelligence: The Heuristic Programming Approach, New York, McGraw Hill, 1971
Steele BK, Strategies for Data Abstraction in LISP, in LISP Conference, 1980, 173–178
Steele GL, LAMBDA — The Ultimate Declarative, MIT-AIM-379, Cambridge, Mass., 1976, (7, 12)

Steele GL, Maccaroni is better than Spaghetti, in: Proc. of the Symp. on Art. Intell. and Programming Languages, ACM SIGART Newsletter/SIGPLAN Notices, 1977, 60–66, (9)
Steele GL, Fast Arithmetic in MacLISP, MIT-AIM-421, Cambridge, Mass., 1977, (12)
Steele GL, RABBIT: A Compiler for SCHEME (A Study in Compiler Optimization), MIT-AI-TR-474, Cambridge, Mass., 1978, (12)
Steele GL, Sussman GJ, LAMBDA: The Ultimate Imperative, MIT AIM-353, Cambridge, Mass., 1976, (7)
Steele GL, Sussman GJ, The Revised Report on SCHEME: A Dialect of LISP, MIT-AIM-452, Cambridge, Mass., 1977
Steele GL, Sussman GJ, The Art of Interpreter, or, The Modularity Complex, MIT-AIM-453, Cambridge, Mass., 1978
Steele GL et al., Common LISP Reference Manual (Mary Poppins Edition), CMU, Dept. Comp. Science, Spice Project, Pittsburgh, 1983, (0)
Stefik M, Planning and Meta-Planning (MOLGEN Part 2), Artificial Intelligence Jl., Vol. 16, 1981, 141–170, (11)
Stoy JE, Denotational Semantics: The Scott-Strachey Approach to Programming Language Theory, Cambridge, Mass., MIT Press, 1977, (1)
Stoyan H, LISP — Anwendungsgebiete, Grundbegriffe, Geschichte, Berlin, Akademie-Verlag, 1980, (1)
Stoyan H, Lisp compilation viewed as provable semantics preserving program transformation, in: Hulzen (1983), 116–127, (12)
Stoyan H, Goerz G, Was ist objektorientierte Programmierung?, in: Stoyan/Wedekind (1983), 9–31, (1, 9)
Stoyan H, Wedekind H (Hg.), Objekt-orientierte Software- und Hardware-Architekturen, Stuttgart, Teubner, 1983, (1)
Sussman GJ, LISP, Programming and Implementation, in: Darlington (1982), 29–71, (1)
Sussman GJ, McDermott D, From PLANNER to CONNIVER — A genetic approach, in: Proc. Fall Joint Computer Conference, Vol. 41, Montvale, N.J., AFIPS Press, 1972, 1171–1179
Sussman GJ, Steele GL, SCHEME: An Interpreter for Extended Lambda Calculus, MIT-AIM-349, Cambridge, Mass., 1975, (9, 12)
Sussman GJ, Winograd T, Charniak E, MICRO-PLANNER Reference Manual, MIT-AIM-203A, Cambridge, Mass., 1973
Suzuki N, Automatic Program Verification II: Verifying Programs by Algebraic and Logical Reduction, Stanford Univ. STAN-CS-74-473 (SU-AIM-255), Stanford, 1974, (10)
Suzuki N, Automatic Verification of Programs with Complex Data Structures, Ph.D. Thesis, Stanford Univ., Stanford, 1976, (10)
Teitelman W et al., InterLISP Reference Manual, Xerox PARC, Palo Alto, Xerox, 1978, (11)
Teitelman W, Masinter L, The InterLISP Programming Environment, IEEE Computer, Vol. 14, No. 4, 1981, 25–33
Tesler LG et al., The LISP70 Pattern Matching System, in: Advance Papers of the Third IJCAI -73, Los Altos, Kaufmann, 1973, 671–676
Theriault DG, Issues in the Design and Implementation of Act2, MIT-AI-TR-728, Cambridge, Mass., 1983, (9)
Waterman DA, Adaptive Production Systems, in: Advance Papers of the Fourth IJCAI -75, Los Altos, Kaufmann, 1975, 296–303, (11)
Waterman DA, Hayes-Roth P (Ed.), Pattern-Directed Inference Systems, New York, Academic Press, 1978, (11)
Weissman C, LISP 1.5 Primer, Belmont, Calif., Dickenson Publ. Comp, 1967
Weizenbaum J, ELIZA — A Computer Program for the Study of Natural Language Communication between Man and Machine, Comm. ACM, Vol. 9, No. 1, 1965, (11)
Weizenbaum J, Die Macht der Computer und die Ohnmacht der Vernunft, Frankfurt, Suhrkamp (stw 274), 1978, (11)
Wexelblat R, History of Programming Languages, New York, Academic Press, 1981, (1)
Winograd T, Understanding Natural Language, New York, Academic Press, 1972, (5, 10)
Winograd T, Beyond Programming Languages, Comm. ACM, Vol. 22, 1979, 391–401 (13)
Winston P, Artificial Intelligence, Reading, Mass., Addison-Wesley, 1977, (5, 11)
Winston P, Brown RH (Ed.), Artificial Intelligence: An MIT Perspective, Vol. 1–2, Cambridge, Mass., MIT Press, 1980
Winston P, Horn BKP, LISP, Addison-Wesley, 1981, (0, 5, 6, 8, 11)
Wirth N, Algorithmen und Datenstrukturen, Stuttgart, Teubner, 1979, (6)

17. Namen- und Sachverzeichnis

Studienreihe Informatik

Herausgegeben von W. Brauer und G. Goos

P.C. Lockemann, H.C. Mayr: **Rechnergestützte Informationssysteme.** X, 368 S., 37 Abb. *1978.*

A.K. Salomaa: **Formale Sprachen.** Übersetzt aus dem Englischen von E.-W. Dieterich. IX, 314 S., 18 Abb., 5 Tab. *1978.*

F.L. Nicolet (Hrsg.): **Informatik für Ingenieure.** Unter Mitarbeit von W. Gander, J. Harms, P. Läuchli, F.L. Nicolet, J. Vogel, C.A. Zehnder. X, 187 S., 53 Abb., 20 Tab. *1980.*

A. Bode, W. Händler: **Rechnerarchitektur – Grundlagen und Verfahren.** XI, 278 S., 140 Abb., 4 Tab. *1980.*

B.W. Kernighan, P.L. Plauger: **Programmierwerkzeuge.** Übersetzt aus dem Englischen von I. Kächele, M. Klopprogge. IX, 492 S. *1980.*

A.N. Habermann: **Entwurf von Betriebssystemen – Eine Einführung.** Übersetzt aus dem Englischen von K.-P. Löhr. XII, 444 S., 87 Abb. *1981.*

T.W. Olle: **Das Codasyl-Datenbankmodell.** Übersetzt aus dem Englischen von H. Münzenberger. XXIV, 389 S. *1981.*

K.E. Ganzhorn, K.M. Schulz, W. Walter: **Datenverarbeitungssysteme – Aufbau und Arbeitsweise.** XVI, 305 S., 181 Abb., 1 Schablone als Beilage. *1981.*

B. Buchberger, F. Lichtenberger: **Mathematik für Informatiker I – Die Methode der Mathematik.** 2., korrigierte Auflage. XIII, 315 S., 30 Abb. *1981.*

F.L. Bauer, H. Wössner: **Algorithmische Sprache und Programmentwicklung.** Unter Mitarbeit von H. Partsch, P. Pepper. 2., verbesserte Auflage. XV, 513 S. *1984.*

F. Gebhardt: **Dokumentationssysteme.** 331 S., 14 Abb. *1981.*

E. Horowitz, S. Sahni: **Algorithmen – Entwurf und Analyse.** Übersetzt aus dem Amerikanischen von M. Czerwinski. XIV, 770 S. *1981.*

W. Sammer, H. Schwärtzel: **CHILL – Eine moderne Programmiersprache für die Systemtechnik.** XIII, 191 S., 165 Abb. *1982.*

P.C. Lockemann, A. Schreiner, H. Trauboth, M. Klopprogge: **Systemanalyse – DV-Einsatzplanung.** XIV, 342 S., 119 Abb. *1983.*

A. Bode, W. Händler: **Rechnerarchitektur II – Strukturen.** XI, 328 S., 164 Abb. *1983.*

H.A. Klaeren: **Algebraische Spezifikation – Eine Einführung.** VII, 235 S. *1983.*

H. Niemann: **Klassifikation von Mustern.** X, 340 S., 77 Abb. *1983.*

W. Heise, P. Quattrocchi: **Informations- und Codierungstheorie – Mathematische Grundlagen der Daten-Kompression und -Sicherung in diskreten Kommunikationssystemen.** X, 370 S., 62 Abb. *1983.*

H. Stoyan, G. Görz: **LISP – Eine Einführung in die Programmierung.** XI, 358 S., 29 Abb. *1984.*

K. Däßler, M. Sommer: **Pascal – Einführung in die Sprache; DIN-Norm 66256; Erläuterungen.** 2. Auflage. Unter Mitarbeit von A. Biedl. XIII, 248 S. *1985.*

G. Blaschek, G. Pomberger, F. Ritzinger: **Einführung in die Programmierung mit Modula-2.** VII, 279 S., 26 Abb. *1986.*

R. Marty: **Methodik der Programmierung in Pascal.**, 3. Auflage. IX, 201 S., 33 vollständige Programmbeispiele. *1986.*

W. Reisig: **Petrinetze – Eine Einführung.** 2., überarbeitete und erweiterte Auflage. IX, 196 S., 111 Abb. *1986.*